Kahn, Gustave

Das Weib in der Karikatur Frankreichs

Kahn, Gustave

Das Weib in der Karikatur Frankreichs

Inktank publishing, 2018

www.inktank-publishing.com

ISBN/EAN: 9783747769232

Verbatim

Gustave Kahn

Das Weib in der Karikatur Frankreichs

Mit 448 Textillustrationen und 72 farbigen Kunstblättern

nach seltenen und amüsanten französischen Karikaturen aus allen Zeitepochen

Elftes bis zwanzigstes Tausend

Stuttgart

Hermann Schmidts Verlag

Vorwort

Die Rolle des Weibes in der französischen Karikatur studieren heißt soviel, wie die Versuche der Ironiker des Zeichenstiftes zergliedern, welche von ihnen gemacht worden sind, um gegen die Allgewalt des Weibes zu protestieren und sich gegen die Herrschaft der Mächtigen des Unterrockes aufzulehnen, die nur der Mode gehorchen wollen. Es heißt fast soviel, wie eine Geschichte der französischen Karikatur überhaupt schreiben.

Die französischen Karikaturisten, ob sie nun im eigentlichen Sinne der Bezeichnung die Züge des Modells bis zur Charge entstellt haben, oder ob sie im Sinne einer neuen Ästhetik darauf ausgegangen sind, zu charakterisieren und die hervorstechendsten Linien des Gesichts wiederzugeben, haben immer gegen zweierlei Feinde gekämpft, nämlich gegen die Könige und gegen die Frauen.

Ihr Kampf gegen die Herrscher war weniger erbittert, weil sie da doch einiges dazu beitragen konnten, ihre Macht zu untergraben. Dagegen haben sie das Weib mit einer Heftigkeit angegriffen, welche nur dann einen kurzen Waffenstillstand zuließ, wenn sie sich die Zeit nahmen, die Macht ihres Gegners dadurch verständlich zu machen, daß sie die Schönheit des Weibes zur Anschauung brachten und die Waffen aufzählten, deren sich die moderne Venus bedient, nämlich ihren ganzen Aufputz und die Einzelheiten ihrer Toilette.

*　　*　　*

Um das Weib in dieser Weise bekämpfen zu können, seine Schönheit aber gleichzeitig genügend zu betonen, war immer eine bedeutende Gabe an Genie oder Talent notwendig. Die Künstler hatten für einen solchen Kampf aus der eigenen Seele die schönsten Erinnerungen, zugleich aber auch die bittersten Empfindungen zu holen. Der Karikaturist des Weibes ist in sein Modell fast immer verliebt. Fast alle die schönen Stiche, deren Spitze gegen das Weib gerichtet ist, wurden entweder aus Liebe oder aus Wut gemacht. Die Musen gehorchen der Venus ebenso gut wie der Nemesis. Daher das riesige Schaffen, daher die ungeheure Ansammlung schöner Zeichnungen, welche es uns möglich gemacht hat,

V

dem Lefer eine wunderbare Kollektion von schönen Bildern vorzuführen, in welchen
der ganze Reichtum an Liebe und Haß, die ganze Stufenleiter von Zorn und
Bewunderung zum Ausdruck und zur Anschauung kommt.

* *
*

Wir haben in der Darstellung der Geschichte dieser gegen die Macht des
Weibes gerichteten Epigramme stets ein bestimmtes Prinzip verfolgt und haben
namentlich die Ansicht verfochten, daß es in der Kunst der satirischen Zeichnung
immer zwei Arten von Künstlern nebeneinander gegeben hat, und zwar die Kari=
katuristen und die Charakteristen. Die Manier dieser beiden Arten von Künstlern
geht wohl recht weit auseinander, doch ergänzen sie sich in ihrer schöpferischen
Tätigkeit wechselseitig. Eine befriedigende Beleuchtung und Erklärung der ge=
zeichneten Anthologie der Karikatur ist nur möglich, wenn man die nebeneinander
hergehende Bewegung der beiden Richtungen, nicht minder auch den Einfluß,
welchen sie aufeinander ausgeübt haben, immer vor Augen hält.

Wir waren in unserer Würdigung stets bestrebt, einem jeden gerecht zu
werden. In der Kunstkritik ist die Gerechtigkeit durchaus nicht schwer; sie besteht
einfach darin, der Wahrheit zu folgen.

Freilich wird die Wahrheit oft genug verdunkelt. Die übermäßige Bewun=
derung jener Künstler, die es verstanden haben, die Mode für sich zu gewinnen,
hat die verdienstvollen Neuerer oft genug in den Schatten gestellt. Wir schmeicheln
uns mit dem Glauben, die Geschichte unseres Gegenstandes getreulich dargestellt
zu haben. In jedem Falle waren wir bestrebt, jedem einzelnen Künstler, mit dem
wir uns zu beschäftigen hatten, den ihm gebührenden Rang einzuräumen, wenn
er auch in der Richtung, die uns hier interessiert, nur weniges geschaffen haben
sollte. Wir waren umsomehr geneigt so zu verfahren, weil dadurch für unsere
Sammlung von Illustrationen eine größere Abwechslung gewonnen wurde.

Wenn der Leser von dem Einblick, den wir ihm in die Bestrebungen und
in den enormen Aufwand an Geist der französischen Karikaturisten des 19. und
des Anfangs des 20. Jahrhunderts geboten haben, befriedigt ist, so erscheint
uns die Aufgabe, die wir uns gestellt haben, glücklich gelöst, und wir dürfen uns
mit der Überzeugung schmeicheln, nicht zu weit hinter dem ausgesteckten großen
Ziele zurückgeblieben zu sein.

Paris, im Juni 1907

Gustave Kahn

VI

Inhaltsverzeichnis

VII

Le Père la Pudeur.

I. Louis Morin. (Symbolische
Karikatur auf die Leichtlebigkeit
der Jugend und Sittenstrenge des Alters.

Einleitung.

Ursprung und Entwicklung der Karikatur in Frankreich.

Der von Natur schalkhafte Franzose, der Schöpfer des Vaudeville, mußte
sich folgerichtig in der Geschichte des plastischen Lachens einen schönen Platz schaffen.
Die Karikatur konnte er freilich nicht erfinden, denn sie war von jeher da. Der
Instinkt für die Karikatur war sicherlich schon bei den Zeichenkünstlern unter unseren vorgeschichtlichen Vorfahren vorhanden, wie man in den Grotten, die ihnen
als Wohnung dienten, aus den Darstellungen der schwerfälligen Gangart eines
Haustieres, der linkischen Gebärde des Menschen ꝛc. schließen kann.

Ohne Zweifel belachten sie die rohen, mit den Übertreibungen in einigen
Linien ihrem Geschmack entsprechenden Skizzen.

Die antike Maske der Komödie zeigt Grimassen je nach dem gemachten
Lachen oder der Verzerrung bei einem grotesken Schmerz der Personen in der
Posse oder dem Schwank.

Antike bildliche Darstellungen und Figuren haben uns das Aussehen des
Maccus aus dem alten Italien aufbewahrt, aus dem der Polichinel der Modernen
geworden ist, der schon eine lange, gedrückte Nase hat, und welchem die moderne
Satire als weitere Beweise die zwei Höcker der Helden der Marionetten beifügte.
Die Fresken von Pompeji, die Epigramme, mit welchen der Schelm oder Dichter,
der Lazzarone der alten Zeit die Mauer bekratzte, waren mit leicht hingeworfenen
Zeichnungen verziert. In Frankreich findet, nachdem der Sturm der Einfälle der
Barbaren vorüber ist, der gallo-lateinische Geist schnell den Weg der Satire wieder,
und die Zeichnung wie der erzählende Vers (fabliau) wurden in unserem Mittel-
alter zu einer Waffe der Verteidigung und des Protestes des Schwachen gegen-

1

Das Haus des Hahnrei.

über dem Starken. Gegenüber dem Mächtigen besitzt das Volk als Waffen des Verstandes und der Kunst den Fabulisten, sofern er Poet ist, das Blatt aus dem Meßbuch, wenn es farbige oder Miniaturmalerei ist, den Drachenkopf der Kathedrale, wenn er Bildhauerarbeit ist.

Sehr schnell breitete sich die Begeisterung unter den Produktionen des hieratischen Stiles aus. Es gab ganz nahe an der Stelle, wo sich gegenwärtig in Paris der Torbogen von St. Martin befindet, eine lange, ganz mit Läden und Buden von Miniaturmalereien besetzte Sackgasse. Man zeichnete, langsam fortschreitend, auf kostbares Velin oder seltenes Pergament die schönen Bilder für die Gebetbücher und die Lebensbeschreibungen der Heiligen. Die einen beschäftigten sich damit, die Seiten mit einer hübschen Zierarabeste zu umrahmen, die andern, in den leeren Innenstellen des Zierbuchstabens eine der Szenen aus der Passion anzubringen. Zuerst ahmten sie getreu die Muster nach, welche sie von ihren ersten Meistern vorgefunden hatten; bald aber bricht sich ihre Persönlichkeit Bahn; das sind nicht mehr bloße Kopisten, das sind Artisten, Künstler, und unter ihnen treten Humoristen hervor. Als erste Hilfsquelle ihrer Belustigung dient ihnen der Teufel; der Böse scheint wie ausdrücklich dazu geschaffen, den Stoff zu ihren launigen Zeichnungen, ihren umherschweifenden Phantasiegebilden zu liefern.

2

Bald führten sie unter die Episoden aus der Geburt Christi die Charakter-zeichnung ein, die Ironie gegenüber der menschlichen Figur; unter die prächtigen Weisen aus dem Morgenlande und die Hirten im Stalle von Bethlehem schieben sie die Gestalt der Hebamme. Nichts verpflichtet sie dazu, diesen Hebammen ein reines, edles Profil zu geben, sie behandeln sie sehr realistisch und manchmal iro-nisch, und damit ist die charakteristische Zeichnung, die Karikatur in das Meßbuch eingeführt. Häufig gibt diese mit schalkhafter Bosheit entworfene Silhouette die Züge einer zanksüchtigen Nachbarin wieder, über die man sich belustigt, wenn die Spottzeichnung die Runde in den Ateliers, den Buden der Gasse macht. Man braucht nicht auf den großen Geist der Zeit zu schließen, weil man die Läden voller Leute findet, die ganz in der Beschäftigung, Hagiographien zu kopieren, aufgingen.

Es fehlte unter ihnen ganz gewiß nicht der Pariser Gamin, der von lustigen Geschichten, Späßen und drolligen Einfällen überschäumt, ebenso wie es darunter Baukünstler, Bildner, Steinschneider und Bildhauer gab.

*   *   *

Die Bildhauer haben in den weiten Raumverhältnissen der gotischen Kirche den passenden Platz an der Traufröhre entdeckt. Wir nehmen an, daß diese Masken, diese bizarren Formen, wo der menschliche Körper mit demjenigen des Tieres zu einer launigen Gesamtheit verschmilzt, die gezähmten Todsünden dar-stellen, die von der Kirche be-zwungene Macht des Teufels, die genötigt ist, dem Triumph des Glaubens beizuwohnen, um so einen wesentlichen Bestandteil des großen Gotteshauses zu bilden, welches seine Türme und seine Pfeiler dem Himmel entgegen-streckt. Wir erklären uns einver-standen mit der Theorie der Ma-dame d'Ayac, welche in den be-rühmten Traufröhren von Toulouse die Figuren der bezwungenen Tod-sünden sieht und in der Aufeinander-folge dieser Darstellungen einen

3. Traufröhre an der Kirche Notre Dame in Paris.

3

mystischen Sinn findet. Das bekräftigt die Theorie von Paulin-Paris, der in allen diesen bizarren, einen fieberhaften Eindruck erzeugenden Schöpfungen ebenso viele Karikaturen des Dämon sehen will. Ebenso sagt Paulin-Paris, daß man für die Jungfrau von der heiligen Dreieinigkeit den Ausdruck von allem gesucht hat, was man als das Anmutigste und das Edelste schätzt, und daß man sich vorgenommen hat, den Geist des Bösen mit den Attributen der Häßlichkeit, die das ganze System der sinnlich wahrnehmbaren Gegenstände beherrscht, zu umhüllen. Also jedes häßliche Gesicht, jede anmutlose Bewegung, die Warzen des Gesichtes, schlechte Angewohn= heiten, lendenlahmer Gang, das groteske, tierische Aussehen, der Ausdruck der Laster= haftigkeit, die Not des Lebens im Antlitz des Menschen, alles wurde zur bildlichen Darstellung an den Traufröhren verwendet. Die Bildhauer jener Zeit beobachteten mit sicherem Blick. Neuzeitliche Ärzte, u. a. Charcot und Richer haben nachgeforscht, welche Dosis von Genauigkeit das Mittelalter in der Verzerrung der Züge zur Darstellung der Leiden der Menschen, ihrer physischen Schmerzen, gebraucht hat; sie haben die Bilder von Skeptikern und Narren vergleichend nebeneinander gestellt und haben vollkommene Übereinstimmung gefunden; die Maladrerie, das Lazarus= haus lieferte den Bildhauern Modelle, ebenso die Einfältigen, die Halbnarren und die Beschränkten, die als Bettler unter dem Schatten der Kirche lebten; manche Fratze an der Haupttür ist nur die Abzeichnung des Gesichtes eines Armen, eines Fieberkranken, der dort die verkrüppelten Hände nach einem Almosen aus= streckte. Die menschlichen Dokumente sind zahlreich; aber die Bildhauer ließen es dabei nicht bewenden; es gibt unter diesen zahllosen Traufröhrenbildern nicht bloß unglückliche und ungestalte Gesichter. Häufig hat der Skulpteur an irgend einer Stelle des Kirchenbaues ein Raubtier angebracht, welches in Art und Ausdruck, in seiner Gesamterscheinung die Merkmale eines menschlichen Gebrechens zeigt, und die Form desjenigen Tieres hat, dem man das Gebrechen zuschreibt, um es literarisch für Satire und Dichtung verwenden zu können. So ist der Vogel, dessen Kopf mit einer Kapuze bedeckt ist, irgend eine alte, gierige und geizige Betschwester, die im Viertel bekannt ist und über die man sich lustig machen wollte. Noch vor den modernen Karikaturisten, welche, wie Decamps und Grandville, des komischen und satirischen Ausdruckes wegen menschliche Psychologien mit den tierischen Formen verquickten und die entfernten Ähnlichkeiten und Umrisse benutzen, haben die bilden= den Künstler (wie die Herausgeber des fabliau) es mit satirischer Apologie gemacht; sie hauen die Figur ihres Feindes, in ironischer Weise einem Tier ähnelnd, in den Stein. Auf diese Weise findet der Roman du Renard seine Illustratoren, wie auch die zahlreichen übrigen, diesem nachgebildeten Romane. Das ist bereits ein wenig soziale Satire, aber, wie fast immer im Mittelalter, vorsichtig in ein lachendes Ge= wand gehüllt. Es ist aber dennoch satirische, soziale Jovialität. Der Roman du Re= nard ist ganz gewiß und besonders für seinen Verfasser, lange bevor die Definition

4

Das Geldschrankgenie.
4. Charles Léandre. Synthetisches Spottbild auf die Humbert-Affäre.

der spottenden Apologie gefunden war, eine weitläufige Komödie in hundert verschiedenen Teilen, ist das Theater der Welt mit ihrer Hinterlist, ihrem Schabernack, ihrer Unterdrückung, ihrer Heuchelei; aber dabei doch folgerichtig die Schilderung
des Kampfes der Schwachen gegen die Starken, der geistigen gegen die rohe

5

13

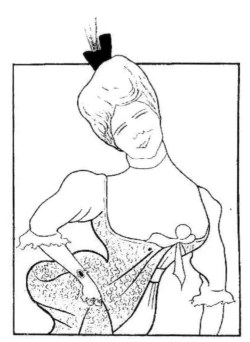

Macht, der perſönlichen Ver-
ſchlagenheit gegen die über-
kommene Unterdrückung und
gegen die erbliche Verbindung aller ſinnlichen Lüſte.

*   *

Schon in dieſer alten
Form entſpricht die Karikatur
vielfach ihren Abſichten. Sie
genügt manchen Anforde-
rungen, welche die Modernen
an ſie ſtellen. Wir laſſen
uns freilich nicht mehr an
einer amüſanten Zeichnung
und einer darunter befindlichen, ſchalkhaften Legende
genügen. Um von hohem
Intereſſe zu ſein, muß die
Karikatur eine zuverläſſige
Angabe, eine koſtbare Be-

5. C. Capiello. Karikatur auf die Varietékünſtlerin
Jeanne Granier.

lehrung, ein genaues Dokument über die Sitten der Zeit liefern.

Der Roman von Fauvel (einer der auf den Roman du Renard folgenden,
welcher den Triumph im geſellſchaftlichen Leben um die Erlangung aller Macht
ſeitens eines hoffärtigen und eitlen Pferdes zum Gegenſtande hat) zeigt uns in
einem ſeiner Stiche, auf einer der hübſchen Seiten, welche in Blau und Gold
architekturale Zeichnungen kirchlichen Stiles umranden, den „Charivari"*), der
Fauvel bei ſeiner Hochzeit dargebracht wurde. Er betritt das Zimmer, wo ihn
die Gattin erwartet, während dieſer Zeit erleidet er die Strafe, welche „la vielle
France" für die lächerlichen Ehemänner erfunden hatte. Dieſe alte Charivariſitte
lebt noch heute in entlegenen Winkeln des Landes. Sie beſteht darin, das verliebte
Paar mit einem burlesken Konzert zu regalieren, und dieſes närriſche Konzert findet
ſich im kolorierten Manuſkript von Fauvel ſchon dargeſtellt. Da ſehen wir die ver-
gnügten Geſichter der Kleinbürger des 14. Jahrhunderts ſich an ihrem Heiden-
lärm erfreuen. Das unharmoniſche Geräuſch der Bratpfannen und der Kochtöpfe,
auf welchen mit Schaufeln und Schippen herumgetrommelt wird, vermiſcht mit
den Tönen ſchlecht geſtimmter Inſtrumente und ſogar Gebrüll von Tieren hat ſein
Teil an dieſer Symphonie. Zu dieſer Ausgelaſſenheit hat man ſich verkleidet; der

*) Muſiklärm — Katzenmuſik.

6

eine ist in einen Sack gehüllt, der andere hat den Rock verkehrt an, andere haben sich in Frauenkleider gesteckt, und noch andere haben wunderliches Pelzwerk angelegt, und in diesem karnevalistischen Aufputz preist man mit markerschütterndem Gekreisch das Glück des Janvel, des Meisters der Welt mit dem leichten Hirn.

* * *

Das Mittelalter und die französische Karikatur.

Callot und Bosse.

Die Karikatur des Mittelalters ist häufig politisch, aber nicht das allein; nur sind zweifellos die politischen Erzeugnisse von den Holzschneidern in mehr Exemplaren abgezogen worden, als die nur jovialen oder sittenschildernden, und deshalb ist uns mehr davon erhalten geblieben. Die Reformation wurde ein vortreffliches Gebiet für die Kunst der Karikatur. Die vorhandenen Striche zeugen von Heftigkeit und von Haß auf beiden Seiten und sind zugleich belustigend, aber ihr Charakter schließt sie von unserm Gegenstande aus. Dafür entsteht, sobald die religiösen Leidenschaften sich einigermaßen beruhigt haben, eine herrliche Blütezeit von prächtigen, mit Ausdauer gearbeiteten Holzschnitten, welche alle dem Vergnügen der üblen Nachrede des lieben Nächsten und besonders den Frauen gewidmet sind. Die schönsten Vorlagen für die Karikatur sind durch die Schlemmerei, die Unzucht und die Hahnreischaft gegeben. Diese letztere war das bewegende Element der Komik der klassischen und mittelalterlichen Epochen.

Wie Arnolphe und Georges Daudin, um nur die berühmtesten zu nennen, hatte ein jeder unserer alten Karikaturisten seine Eigenart der Darstellung, die er uns oft vorführt. Die Stiche sind nicht immer bezeichnet, aber ein Mittel, sie zu erkennen, sie in das Werk desselben Meisters zu vereinigen, ist ohne Zweifel durch einen Vergleich der weiblichen Gesichter und des zerknirschten Aus-

Ich bin nicht schön, aber . . .

6. Charles Huart. Karikatur auf die Prostitution bei den Kasernen.

7

sehens des Gatten, welche die Karikaturisten gezeichnet haben, gegeben. Sie behandeln auch andere Stoffe. Da ist der Wunderhof, „cour de Miracles", mit seinen darin herumwimmelnden Scheusalen. Manche derselben lassen Callot vorahnen in den Liebesmahlen von Catin Bonbee, zu welchen die Landstreicher geladen sind, Colin, Clopin Trouillefou und auch mancher Krüppel, mancher verliebte Krückengänger und mancher beutegierige Lump. Auch begibt sich der Karikaturist, lange bevor Guys oder Gavarni auftreten, in die ehedem von Villon häufig besuchten Kreuzwege im Stadtviertel der schönen Heaumière, wie auch in dasjenige, wohin Féron, wenn man der Sage glauben darf, ging, um die Mittel seiner Rachsucht gegen François I. zu suchen, dessen Karikatur in den pantagruelischen Illustrationen erscheint, welche eine Legende dem Rabelais zuschreibt. Sie gehen dahin, wo die Macette des Maturin Regnier ihre Sitzungen hielt, und später zu dem Hospital, wohin Prévost Manon Lescaut führte, aber sie gehen hauptsächlich dahin, um zu lachen; die Stecher der berühmten Platten „Die Hochzeit von Jeanne" und „Der Tag nach der Hochzeit von Jeanne" zeigen uns die Art des Humors eines Badé. Die Mehrzahl der schönen Karikaturen von Callot verdanken wir flämischen Stechern. Es ist der fröhliche Geist eines Jérôme Bosch, in welchem man die Phantasie eines Breughel fühlte, die sich indessen schon in der Karikatur, der fast ernsten Charakterisierung, einem der hervorragendsten Züge der französischen Karikatur, in Abraham Bosse ankündigt.

Vor Abraham Bosse ist es Callot, der, nach dem glücklichen Ausdruck von Henri Bouchot, „zur rechten Zeit kam, gerade früh genug, um den Italienern und den Flamländern ihr Bestes zu entlehnen und es in seiner eigenen Sprache wiederzugeben". In seiner „Versuchung des heiligen Antonius" sind jene Teufel konstruiert nach den bizarren Silhouetten alter lothringischer Weiber, Genossinen von Zigeunerinnen und albernen Schwätzerinnen, die er mit den Kleidern von Prinzessinnen schmückt. Es sind aber noch andere Frauengestalten in seinen Stichen zu schauen, als jene diabolischen Fratzen; es gibt da Bürgersfrauen und Bäuerinnen; er zeigt uns mit Sicherheit die Koketterien einer kommenden Zeit, während er gleichzeitig einige der flämischen Rauheiten unterdrückt. Er ist Charakterzeichner. Die Frau spielt übrigens in seinem Werke keine überlegene Rolle. In seiner Versuchung des heiligen Antonius zeigt er nichts von den vorgefaßten Ansichten eines Modernen, eines Rops, welcher die weibliche Gestalt, die der Eremit mit dem größten Feuer und innerer Angst betrachtet, als in erster Linie von Interesse bezeichnet. In der Zeit Callots glaubt man noch zu sehr an den Teufel; Callot hat Freunde, welche Richter sind und Hexen verurteilen, welche den wahren, bezeichnenden und allgemeinen Charakter der Erscheinungen des Bösen erörtern; je nachdem er die eine oder die andere Form annimmt, nennt er sich: Verdelet, Saute-Buisson oder Persil und erscheint als schwarzer

8

Der unzufriedene Hörnerträger.

Seltener galant-satirischer Stich aus dem 17. Jahrhundert auf die Treulosigkeit der Frauen.

Les Pommes.
7. Charles Léandre. Moberne französische Karikatur.

8. Louis Morin.

Titelbild zur Revue des Quat' saisons. 1900.

Kater, als Bock und als Wolf. Wir finden auch bei Callot einen Hang, ein Verlangen nach größeren Schaustücken, ein Tempera- ment, welches ihn mehr zu dem Zigeunerleben und den Schrecken des Krieges hin- zieht als zur Darstellung der weiblichen Schönheit und der Verkehrtheiten seiner Zeit. Er beschäftigt sich weniger mit der Frau als Abraham Bosse.

Dieser ist ein ganz eigenartiger Künstler; man hat ihn mit den französischen Dichtern seiner Zeit ver- glichen oder doch mit ge- wissen unter ihnen, mit den- jenigen, für welche die Ver- ständigkeiten eines Malherbe nicht gemacht waren, mit dem Theophilus und dem St. Amant. Er hat von ihnen, sagt Valabrègue, der Autor der besten Abhand- lung über Bosse, den Überschwang, den Hauch, den Mangel an Geschmack, die brutale Art; nehmt davon die zwei letzten Bemerkungen hinweg, lasset ihm nur den Hauch und den Überschwang, so bleibt jene modernisierende Klarheit, die den- jenigen Poeten eigen ist, welche die klassische Bewegung aus ihrem Besitz ver- trieben hatten, denjenigen, die Gautier in seinem Studium über das Groteske wieder zu Ehren zu bringen versucht hat, und die in Wirklichkeit bezaubernde Dichter sind. Der Ruhm von Bosse war etwas in den Schatten gerückt worden, weil er mehr als diese die Klassiker bekämpfte. Er hatte es auf sich genommen, die Kunst der Modernen darzustellen, die lebendige Kunst gegenüber den Schülern italienischen Geschmacks wie Lebrun, den höfischen Maler, den bewundernswerten und kalten Dekorationsmaler. Das war das Leben im Kampfe gegen den Archäis- mus; das Leben kann nicht für immer unterdrückt werden. Die Stiche des Abraham

10

Bosse zeigen uns nicht Karikaturen im Sinne der Entstellung, aber er gehört in die Richtung unserer Studien wegen seines Prinzips der analytischen und satirischen Wiedergabe. Er sieht die schönen Frauen seiner Zeit und versucht keineswegs, aus ihren Zügen oder ihrem Aufputz eine komische Synthese herzuleiten, jedoch Hugenotte von Rasse und von etwas unzufriedener, grämlicher Gemütsart; meint er nach aufmerksamer Betrachtung, daß das viel Samt und Spitzen für ein einziges Geschöpf sei. Als ein Edikt von Ludwig XIII. den weiblichen Luxus einschränkt, stellt Bosse einen Stich her, wo eine Dame ihren Schmuck ablegt und, in ein fast schmuckloses Kleid gehüllt, erscheint. Bosse, der ein wenig Poet und zu gleicher Zeit Gelehrter wie plastischer Beobachter ist (wie später Gavarni, der dieselbe ein wenig unzufriedene, knurrige, feine, vielleicht etwas höher zu bewertende Erscheinung bietet), liebte unter seine Stiche Verse anzubringen. Die so einfach bekleidete Dame sagt:

Quoique j'ai assez de bauté   Il semble pourtant à mes yeux
Pour assurer sans vanité   Qu'avecque l'or et la dentelle
Qu'il n'est pas de femme plus belle Je m'ajuste encore bien mieux.

„Obgleich ich schön genug bin, um ohne Eitelkeit versichern zu können, daß es schönere Frauen nicht gibt, scheint es mir dennoch, daß ich goldgeschmückt und spitzenangetan mich noch viel besser ausnehmen würde."

So ist das Merkmal von Bosse ohne Übertreibung, ohne Schwulst genau gekennzeichnet. Einer seiner Stiche nennt sich: „Les Femmes à table en l'absence de leur mari". (Frauen bei Tische in Abwesenheit ihrer Gatten). Nichts deutet auf den abwesenden Gatten, kein Zug schlechten oder närrischen Geschmackes, nichts Deklamatorisches im Benehmen der Frauen — keine Ausgelassenheit, aber durch diese zehn Essenden, die um den Tisch versammelt sind, geht etwas wie eine sprudelnde Fröhlichkeit. Sie sind sehr bei Stimmung, sie sind glücklich, sie sind reizend, sie sind

Die Verführerin.
9. Symbolische Karikatur von Gavarni.

11

ſtrahlend; aber mehr als das, ſie erſcheinen uns als Befreite. In den „Vierges folles", gleichviel, ob er die Verſchwendung oder die Faulheit zeigt, übertreibt er nicht; die Bewegungen ſind natürlich, aber die Satire iſt da. Hogarth hat ſolche Merkmale, doch ſind ſie weniger zurückhaltend als diejenigen von Boſſe. Hogarth zeigt das Leben durch eine Bewegung an, durch eine Gebärde, die ſeinem Stiche Deutung und Sinn gibt. So geht der Intendant ſeiner „Mariage à la mode" davon, indem er die Arme zum Himmel erhebt, wie ein Intendant der Komödie. Boſſe ſpottet nicht einmal, er zeigt, läßt Schlüſſe ziehen, und ſeine Anmerkungen ſind immer richtig. In „Mariage à la ville" bei dem Stiche der „soir de Noces" zeigt ſich der Gatte, der den ein wenig überhitzten Galan, welcher die Schlittſchuhe der Frau verſteckt hält, hinauskomplimentiert, gar nicht heftig, er lächelt, aber er hat eine ſichere, ſanfte und beſtimmte Art, zu zeigen, daß der Augenblick, Abſchied zu nehmen, gekommen iſt. So hat das Werk von Boſſe bald gemütsbewegenden, bald ſatiriſchen Charakter; gegen das Ende ſeines Lebens iſt er vielleicht weniger ſtreng als vorher; das Studium ſeiner Umgebung hat ihn nachſichtiger gemacht. Gegenüber dem Frauenjäger hat er jedoch alle Strenge bewahrt, gegenüber dem Elegant, dem Bramarbas, dem Aufſchneider, dem Kapitän Fracaſſe, deſſen Häßlichkeit er durch das aus einer ſteifen Halskrauſe unter einem Hute à la mode hervortretenden Bulldoggengeſicht kennzeichnet. Es macht ihm Spaß, ſo viel Vulgarität des Geſichtes neben Eleganz des Kleides zu ſtellen. Im „Spanier und ſeinem Lakaien" verſpottet er den Hofmacher, das Muſter der Schönheit, für welches der edle Spanier oder was ſich in ſpaniſcher Art aufputzend als ſolcher fühlt, und der kleine Lakai, der oft mit ebenſo ſchwülſtigen wie unnützen galanten Sendſchreiben beauftragt wird, ſcheint Grimmaſſen zu ſchneiden und den emphatiſchen Gang ſeines Herrn und Meiſters nachzuahmen. Das ſind moraliſche Zeichnungen, zu welchen er eigene Stoffe und Erzählungen benutzt. Der Erfinder des Rêveur, deſſen ausgezeichneten Stich wir in dieſem Buche bringen, iſt ein vornehmer Künſtler.

* * *

Das 18. Jahrhundert bis zur Revolution.

Gillot, Eiſen, Gravelot, Watteau ſind Charakterzeichner. Sie ſuchen keine Übertreibung, aber in ihrer Darſtellung der Schönheit iſt ein Lächeln. Die Zeichnungen von Eiſen oder von Gravelot ſuchen vor allem Feinheit und Grazie. Ihre Bücher mit Vignetten enthalten viele ſchöne, ganz dem Preiſe des Frauenkörpers und des weiblichen Putzes gewidmete Seiten. Man könnte unter die ſatiriſchen Zeichnungen oder Vignetten mit der Abſicht der Komik Platten wie die

12

10. Louis Morin. Grotestes Titelbild der Speisenfolge zum 11. „Diner de Faveur"
der Pariser Schauspieler und Schauspielerinnen. 1901.

Illustrationen von Bou-
cher zu den Komödien des
Molière rechnen, denn
der Gegenstand eignet sich
zum Schabernack und die
Frau des Georges Dandin
ebenso wie Zerbine oder
jede andere Soubrette
hätte Anlaß zu gleichzeitig
eleganten wie possenhaften
Evolationen geben kön-
nen. Boucher hat sich
derartig in seinen Illu-
strationen von seiner Zeit
beeinflussen lassen, daß es
nicht mehr die Personen
Molières sind, die er vorführt, sondern diejenigen
von Marivaux, und da
ist es denn die Grazie,
die Koketterie, das rüh-

Liebe von heute.

11. Louis Morin. Galante Karikatur auf die modernen Favoritinnen.

rende, verführende, schel-
mische Lächeln, zwar nicht
mehr Satire, aber noch Komödie und Karikatur. Die Kunst der Zeit übt auch
ihren Witz an der Pariserin, aber in sehr milder, sehr wenig heftiger Weise;
so ist die Pariserin auf dem Lande sehr aufrichtig erstaunt beim Anblick dieser
ländlichen Natur, wo es gar keine Rasenplätze gibt; als sie pflügende Landleute
sieht, sagt sie: „Ah! sie pflügen, ich hatte mir so etwas gedacht, das also nennt
man Ackerbau! Ich wollte schon seit lange gern einmal pflügen sehen!"*) Eine
Menge von schalkhaften Vignetten sind nicht schärfer als diese Harmlosigkeit.
Baudouin, der Schwiegersohn von Boucher, der artige Aquarellist, liebt die Harmonie der weiblichen Züge viel zu sehr, um jener Frau ein tragisches Ansehen zu
geben, die, versteckt hinter einem Haufen auf einem Fauteuil geballter Matratzen,
ihren Gatten belauscht, wie dieser dem auf das Bett, welches sie eben zu machen
im Begriffe war, geworfenen Stubenmädchen an den Busen greift; das ist viel
mehr ein galanter als satirischer Kupferstich. Die auf die Frau bezügliche
Karikatur ist erst seit den Zeiten politischer Krisis bissig geworden, bisweilen

*) „Ah! ils labourent; je m'en étais un peu doutée, voilà donc le labourage! Il y a si
longtemps que j'étais curieuse de voir labourer!"

14

nimmt sie dieselbe in gewissem Maße in Schutz, so in den berühmten Stichen der Vestalinnen. Es gibt auch Karikaturen über die Coiffure und die Kostüme, aber wann hat man nicht die Karikatur der Mode besungen?

*   *   *

Die heitere Vignette des 18. Jahrhunderts wird erst zur Zeit der Revolution Karikatur; so hat Debucourt, einer der Letztgekommenen des 18. Jahrhunderts, zwei Perioden, die der Zartheit und die der Karikatur. Goncourt bemerkt darüber: Der Ruhm Debucourts besteht darin, in zwei farbigen Stichen das ganze wimmelnde Leben des Palais Royal seiner Zeit festgehalten zu haben. Die Zeit des Palais Royal geht bis zum zweiten Kaiserreich. Die Sittenschilderer werden sich immer damit beschäftigen, schon weil es eine der Stellen ist, wo neben den edelsten politischen Leidenschaften jene starken anderen menschlichen Leidenschaften, die Unzucht und das Spiel am meisten hervortreten. Die jungen Leute ließen ihre „Promeneuses", ihre Damen dort, um Desmoulins anzuhören, und liefen zur

Un bœuf à la mode et une caille.
12. Satirische Karikatur auf die gehörnten Ehemänner von Grandville.

15

Madame! Madame! Ein Billet für den Ball für einen Kuß von Ihnen, Madame!
Das ist billiger als an der Kasse.

13. Karikatur aus der Serie „Les Lorettes" von Gavarni.

Bastille. Unter der Restauration zügelten die Freunde der Freiheit durch ihre
Schnellfertigkeit in der Herausforderung zum Duell die Insolenz der Reaktionäre.
Auch haben Maler und Schriftsteller das alte Palais Royal geschildert, so Debu-
court in seiner Eigenschaft als Historiograph des Ortes, neben Balzac. Sie
wirkten nicht zu gleicher Zeit, aber das Aufwallen der Intellektualität und des
Vergnügens, welches man bei Balzac findet, zeigt auch Debucourt, wenn schon
die Züge der Idealität bei ihm geringer sind. Das Verdienst des Debucourtschen
Werkes erhöht sich dadurch, daß im zweiten Stich „La Promenade" die zahl-
reiche Serie der Figuranten tatsächlich eine große Serie von Porträts darstellt.
Man hat, soviel ich weiß, die Physiognomien noch nicht authentifiziert, aber
M. de Jouy, der es genau wissen konnte, bescheinigt es in seinem „Ermite de

16

Das Urteil des Paris.
14. Louis Morin. Moderne französische Karikatur auf die Eitelkeit der Frauen.

la chaussée d'Antin". Nach seiner Periode der Zartheit hat Debucourt schon etwas von der Karikatur des 19. Jahrhunderts angenommen. Er zeigt die an, welche kommen werden. Er läßt die Art Hogarths erkennen und er ist nicht weit von Vernet, dessen Graveur er übrigens war. Vernet und Debucourt, das sind die beiden Erstgekommenen der modernen Karikaturisten, der modernen Charakterschilderer, mit welchen wir uns in diesem Buche beschäftigen wollen.

Bevor wir in das Detail der Werke und zu den genaueren Definitionen der Künstler übergehen, lassen wir einige Zeilen über das eigentliche Wesen unseres Gegenstandes folgen.

*　*　*

Sataniker und Moralisten in der Karikatur.

Baudelaire, einer der ersten Schriftsteller, die sich ernstlich mit der Kunst der Karikatur beschäftigt haben, hat sehr bemerkenswerte Dinge über das Wesen des Lachens geschrieben. Er denkt lange über eine Phrase nach (deren Autor er nicht kennt), die er im Epigraph zu einem Kapitel von Joseph de Maistre findet. „Le sage ne rit qu'en tremblant" („Nur zaghaft lacht der Weise"), eine düstere Lapidarschrift, die jener andern schroff entgegengesetzt ist: „Le rire est le propre de l'homme" („Das Lachen ist des Menschen Gut").

Die Meinung von Baudelaire hat einen unbestreitbaren Wert, zunächst wegen ihrer literarischen Anlagen, dann weil er mit Champfleury und mit viel mehr Tiefe

17

3

Little Tich als Frau.
15. Karikatur von Charles Léandre.

als der Autor der „Bourgeois de Molinchart" und der Geschichte der Karikatur sich mit Künstlern und Karikaturisten seiner Zeit beschäftigt hat. Er hat Guys erklärt und Rops gewissermaßen entdeckt. Seine Ansicht ist also für einen hervorragenden Theoretiker überaus wertvoll. In der Folge hat sich ein Teil der Karikaturisten, und nicht der geringste unter den Zeichnern seiner Zeit, zu ihr bekehrt. Daß seine Äußerungen über allgemeine Ästhetik der Karikatur manches dem Interview verdanken, daß sie durch seinen Dolmetscher uns die Meinung von Leuten wie Guys und Rops vermitteln, kann deren Wichtigkeit nur erhöhen. Wenn diese Künstler sich im Gegenteil durch Werke mit seiner Theorie solidarisch erklärt haben, so vermindert das nicht im geringsten den Wert seiner These. Durch Rops, durch Le Poitevin, durch noch andere ist für diejenigen, welche man in den Zeiten der Romantik die „Sataniques" nannte, eine Schule der „bitteren" Charakteristiker geschaffen worden, die gewiß nur „zaghaft lachten", wenigstens im Prinzip; denn der Satanismus hat sie nicht daran gehindert, Lebemänner zu sein. Aber auch Künstler von Wert, gewöhnt, über ihre Kunst nachzudenken, wenn sie im Moment selbst der Arbeit, nach dem Vorbilde des „Lope de Vega" ihre Theorien in tiefe, mit sicherem Schlüssel verschlossene Kästen niederlegen, ermangeln nicht, ihr ein wenig zu gehorchen. Fügen wir hinzu, daß, weil die Theorien durch das Temperament eines jeden bestimmt werden, ein jeglicher empfindet und erkennt, was seine Natur, sein Erbteil, seine Kultur, seine Lieblingslektüre, seine Beobachtung der Ähnlichkeiten, die Erforschung des eigenen Ichs, die der Mensch bei jedem Ding, jeder sinnlichen Wahrnehmung macht, ihm zu erkennen gestatten, doch etwas Satanisches in seinem Werke bleibt, etwas Satanisches und Lebenslustiges. So würde es also unter den Charakteristen zwei große Spielarten geben, die Satanischen, die Bitteren, die Krankhaften, die Närrischen und andererseits die harmlosen Beobachter, die Ironischen, wenn der Kategorien nicht unendlich viel mehr wären als diese beiden. Die Karikatur oder die Charakterzeichnung hat sich in unserer Zeit schon seit dem 12. Jahrhundert, im Verhältnis zur Erweiterung, die seitdem die Werke des Geistes erfahren haben, und auch im Verhältnis zu den neuen und raschen Mitteln der Ausführung vervielfältigt. Die Jean d'Igny, die

18

Boffe, die Josper Jfac sind relativ glücklicher als die Karikaturisten des Mittelalters. Wer immer im Mittelalter einen Mann, eine Frau, ein Gebrechen genügend verabscheut, um es in verschlimmerndem Sinne zu beschreiben und darzustellen, stulpiert eine Traufröhre oder koloriert ein Manuskript. Ein Mann wie
Callot oder Boffe ist schon besser daran als der Autor der „Noce de Jeanne",
da er nicht gezwungen ist, in langsamer Weise das Holz zu bearbeiten; Callot ist
es mit der schnelleren Ätzmanier, Cochin oder St. Aubin aber stechen und der
Stichel ist kein rasch arbeitendes Werkzeug, aber man kann, wenn es erwünscht
scheint, das Verfahren von Demarteau, dem Graveur von Boufcher, anwenden,
welches der Zeichnung ihre ganze Feinheit läßt. Debucourt, der ein Mann von
praktischem Geschick war, hat, seitdem er das Verfahren von Janinet kennen gelernt,
für eigene Anwendung eine gefällige Interpretation davon machen können. Die

Ces petites Dames.
— Ich will keine Schuhe mehr, ich will ungarische Stiefel mit Goldquasten und sehr hohen Absätzen ...
— Soll man Sporen draufsetzen?
16. de Beaumont. Galante Karikatur auf die herrschsüchtigen Frauen.

19

Moderne Bildhauerkunst.
17. Louis Morin. Karikatur auf den berühmten Bildhauer Rodin und seine Kunst.

Romantiker, noch glücklicher, haben die Lithographie, andere den Vorgang, der darin besteht, auf Holz zu zeichnen, welches nach ihnen ein Graveur kunstreich bearbeitet und ausführt. Abgesehen von dieser Vervielfältigung durch verschiedene Arten des Verfahrens, konnte man auch eine Vermehrung der Liebhaber und Leser beobachten.

Aus diesem Zugang von mehr Leuten, mehr Künstlern von verschiedener Charakterisierung, von verschiedener Veranlagung für Kunst und Karikatur, sind neue Kategorien von Künstlern hervorgegangen. Kunst und Handwerk in der Karikatur haben sich umgebildet, und zwar derart, daß neulich, bei den vom Figaro durch M. Roger Milès gehaltenen Umfragen, Willette allgemeine bewundernde Zustimmung von seiten seiner Kollegen zuteil wurde, als er erklärte, daß der Ausdruck „Karikaturist" ungeeignet sei für Künstler von Talent, die das machen, was man Karikatur nennt, und daß ihnen jetzt weit mehr die Bezeichnung „Humoristen" zustehe. Er hatte übrigens recht. Die Karikatur ist nur ein Zweig der Charakterzeichnung, und die Charakterzeichnung nur ein Zweig der Kunst. Der wahre Karikaturist oder Charakterzeichner muß ein vollendeter Künstler sein, der, sachverständig in der Aufnahme der hervorragenden Züge einer Physiognomie, diese, wenn er will, übertreiben kann, aber auch anderes zu schaffen versteht. Breughel der Ältere ist nicht mehr Karikaturist als Daumier. Das ist nicht nur eine Frage um Worte. Es ist ein Unterschied zwischen zwei Arbeitsarten. Der Graphismus eines Travies geht einzig aus der Karikatur hervor, die übrigens eine ebenso

20

Blindekuh.

Warum dem Hymen heute noch die Augen verbinden? Würde er doch nicht besser sehen, wenn sie geöffnet wären!

Galante Karikatur auf die Treulosigkeit der Frauen von Voßio.

vollendete Befähigung wie die eines Oberländer erzeugen kann. Aber Daumier, Maler und Zeichner, Gavarni, Moralist und Gelehrter, Grandville, der geistreiche Träumer, Léandre, der ausgezeichnete Porträts schafft, Taffaert, der gute Gemälde gegeben hat, sind Karikaturisten; nur gewähren sie, unter anderen Merkmalen, einen Überblick über ihr Talent in den satirischen Zeichnungen. Wir stimmen mit ihnen darin überein, daß das Wort Karikatur eine vage Bezeichnung ist, die ebenso auf den niedrig-komischen Geist der mit Beobachtungsgabe ausgewählten Zeichner wie auf die methodischen Produktionen humoristischer Zeichnungen seitens der Erzeuger von Kunstwerken, die allen anderen Kunstwerken gleichen, angewendet werden kann. Daß gewisse von ihnen besonders in der Karikatur glänzten, ist wahr, das gilt besonders für Le Poitevin, der außer seinen Diablerien (Teufeleien) nichts Taugliches geschaffen hat.

Das führt uns zur satanischen Schule zurück. Sie geht mit Rops und mit Le Poitevin zu Ende (wenn auch kein Vergleich zwischen dem vielseitigen Genie von Rops und der glücklichen Grille eines Le Poitevin gemacht werden soll). Sie geht mit Baudelaire als Kritiker mitten in einem schönen Aufblühen zu Ende. Ihre Beziehungen, ihr Ursprung sind verehrungswürdig; denn sie umfassen in den schmerzlichen oder satirischen Tranfröhrenbildern, die ein Laster geißeln oder die Züge eines Besessenen wiedergeben, die mittelalterlichen Karikaturen. Heute herrscht die Diablerie, die so tragisch war, nicht mehr vor; die letzten Teufel der Legende haben sich in seltsame Folterknechte umgewandelt, mit welchen Th. Th. Heine in Deutschland einige seiner Stiche geschmückt hat. In Frankreich besonders folgt die

18. Louis Morin. Galante Karikatur auf den Direktor des Courrier français Jules Roques in Form einer Neujahrskarte.

21

Parifer Zwiegespräch.
— Ist Madame de St.-Phare zu sprechen?
— Nein, mein Herr, sie ist ausgegangen ...
— Ah, und von wann ab ist sie zu treffen?
— Von Mitternacht an ...
19. Galante Karikatur von de Beaumont.

Karikatur zwei großen Strömungen, den Strömungen allgemeiner Beobachtung eines Daumier, den veristischen Strömungen eines Raffaelli, eines Degas, eines Léandre und fast auch eines Renoir, dessen Studien vom Montmartre, wie paradox dies auch erscheinen möge, auf die Karikaturisten eingewirkt haben.

* * *

Da die Karikatur zur Charakteristik, zum Humor, zur sozialen Forschung erweitert, mehr und mehr in das Bereich der Beobachtung eingetreten ist, so erklärt man sich leicht, wenn man dies in Berücksichtigung zieht, warum sie mehr und mehr zergliedert; die ersten Karikaturen sind quasi theoretisch, je mehr man sich aber der neueren Zeit nähert, gewinnt die Karikatur Leben.

Je mehr Leben sie gewinnt, desto mehr tritt die Frau hervor, in allen Zeitpunkten ihres Lebens, statt nur in einigen wesentlichen Passionen, deren Ursache, deren Schauplatz sie ist, dargestellt zu werden.

22

Gegen Angriffe gefeit!
20. Charles Léandre. Karikatur auf die alten Jungfern.

Les Amants peu dégoutés.

21. Abraham Boffe. Stich aus dem 17. Jahrhundert auf die Geldheiraten.

Nennen wir ein Beiſpiel. Nehmen wir Bezug auf die amüſanten, ſo wunderbar entworfenen, ſo farbenprächtigen Holzſchnittzeichnungen der „Noce de Jeanne“. Nehmen wir Bezug auf die Platten der Veſtalinnen, gehen wir von da zu den Blauſtrümpfen von Daumier über, zu den Loretten von Guys, zu den Gigoletten von Lautrec, zu den Malweibern Léandre, zur Madame Bordin de Huort, ſo begreifen wir, daß die Karikatur weniger herbe wird, oder doch, daß ihre Art wechſelt. Sie ſucht immer weniger und weniger zu brand= marken. Sie läßt ſich erweichen. Sie ſucht alles zu verſtehen und alles zu ſynthetiſieren. Iſt das ein Fortſchritt? Zweifellos; aber es iſt auch ein Wandel, denn die Erforſchung des Charakters ſteht über der Jovialität, die häufig grauſam iſt. Das Kind reſpektiert nichts, der junge Menſch achtet ſchon auf das, was er ſagt, der reife Mann erwägt, prüft, verzeiht bisweilen, erklärt immer, die Karikatur iſt an ihrer Periode der vollen Reife angelangt. Sie iſt weniger rachſüchtig (ſie war es bisweilen im Übermaß), ſondern ſie iſt menſchlicher geworden und, menſch= licher geworden, iſt ſie noch mehr „Kunſt“ geworden.

*　　*　　*

24

Verzweiflung der bis ins Heiligtum verfolgten Vestalinnen.
22. Satirischer Kupferstich des 18. Jahrhunderts aus der Serie „Les Vestales".

Die Zeit der Restauration.

Zwei Zeitabschnitte der heiteren und satirischen Karikatur.

Carle Vernet und Traviès folgen aufeinander. Carle Vernet entstammt
dem 19. Jahrhundert, lebte unter dem Kaiserreich und der Restauration; Traviès
tritt ein wenig vor Daumier auf. Carle Vernet ist Zeitgenosse von Debucourt, der,
gegen das Ende seines Lebens müde geworden, auf eigene Erfindung verzichtet
und für Vernet arbeitet. Debucourt bedeutet den Ausgang des 18. Jahrhunderts
— Vernet den Beginn des 19. Jahrhunderts und er bildet ein Glied der liebenswürdigen, frohsinnigen, galanten, ingeniösen, feinfühligen Künstlerfamilie, die
zwar spottlustig, aber doch ohne Schärfe ist, der Boilly, Habey, Bosio. Carle
Vernet ist lebhaft, Traviès ist bitter. Mit ihm und Daumier lenkt die französische Karikatur in die Wege der großen Kunst ein. Traviès erreicht freilich
Daumier nicht, er hat weder seine enorme Gestaltungskraft noch seine unendliche
Mannigfaltigkeit, wenn er auch im Werk der Hand ihm häufig ebenbürtig ist . . .
jedoch in dem Umstande, daß Traviès sehr viel weniger gekannt ist, sehen wir
einen Grund, länger bei seinem Werke zu verweilen.

*   *   *

25

Carle Vernet.

Im Tingel-Tangel.
23. Galante Karikatur von Charles Léandre.

Carle Vernet ist eine leichtlebige, generöse, über= schäumende Natur; wie so viele Karikaturisten hat er sich nicht ausschließlich diesem Genre zugewendet. Im Gegen= teil, die Karikatur und die humoristische Zeichnung neh= men in seinem Werke nicht den beträchtlichsten Platz ein. Nicht sein Name, der Ruhm und der Ruf der drei Vernet, Joseph's, des klassischen Land= schafters, Carle's und seines Sohnes Horace erhielten ihn lebendig, sondern was ihn der Vergessenheit entreißt, sind seine leichten und jovialen Stiche. Man würde dem Maler der Schlacht von Millesimo und anderer Schlachtenbilder im Museum von Versailles nicht die große Aufmerksamkeit widmen, wenn er nicht auch der Autor dieser ironischen Entwürfe wäre. Wie später Lami, wie sein Sohn Horace, war Carle Vernet ein hervorragender Uniformenzeichner, und er unterscheidet nicht ohne Phantasie unter der Uniform seiner Militärs Art und Mannigfaltigkeit des berufsmäßigen Geistes. Seine sehr zahl= reichen, häufig vereinfachten Pferdestudien, die sich nur auf die Gangart des freien oder gerittenen Pferdes beziehen, sind ganz und gar nicht ohne Verdienst, aber den Ruhm schafften ihm besonders Stiche froher Art, satirische, leicht zwischen zwei ernsten Werken hingeworfene Skizzen, welche fortgesetzt, abgesehen vom Beweis seines großen Talentes, die Bekräftigung seines glücklichen Humors sind. Carle Vernet war ein Mann von Geist. Armand Dayot, in seinem Buche über „Die drei Vernet" zitiert ein Witzwort von ihm. An der Ecke einer Straße in Paris, während der Nacht, forderte jemand von ihm „La bourse ou la vie" — er antwortet: „La bourse est au coin de la rue, à droite, et l'avis que je vous donne est de changer de profession" („Die Börse ist an der Straßenecke rechts, und der Avis, den ich Ihnen gebe, ist die Beschäftigung zu wechseln") — freilich machte ihn eine solide Schulterbreite zu solchen ausgezeichneten Ratschlägen tüchtig. Doch ist er

26

in der römischen Campagna weniger glücklich; er begegnet Banditen; sie sind in der Übermacht; er muß sich daher dazu bequemen, ihnen die Börse mit einigen Goldstücken darin zu überlassen. „C'est drôle", sagt Vernet zu den Briganten, „qu'avec le métier que vous faites, vous ayez toujours Saint-Louis cinq Louis) avec vous") („Es ist sonderbar, daß ihr bei eurem Gewerbe immer Saint Louis [cinq Louis] bei euch habt"). Er mystifiziert Vor= übergehende, indem er — wegen des sehr kalten und heftigen Windes zu einem Herrn sagt: „Monsieur, vou= lez-vous avoir la bonté de fermer la porte St.=Denis?" („Mein Herr, wollen Sie die

Diese schändlichen Engländer... sie können uns wahrhaftig von ihrem Lande aus sehen. Da wundert es mich nicht, daß sie so große Eile haben nach Frankreich zu kommen!
24. Galante Karikatur von Gavarni.

Güte haben, das Tor von St. Denis zuzumachen?").*) Das alles ist jedoch Schelmenlegende des Mannes; auch ohne diese Schlagfertigkeit konnte er in Worten drollig sein. Aus seinen Karikaturzeichnungen geht besonders hervor, was man „Esprit de rapin" (Farbenreiberwitz) nennen kann.

*   *   *

Man erzählt, daß, als er noch ganz jung war, viel von seiner Frühreife gesprochen wurde, so zwar, daß, als eines Tages sein Vater Joseph Vernet, des zeichnerischen Geschickes dieses Kindes von fünf Jahren zu Herrn d'Angivillers, dem Superintendenten der königlichen Gebäude, rühmende Erwähnung tat, die anwesenden Personen Einspruch erhoben, indem sie diese lebhafte Bewunderung dem väterlichen Gefühle zuschrieben. Da schickte Joseph Vernet sofort nach seinem Sohne, stellte ihn mit einem Zeichenstift und Papier mitten in den Salon und sagte zu ihm: Zeichne! Der Knabe beginnt ein Pferd. Alle loben seine Zeich= nung während der Ausführung. Jemand meint jedoch, daß er sie schlecht auf die

*) La Porte St.-Denis ist die Zugangspforte zur Straße St. Denis — ein Triumphbogen.

27

Seite gebracht habe und daß kein Platz für die Beine übrig wäre. Das Kind läßt reden und rasch teilt es die Beine durch eine Linie; das war Wasser; er hatte sein Pferd in das Bad gebracht, um die Beine verschwinden zu lassen! Schon ein kleiner Praktikus. Später bildet er seinen Geschmack am Zeichnen von Pferden weiter aus. Aber während er auf arabische Pferde feurige Mamelucken setzt, die er mit Ulanen und Kürassieren handgemein werden läßt, vernachlässigt er dabei nicht die humoristische Seite seiner Gegenstände. Er führt uns schöne Reiterinnen vor, die edle Reitkunst, das Defilieren korrekt bespannter Kutschen, die Begeisterung, aber auch Jagdunfälle. Da ist die Kutsche, die auf dem Wege in einem Sumpfloche zerbricht, und der Fall einer jungen Frau, die, mit dem Kopfe voran, zuerst herausstürzt, wie ehedem Phaëton aus dem Wagen des Apollo; oder es ist das Pferd, welches stürzt, sich erschreckt, jämmerlich lang hinlegt, oder ein langer Schlingel, welcher eine junge Frau, die ganz bestürzt über ihre eigene Furcht ist, mit dem Arme von einer Bank emporhebt. Das ist nicht mehr die feine Art der Ausfahrt im Gig, wo die Dame, welche ihn lenkt, so vornehm korrekt ist. Alle großen Dinge haben ihre Kehrseiten; aber der Sturz, den Carle Vernet seine Modelle tun läßt, ist würdig zum Ausdruck gebracht, die Unterröcke schürzen sich nicht auf.

Ist das Prüderie? Das ist nicht der Hauptfehler von Carle Vernet. Außer in den Reiterszenen und der Zertrümmerung der Karosse ist er ziemlich freimütig satirisch, niemals obszön, nur frei.

Um 1815 belustigte er sich sehr über die Beziehungen zwischen den royalistischen Französinnen und den Alliierten. Sein berühmtestes Bild ist bekannt. Einige Hochländer bücken sich, um etwas zu betrachten, und durch ihre Aufmerksamkeit und ihre Bewegungen geraten ihre Röckchen in Unordnung. Eine Vorübergehende bückt sich ihrerseits noch mehr, kniet nieder, um ein Schnürband wieder anzuknüpfen. Vernet scheint anzudeuten, daß das nur ein Vorwand für die hübsche Neugierige ist. Er macht sich in dem Stich: „Les adieux d'un Russe et d'une Parisienne" über die schranzenmäßige Korrektheit des Russen lustig, wie über die Pariser Mode, die das Gesicht der jungen Frau hinter einem engen trichterförmigen Hute verbirgt; übrigens zeigt er gleichzeitig auch die Galanterie und Zerlumptheit der Kosaken. Sein Werk enthält eine hübsche Serie von Farbenstichen. Er hat die Pariser Straße genau angesehen, er hat sie studiert zu einer Zeit, da die Restauration in die Stadt Gäste zurückgeführt hatte, die man lange nicht gesehen hatte: die Engländer.

Thakeray in seinem Roman „Vanity Fair" ermangelt nicht, uns genau zu vermelden, daß, nachdem der korsische Held in St. Helena eingeschlossen war, die Engländer, die der Krieg und die Kontinentalsperre sehr in ihrem Vergnügen am Reisen behindert hatte, sich wie Heuschrecken über die Badeorte und die kleinen

28

Der Liebesmarkt.

Karikatur auf die Proſtitution von Félicien Rops.

Beilage zu Guſtav Kahn, Das Weib in der Karikatur Frankreichs.   Hermann Schmidt's Verlag, Stuttgart.

Ein gefährlicher Feind.

25. Octave Tassaert. Galante Karikatur auf die Flohplage der Frauen.

Hauptstädte Deutschlands und besonders über Paris ausbreiteten. Die Reise nach Paris wurde obligatorisch für einen Fashionable oder eine Lady, die auf sich hielten. Gleichzeitig verließen die Pairswürdenträger und die Kleinbürger in Massen den Strand und die City, um Frankreich und Paris aufzusuchen. Daher diese „Promenades anglaises", wo Vernet die schwerfällige Art und die runden Augen John Bulls ohne Schonung behandelt und ihm lange, magere, mit großen Zähnen begabte „Bessere Hälften" zur Seite stellt. Bisweilen gibt er zu verstehen, daß der Wunsch der Missis, einen militärischen Freund vom Corps d'occupation

29

Die Neuvermählte vom Dorfe. —
26. Französischer Stich aus dem 16. Jahrhundert.

wiederzusehen, dem Grund der Reise des Paares nicht fremd ist, ein Fall, der sich vielleicht zugetragen hat. Im übrigen ist sein Studium der Pariser Straße allgemeiner und zusammenfassender als diese Augenblicksvision der Pittoresken aus der Invasion von 1815.

Eine ziemlich umfangreiche Sammlung von ihm nennt sich „Les cris de Paris"; im vorhergehenden Jahrhundert hatte Boucher, der, wenn er es wollte, Realist zu sein verstand, in seinen Zeichnungen die professionelle Art und Weise und die äußere Erscheinung der kleinen Berufe und Beschäftigungen der Straße geschildert. Er hatte den Kohlenhändler, das Blumenmädchen, den Essigbrauer, den Besenhändler, all diesen kleinen, amüsanten Plebs gezeichnet. Carle Vernet nahm den Versuch mit Detailschilderung, mit zahlreicheren Personen wieder auf. Sein Werk ist eine Reihe von Porträts Ungenannter. Das ist zwar nicht Karikatur, aber doch von belustigender Wirkung. Wie soll auch die Darstellung einer Lumpenhändlerin nicht belustigen, die, um ihre Ware besser und leichter zu tragen, sich den Kopf mit einem wahren Gerüst alter, ineinandergeschobener Hüte bedeckt hat; wie sollte man nicht lächeln beim Anblick der Mützenhändlerin mit dem Tragkorb voller Mützen, die Hände überladen mit Mützen, die, damit niemand in Unkenntnis darüber bleibe, was sie verkauft, den schlauen Kopf mit einer enormen Mütze bedeckt hat.

Diese Sammlung ist eine ganze Enzyklopädie der Straße und wird durch die anderen komischen Stiche von Vernet vervollkommnet, durch diejenigen, in welchen er u. a. den Besitzer gelehrter Hunde zeigt, wie er mit lautem Peitschenknallen die mit Frauenhauben angetanen Windspiele durch den Reifen jagt, oder wo er sich den Liebhabern von Himmelserscheinungen widmet, die sich drehen und wenden, um durch ihre geschwärzten Gläser die Mondfinsternis sehen zu können. Aber das

30

ist nicht das einzige Ziel aller dieser Maulaffen, es gibt keine, selbst ursprünglich
rein wissenschaftliche Zusammenkunft, bei der die Galanterie all ihre Rechte verloren
hätte. Würden die Sonne oder der Mond am Himmel den sehr wohlgekleideten
Herrn, der dort hinter einer schönen Dame steht, völlig in Anspruch nehmen, so
sähe das Gesicht derselben nicht so erregt aus, und sein Arm hätte nicht die
Drehung nach einem Unverschämten, wie um diesem eine tüchtige Ohrfeige zu ver-
abreichen. So zeigt uns Vernet in drolliger Weise und ohne Schärfe das Schauspiel der Straße in den Späßen der Gaukler, in den Liebeshändeln der Straße; mit
einfachen, leichten Scherzen deutet er in bezug auf die Befriedigung der aller-
natürlichsten Bedürfnisse die fatalen Hindernisse vor besetzter Örtlichkeit an. Sein
Einfluß ist für das Entstehen einer Anzahl anonymer Karikaturen von weniger
komischer Tonart, weil sie gröber und weniger fein ausgeführt waren, überwiegend
gewesen; man hat wegen einiger Freiheiten und brüsk bloßgelegten Fleisches auf zahlreichen dieser Schwänke, viel Wesens von ihnen gemacht; aber in ihrer sklavischen Nachahmung haben sie doch bei weitem nicht den Wert eines Lächelns von Carle Vernet.
Mit ihm verschwindet, nicht für immer, aber für einige Zeit, jener Geist des freien
Spottes, jener Eingebungen der Straße, wo im 18. Jahrhundert, außer den Schriftstellern, ein Vadé und ein Caylus nebeneinander hausten. Wir finden in Vernet
die Vereinigung zweier Temperamente,
und wie bei Vadé ist sein freier Scherz
mit Sentimentalität durchsetzt.

Travies.

Travies ist bitter, gewalttätig, ein
Menschenhasser und Weiberfeind. Kein
Komiker, aber ein Ironiker. Er ist kein
Maler, dem die Karikatur Unterhaltung
bietet, er ist durchaus Karikaturist, wenigstens ist das ganz und gar der wesentliche Teil seiner Kunst; wohl hat er auch,
des täglichen Brotes wegen, Zeichnungen
industrieller Kunst für gewebte Stoffe
und Buntdruckpapiere gemacht. Man
erkennt aus seiner Arbeit nicht, ob sie
ihm angenehm war; er gibt nichts Neues;
das zählt nicht in seinem Leben. Er geht
ganz in seinen Zeichnungen des Humors
auf, eines oft feinen, und noch öfter, wenn

Schäferlied.
27. Galante Karikatur von Louis Morin.

31

auch nicht groben, doch so sehr robusten Humors. Das ist viel mehr Sarkasmus als Scherz. Wenn andere Karikaturisten Amüseure sind, so ist er ein Pamphletär. Als Pamphletär kritisiert er besonders die Sitten, denn er scheint moralisierende Absichten zu haben. Er enttäuscht. Er hat etwas von Diogenes, von Timon von Athen. Im dramatischen Sinne seiner Zeit weist er auf Desgenais hin, doch ist Desgenais ein Kind neben diesem Moralisten. Im Vergleich mit Gavarni besitzt er in den zeichnenden Künsten und besonders in der Karikatur nicht jenes gleichzeitig lebendige, spitzige und feindselige psychologische bis ins einzelne gehende Studium der Frau. Traviès bemüht sich nicht, Frauenworte zu notieren; bei ihm gibt es ganz und gar keine Wortscherze. Wenn man ihn mit Daumier vergleicht, wird man ihn, besonders als Zeichner, bisweilen geringer einschätzen. Sein Geistesgebiet ist weniger groß. Er macht keine soziale Satire von gleichem Aufsehen, er hat keine jener auf republikanischer Grundlage für die Freiheit Begeisterung zeigenden Stiche, die das Werk von Daumier mit historischen Gemälden bereichern. Er ist kleiner, aber sein Kleid paßt ihm und auf seinem Gebiet ist er Meister. Er hat vielleicht jener blendenden Serie der Blaustrümpfe des Daumier nichts Ebenbürtiges in literarischer Satire über die Frauen an die Seite zu stellen. Seine Art ist herber, roher. Er gibt sich sehr wenig damit ab, hübsche Frauen abzubilden, wenn er sie aber zusammen mit seinem Mayeur bringt, fühlt man heraus, daß er sie mit seinem

ganzen Können verschönt, man könnte meinen, um des Kontrastes willen, um sein Scheusal noch widerwärtiger erscheinen zu lassen. Das ist es jedoch durchaus nicht, sondern um so verführerischer er sie darstellt, und geneigt, dem buckligen Mayeur ihre Gunst zu bewilligen, um so mehr besteht er auf ihrer Niederträchtigkeit und ihrer Verkäuflichkeit, und man fühlt dann, daß es ihn mit hüpfender Freude erfüllt. Traviès ist der Erfinder des Mayeur, er hat die Idee dazu, glaube ich, im schlüpfrigen Chanson gefunden; die Buckligen standen in Frankreich immer im

Unsere Spießbürger daheim.
28. Gesellschaftliche Karikatur von Charles Léandre.

32

Sommerfreuden.

Erfrischende Morgenbusche zur Nachahmung empfohlen. Die Neugierde der Wächter garantiert für absolute Sicherheit.

Moderne galant-satirische Karikatur von George Meunier.

59

Der Einfluß des Mondes auf die Weiberköpfe.
29. Alter französischer Stich (wahrscheinlich 17. Jahrhundert).

Rufe des Witzes und der Ausschweifung. Bekanntlich wurde das Nebenwort „der Bucklige" im Mittelalter angewendet, wenn man einfach einen „Mann von Geist" bezeichnen wollte, und man weiß, daß Adam d'Arras schlank wie ein I war. Sein Geist verschaffte ihm diesen Beinamen. Das Lied und die Karikatur stehen zueinander in Beziehung, und ebenso, wie man zur Zeit von Carle Vernet im Vaudeville den Engländer auf Reisen nachahmte, besang man vor Traviès und zur Zeit desselben den Mayeux, den buckligen Bourgeois, den Ausgelassenen, Derbgalanten, in beiden Auffassungen Unbescheidenen. Traviès hat ihn tatsächlich geschaffen, indem er ihn zu einem Typ erhob. Mayeux hält sich zwar für keinen Apollo, doch meint er nicht ganz von den Grazien verlassen zu sein, er schmeichelt sich, ein Herkules zu sein, und wenn er sich dessen schmeichelt, so ist es nicht so sehr als Nationalgardist denn als Familienvater, Besitzer von vier kleinen Mayeux, alle bucklig, krumm, ungestaltet, die er unter den Augen seiner entzückten Gattin militärische Übungen machen läßt, auch nicht, weil er in Madame Mayeux eine häßliche und alte zwar, aber redliche, treue, fügsame, liebevolle Gattin besitzt, so liebevoll, daß Traviès ihn schildert, wie er eines Abends mit nackten Beinen und offenem Hemd über einem soliden schwarzen Rumpf, die baumwollene Mütze sieghaft auf dem Kopfe, zu seiner Gattin sagt: Madame, si vous insistez, ie serai

33   5

Karikatur auf Heinrich III. als Sirene.
30. Zeichnung aus dem 16. Jahrhundert.

lit à part (Madame, wenn Sie darauf bestehen, so nehme ich ein anderes Bett). Mayeux, der über eine ziemlich gut garnierte Geldkatze zu verfügen scheint, hat so viel freundliches Entgegenkommen gefunden, daß er eines Tages, vor seinem Spiegel stehend und sich das Kinn streichelnd, in die Worte ausbricht: „Ce qu'elle en a fait tourner, cette boule là" („Was doch diese Kugel schon alles umgeworfen hat"). Er hat Vertrauen zu seiner Kraft, wie auch, trotz alledem, zu seiner Schön-heit, und zwar so, daß er eines Tages, vor einer Quelle zusammengekauert, ganz und gar einer enormen Kröte ähnlich, ausruft: „Je commence à comprendre Narcisse" („Jetzt beginne ich, Narziß zu verstehen").

Nun ist aber Mayeux klein wie alle Buckligen, sein Gesicht ist breit, enorm; eine platte, mißgestaltete Nase steht zwischen zwei runden Augen. Die Stirn ist niedrig, zurücktretend, der breite, unregelmäßige Mund öffnet sich über einem starken Gebiß in den Dimensionen des Spundloches in einem Fasse. Dieser gewaltige Kopf stützt sich auf den Höcker und sieht aus wie eine ziselierte oder vielmehr mit dem

34

Schlägel ausgehauene, dem Höcker aufgesetzte Beule. Dieser Höcker schiebt den Rücken über den Hals hinauf und verschlingt den Nacken völlig. Er ragt über den Kopf von Mayeux hinaus und erscheint, von vorn gesehen, wie aus einer Fleischwulst gemacht, die mit einem Kopf und Kragen versehen ist und über schmale Schultern ragt, während der dürre Leib auf zwei solide gewundenen Beinen steht. Eines Tages, zur Zeit des Bürgerkönigs, als Mayeux den Garten der Tuilerien betreten will, sagt der lange Grenadier mit der gewaltigen Fellmütze, der an der Schranke die Wache hält, zu ihm. „Hier tritt man nicht mit Paketen ein", und wahrlich, das ist nicht ein Paket, sondern es ist eine Gesamtheit von Trommeln, die Mayeux auf dem Rücken trägt. Dieser Buckel von Mayeux ist kein Maulwurfshügel, das ist ein Schild, welches er freudig trägt, das er unbewußt mit sich schleppt, während er die Frauen verfolgt. Wenn er von einem hübschen Paare überholt wird, so

niumt er ungern wahr, daß er nicht so schnell läuft, wie ein junger, wohlge- bauter Mann, aber das dauert nur eine Minute, und sofern er das Glück hat, das verliebte Paar an einem öffent= lichen Garten anhalten zu sehen, so hat er flugs einen Lie- besbrief fertig, der wahrschein- lich in allgemei- nen Ausdrücken, um allen zu ge- fallen, voraus= geschrieben ist und den er be- ständig hinter seinem Buckel, in der Nähe der

Vorbereitung zur Toilette.
31. Galante Karikatur von Octave Tassaert.

35

32. Aus den „Teufeleien" von Le Poitevin.

jungen Frau mit der Verschlagenheit eines Vogel Strauß hin und her bewegt. Die Unterschrift dieses Stiches, wo Mayeux sich so übermütig zeigte, ist: „Je vais lui répondre sur son dos" („Die Antwort will ich ihm auf seinem Rücken erteilen"), und man sieht auf ihm, wie der junge Mann mit aller Ruhe ein Rohr erhebt und es sanft, aber mit Nachdruck auf dem Buckel auf und nieder gleiten läßt. Mayeux erhält also manchmal Prügel. Die Szene zeigt uns das Pflaster einer kleinen Straße, einer Seitenstraße ohne Trottoir von kaum einigen Metern Breite, wo eine Gosse träge über ein Pflaster aus, durch die Fußgänger gerundetem Sandstein, läuft, einem Sandstein aus Fontainebleau von wenig solider Kante, den man damals versuchte. In dieser Gosse liegt kläglich Mayeux. Er ist nicht nackt, aber im Hemde. Ein Weib, eine Grisette, bürstet ihm das Gesicht mit einem Besen und Mayeux schreit. Glaubt indessen nicht, daß dieser energische Mann, dessen Hinterer, trotz dem natürlichen Halt, den ihm die Schultern geben, in die Gosse taucht (die Gosse ist mitten in der Straße), sage: Assez, j'ai été battu" („Genug, ich bin ganz geschlagen"); er schreit: „Assez, assez, je n'aime pas être chatouillé!" („Genug, genug, ich liebe das Kitzeln nicht!") Der Wert stolzen Gleichmutes wird durch einiges Kanonenfieber bestärkt; denn hinter der Grisette steht aufrecht und ruhig ein junger, kräftiger hochgewachsener Mann, ein Freund der Schönen; die ganze Deutlichkeit der Zeichnung ist dazu angetan, die dem Mayeux widerfahrene üble Behandlung, sein Unglück zu zeigen, wie die Legende sagt; daher kann man nicht mit Sicherheit behaupten, daß der junge Mann ein Zuhälter ist, andernfalls könnte man daraus schließen, daß mit ihm der Zuhälter in die französische Karikatur eingeführt worden ist.

Aber ein Unglück schlägt Mayeux nicht nieder. Er hat sich vielleicht kaum wieder angekleidet, als er den Lockungen, dem dringenden Ersuchen eines seine Schulter berührenden jungen Weibes, von denjenigen die Guys später mit viel Passion zeichnet, entgegensetzt: „Je suis de service, en revenant je ne dis pas" („Ich habe Dienst, wenn ich zurückkomme vielleicht"), denn Mayeux war wohl gerade Nationalgardist, als ihm das Mißgeschick widerfuhr. Jedenfalls ersparte ihm Traviès gern Unannehmlichkeiten, führte ihn vielmehr überall von Triumph zu Triumph.

Mayeux ist Feinschmecker; er sagt zu seiner Köchin, einer breiten, würdevollen Person, deren kurze Röcke die Beine sehen lassen, indem er den Arm um die

36

Das verheißene Land.

Stich aus dem „Buch der Stunden" (Livre d'Heures) von Louis Legrand.

Beilage zu Gustav Kahn, Das Weib in der Karikatur Frankreichs.　　　　　　Hermann Schmidt's Verlag, Stuttgart.

Taille der Verführerischen legt: „Qu'est ce que cela fait, nous sommes seuls" („Was tut es, wir sind ja allein"). Aber in der großen Welt sagt Mayeux zur schelmischen Gräfin: „Comtesse, si votre cœur est aussi dur que vos fesses, je serai bien malheureux" („Gräfin, wenn Ihr Herz so hart ist wie Ihr Hinterer, wäre ich sehr unglücklich"), und so hat Traviès im Boudoir, in der Gesell-schaft wie bei den Plätterinnen stets Gefälligkeiten für Mayeux, der sich einen wahren Triumphhöcker heranwälzt. Er stellt sogar seine Bedingungen, denn als er von einem Wäscherinnen-Atelier kommt, brummt er für sich: „Vier Sols! Ich werde doch ganz gewiß keine vier Sols geben!" Nach dieser Knauserigkeit sehen wir ihn in Gesellschaft eines hübschen Kammermädchens mit entblößtem, hervor-tretendem Busen, dem er zuruft: „Je suis aimable et je te mettrai dans tes meubles" („Ich verdiene deine Liebe und ich werde dir eigene Möbel schaffen"). Das Gesicht des jungen Mädchens drückt keinerlei Abscheu aus. Nicht, daß Tra-viès unfähig wäre, eine Physiognomie zu nuancieren, im Gegenteil, er zeichnet sich darin aus, das junge Mädchen empfindet eben keinen Abscheu.

Travies läßt alle Frauen vor diesem Petit Bourgeois, dem er eine Häßlich-keit verliehen hat, die bei Callot und Jérôme Bosch unbekannt ist (denn sie ist nur menschenähnlich, nicht tierähnlich), kapitulieren, weil er nicht unvermögend ist. In seiner Serie der Mayeux weist Travies den Frauen nicht den ersten Rang an; sie sind zumeist nur das Motiv zu den Taten der Mayeux, aber seine gründliche Weiberfeindschaft zeigt sich mit unumschränktester Klarheit in der Schönheit, mit welcher er sie schmückt, und in dem gewinnenden, feilen, erkenntlichen Lächeln, welches sie für seinen Hel-den der Häßlichkeit und der Eitel-keit haben.

Einmal, als er seiner Erobe-rung seine Waden, die so dürr sind wie die eines Hahnes, zeigt, sagt er: „Il y a des petits Mayeux là-dedans" („Darin stecken kleine Mayeux") und die Frau lächelt. Anderswo steht er zwischen zwei Frauen, deren Köpfe sich über seinem Buckel berühren, während ihre

Das Knopfloch.

Denk' nur, mon cheri, wie nett es sein würde, wenn du einen Orden bekämst.

33. Galante Karikatur auf die Ordenssucht der französischen Künstler.

37

Die glattgeſchorenen Veſtalinnen.
34. Satiriſcher Kupferſtich des 18. Jahrhunderts aus der Serie „Les Vestales".

Buſen auf ſeine dicke Unterlippe gepreßt ſind, und er murmelt: „J'aime la presse"
(„Ich liebe die Preſſe"). Das iſt das ſchärffte der Pamphlete gegen die weibliche
Verkäuflichkeit in dem langen Triumphzuge des Mayeux durch 200 Blätter; ohne
Zweifel weiß Mayeux, daß auf das Glück der Schmerz folgt, daß er zahlen muß,
aber er iſt wähleriſch. Er hält faſt immer reizende Geſchöpfe in ſeinen Armen,
und wenn er eines Abends beim Maskenfeſte ein enormes Weib antreffend, das
als femme sauvage verkleidet iſt, und deſſen Maske ziemlich genau die Frauen
des Abel Faivre zeigt, in die entzückten Worte ausbricht: „Il me faut un bijou
soigné, un colosse" („Ein ſolches wohlgepflegtes Kleinod, einen ſolchen Koloß
muß ich haben"), ſo hat ihn ſeine Einbildungskraft geleitet. Travies verweigert
ihm keine Aphrodite.

*　　*　　*

Wenn er nur der Schöpfer des Mayeux wäre, ſo würde Travies ſchon ein
Mann erſter Ordnung ſein, aber er hat noch anderes geſchaffen. Da iſt zunächſt
die „Galerie Physionomique". Die Liebhaber von Lithographien können ſich am
Anblick dieſer ſchönen Proben wirklich erfreuen. In dieſer Serie ſind keine Frauen
zu ſehen, und doch überwiegt die Frau. Da ſehen wir den Bourgeois, der, während er damit beſchäftigt iſt, ſich zu raſieren, den Tod ſeiner Frau erfährt. Die
Augen im accent circonflexe, den Mund aufgeſperrt, Seifenſchaum auf den

38

Wangen, verstört, die Haare an beiden Seiten emporgerichtet, daß sie zwei kleine Hörner bilden, ruft er verzweifelt aus: „Meine Frau ist tot!" ohne den Brief, der ihm das Unglück meldet, fallen zu lassen. Ein Bourgeois befindet sich allein in einer vergitterten Loge, allein mit seiner Lorgnette, und welche Lüsternheit nimmt ihn gefangen beim Anblick von zwei Beinen, die in einem Ballett vor ihm baumeln. Er sieht die Tänzerin nur bis zum Gürtel, aber er verlangt nicht mehr. Ein anderer mit dem Hörnerpaar, welches Traviès dem Hahnrei durch die Anordnung der Haare gibt, nähert sich verschmitzt einer verriegelten Tür und sagt: „Quelle horreur! C'est ma femme! . . ." („Entsetzlich! Es ist meine Frau!") Und dann in seinem Bett, mit der Schlafmütze auf dem Kopfe, ein Biedermann, der die Arme auf die Brust preßt, wie wenn eine angebetete Abwesende, die ihn so lebhaft umgaukelt, wie wenn sie gegenwärtig wäre: „Elle m'aime toujours" („Sie liebt mich, sie liebt mich"). Ferner ein Poet, der vor einer Büste des Sokrates, die für die Gelegenheit mit einem Frauenhut angetan ist, eine Liebeserklärung ein-studiert. Alle diese Blätter zeigen nur männliche Figuren, aber auf allen sieht man Venus ihren Raub festhalten; das sind Zeichnungen eines Weiberhassers vielmehr, denn eines Menschenfeindes.

* * *

Traviès studiert die Pariser Straße mit erschrecken-der Genauigkeit. „Comment on dine à Paris" („Wie man in Paris diniert"), ist der Titel einer seiner Serien. Nach Traviès diniert man auf die verschiedenste Art! Da ist die „Table d'hôte du rue Copeau", wo Bäue-rinnen mechanisch, wuchtig, wie toll drauflosfkauen; da ist das bürgerliche Pensionat für beide Geschlechter, welches vom bürgerlichen Ehepaar aufgesucht wird, wo die massiv-

Dieser gute Herr Ratapoil*) hat ihnen versprochen, falls sie die Petition unterzeichnen, daß ihnen die gebratenen Lerchen ins Maul fliegen werden.

35. Politische Karikatur von Daumier auf die Dummheit der Bauern.

*) Ratapoil nannte man die unbedingten Anhänger des Kaisertums.

39

Das schöne Geschlecht in der Schwimmschule.
36. H. Daumier. Satirische Karikatur auf die Blaustrümpfe.

behäbige Gattin Minister des Inneren, der äußeren Angelegenheiten und der Finanzen ist. Da findet man den Geschäftsreisenden, der überall zu gefallen sucht, und alte Herren, die dem Essen ihre Energie widmen. Da ist auch das Luxusrestaurant mit dem lieblichen Küchengeruch, vor welchem drei Savoyarden wie festgebannt stehen. „Passe-moi ton tour, ch'est le tour du fricot, j'adore le fricot — je te passerai le mien, au moment du poichon, je n'aime pas les arêtes" („Laß mich an die Reihe, es kommt jetzt das Fleischgericht, Fleisch mag ich so gerne — ich tausche dann mit dir, wenn der Fisch kommt, ich liebe die Gräten nicht"), und die drei Vagabunden essen ihr Brot zu dem Duft der guten Fleischspeisen, die für die schöne Dame schmoren, die man am Fenster gewahrt. Sie ist es ohne Zweifel auch, die in tadellos stolzer Haltung zu dem bedienenden garçon sagt: „Nach dem Fasan werden sie uns die Fruchtschale, das Eis und den Plumpudding bringen, nachher werden wir ja sehen", und ihr Gegenüber klagt: „J'ai rencontré une femme trop comme il faut, elle se nourrit trop bien" („Da hab' ich etwas gar zu Feines erwischt. Die nährt sich allzu gut"). Andere Gäste im Restaurant zu

40

Scène

Galanter Stich aus dem 18. Jahrhundert

Beilage zu Gustav Kahn, Das Weib in der Karikatur Frankreichs

ite.

Mariette. Holzschnitt von J. Lice.

Hermann Schmidt's Verlag, Stuttgart.

18 Sous, Brot nach Belieben, das Diner eines Mannes ohne Stellung. Das Brot verschwindet wie durch Zauber im Munde eines Mannes und der Wirt sieht dem bestürzt zu. Dieser Mann diniert, aber ein anderer auf einer Bank im öffentlichen Garten sagt zu einem niedlichen Dienstmädchen: „Ich beabsichtige, meine Liegenschaften im Lot-Departement zu verkaufen; ich möchte Sie gerne mit mir nehmen nach Italien, aber da müssen Sie mal das Joch der Dienstbarkeit ablegen – ich habe in Paris, rue du Foin St.-Jacques, mein Absteigequartier, fragen Sie nach Herrn Saint-Val; à propos, wenn Sie beim Vorübergehen gleich etwas aus Ihrer Küche mitbringen wollten, so wäre das ein gescheiter Gedanke."

Es ist vielleicht derselbe Mann, den (auf einem anderen Blatte) eine Köchin durch das Fenster belohnt, indem sie sagt: „Ich habe nur ein halbes Huhn nehmen können; die Herrschaft ist so geizig."

*   *   *

Noch andere Arten des Dinierens. Ein Mann mit dem Aussehen eines alten Gelehrten, melancholisch und zerlumpt, ein Diogenes der Gosse und ein Groom nähern sich einem jungen Weibe, welches offenbar das ist, was Quincey eine „péripetitienne de l'amour" (ein durch Glückswechsel zur Straßenhure gesunkenes Mädchen) nennt: Tu as fini de diner, tu n'as rien pour Gustine, dont on vient de coffrer le petit homme. — Passe-lui mon manchon, il y a encore dedans trois saucisses plates" („Du hast schon gespeist. Du hast nichts für Gustine, deren Männchen sie eingesperrt haben. Gib ihr meinen Muff, es sind noch drei Knackwürste drin"). — Traviès hat seiner Prostituierten das ruhige Gesicht einer Jungfrau gegeben. Er hat Mitleid mit den Un-

Man hört, daß in Kalifornien immer mehr Nachfrage nach hübschen Frauen ist.... Dieses Land muß ich entschieden aufsuchen.

37. Aus den „Aktualitäten" von Honoré Daumier.

41

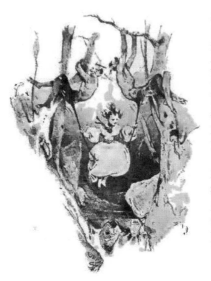

glücklichen; er hat eine mit Sympathie gemischte Bewunderung für die Frauen aus
dem Volke, für jene Antigone aus der Vorstadt St. Martin, jene robuste Lumpensammlerin, die ihren trunkenen Vater in
der Butte nach Hause trägt. Er hat Sympathie für die Geschickten, für jene Grisette,
aus der er eine Kartenschlägerin macht,
welcher die Karten einen Mann versprechen.

Wenn die Ironie seiner tragischen
Spiegelbilder seine Bürger in die Formen
böser oder furchtsamer Tiere steckt, so zeigt
er anderseits, daß er mitleidvoll gegenüber
dem Elende ist, mitleidvoll freilich in seiner
sarkastischen Art.

* * *

38. Aus den „Teufeleien." von Le Poitevin.

Wenn wir hier Traviès einen ziemlich breiten Platz eingeräumt haben, so
ist es, weil er den ihm gebührenden Platz nicht hat. Dieser Mann zeigt in seinen
Arbeiten viel Vorahnendes. Er ist Vorgänger von Guys und Steinlen. Er ist
vielseitig, fruchtbar, voll Kraft. Er ist Karikaturist erster Ordnung und besitzt die
Kraft der Ausführung. Die besser unterrichteten Kritiker werden ihn unmittelbar
unter Daumier, neben Hogarth stellen.

Neben Debucourt stellt uns die Revolution als bekannten Karikaturisten noch
Bosio vor. Er ist einer der Maler der französischen Frau zu einem besonderen
Zeitpunkte ihrer Eleganz, der belustigte Porträtmaler der Merveilleuses.*) Er
ist der hervorragendste Künstler unter den Karikaturisten aus der Zeit der Revolution, denn der Terreur, die Schreckenszeit, hat nur populäre Stiche hervorgebracht,
die wir weiterhin, wenn wir von der politischen Karikatur und ihrer Entwicklung
im Beginn des 19. Jahrhunderts bei unserer Abhandlung über Daumier sprechen,
finden werden.

Bosio schildert seine Merveilleuses aus der Zeit, da man nach dem Ther-
midor aufzuatmen beginnt. Sie bewahren in ihrem Kostüm die hauptsächlichsten
Linien der Renovation nach der Antike, die mehr an David erinnern, als sie das
allgemeine Gepräge der Ideen der Revolution veranschaulichen, aber der Terreur
ist ja vorüber, man darf wieder lachen. Das Kostüm der Merveilleuses wird

*) Merveilleuses — Modedamen aus der Zeit des Direktoire.

42

76

Le Massage.

39. Karikatur von Félicien Rops auf die ärztlichen Praktiken.

daher von Tag zu Tag geschmeidiger, weiblicher, lockender, und an den schönen Ballabenden bei Barras gewähren uns gewisse Frauen den Anblick römischer Matronen, aber nicht mehr aus dem Zeitalter des Horaz, wie David sie schildert, sondern aus der Zeit des Verfalles des Kaiserreiches.

Es ist sicherlich das Nachlassen der politischen Leidenschaften, es ist die glücklichere Atmosphäre, der Anbruch einer besseren Zeit, welchen wir das Wiederaufblühen der Anmut in der weiblichen Toilette zu danken haben. Dazu kommt noch etwas anderes. Die Moden des Direktoire werden von drei in gleicher Weise berühmten, wenn auch in ihrer Schönheit und in ihren Glücksumständen verschiedenen, dennoch großen Frauen regiert. Wir meinen Josephine, welche Kaiserin der Franzosen wurde, Madame Tallien, die Tochter des spanischen Bankier Cabarrus, und Madame Recamier. Josephine ist Kreolin, Madame Tallien ist südländischer Rasse, und sie ist es, die in die Steifheit des Kostüms gemäß David eine verschönernde Grazie, ein herausforderndes Sichgehenlassen bringt. Madame Recamier erfindet für die flotten und kecken Toiletten, für jenes Kleid des Direktoire, das an den Seiten geschlitzt ist und den Körper der Frau sehen läßt, jene mildernde, anmutige Umhüllung, den Schleier. Die Karikatur wird natürlich wenig Wert auf den Schleier legen. Er ist ihr im Wege, denn er hemmt die Bewegungen, läßt sie weniger weich erscheinen, und Bosio läßt ihn bisweilen ganz fort; aber nicht immer. Das ist nicht Unkenntnis, denn Bosio ist, abgesehen davon, daß er ein geistreicher Sittenzeichner ist, auch in technischer Hinsicht ein Zeichner der Moden. Aber er liebt es mehr, seine Figuren wie in einem Stich der „Quatre coins" (,,Aus den vier Winkeln") darzustellen, mit über dem Scheitel emporgekämmtem, um die Stirn etwas durch die Kämme in Verwirrung gebrachtem Haar, mit einem Kleide, welches in wunderbarer Weise die Form der langen Beine erkennen läßt, während

40. Titelbild zu „Les quat' saisons" von Louis Morin.

Das Erwachen.

Galanter Stich von Octave Taffaert aus der Serie „Les Préludes de la Toilette".

Beilage zu Gustav Kahn, Das Weib in der Karikatur Frankreichs.   Hermann Schmidt's Verlag, Stuttgart.

Feierliches Leichenbegängnis der Mode.
41. Französischer Stich aus der Zeit Ludwig XIII.

das Mieder so verkürzt ist, daß die nackten Brüste besser zur Geltung kommen. Das Album des Bosio nennt sich „Le Bon genre", um anzudeuten, daß der Künstler nicht aus einer gewissen sozialen Sphäre hinuntersteigt; er wählt die Modelle zu seinen Satiren unter den Damen, für die er seine Zeichnungen der Moden macht. Er will damit nicht sagen, daß sie alle hübsch sind, und er versagt sich auch keineswegs die Ironie in bezug auf dieselben. Es wird für die Karikaturisten stets eine willkommene, versprechende Gelegenheit sein, sowohl ausgezeichnete und wohlbegründete Vorlagen von burlesken Silhouetten zu bringen, wie auch festzustellen, daß die Frau nicht immer alt zu werden versteht, und nicht immer Verständnis besitzt für das, was ihr steht. Sehen wir die drei Grazien des Bosio an. Wenn es nur dieses eine Blatt gäbe, bestimmt, der Schönheit der Pariserin zu Ruf zu verhelfen, so wäre ihr wahrlich übel gedient. An die Disposition, die Germain Pilon zu seiner Gruppe der drei Grazien gedient hatte, lehnt Bosio drei Typen von Merveilleuses in harten Linien, mit kräftig parodierten, in Überreife vertrockneten oder fetten Gesichtern. Da ist ein langer, in Schwarz gehüllter Frauenleib, in der Hand den Fächer; die Züge sind groß und hart wie die eines Mannes, der die zweite Jugend längst überschritten hat; dieses Weib erscheint in seiner Strenge furchteinjagend; daneben ist ein graziös leichtfertiges Frauenzimmer mit gelocktem Haar und kleinen, aber so schlecht gemeißelten Zügen, daß trotz der rein

45

La Vie élegante.
42. Félicien Rops. Karikatur auf die elegante Damenwelt.

komischen Absicht des Zeichners der Eindruck des Stumpffinnes entsteht; die knochi-
gen Arme fallen in altjüngferlicher Einfalt herab; das Vorbild dieser Aglaé soll
das Kind wunderbar und die Vorzüge einer altmodischen Einfalt zur Anschauung
bringen; es könnte ebenso wie das erstermähnte Weib für eine alte Jungfer gelten.
Aber die dritte Dame zeigt uns alle Merkmale kräftiger Ausgereiftheit, sie muß
sogar Schwiegermutter sein, denn in ihr vereinigen sich alle Charakterzüge des höchsten
Selbstgefühls und auch der Herrschsucht, jene Anzeichen eines energischen, heftigen,

46

ungestümen Temperamentes, mit welchen die Karikatur Schwiegermütter auszustatten liebt. Die robusten Arme sind kräftig wie die eines Aufladers; man würde sie die Faust auf die Hüften stemmen sehen, wenn nicht eine geschickt angebrachte Falte des Rockes sich vermittelnd vorschöbe, und ihr das Ansehen verliehe, als wickelte sie, in einer verführerischen Wendung, den Stoff des Rockes um diese Faust. Sie ist dick und untersetzt, der, gegenüber dem römischen Prokonsul, viel zu energische Kopf wird durch einen Strohhut von mächtigen Formen, der den Eindruck eines Visiers macht, geschützt. Andere, nach Bosio, suchten in den Toiletten der Merveilleuses komische Elemente. Horace Vernet erinnert sich der Eindrücke aus der Jugend, um sie amüsant, unter dem glockenförmigen italienischen Strohhute, mit dem Aufbau eines enormen Büschels von Blumen, im Schmuck eines Überwurfs à la chinoise, der die Schultern sehen läßt, und von China nichts weiter hat, als eine Art von Ausschnitten und lange, dunkle, gestutzte Zöpfe, die im Rhythmus der Schritte um den Körper herumhüpfen, zu zeichnen. Man hat sich über die Neigung zum Putz, welche die Frau in ihrem Bann hielt, zu allen Zeiten ihrer besonderen Vorherrschaft sehr belustigt. Das Haar war sicherlich schwer zu behandeln. Bosio gesellt den Frauen einen Coiffeur auf Stelzen zu, der auf ihnen geht, wie der Hirt der Steppe, wenn er recht rasch weite Strecken durchlaufen will. Unser Coiffeur ist von anderem Ehrgeiz beseelt; er will den Schopf nach der Höhe, möglichst weit vom Haupte strecken, und seine Kundin muß leiden lernen, um schön zu sein. Man verspottet die Merveilleuses wegen ihrer Neigung zu übermäßigem Tanz (Debucourt nimmt das auf sich), zum Spazierengehen, zu hübschen

Odette Pulac.
13. Karikatur von Charles Léandre.

Husaren, aber wann je hat man den Frauen nicht Übles nachgesagt! Das Lächeln der Merveilleuses ist von eigenem Reiz. Und wie versteht man doch so wohl, daß dem Ausgang einer schreckensvollen Epoche, da man seines Lebens nicht sicher war, einige Jahre folgten, die wie ein Frühling der Erde erschienen, wo die Frauen mehr entblößt, begehrender, mehr der Eva, der Herausforderung und der Begierde ähnlich erschienen.

Auch Debucourt belustigt sich über ihr Treiben. Er fügt den Ausführungen des Bosio Nachahmungen hinzu, um das Spiel der weiblichen Verführungskünste in einer Umwandlung ihrer Eigentümlichkeiten in die Tierform darzustellen. Bei

47

Die Abfahrt der Vestalinnen nach dem Hospital.
44. Stich des XVIII. Jahrhunderts aus der Serie „Les Vestales".

ihm wird nicht, wie beim Fabulisten La Fontaine, der in dieser Richtung von
Einfluß ist, die Frau in eine Katze, sondern im Gegenteil die Katze in eine Frau
verwandelt. Der Karikaturist, noch unehrerbietiger, zieht die Äffin heran; aber
er belehnt diese Tiere mit zarter Frauenart und nähert sie der weiblichen Physiognomie. Es sind sehr hübsche Kätzchen und sehr artige Äffchen, die er uns vorführt,
sie tragen Schirme, kokettieren, machen Musik und dienen so der Belustigung auf
Kosten der Merveilleuses, der Frauen der Revolution und des ersten Kaiserreiches.

*　　*　　*

Pigal gehört derselben Zeit an.

Dieser frohgemute Pigal hat einen ihm Gleichgesinnten in der französischen
Literatur, ihrer komischen Gattung, der zwar später kam als er, aber die Bilder,
die Pigal suchte, verwirklichte, es ist Paul de Kock.

Doch gibt es einen Unterschied in den Temperamenten dieser beiden Männer.

Pigal ist jovial, Paul de Kock ist es auch. Beide gefallen sich außerordentlich in Schilderungen des Pariser Straßenlebens; sie gucken in die Läden der
kleinen Krämer, sie stellen uns die alten, kleinen, verschrumpften, bescheidenen

48

Das Urteil des Paris.

— Sie verdienen ihn … aber einen faulen …

Karikatur auf die Verunstaltung des weiblichen Körpers durch falsche Lebensweise von Abel Faivre.

Rentner vor, fie lachen über das Gezänk der Arbeiter mit ihren am Tage der Lohnzahlung fehr energischen Gattinnen. Sie erfreuen sich am Unsinn des Lebens, am Eintreffen eines unvorhergesehenen Gastes, am Unfall eines Kabrioletts, einem Ausflug aufs Land. Jene joviale Heimkehr eines Ehepaares zwischen den Feldern, die einige Dörfer des Parifer Weichbildes umgeben, ist von Pigal, aber man könnte fie für von Paul de Kock halten. Die Frau im weißen Kleide hat den Hut ihres Mannes, einen schönen, hohen Hut, nach Art desjenigen, den Brummel in Aufnahme gebracht hat, auf ihren Kopf gestülpt, und das Taschentuch des Gatten schützt ihren Nacken vor der Sonne, der Gatte hat die Kapuze feiner Frau, jenen breiten Hut in der Form eines Schutzdaches auf feinen Kopf gefeßt, und fo marfchieren fie beide tänzelnd und fingend. Es ift die Rückkehr aus der Schenke; die Schenke ift im Hintergrunde, und man fieht andere Paare dahin laufen. Es ift vielleicht Romainville oder die Lilas oder eines der Dörfer, in welchen der volkstümliche Romandichter feinen drolligen Figuren der Schenke Leben gegeben hat.

Pigal hatte Schweres gewagt, denn er ift nicht Karakterift, fondern Humorift; er entftellt nicht, fondern er fchafft der Anmut ihren Plaß, und das unterfcheidet ihn von dem populären Romandichter, mit dem wir ihn verglichen haben; der Sonnenfchein feines Wertes ift die häufige Erfcheinung der Grifette, deren Monograph er zwar weniger ift als Scheffer, aber von welchem er häufig die prächtigen, unbefangenen Unterhaltungen, die hübfchen, fchmollenden Mienen und den koketten Sonntagsftaat bringt. Die Genauigkeit feiner Arbeit läßt ihn als fehr zuverläffig für das Stu-

Der galante Kofak.
45. Karikatur von Carle Vernet.

49

7

dium des Kostüms wie auch des Plunders seiner Zeit erscheinen. Er hat nicht die Bitterkeit, die wir bei Travies finden, er ist innig, mild und belustigend.

* * *

Neben Pigal nennen wir Gaudiffart, der einen schönen Ruf in lustigem Schabernack, in drolliger Ungezwungenheit, als erfolgreicher Erfinder toller Aufschneidereien hinterlassen hat so daß, als Balzac den Typ des Commis Boyageur erfunden hatte, mit seiner

Mifanthropie.
46. Karikatur von Félicien Rops.

List und seiner Verschlagenheit ein wahrer Schüler des Figaro von Beaumarchais, der mehr Begeisterung und Talent für seinen Kram zeigte als ein Diplomat für die Vorbereitungen zu einem Handelsvertrage, und ihm einen Namen geben wollte, er für dieses Ungetüm von Gesundheit und Kraft, von Schwung und froher Laune nur den des Gaudiffart zu wählen wußte. Henry Monnier legte viel Wert auf Gaudiffart und stellte ihn mit Hogarth in Vergleich. Das geht ein wenig weit. Der Schwung Gaudiffarts, der wirkliche Humor, den er entwickelt, erreicht nicht den Wert der düsteren Pamphlete Hogarths. Gaudiffart hat niemals etwas dieser „Straße des Gin" Gleichwertiges gefunden, niemals hat eine seiner Frauengestalten den tragischen Umfang dieser nachläffigen Hand-

50

bewegung, diefen schlaftrunkenen Elan gehabt, mit dem die Frau im Gedanken an einen schlüpfrigen Traum den elenden Jungen, den sie trug, an den Fuß der Treppe, wo sie niederhockt, fallen läßt. Gandissart ist nicht großartig; er ist Schäfer, die niedrige, aber ausdrucksvolle Komik ist sein Gebiet. Er gehört der alten Art an; denn seine Karikatur ist auf jovialer, nicht satirischer Grundlage errichtet. Trotzdem hat er hübsche Sachen geschaffen. Er ist einer von denjenigen, welche die Komik der Hausfrau, der Familienmutter am besten zum Ausdruck gebracht haben. Ah! Hier muß der Scherz Grenzen kennen. Wenn man auch zugibt, daß die Leichtigkeit des Lebens zu jener Zeit größer war als jetzt, die äußerste Spar- samkeit innerer, schmutziger Geiz war, so mußte eine Frau immerhin ihre Wirt- schaft ohne zu viele Ausgaben aufrechterhalten können; gleichwohl übertrieben die Matronen, welche ein Bad für zwei nahmen, jedoch ihre Kinder und ihren Hund daran teilnehmen ließen, und sie gehören so dem Schöpfergeist Gandissarts.

Man soll auch die Kindheit schonen. Sie hat das Recht auf alle Empfäng- lichkeit, auf alle Schamhaftigkeit. Doch ist es nicht nötig, daß eine Mutter, die mit ihrem Sohne, einem großen, dummen Jungen, der sie um eines Hauptes Länge überragt und dessen Augen allzusehr auf den Boden ge- richtet sind, im Vorbeigehen, die Nacktheit einer Puppe verhüllt. Waren die Frauen jener Zeit wirklich so züch- tig? Sie waren Leserinnen der Madame Sophie Gay, der Frau eines Präfekten des Kaiserreichs, der Mutter von Delphine Gay, die Ma- dame de Girardin wurde; Madame Sophie Gay wurde viel gelesen und besonders dann, als sie ein hübsches Buch herausgab, welches sich „Les malheurs d'un amant heureux" („Das Mißgeschick eines glücklichen Liebhabers") nennt. Ebenso wie die Aufständigen nach 1830 einen Gran Ähnlich- keit mit Madame Sand

Kleine Mißgeschicke im Glück.
Rückkehr vom Ball am dämmernden Morgen mit dem Schirm des Portiers. Leider kein Wagen zu finden.
47. Satirische Zeichnung von Gavarni.

51

haben, und die respektablen und selbst prüden Damen des Romantismus sich des Stiles jener Herzoginnen des Balzac befleißigen, welche frisch von der Leber weg reden und offnen Blickes sind, so konnten die Frauen des ersten Kaiserreiches die Züge ihrer bevorzugten Dichterin annehmen, die nach den Aufzeichnungen der Zeit kühn, stark, ein wenig Mannweib ist und einen gewaltigen Lärm vollführt. Es ist auch die Zeit des Salons der Madame Ancelot, jener guten Madame Ancelot, deren Salon akademisch war, und die sich so eifrig über jeden Akademiker oder der es werden konnte unterrichtete. Ich fürchte, daß Gaudissart in seiner „Dame à éventail" übertrieben hat. Er ist häufig lustig, sehr lustig; auf einem seiner Blätter schreit ein Ehemann, dem die Hebamme einen Neugeborenen über- reicht, mit allen Zeichen unaussprechlichen Schreckens „Notre enfant est mulâtre" („Unser Kind ist ja Mulatte"). Er ist Künstler von Talent; aber unglücklicher- weise sind seine Studien über die Bourgeoises so sehr durch diejenigen des Monnia überholt, daß der Ruhm von Gaudissart so ziemlich durch den Schöpfer des Joseph Prud'homme absorbiert ist.

Die Frauen lieben das Militär. Daher haben die Zeichner, die Vergnügen daran fanden, Soldaten darzustellen und hieraus ihr Spezialfach machten, ihren Zeichnungen einige Frauen hinzugefügt. Bellanger, ein Künstler, der sich bis- weilen durch das Zeichnen von Bildern ungezwungen leichtfertiger Art unterhielt, zeigt uns schwerfällige Weiber mit schlaffen Brüsten an den Tischen der Schenken, wo die artigen Lanzenreiter ihren Trunk einzunehmen pflegen. Charlo hat, zu seinen Bildern von Kindern, die mit dem Generalshut einherstolzieren und mit den hölzernen Säbeln einen Höllenlärm zu vollführen scheinen, einige Frauen skizziert, doch ist hier die Frau nur episodisch; eine lebhafte epigrammatische Cha- rakterisierung des Weibes in sozialer Bedeutung muß man bei anderen Künstlern suchen.

Die Grisette! Sie beschäftigt vollauf die Karikatur während der Zeit der Restauration. Die beiden Hauptfiguren der Karikatur sind die Grisette und Jung- frankreich (le jeune France) in ihren gegenseitigen Beziehungen, und wie wir schon bei Behandlung der tragikomischen Fratzen des Traviès erwähnt haben, ist es nicht erforderlich, daß die Zeichnung sie fortgesetzt gemeinschaftlich bringe, damit man sich beide im Geiste vergegenwärtige. Sobald die Grisette auf der Bildfläche erscheint, denkt sie an Jungfrankreich, und wenn Jungfrankreich allein ist, so seid überzeugt, seine Gedanken beschäftigen sich mit einem weiblichen Wesen; wenn er in Gesellschaft von Freunden ist, glaubt mir, er spricht von ihm. Scheffer, Boudet, Philippon sind die Maler, Karikaturisten und Humoristen der Grisette. Das ist nicht soziale, aber es ist joviale Satire! Da sehen wir die Grisetten des Philippon, an einem schönen Sonntage, prächtig herausgeputzt auf dem Lande! Welch ein wundervoller Hut ziert ihren Kopf! Die Grisette von 1815 ist fast immer Modistin,

52

Die Flohjagd.

43. Galant-satirische Karikatur von Bouchot.

Öffentliche Kundgebung der Frauen.

Keine garstigen Männer mehr ... es lebe die Ehescheidung.

49. Anonyme französische Karikatur.

daher liebt sie nicht allein die schönen Hüte, sondern sie besitzt deren auch gar herrliche. Die Grisetten des Philippon, die im Atelier von Mlle. Baroque damit beschäftigt sind, jene wunderbaren Hüte, die Schöpfung des Hauses, aufzubauen, welch ein wahrhaft glücklicher Gedanke des Künstlers! Dieser „Chapeau-omnibus", der unter seiner breiten Einfassung und dem mächtigen Rande einem ganzen Nest von jungen Grisetten Schutz gewähren könnte! An diesem heiteren Sonntage jedoch zieren die eigenen, die persönlichen Hüte das hübsche Köpfchen, breiter Saum und enorme Federn charakterisieren dieses kleine Monument, welches sie, in verwegener Art, ein wenig geneigt, tragen. Ihr einfaches Kleid läßt die Formen des Körpers und der Hüften erkennen; es erweitert sich in enorme glockenförmige Ärmel, unter der Rundung des Rockes ist das Füßchen sichtbar; das Mieder läßt den Busen unverhüllt — es sind sehr hübsche, jugendfrische Mädchen. Philippon ist geneigt, sie für arglistig und ein ganz klein wenig verderbt zu halten. Aber wir zählen Philippon ja nicht zu denjenigen, die politische Karikatur zeichnen! Seine lange spitze Nase, das heitere Antlitz mit der herausstehenden Stirn (so stellt ihn die Lithographie des Benjamin dar) lassen den Satiriker viel mehr als den Humoristen erkennen. Er hat so viele Modezeichnungen, so viele Karikaturen der Moden gemacht, er kennt so wohl alles damit beschäftigte Personal, daß er vielleicht geneigt ist, in diesem Schwarm hübscher Arbeiterinnen ein vorzugsweise galanten Dingen zugewendetes Völkchen zu sehen, während der mildere Scheffer sie in frischem Immergrün oder im Schmuck der Straße mehr gefühlvoll als gewitzigt sieht. Wohl findet man auch bei Scheffer recht häufig den Stachel der Malice, aber er ist nicht besonders scharf. Den Grundzug der Kunst Scheffers bilden jene artigen, schalkhaften Sayneten, wie z. B. „On ne passe pas sans payer" („Nur gegen Abgabe ist der Durchgang gestattet") — augenscheinlich besteht der Preis des Wegezolles in einem Kusse jenes artigen Mädchens, welches ein junger Mann

54

auf sich zukommen sieht, der an die Tür, durch die es gehen muß, festentschlossen,
lächelnd aber entschlossen gelehnt steht; und es ist anzunehmen, daß die Abwehr
nicht allzu streng, nicht eigensinnig oder langwierig sein wird; die Kunst Scheffers
verdient auch diese lobende Anerkennung! Eine junge Grisette ist im Besitz eines
schönen Schals, sie spielt mit ihm, indem sie ihn hin und her schwingt, und erfreut
sich an diesem Glück. Sie hat ihn nun, den geliebten Gegenstand, an den sie stets
gedacht hat; darüber kann keinen Augenblick Zweifel herrschen! Wie könnte man
sich übrigens auch bei der zweifachen Erklärung, durch Bild und Wort, täuschen.
Der Gegenstand ihrer Liebe und der feste Punkt, um welchen sich ihre Gedanken
drehen, das ist ja nicht der junge Mann, der ihr den Schal verehrt hat, sondern
das ist der Schal selbst. Die Grisette Scheffers ist nicht habgierig, aber sie ist
kokett, und wenn man das ist, darf man sich nicht alles versagen. Auch ist es
durchaus nicht immer ein charmanter „Jungfrankreich", dem sie ihre Liebe zeigt.
Die junge Frau in der hübschen Haartracht, mit den entblößten Schultern und den
bauschigen Ärmeln, in der berühmten Vignette „La Fin de Décembre", die so
artig ihren Arm um den Hals eines Herrn legt, bedauert ohne Zweifel, daß es

Wintertracht.
50. Amüsante Karikatur von Carle Vernet.

55

kein junger Mann ist, dem sie so einschmeichelnd entgegen kommt. Aber gegen den Schluß des Jahres beschäftigen sich die Gedanken nicht mit den jugendlichen Liebhabern. Leset Balzac! Malaga oder Carabine haben nicht den Rustignae zum Liebhaber. La Polférine, so verführerisch er ist, besitzt jene flatterhaften Herzchen nicht allein. Wir haben es jetzt mit Cardot, Matifat, Crevel, mit Großkaufleuten, Hausbesitzern, behäbigen Leuten zu tun. Da ist jener dicke Herr, an welchen sich die Grisette so zärtlich wendet, in dem Bestreben, seine Bedenken wegen des herannahenden Jahresschlusses zu zerstreuen, die in der Verpflichtung bestehen, ihr am ersten Januar

Der antike Karneval.
51. Satirische Karikatur von Lucien Métivet.

Spitzen von Chantilly, Schale, Fächer und wer weiß, was sonst noch, zu Füßen zu legen! Der alte Herr ist beleibt, der Schnitt der Rockschöße, der wohlgerundete Schädel, der zufriedene heitere Gesamteindruck seiner Person zeigen uns, daß er sich in günstigen Vermögensumständen befindet. Es ist nicht Nueingen, wohl aber vielleicht Cardot der Drogenhändler, der sich mit dreißigtausend Frank Rente zurückgezogen hat. Jedenfalls gilt nicht ihm, sondern vielleicht eher seinem glücklichen Nebenbuhler, jemandem, den man mehr als ihn, wenn auch vielleicht gleichzeitig liebt, die, nach der leisen Annäherung, um ihn beim Lesen seiner „Quotidienne" oder seines „National", oder vielleicht des bei den jungen Romantikern so beliebten „Globe" zu überraschen, mit der schmeichlerischen Grazie einer Manon des häuslichen Herdes getane Anrede: „A qui ètes-vous, Monsieur" („Wohin gehören Sie, mein Herr")?

Die Grisette hat immer einen Liebhaber. Scheffer zeigt uns auf einem seiner Blätter nebeneinander zwei Grisetten, die dem Beschauer das Gesicht zukehren. Die eine, kleinere der beiden hat einen sanften Gesichtsausdruck, ihr hübsches Gesichtchen ist von blondem Haar umrahmt; die andere, ein wenig größer, mit schwar-

56

Avant.

Galante Karikatur von C. de Lavigne

98

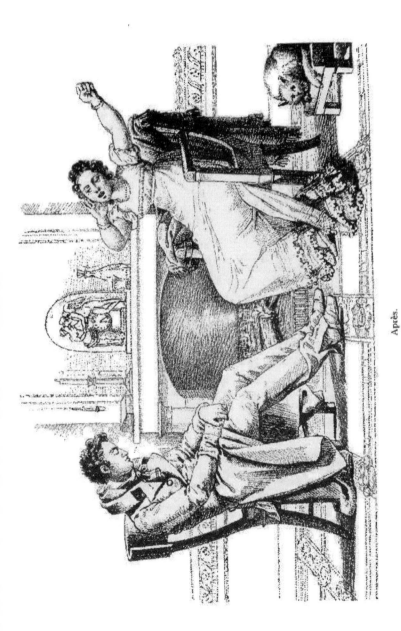

Après.

Galante Karikatur von C. de Lavigne.

Herrmann Schmidt's Verlag, Stuttgart.

Beilage zu Gustav Kahn, Das Weib in der Karikatur Frankreichs.

zem gelocktem Haar hat eine
zwar mehr weiche als herrschsüchtige, aber dennoch stolze
Physiognomie; die eine sagt:
„C'est un grand brun . . ."
(„Er ist groß und schwarz . . .")
und die andere: „C'est un
petit blond. . ." („Er ist klein
und blond . . ."). Sie haben
wohl die Schere, den Finger-
hut, den Hut oder den Rock
zum Auswechseln im Atelier
zurückgelassen, nicht aber
ihre vertrauliche Art, jenen
Schwung der Freude, der sich
in lyrischen Worten äußert,
der jenem hochgewachsenen,
dunkelhaarigen Mädchen das
„C'est un petit blond", und
der kleinen Blondine das
„C'est un grand brun" ent-
lockt. Welcher Kontrast!

Der moderne Karneval.
52. Satirische Karikatur von Lucien Métivet.

Nicht alle Grisetten Scheffers
sind in Schneiderwerkstätten beschäftigt, so z. B. diejenige, die hinter der Kulisse,
zu jemanden, den man nicht sieht, sagt: „Une minute, je suis sauvage jusqu'
à onze heures et demie" („Eine Minute, bis um halb zwölf spiele ich noch die
Wilde"). Gewiß, um 11 Uhr 35 Minuten wird das hübsche Kind nicht die „Wilde"
spielen, und zwar in beiderlei Auffassung — sie wird weder mehr Figurantin noch
unmenschlich sein. Unmenschlich ist sie ja nie, aber sie ist vielleicht sehr beschäftigt.

Wo mag sie wohl Figurantin sein? An der Oper oder am Theater zu vier
Sous, wo Bonville seine strahlende Jugend lebte? Im Gefolge der Zéphirine,
tanzt sie in einem Ballett? Das möchte man wohl gern erfahren, doch haben wir
leider darüber keine Aufklärungen — man weiß nicht, ob man an die höhere Bestimmung des Mädchens glauben darf, oder ob man sich eines jener Stiche mit
Deckblatt erinnern soll, jener doppelten Stiche, deren einer einen Teil des andern
bedeckt, wobei der eine z. B. das Tor oder die Mauer darstellt, hinter welcher
etwas vorgeht, während ein Herr das Auge auf das Schlüsselloch legt. Sei es
ein Tor, vor dem der naive Kunde erwartungsvoll Posten steht, sei es eine Mauer
oder die Eingangspforte zu einem Minister, einem Notar oder einem Arzte, ebenso

undurchsichtig wie eine Mauer, was da quer über dieses erste Blatt, das bis zur Mitte das andere Blatt bedeckt, dargestellt ist, stets handelt es sich um einen schlüpfrigen Vorgang.

Es gibt dergleichen von Scheffer, und vielleicht ist dasjenige von ihm, wo der Stich des Deckblattes die Tür eines Jahrmarktwagens zeigt, durch welche man ein junges Mädchen im Aufputz und mit der Art einer Wilden gewahrt. Das Mädchen gibt sich übrigens ganz harmlos. Vielleicht ist es von ihm, vielleicht auch nicht; aber das Bild, wo die Wilde von Scheffer nur bis einhalb zwölf Uhr eine „Wilde" ist, stellt wohl auch ein Jahrmarkt-Theater vor. Fast immer sind die Grisetten von Scheffer prächtigen Humors, ein Nichts entzückt sie, erregt ihre lächelnde Freude, sind sie doch hübsch geputzt. Sie erörtern in bester Kameradschaft untereinander ihre Zukunftshoffnungen und die Annehmlichkeiten der Gegenwart. Freilich gehören sie nicht mehr alle dem Atelier an, und jene ist beinahe eine Lorette, die Gavarni zu ihrer Freundin sagen läßt: „Le loger, deux mille et les brouilles!" („Die Miete, zweitausend und die verschiedenen Geschenke!") Das reizende Persönchen weiß sehr wohl, daß die Geschenke zu den Einkünften einer schönen und eleganten Frau gehören. Eva mußte es wissen, Lepistrata war davon

„Daß ich dich nicht wieder dabei erwische!"
53. Galante Karikatur von Scheffer aus der Serie „Les Grisettes".

58

Der Vicomte: Wenn ich wenigstens zurückgeben könnte . . . was mich so drückt . . .

54. Satirische Karikatur von Abel Faivre.

überzeugt, und seitdem wissen es alle Töchter der Eva und der Lepistrata, ohne daß man nötig hätte, es ihnen zu lehren.

Sie ist Grisette, jene junge Frau, die Scheffer uns zeigt, wie sie mit zorn= funkelndem Blick und geballten Fäusten sich einem Manne entgegenstürzt der sicherlich weiter zurückweichen würde, wenn die Mauer nicht da wäre, ihn aufzu= halten, ihn zu stützen, seine Kehrseite zu beschützen, aber ihn auch an der weiteren Flucht vor dieser zornmütigen Rachsucht zu verhindern. Der junge Mann, der scheue Liebhaber, in dessen Augen, beim Aufflackern der Blicke, die sich auf ihn heften, eine Ahnung aufsteigt, sagt mit Milde: „Je comprends, je comprends" („Ich verstehe, ich verstehe"). Wir verstehen, daß die Grisette hier die Hosen anhat.

59

Darauf waren sie, eintretenden Falles, sicherlich stolz. In der Serie derjenigen populären zeitgeschichtlichen Karikaturen, welchen der Kunstwert kein anderes Weiterleben als in den Mappen der Sammler gesichert hat, finden wir eine, wo ein Mann und eine Frau sich die Hosen streitig machen; jedes von ihnen hat ein Bein darinnen. Das ist eines der anständigsten unter jenen merkwürdigen Stücken, die nie davor zurückschrecken, uns die Hebe an der Straßenecke zu zeigen, wie sie den Vorübergehenden anspricht. Diese Heben sind gar verschiedenartigen Wesens; einige tragen leinene Häubchen auf dem Kopfe, entweder den hübschen leichten Zeste oder die hohe, fast bäurische Haube; die Mehrzahl ist besser angetan; Federhüte schmücken den Kopf. Sie tragen Halsketten aus falschen Perlen über die nackten Schultern; sie belauern einige sehr dunkelhäutige, mit fragwürdigem Luxus sehr elegant auftretende Herren. Scheffer geht so weit nicht, er bleibt in der Nähe der Ateliers oder in den möblierten, von den verlassenen Ateliers nicht weit entfernten Wohnungen.

Welcher Aufruhr unter allen den Grisetten, die Modistinnen geblieben sind, welcher Andrang zu den Fenstern von hübschen erstaunten Gesichtern, wenn sie, scheinbar indifferent, prächtig angetan, am Arme eines Generals oder doch eines fremden Gesandten, gefolgt von einem würdevoll daherschreitenden Diener, ein hübsches Weib am Laden vorübergehen sehen, eine frühere Modistin - das Atelier hat sie wiedererkannt, das Atelier bewundert sie; dieser General sieht aus wie ein russischer General, wo wurde er doch besiegt? In seinem Lande, wo die Modistin vielleicht aufhältlich war? Auf dem Balle? Auf offener Straße? Die kleinen Hände zittern vor närrischer Freude beim Anblick derjenigen, die, in gewisser Hinsicht, ihren Marschallstab errungen haben, doch

Das Mißgeschick des Mayeux.

Das geht über den Spaß, alte Schäferin, du weißt doch, daß ich kitzlich bin; die Sache fängt an dumm zu werden, Herr des Himmels!

55. Karikatur von Traviès.

60

Das ausgezeichnete Festmahl bei der Hochzeit von Rolin Trapu und Catin Boubec.
56. Seltener satirischer Stich aus dem 17. Jahrhundert auf die Verrohung der Sitten.

kommt das selten vor, es ist vielleicht nur ein einziges Mal in der Zeit Scheffers vorgekommen; wenigstens hat er es nur einmal ge= zeichnet.

* * *

Philippon ist offenbar härter, auch Bouchot, der Urheber der berühmten Stiche „Le voisinage" („Die Nach= barschaft"), „Mettez donc vos filles au pensionnat" („Das Töchterpensionat") ist es. Bouchot ist bisweilen gemeiner als Philippon. Bourdet ist manchmal recht drollig, z. B. wenn er uns,

Die Jungfrau mit dem Schleier.
57. Galante Karikatur von Numa.

bei strömendem Regen, bedauernswerte Frauen vorführt, von deren durch die kleinen Schirme nicht hinreichend geschützten Hüten das Wasser herabträufelt. Sehr be= merkenswert ist Bourdet mit seinem heiteren, schmachtenden Menschenpaar, welches sich in das Gehölz von Verrières oder von Sceaux unmittelbar bis an die Pariser Bannmeile fahren läßt. Manchmal ging es aber nur bis ins Boulogner Wäldchen. Auch fuhr man zuweilen um so rascher, je näher das Ziel war. Der Stich ist von Bouchot, wo der Kutscher, vor der offenen Tür seines Kabrioletts stehend, zu dem Fahrgaste sagt: „Monsieur, n'attend pas que nous soyons au bois" („Der Herr denkt wohl nicht daran, daß wir schon im Gehölz sind"). In der Tat, der Herr denkt nicht daran. Der Herr überhäuft seine Begleiterin mit so stürmischen Lieb= kosungen, daß man meinen könnte, er wolle sie beißen. — Nur weite Abstände sind schwer zu überschreiten. Aber auch geringe Abstände können Gefahr bieten, wie beispielsweise der Raum, der zwei Dachstuben voneinander trennt. Eine Treppe hinunter, durch zwei Türen, eine Treppe hinauf, um vor die gastliche Pforte zu gelangen, ist ja wohl weder langwierig noch schwierig. Unter den Grisetten gibt es aber nicht bloß schlecht behütete Mädchen, sondern auch strenge Pförtnerinnen. Der einzige Weg zu der Schönen geht dann wohl durch das Fenster des eigenen Studentenstübchens und wieder durch ein Fenster in das Zimmer der Schönen. Der Fall ist nicht selten, wenn man Bourdet glauben darf. Wir haben einen Stich von ihm mit der Bezeichnung „Liaisons dangereuses" („Gefährliche Liebes=

62

verhältnisse"). Diese Liebesverhältnisse sind in der Tat in zwiefacher Hinsicht ge-
fahrdrohend: für die jungen Mädchen und die jungen Frauen, denn sie verbergen
unter Rosen jegliche Art von Verdruß, von Unannehmlichkeit und Gefahr; das
ist es aber keineswegs, was Bourdet andeuten will; sie sind wegen der halsbreche-
rischen Turnkünste für die Verliebten, die sich ihrer befleißen müssen, gefährlich.
Wir sehen hier eine ganze Straße (eine sehr enge und unregelmäßige Straße allerdings), sie ist natürlich düster, denn nur das Licht der Selene beleuchtet sie, vielleicht
im Verein mit einer jener Öllampen aus der guten alten Zeit, jener trüben
Laternen, die an quer über die Straße gezogenen Stricken hingen. Derartige Beleuchtung stört unsere Verliebten nicht, sie ist ihren Zwecken wohl eher dienlich.
Diese Straße, die Karikatur gibt ihr keinen Namen, ist so eng und unregelmäßig,
daß sie nur dem Vieux Paris, dem alten Paris angehören kann! Das muß
eine Straße des Quartier latin, des alten lateinischen oder Studentenviertels
sein, des Zentrums der Grisetterie, der Liebe und der Pariser Regellosigkeit,
der Regellosigkeit und der Verwegenheit in Liebesdingen -- die Fenster sind bis
an den Dachstuhl mit Verliebten besetzt. Es ist eine Straße des lateinischen

Meiner Treu! Ich, Mayeux, liebe die Dicken!
53. Satirische Karikatur von Travies aus der Serie „Facéties de Mayeux".

63

Viertels aus der Blütezeit der Bohème, vor Murger, die Rue des Grés, die Rue Cujas, die Rue de la Clef oder irgend eine andere noch merkwürdigere, durch den enormen Durchbruch niedergelegte Straße, welchen die Anlage des Boulevard St. Germain, des Boulevard St. Michel, der Rue Soufflot, der Rue Gay-Lussac nötig machte; lauter neue, breite Viertel und Straßen, die Murger verdammt oder die, lange vor ihm, Petrus Borel als unschicklich oder unsittlich bezeichnet hätte, deffen Strolche sie sicherlich äußerst geschmacklos und ärgerlich gefunden hätten. Murger schildert in seiner „Vie de Bohème", wie einer seiner Helden, der im Kostüm eines Karnevaltürken, von seinem Onkel in eine Dachstube eingeschlossen, die sanfte Sidonie erweicht und zu ihr gelangt, indem er sich aus einem Dachfenster bis zu einem tiefer gelegenen Balkon gleiten läßt. Für die Vorläufer Murgers und seiner frohgemuten Helden hat es mit solcher Turn-kunst wenig auf sich; es sind Vorläufer von Rudolphe, von Marcel, von Schaunard, es ist ein Jungfrankreich, es sind junge Romantiker, die da auf den Pfaden der Liebe gehen. Jener eine hat eine Dachrinne ergriffen, er tappt mit dem rechten Fuße nach dem viel weiter unterhalb befindlichen Fensterbrett des Dachzimmerchens. Ob wohl die geängstigte Hero das Bein diefes Leander zu sich hereinzieht? Weiter-hin haben wir etwas ganz anderes vor Augen. Eine ganze Straßenbreite trennt die beiden Verliebten, zwei Meter sind zwischen ihnen, zwei Meter Breite, aber zwanzig Meter Tiefe. Was tut es! Der Verliebte, der vielleicht Architekt ist, ein Architekturschüler der Ecole des Beaux Arts, der hohen Schule der schönen

Der glückliche Vater.
59. Amüsante Karikatur von Pigal.

Künste, hat ein einfaches Brett von seinem Fenster zu dem anderen, in ungleicher Höhe befindlichen Fenster geschoben, und wir sehen ihn auf dem Wege zu einer in Tränen zerfließenden Schönen im Nachthäubchen. Schon hat seine Hand den Ziegelvorbau der Manfarde ergriffen. Feurige Küsse werden ihm danken dafür, daß er sein Leben so aufs Spiel gesetzt hat. Und unten, im Hintergrunde, noch ein anderer Romantiker, ganz Mussetscher Überlieferung. Sein Beförderungsmittel

64

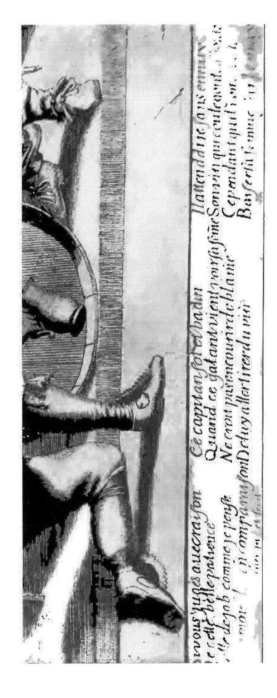

Die schöne Patience.

Politische Karikatur aus der Zeit der französischen Eroberungen in Spanien. Seltener Stich aus dem 17. Jahrhundert von Rithier.

111

Die Akrobatin.

„So kann er wenigstens nicht sagen, daß ich maule, wenn er kommt."

60. Umschlagzeichnung der Karikaturzeitschrift „Jean qui rit".

ist eine Strickleiter, die ihm seine Angebetete aus dem obersten Stockwerke zugeworfen hat. Und da ist noch ein Dachstübchen und am Fenster desselben ein
niedliches Wesen, zu welchem ein junger Mann, über die Dächer hinweg den
Weg sucht. Man kann sich vorstellen, daß zu so viel Gymnastik, so viel
gefährlichen Unternehmungen ein großes Opfer an Schlaf und viel Illusion
gehören. Aber die Jugend hält sich zu allem fähig und stürzt sich ohne Überlegung in verwegene Unternehmungen . . . Jugend, männliche Jugend ist jener Student,
den uns Philippon schildert, wie er sich in seinem Zimmerchen für den Sonntag
schön macht. Es ist ein Dachstübchen oder ein Zimmerchen — nicht doch, nur ein

65

Der Weihnachtsstern.
61. Satirische Zeichnung von Roubille.

Dachstübchen, die Form des Fensters zeigt es. Ganz nahe bei diesem Fledermausfenster zieht der Student aus seiner Plnderhose ein Rasiermesser; ein Tisch, ein Koffer, ein Stuhl, ein Bett bilden das ganze Mobiliar; ein Hut, einige Flaschen, Pfeifen, ein Tabaksbeutel, wenige Bücher, das ist die sonstige bewegliche Habe. Und dieser schmächtige junge Mann, der mehr dem Herzog von Reichstadt, wie ihn uns die Stiche schildern, als einem Herkules gleicht, bringt den Abend auf den Dächern zu, um der Dame seines Herzens ein schmachtend Lied zu singen? Gewiß! Das Jungfrankreich aus der Zeit der Romantik war verwegener Art und es schätzte das Schwankende in der Liebe, selbst in der Höhe eines vierten Stockwerkes auf einem Brettchen hoch über dem Pflaster.

Wenn unsere Künstler nachsichtig und weichherzig sind gegenüber der übermütigen Jugend, wenn sie die idyllische genußfrohe Liebe verteidigen im Gegensatze zu den Philosophen, die zur platonischen Liebe mahnen, zu den Pedanten, die zu ihr raten, ohne sie selbst auszuüben, wenn sie in die nette Arbeiterin, die kleine Schauspielerin, die Grisette, in alles, was für Liebe schwärmt, vernarrt sind, in alles, was sich trifft, wie im Sonett von Corbière — das eine hat kaum zwanzig Jahr, das andre hat Frank zwanzig bar*), was immerhin gestattet, den Lockungen der Robinsons oder der Romainvilles**) zu folgen, dem Vergnügen des Eselreitens, dem Genusse des Frühstücks im Geäst der Bäume oder der fröhlichen Unterhaltung auf grünem Rasen sich hinzugeben — oder zur Einleitung jener schnellfertigen

*) L'une étant riche de vingts ans, l'autre riche de vingt francs.
**) Les Robinsons — Les Romainvilles, beliebte Volksvergnügungsorte in der Umgebung von Paris.

Verhältniſſe ausreicht, die kurz bleiben oder zu dauernden werden, ſo ziehen ſie doch alle gegen die Geldheirat zu Felde.

In der Serie des Bouchot „Ce que parler veut dire" („Worte und Gedanken") ſtellt eines der Blätter eine dicke, überreife, hoch= buſige Matrone mit kurzem Oberkörper, ſehr breitem Rücken und plattem, von einem rieſigen Turban ſchier erdrücktem Kopf dar. Sie führt dem verduzten Maire, der ſeiner Brille nicht traut, einen großen, ſchlanken jungen Mann zu, und die Erklärung lautet: „Cher ami, signez mon bonheur" („Werter Freund, be=

„La belle Otéro."

62. Charles Leandre. Karikatur auf die ſpaniſche Varlététünſtlerin Otéro.

ſtätigen Sie mein Glück"), eine Äußerung, die aus dem Munde der Dicken kommt — „Signe ma fortune vieille folle"*) („Beſtätige das meinige, alte Närrin"), iſt der unaus= geſprochene Gedanke des jungen Mannes.

Ebenſo haben wir von Travies zwei Blätter mit der Bezeichnung „La Fin Tragique d'un Dissipateur" („Das unheilvolle Ende eines Verſchwenders"). Nur zwei Blätter. Auf dem erſten zerrt eine alte, gekrümmte, mißgeſtaltete, männlich ausſehende Dame mit faltigem Geſicht, aber doch von recht vornehmem Ausſehen, denn Travies hält es nicht unter ſeiner Würde, die Ariſtokraten durch das Charak= teriſtiſche ihrer Erſcheinung zu verſpotten, einen jungen Mann zur geweihten Stätte des ehelichen Gelübdes. Auf dem zweiten Blatte ſehen wir denſelben jungen

---

*) Man beachte den Unterſchied: Bonheur iſt Glück im eigentlichen Sinne, Fortune ſind Glücksumſtände, Wohlhabenheit.

67

Mann bei Tische, die lange Champagnerflasche in der Rechten; um ihn her, am
Tische, hübsche Persönchen, ein ganzes Rudel hübscher Mädchen, hinter ihm aber
steht eine alte Person (jedenfalls seine Frau, die soeben eingetreten ist), und indem
sie ihn leicht mit dem Fächer berührt, sagt sie: „Je n'aurais jamais cru que tu
me ferais cela" („Ich hätte niemals geglaubt, daß du mir das antun würdest").
Der Gatte scheint indessen weder zu hören, noch auch nur die Gegenwart des
Störenfrieds zu bemerken.

Die Karikaturisten, die jovialen Karikaturisten und darunter selbst Traviès,
den wir doch am Beginn dieses Abschnittes als einen der Meister der sozialen
Karikatur, als einen tiefgründigen Karikaturisten und in seiner Art als einen Vorläufer bezeichnet haben, sie alle halten zur Jugend, zur Schönheit, ohne Tugend
von ihr zu verlangen, sie verspotten die alten Marquisen von Carabas, die in
den Armen eines hübschen Liebhabers ihre eigene Verjüngung wiederfinden wollen.
Die grotesle Figur von den beiden wird immer die alte Dame sein; ihr können
sie ungescheut das Äußere lüsterner Äffinnen geben, sie werden die Lacher auf ihrer
Seite haben. Warum? Nun, die Karikatur dient der Belustigung; mit dem
Chanson, dem Spottlied teilt sie das Privilegium, eines Tages zu erstehen, Gefallen zu finden und wieder zu vergehen, man geht an die Schaustellungen, sieht
sich dort das neueste Bild von Bourdet, Bouchot, Philippon an und lacht. Aber
man lacht, ohne viel zu denken, weil es ja doch nur heitere, unterhaltende Karikatur
ist. Philippon gibt bereits mehr zu denken, und mit Daumier zugleich gelangt die
Karikatur zu ihrer hohen Bedeutung als Vermittlerin zwischen der plastischen und
derliterarischen Kunst, indem sie teilnimmt an der Kraft und der Fülle der beiden;
durch die Zeichnung und die Schrift wird sie ein Faktor im gesellschaftlichen Leben;
sie behauptet ihren Wert und ihre ganze Wichtigkeit.

*　　*　　*

Lami.

Bevor wir nun zu Daumier, Gavarni, Grandville, zu den großen Sitten-
predigern übergehen und uns über das Gebiet ihrer Tätigkeit verbreiten, möchte
ich noch einen Augenblick bei einer leichtlebigen, harmlosen und sehr angenehmen
Künstlernatur verweilen, es ist Lami. Er überlebte zwar Daumier, denn er hatte
eine lange Lebensdauer, aber seine Fröhlichkeit zieht ihre Schöpfungen aus dem
fröhlichen Jahre 1830, gehört also einer älteren Zeitrichtung, einem früheren Alter
der Karikatur an.

Lami hat sich mit einer ganz anderen gesellschaftlichen Schicht befaßt, als
diejenige ist, welche Bouchot oder Philippon oder Traviès studierten und charak-
terisierten. Lami ist der Karikaturist der Aristokratie, und wenn er sich von der

68

Mayeur: „Unmöglich! Ich habe Dienst, wenn ich zurückkomme — vielleicht."

63. Satirische Karikatur von Traviès aus der Serie „Facéties de Mayeux".

Gesottenes Hirn und leichtes Gepäck.
Speisekarte eines Restaurateurs.
64. Amüsante gesellschaftliche Karikatur von Grandville.

Aristokratie ab, und der Bourgeoisie zuwendet, so stellt er im Bilde, das er vom Spießbürger gibt, doch die Gewohnheiten und Vorurteile der Aristokratie dar.

Eines hat er mit Carle Vernet gemeinsam: es ist die Vorliebe für prächtige
Karossen. Wie Vernet ist er ein vorzüglicher Maler der eleganten Frau, ein
Maler von Schlachtenbildern und auch ein Maler der Garden party, der Vergnügungen im Freien der vornehmen Gesellschaft. Er hat die verschiedenen Viertel
von Paris durch die Art der in ihnen verkehrenden Karossen bestimmt; wir sehen
da eine alte, schwarzgekleidete, gebückte Dame, sich auf den Arm ihres Haushof-
meisters, der ein rotes Gesicht hat, stützend, einer vor der Eingangspforte der Kirche
von St. Thomas d'Aquin vorfahrenden altmodischen, in Rot und Gold prangenden
Karosse entsteigen. Das ist der Faubourg Saint-Germain. Sie ist Witwe von
Stande und man leidet unter den Ereignissen von 1830. Hat man doch vor kaum
einigen Wochen, in den Julitagen, den Thron Karls X. gestürzt, der Faubourg
Saint-Germain ist in Trauer, er schmollt; die ganze Livree ist in der Farbe der

70

118

Trauer und sogar die Pferde machen den Eindruck, als fürchteten sie, daß sie in kommenden Tagen sich nicht mehr der fetten Leibrenten, die ihnen der König gewährte, erfreuen würden. In der Chaussee d'Antin hingegen, in der damals schönsten Straße von Paris, wo die Bankiers des Nouveau régime, der neuen Regierungsform, ihre Paläste hatten, bemerken wir ein leichtes Geschirr in Blau und Silber, auch die Livree ist blau und silberverziert; eine hübsche junge Frau, in sichtlichem Mutterstolz auf ihre beiden schönen Kinder, steigt hinein, ziemlich protzenhaft und selbstgefällig. Auch die Frauen aus dem Volke, die Lami auf den Möbelwagen aufgestapelt hat, der sie von St. Denis nach Montmorency führen soll, sind sehr lebensfrohe Geschöpfe, am bezeichnendsten aber für seine Herzenslust, für seinen humoristischen Schwung und auch für sein Zartgefühl sind die Herrscherinnen, die Königinnen des Nouveau régime, die Damen des Hofes und die der Chaussee d'Antin, die es ihnen in jeder Hinsicht gleichtun wollen. Lami ist einer der ersten von denjenigen, die sich über das Herrenleben in den ländlichen Schlössern belustigen. Er scheint von der Anschauung auszugehen, daß man nur durch Prüfungen und Unfälle dahin ge= langen könne, denn die beiden Albums, die er diesem Sommerdasein widmet, beginnen mit dem Festgefahrensein im breiten und tiefen

Im Quartier de l'Europe.

La p'tite femme: Birotteau ... Sie nennen sich Birotteau ... Denken Sie, ich wurde neben einem Roger Birotteau als Studentin der freien Wissenschaften aufgenommen.
Der alte Herr: — Das — war mein Sohn, meine Liebe.
65. Galante Karikatur von Guydo.

71

Der Moderoman.

66. Charles Philippon. Satirische Karikatur auf die Moderomane aus der Serie
„Noch etwas zum Lachen".

Geleise des Wagens, der die Gäste nach dem Schlosse führt. Man ist endlich an=
gelangt. Die vom Schlamm der Straße bespritzten und beschmutzten Herren werden
gastfreundlich aufgenommen, und in Erwartung der Ankunft ihrer Koffer, welche
ihnen die Diligence, die Schnellpost, träge und lässig nachführt, haben sie in den
weiten Überröcken anderer, in den viel zu weiten oder viel zu engen fremden Haus=
kleidern Wohnung genommen. Was die Damen betrifft, so ist es unmöglich zu
erraten, ob in den hübschen Gruppen, die sie bilden, eine Toilette Schaden gelitten
hat, denn sie sind frisch wie Rosen. Lami ist in der Karikatur der Damen sehr
diskret, sehr artig, er entstellt niemals ihre hübschen Züge.

In seinem „Contre temps" („Zur Unzeit") trägt ein Blatt die Unterschrift:
„Elle avait fait défendre sa porte, mais la négligence de ses gens . . ." („Sie hatte
den Eintritt untersagt, aber die Nachlässigkeit ihrer Dienstboten . . ."), und wir sehen
folgendes: Zu seiten eines ein wenig in Harnisch geratenen jungen und hübschen
Weibes befindet sich, verdrossenen Ansehens, ein hochgewachsener junger Mann,
man hatte ihm offenbar eine längere Audienz sehr privater Natur, ein Tete=a=tete

72

120

Canicule

Farbige Radierung von Félicien Rops.

Beilage zu Gustav Kahn, Das Weib in der Karikatur Frankreichs.   Hermann Schmidt's Verlag, Stuttgart.

versprochen. Was ist nun vorgegangen: hat die Dame ihre Meinung geändert? Ist ihr das Alleinsein mit dem jungen Manne unangenehm? Vielleicht hat sie ihr Versprechen vergessen, oder will ihn ärgern! Tatsache ist, daß die Tür geöffnet wird und die Vorhut eines ganzen Heeres sichtbar wird; man vermutet da Bittsteller, arme Verwandte aus der Provinz ... Madame hatte den Eintritt untersagt, aber die Nachlässigkeit der Dienerschaft ... und dabei der sehr verstimmte junge Mann! — Es kann auch etwas „zur Unzeit" gelegentlich des Besuches bei einer alten Dame vorkommen. So geschieht es einem Herrn, der einer alten Person gegenüber Platz nimmt oder doch im Begriff steht, sich ihr gegenüber zu setzen, daß diese sich mit der Miene einer beleidigten Medusa aus ihrem Lehnstuhl erhebt,

Die vergitterte Loge.
67. Galante Karikatur von Traviès aus der Serie „La Galerie Physionomique".

73

10

weil in demselben Augenblicke, da er zu der Dame sagt: „C'est un plaisir de
rendre visite à des personnes qui aiment les animaux" („Es ist ein Vergnügen, bei Leuten, welche die Tiere liebhaben, Besuch zu machen"), er einer Katze
mit derartiger Wucht auf das Kreuz tritt, daß diese im furchtbaren Schmerze sich
windet und mit den Klauen ins Bein krallt; die Dame ist entrüstet.

Die hübschen jungen Damen, welche Kinder besitzen, tun nach Lami unrecht
daran, daß sie dazu lächeln, wenn die reizenden Teufelchen durchaus den Hut des
Besuchenden unter sich teilen wollen, indem sie ihn sich gegenseitig aus den Händen
reißen, oder wenn sie die Widerstandsfähigkeit seines Haarschmuckes erproben wollen,
indem sie aus allen Kräften daran ziehen. Doch nein, er gibt ihnen nicht unrecht,
nur lebhaft erscheinen sie ihm und unbefangen, selbst wenn sie auf einem Balle
den Kellner, der eben mit einem Teller voll Erfrischungen vorübergeht, anstoßen
und damit veranlassen, daß die sirupartige Flüssigkeit sich über den schwarzen Anzug
ergießt. Da hätte sich der schwarze Anzug eben vorsehen sollen. In seinem „Contre
tems" nimmt Lami immer die Partei der hübschen Frauen, selbst da, wo er sie

Die göttliche Komödie.
— Es ist erstaunlich, mein Teurer, wie Sie einem Manne ähnlich
sehen, den ich sehr geliebt habe.
— Ist das lange her?
— Nein ... gestern abend ...
68. Galante Karikatur von Paul Iribe.

uns zeigt, wie sie hastig
einen Sendboten mit der
Beförderung eines eiligen
Briefchens beauftragen,
kaum nachdem sich die Eheherren, um ihrem Jagd-
vergnügen nachzugehen,
langsamen, gemächlichen
Schrittes entfernten, freund-
schaftlich, wohlgemut, die
Flinte über der Schulter,
ohne Furcht und ohne Tadel.
Die armen Burgfrauen
müssen doch auch ein Ver-
gnügen haben, und das
Briefchen ist ohne Zweifel
dazu bestimmt, jemanden
herbeizurufen, der sie zer-
streue. Es ist ja doch kein
sehr genußreiches Dasein,
wenn man des Morgens
bei Entgegennahme der
Zeitungen und der Briefe
ein wenig plaudert, wenn

74

„Wie ſchön iſt es, ſein Geld mühelos zu verdienen."
69. Galante Karikatur aus der Serie „Hinter verſchloſſenen Türen und Fenſtern" von Bouchot.*)

man dieſe Harmloſigkeit beim Appetitſpaziergang, den man
um das Schloß herum macht, fortſetzt, am Nachmittage
einen Ausritt macht, um ſich den Bauern im Amazonen-
koſtüm zu zeigen, wobei man ſich von dem einen oder
dem anderen Neuigkeiten erzählen läßt und mit guten
Ratſchlägen nicht geizt, die um ſo weniger befolgt werden,
mit je mehr Ehrerbietung ſie angehört worden ſind. Am
ſpäteren Nachmittage gibt es wohl noch einen Spaziergang. Die Herrn tun ſich da zuſammen und die älteren
derſelben ſchreiten den Damen voran und unterhalten ſich
über Politik, die jüngeren folgen den Damen, indem ſie,
in der geſchraubten Manier, zu der ſie nur die läſtige
Anweſenheit der alten Herren nötigt, ihnen Artigkeiten
ſagen, denn nicht alle die ernſten Eheherren gehen mit
den anderen, die da im beſten Zuge ſind, auf die Regie-

*) Das rechts ſtehende Bild iſt als Türe zu dem Coupé des oben
ſtehenden Bildes zu betrachten.

75

rung zu schimpfen, oder auch sie überschwenglich zu loben. Es gibt ja immer
Nörgler, Eifersüchtige, die sich in die Unterhaltung der netten jungen Männer
mit den netten jungen Frauen mischen. Da ist man niemals sicher. Am Abend
nach diesem Spaziergange beschließt man sein Tagewerk, indem man einem Vor-
leser lauscht, der mit sympathischer Stimme und edlem Anstande den soeben in
Mode gekommenen Roman vorliest. Dieser modische Roman ist die Vorbereitung
für den Schlaf. Endlich zieht sich männiglich in seine Gemächer zurück, aber die
Ruhe der Gesellschaft muß durch die Possen der Junggesellen gestört werden.
Finden diese Herren es doch unterhaltend, aus einer Modistenpuppe, die sie der
Wäschekammer der Gnädigen entnommen haben, einem Bettuch und einem Besen-
stiel, ein Gespenst herzustellen und dieses, nachdem sie vorher die Lampe mit einem
am Tage für diesen Zweck sorgfältig aufbewahrten kalten Wasserstrahl ausgelöscht
hatten, in das Zimmer hineinschaffen. Die Damen des Eugène Lami sehen dem
allem lächelnden Antlitzes zu. Sie wohnen auch den Manövern der Kavallerie bei.
Sie folgen ihnen in der großen Herrschaftskutsche, und die Teilnahme an der
Mahlzeit der Offiziere, während der großen Rast, ist ein Fest. Er zeigt noch
andere Episoden. Eines Tages in einer kleinen Stadt wird zur Rückkehr geblasen.
Da sieht man die ob des gebieterischen Blasens überraschten Offiziere an allen
Fenstern erscheinen – und sie sind alle in bemerkenswert tiefem Negligé – ob
das zu Ehren der großen Damen oder der Grisetten geschah ... sagt uns Lami
nicht. Lami erfreut auch die französische Frau mit der Karikatur der Engländerin,
doch nicht in der gewaltsamen Art eines Carle Vernet, der die lächerlichen Insu-
lanerinnen beobachtet, die er in den Straßen von Paris sieht. Durchaus nicht,
Lami geht nach London. Er hat dort die feine Engländerin und die Engländerin
aus dem Volke studiert; er hat sie auch auf dem Schiffe, welches zwischen Dover
und Calais verkehrt, beobachtet; er hat sie in den Wandelgängen des Hyde Park
stolz und majestätisch im prächtigen Gespann gesehen und sie auf den Fischmärkten,
wo sie weniger elegant sind, kennen gelernt.

Sehr nachsichtig, sehr Bewunderer der aristokratischen Frau, ist er ziemlich
streng gegen die andere.

Diese Albums schmeicheln beiderlei Anschauung der Franzosen der Julimonarchie, ihrer Bewunderung sowohl für die englische Eleganz und ihrer Verachtung für den gänzlichen Mangel an Distinktion der Engländerin aus dem Volke.

So viele schöne Eigenschaften und das Anmutende einer durchaus geistreichen
Kunst haben Lami zu einem der von unseren Großmüttern und unseren Urgroß-
müttern bevorzugtesten Künstler gemacht – er ist ein Watteau im kleinen, artig
wie ein Carle Vernet, und er hat Berührungspunkte mit Guys.

*   *   *

76

Der Soldat, der dem Dienstmädchen nachstellt.
Die Kinder: „Still, da kommen sie".
70. Gesellschaftliche Karikatur von Poulbot.

Eiferſucht.
71. Karikatur in Form eines
Fächers von Louis Morin.

Das Gebiet der Karikatur.

Daumier iſt der größte unter den Karikaturiſten Frankreichs, aber neben ihm gibt es eine Menge von Rivalen und Nacheiferern; da ſind, um die bedeutendſten zu nennen, Gavarni, Traviès, Grandville, Monnier, Philippon, und eine Anzahl von ſehr intereſſanten Künſtlern zweiter Ordnung gruppieren ſich um dieſe Meiſter. Es ſind immer gewichtige Urſachen vorhanden für das vielfache Entſtehen von Talenten auf dem gleichen Gebiete der Kunſt, logiſche Gründe zum Antrieb, die die begabten Künſtler dieſen Gebieten der Kunſt zuführen. Wenn die Zeit um 1830 reich war an Karikaturiſten, ſo iſt es deshalb, weil die Bedingungen für die Entwicklung zahlreicher Karikaturiſten günſtig waren, und ihr Gebiet ſich ihnen, den Anſchauungen des einzelnen entſprechend, frei enthüllte.

Eine der gewaltigen Urſachen des Gedeihens der Karikatur iſt natürlich das geſteigerte politiſche Leben und die größere Freiheit der Preſſe. Unter der Regierung Louis Philipps darf man zwar nicht alles, aber doch vieles ſagen; die Macht erträgt den Tadel. Die Freiheit der Preſſe iſt eine jener Freiheiten, über die man auf den Barrikaden des Juli frohlockte. Unter dieſen volkstümlichen, in der Hitze des Kampfes mit offener Bruſt ſtreitenden Freiheitshelden, die uns Delacroix in ſeinem ſieghaften Marſch zeigt, gewahren wir Zeitungsſchreiber und Drucker. Die Julimonarchie durfte weder zu ſtreng noch zu früh gegen die Gewalt vorgehen, aus welcher ſie ſich leitete. Man ließ Zeitungsſchreiber und Zeichner am Beginn der Regierung ziemlich unbehelligt, und ſie konnten frei ein Regierungsſyſtem bekämpfen, welches ſich an einer ſehr geringen Doſis von Ehrerbietung genügen ließ. Die Perſon des Königs wurde für den Zeichner ein vertrauter Stoff; die Form ſeines Kopfes, den ſie in kühner Begriffsverbindung auf diejenige einer

78

Birne zurückführten, war ihnen schier ein unerschöpfliches Thema. Der König
ließ es hingehen, die Minister eines so gutmütigen Königs mochten sich nicht
viel strenger zeigen als er selbst. Die Minister gestatteten Daumier, durch das
Journal „La Caricature" ihre ohne Nachsicht karikierten Gesichtszüge zu verbreiten. In dieser geduldeten Dreistigkeit, im Gefühl der Freiheit, schildert der
Künstler die Sitten seiner Zeit. Sie gab ihm Anlaß zu umfassenden Ent-
deckungen, denn die Gesellschaft wechselte, und gerade wenn eine Gesellschaft in
der Wandlung begriffen ist, findet der Karikaturist eine Überfülle von Modellen;
das Auftreten der modernen Plutokratie fand Forscher und Schilderer, die, mit
Stift und Tafel in der Hand, ihr folgten. Auch muß zugegeben werden, daß
der Triumph und die Entwicklung der Romantik der Erweiterung des Gebietes
der Karikatur günstig war. Nicht als ob alle Karikaturisten das Evangelium der
Romantik angenommen hätten, viele von ihnen waren sogar starrsinnige Klassiker.
Beide Schulen fanden ihre Verfechter unter den Karikaturisten. So widmet
Daumier, der entschiedene Romantiker, wohl zwanzig Blätter der mitleidlosen
Verspottung der Tragödien und der Helden dieser Tragödien, der Schauspieler,
deren rasierte bürgerliche Gesichter er verzerrt, der Schauspielerinnen, deren Züge
er bis zur vulgären Häßlichkeit modernisiert, während dagegen Travies zum Bei-
spiel die Romantiker nicht mit seinen Sarkasmen verschont. Es erscheint möglich,

Am Strande.
72. Satirische Karikatur von Abel Faivre.

79

daß der Typ des Quasimodo (aus Notre Dame de Paris des Victor Hugo) dem Mayeux des Traviès einiges verdankt, wenngleich die romantische Theorie, die behauptet, daß das Schauderhafte just das Schöne ist, folgerichtig Victor Hugo auch ohne Traviès zur Schöpfung des Quasimodo hätte führen müssen. Jedenfalls hat Traviès an die romantischen Theorien gedacht, wenn er in seinem Blatt „Mayeux als Modewarenhändler" den Mayeux sehr galant zwei hübschen jungen Käuferinnen gegenüber darstellt, zu welchen er mit einem feinen Lächeln sagt: „Mais l'horrible est fort à la mode, ces années-ci" („Ja, das Schauderhafte ist in den letzten Jahren sehr in Aufnahme gekommen"). Als wechselseitige Merkwürdigkeit muß hervorgehoben werden, daß Traviès, nach seinen Werken zu urteilen, romantisch erscheinen könnte, während er im Prinzip klassisch ist, und das Daumier, der in seiner Arbeit klassisch scheint, romantische Theorien zuläßt und die Gegner des Romantismus verspottet, wofür sein Bild des Akademikers Etienne als dickbauchiger, kraftloser Kupido Zeugnis ablegt. Die Ausnahme von Traviès hindert jedoch nicht, daß der Romantismus durch die Freiheit der behandelten Stoffe einen günstigen Einfluß auf die Karikaturisten hatte. Dagegen trugen die Zeichner nicht wenig dazu bei, dem Romantismus ein zweites Gesicht zu geben, denn das erste Gesicht des Romantismus vor 1830 ist politisch wesentlich reaktionär und voll religiöser Absichtlichkeit; seit 1830 untergeht er einer Wandlung und nimmt eine freisinnige und volkstümliche Färbung an.

Man darf übrigens Geister von so verschiedener Art wie Daumier, Traviès, Gavarni und Grandville nicht unter derselben Etikette vereinigen. Es soll nur festgestellt werden, daß einige Beziehungen zur zeitgenössischen literarischen Schule ihnen gemeinsam sind.

Hatte ihnen der Romantismus die Bourgeoisie, den Bürgerstand, überliefert? Wenigstens hatten die Späße der ersten Romantiker, der Wähler und Radikalen, die Zeichner auf diese Leute hingewiesen, die sie übrigens ganz von selbst gefunden hätten, denn zu jenem Zeitpunkt nahm der französische Bürger, nahm die französische Bourgeoisie

Der Neuigkeitsmarkt.
73. Satirischer Stich aus dem 17. Jahrhundert auf die klatschenden Frauen.

80

Etwas stark ausgeschnitten, aber gut gesinnt!

Politische Karikatur von Ch. Bernier.

Mayeux: „Madame de Saint-Léon, geben Sie mir etwas ausgesucht Gutes."
74. Karikatur von Travics aus der Serie „Facéties de Mayeux".

ihren Umfang und ihre Entwicklung. Vor der Revolution ist der Bürger der
Mann des Tiers État, des dritten Standes, er kämpfte für seine Freiheit.

Unter der Restauration ist er der Freisinnige, der den Klerikalismus und
den Absolutismus bekämpft. Nach seinem Siege von 1830 denkt er nur noch
daran, sich zu bereichern und aus der so rasch erworbenen Wohlhabenheit Vorteil
zu ziehen, und damit begibt er sich auf das Gebiet der Karikatur.

* * *

81

Die Karikaturisten schonen die Frauen dieser siegreichen Bürger ganz und gar nicht.

Zahlreicherein humoristische Entwürfe zeigen uns die Kleinbourgeoisie der Zeit. Das Haar ist vom Nacken aus hoch emporgekämmt und wird von großen, mit Bändern gezierten Kämmen gehalten; der Nacken ist frei, weite Glockenärmel lassen die Taille frei erscheinen, der kurze Rock fällt über den kleinen Fuß, bisweilen umschließt eine Krause den Hals. Sie liebt es, die Brust entblößt zu tragen, die Zeichnungen des Déveria zeigen sie alle dekolletiert. Die Damen wie die Kammerzofen mit großen, bänderreichen Hauben

„Ein Domino paßt nur für schlechtgebaute Frauen, weil er die Formen verhüllt."

75. Gesellschaftliche Karikatur von Roubille.

aufgedonnert. Selten war eine Mode so der Karikatur ausgeliefert wie die jener Jahre. Philippon gibt einen ganzen Abschnitt, Roqueplan, Numa legt Nachdruck darauf. Das Werk des Gavarni gibt jahraus jahrein eine Geschichte der Mode. Die Zeichner bleiben aber nicht bei dem Äußeren der Frau stehen, bei dem, was sie in ihrem Kleid, ihrem Flitterstaat vorstellt, bei der Art, wie sie ihren Schal umhängt oder die Haare anordnet, bei dem, was Jules Laforgue so treffend als l'art du front, Dreistigkeit der Kunst, bezeichnet hat, sie studieren die sozialen Kategorien, und es gibt deren ganz neue.

Die Frau in Frankreich ist unter allen Regierungsformen allezeit eine Macht gewesen. Indessen will der Bourgeois das ancien régime, der alten Regierung, nicht sehen lassen, daß die Frau im Weltengange mitzählt. Der Schwachkopf Chrysale in „Gelehrte Frauen des Molière" stellt den Ausdruck der Meinung der gesamten Durchschnittsbourgeoisie der alten Zeit vor, wenn er den Stand der Kenntnisse schildert, die er von einer Frau verlangt.

82

Unter Louis Philippe erscheint die Kleinbürgerin mehr in der Rolle einer
sehr geschäftskundigen Teilhaberin, einer Herrscherin und einer Gebieterin. In
„Les Bons Bourgeois" und anderen ähnlichen Sammlungen wird die Bourgeoise
fett, stark, kolossal dargestellt. Mit den dicken, platten Gesichtern unter dem
Pamelahut, den sehr entwickelten Hüften, den kräftig aus den Keulenärmeln
heraustretenden Armen gleichen diese Damen der Vorstadt St. Denis häufig den pausbäckigen Flamländern eines Teniers. Die Frau der Bourgeoise kommt übrigens
in der Kunst und Literatur nach 1830 zur vollen Geltung, einerseits, weil sie eine
größere soziale Rolle spielt, und andererseits, weil das Gebiet der Kunst sich erweitert. Mit Ausnahme von pittoresken Schriftstellern und den kleinen Meistern
der kurzen Erzählung hat sich die klassische französische Literatur hauptsächlich
darin gefallen, Erschütterungen der Leidenschaften vielmehr als ganze Charaktere
zu studieren. Unser komisches Repertoire allein bildet Ausnahme und bei Molière
findet man noch einigermaßen Wesenheiten, während man die Tragiker bei den
Dichtern und Herausgebern
von Romanen nur als Leute,
die in das Drama verwickelt
sind, wahrnimmt. Mit Marivaux und Beaumarchais
schlägt selbst die Komödie diesen Weg ein, und die Personen
sind nicht mehr Wesenheiten,
sondern Beiwerk der Haupt-
person, die These und Inhalt
des Stückes hält und trägt.

In der älteren Kari-
katur, in den Blättern des
Debucourt, in den populären
Stichen bei Vernet ist die
Frau als solche karikiert; sie
ist hübsch oder häßlich, sie ist
sanft oder bösartig, sie kleidet
sich gut oder donnert sich auf,
ihr sozialer Rang dient dem
Karikaturisten gleichfalls als
Trampolin; der Karikaturist
spottet über die Frau, die
etwas vorstellen will, aber
selbst im Scherz handelt es sich

Immer beim Frisieren, während ich mich placke.
— Ja, Mutter, aber du bedenkst nicht, daß alle Badegäste
abreisen würden, wenn meine Reize nicht wären.
76. Moderne Karikatur von Jeanniot.

83

für ihn immer darum, zu wissen, was die Frau angesichts der Liebe wert ist, ob sie sie verdient, oder ob ihre Ansprüche übertrieben sind. Auch handelt es sich darum, zu wissen, ob sie das Ideal des Mannes verwirklicht, ob sie entschlossen ist, als Gattin die gesetzlichen Vorschriften zu befolgen, das heißt dem Gatten zu gehorsamen und sich leiten zu lassen, wohin immer es ihm gefalle sie zu führen, oder ob sie das genaue Gegenteil wünscht. Die Karikatur hat auch Raum für diejenigen, welche das Verlangen und die Befähigung besitzen, sich genau dahin führen zu lassen, wohin sie selbst gehen wollen, aber das ist schließlich Sache der Schönheit und des Charakters. Nach der Revolution von 1830 beginnt der Zeichner sich mit dem geistigen Vermögen der Frau zu befassen, nicht sowohl in Hinsicht auf das Haushalt, als in bezug auf den reinen Verstand und den wissenschaftlichen Verstand. Der Romantismus, durch seinen Aufschwung der Freiheit ebensowohl wie die Revolution von 1830 durch die von ihr aufgestellte unleugbare Behauptung, daß es mit der alten politischen Regierungsform und der alten Familienordnung, die auf den Satz gegründet ist, daß die Frau dem Manne (in der Theorie wenigstens) untertan sei, und auf dem Rechte der Erstgeburt, nun zu Ende gehe, haben die

weiblichen Zeugen belebt. Die Frauen haben George Sand zu einem großartigen Erfolge verholfen, weil sie die Lélia, die Indiana, und Jacques geschrieben hat, weil sie für die Frau das Recht der Selbstbestimmung in Anspruch nimmt und auch weil sie eine Mütze trägt, sich wie ein Mann kleidet und raucht, und endlich, weil Gerüchte, Liebesgeschichten über sie im Umlauf sind. Von den Frauen der Revolution und der Gegenrevolution ahmten die einen Cornélia, die Mutter der Graechen, die anderen Laïs und Phryne nach. Man spann die Wolle am häuslichen Herde oder man nahm die Überlieferung der griechischen Courtisanen wie-

Die Loretten.
77. Zeichnung von Gavarni.

84

Die Wohlhabenheit wird vor der Hochzeit abgewogen.

78. Seltener satirischer Stich von Merian aus der Zeit Heinrich IV. auf die Geldheiraten.

139

der auf, zum allerwenigsten diejenigen der vergnüglichen und galanten Stunden des 18. Jahrhunderts. Der Romantismus stört diejenigen nicht, welche den jungen Crébillon wieder lasen, aber er öffnete denen, welche die Wolle spannen, einen weiten Horizont. Die Sinnlichkeit kann sich mit Gefühl umkleiden. Die Fleischeslust kann unbeschadet ihrer genauen Bestimmung ihre Proligome weit ausspinnen. Das ganze Gebiet fühlt sich erlöst durch das Wort einer George Sand. Nicht bloß der Blaustrumpf vervielfältigt sich, auch manche Edelfrau und manche Bürgerin träumt auf den Bänken ihres Gartens oder ihres bevorzugten Spazierweges von einem Prinzen Charmant, einem Clavaroche oder Fortunio, oder, wie Musset sagt, zuerst von Clavaroche, dann von Fortunio, in Erwartung, daß Fortunio seinerseits den Platz einem anderen Versucher abtreten wird. Schriftstellernde Frauen entstehen allenthalben in Frankreich, Balzac bevölkert damit seine Romane. Die Anhängerinnen der George Sand gehören zwei Hauptkategorien an: die der elegischen und die der ungestümen; sie schreiben die „Soupirs d'un cœur" („die Herzenskämpfe"), oder sie ergehen sich in energischen weiblichen Ansprüchen. Die Bourgeoisie ergießt sich übermächtig in das Weltgetriebe, wie wir bei Stendhal sehen, die Religiosität verbirgt unter ihrem frommen Wortschwall sehr sinnliche Neigungen und die Gesellschaft beginnt Typen zu schaffen wie Madame d'Agoult (Daniel Stern), klare, mächtige, selbständige Geister, die, für sich allein genommen, dank ihres Talentes, über den Gesetzen zu stehen scheinen, aber zugleich ein sich unter der Julimonarchie verbreitendes Beispiel geben, wenngleich noch zahlreiche bürgerliche Haushaltungen ihre familiäre Ordnung bewahren. Und neben dieser Bourgeoisie, neben und unter ihr, steht die Grisette. Ein sehr wichtiges urkundliches Dokument über die Jahre 1830–1832 sind die „Misérables" („die Elenden"), der große Roman von Victor Hugo, der, obwohl viel später herausgegeben, zu jener Zeit ersonnen wurde und ihre Geschichte erzählt. Hugo zeigt zwei Arten, gibt zwei Beispiele von Grisetten, Fantine und Eponine. Mit seiner Vorliebe für die Antithese gelangt Hugo dazu, aus Fantine eine Heilige zu machen und aus Eponine fast

Der erste Schritt.
79. Populärer satirischer Stich aus der Zeit der Revolution.

86

Venus bezwingt und züchtigt den Mars.
80. Moderne galante Karikatur von A. Willette.

eine Märtyrerin. Für seine Fantine hat er in ihrem Elende die mildernden Umstände erfunden, und die Entstehung solcher Theorie gewahrt man nicht allein bei ihm; der große Schriftsteller hat verstanden, sie mit mehr Glanz darzustellen und hat sie so zur eigenen gemacht, aber Jules Janin hat sie gleichzeitig mit ihm hervorgebracht; das liegt an den Sitten der Zeit. Hugo ist fast der einzige seiner Zeit, der eine Gestalt wie die der Eponine zu schildern wagt, die mit den Landstreichern (man ist versucht, sie Apachen zu nennen), welche an den Ecken der Straßen den Vorüber-gehenden an sich locken, gemeinsame Sache macht und an den Gewalttätigkeiten teil-nimmt. Aber er gestattet ihr einen heldenmütigen Tod auf der Barrikade. Eponine ist keine Grisette, sie ist eine armselige Prostituierte. Die Grisette ist Mimi Pinson, und die zeitgenössische Literatur ist ihr gegenüber so nachsichtig wie die Karikaturisten

87

der Richtung eines Scheffer. Paris scheint dahinterzukommen, daß es eine Un-
endlichkeit köstlicher Werke besitzt. In „Les Français peints par eux-mêmes" („Die
Franzosen in Selbstschilderung"), einem Werke, zu welchem die besten Schriftsteller
und Künstler beitragen, bedeutet der Artikel über die Grisette eine kleine Hymne.
Das Blatt von Gavarni stellt ein sehr hübsches Mädchen mit einem Häubchen
und mit einem Paket in der Hand dar. Wohin geht sie wohl? Vielleicht trägt sie
prächtige Sächelchen zu einer vornehmen Dame oder einer reichen Frau bürgerlichen Standes. Schon im 18. Jahrhundert hatte François Boucher, viel mehr
volkstümlich, als man annimmt, dieses reizende Geschöpf im Bilde vorgeführt.
Diese der Grisette, der jugendlichen Arbeiterin zugewendete Aufmerksamkeit ein
wenig verliebter Art entstand nach 1830. Die Grisette ist ein reizendes und be-
scheidenes Wesen, mit wenigem zufrieden, das ist das rechte Wort; die Grisette
kostet nicht viel, unbefangen und arglos vermehrt sie die Truppe der Mädchenmütter.
Sie ist unzugänglich für den Studenten, den Sohn aus feinem Hause, den künftigen
Herrn. Daher versiegt auch ihre Lobrede nicht in der bürgerlichen Literatur. Am
frühen Morgen schon hat sie sich für den ganzen Tag schön gemacht, hat sie sich
gesäubert wie eine Herzogin, ihre schönen Haare kokett gekämmt; am Abend wird
man sie in ein kleines Theater führen, im Sommer wird man des Sonntags im
Robinson speisen, und im Winter wird man sich an Festtagen im Restaurant Richefeu
zu dem bei der Bourgeoisie beliebten „Prix fixe", dem bestimmten Preise von vierzig
Sous, Rebhuhn mit Kraut, Hummersalat, gebackene Seezunge, und als Nachtisch
ein Sahnenbaiser leisten. Glücklich der Zukunftsrentner oder künftige Notar,
der seine Schleife auf den
Hut der Mimi Pinson setzt.

*   *   *

„Da sitz' ich nun! Da sitz' ich nun!"
81. Karikatur von Travies aus der Serie „La Galerie physionomique".

Die Grisette ist eine
Voraussetzung der Lorette;
die Lorette ist die Grisette,
welche aufgehört hat, mit sich
spielen zu lassen, oder das
Mädchen aus der Vorstadt,
das in der Liebe ein Mittel
sieht, der Arbeit aus dem
Wege zu gehen. Natürlich
gibt es geizige, bösartige
Loretten! Die Lorette hat,
nach dem Ausdruck der Goncourt in einem kleinen Büch-

88

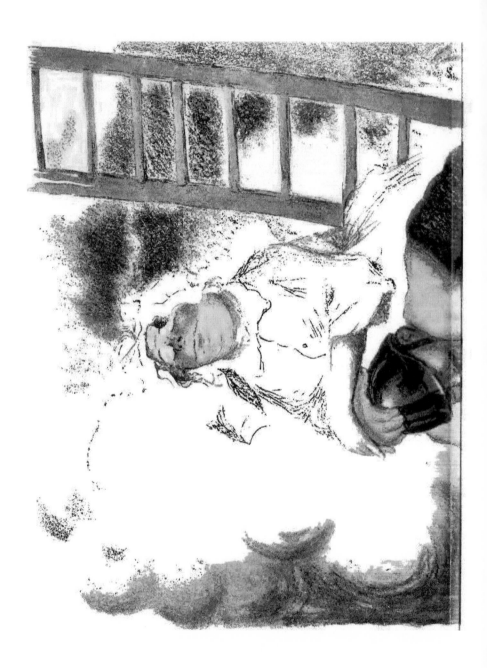

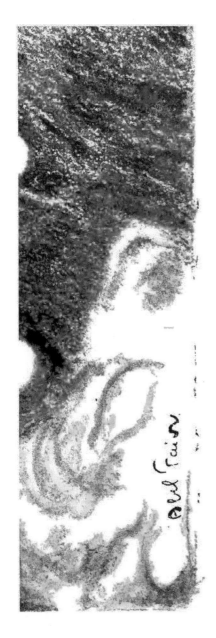

Die Rettung.

— Fürchten Sie nicht sich zu erkälten?.
— Nein... ich bin durch Versicherung gedeckt.

Moderne galante Karikatur von Abel Faivre.

„Glauben Sie mir, mein Lieber, nur der Junggeselle kennt die Gefühle der verheirateten Frau."
82. Moderne galante Karikatur von Albert Guillaume.

lein von 50 Seiten, ihrer Erstlingsabhandlung über die Lorette, „mauvaise presse"
(„üblen literarischen Leumund"); im Epigramm sagt Gavarni in bezug auf sie:
Ich hasse das Mädchen, weil ich das Weib liebe: Einverstanden! Victor Hugo
hätte ihnen vielleicht mildernde Umstände zugestanden, Goncourt und Gavarni
nicht! Sie haben recht, denn sie besitzen Talent und sie stellen uns den zwar nicht
neuen, aber erneuten Aufgang einer Courtisane vor. Diderot liebte die Deschamps,
weil sie dem Generalpächter das Geld abnahm, das dieser dem Bourgeois geraubt,
der es seinerseits dem Handwerker entzogen hatte, und da sie ihn durch Flitterkram
ruiniert, so übt sie Vergeltung am Bourgeois, dem Verkäufer, und an dem Handwerker, dem Fabrikanten. Gavarni und Goncourt beachten dieses Gesetz des Um-
laufs des Geldes nicht und widmen ihm nicht das geringste Interesse. Vor allem

„O Gott! Welche zarte Haut!"
85. Satirische Zeichnung von Bigot.

brandmarken sie das Gemeine am Weibe. Die Lorette hat einen Vater, zu welchem sie sagt: Adieu, Papa, Sonntags bekommst du Bohnen. Sie hat eine Mutter, die alle Tage ihren Kaffee auf einem gußeisernen Ofen wärmt. Sie ist mit dem natürlichen Hang zur Trüffel, zum Fahren im Mietwagen, zum Mahagonimöbel geboren, ihren Namen entlehnt sie einem alten schmierigen (bei der Pförtnerin gesehenen) Roman. Sie bezahlt weder ihren Hauswirt noch ihre Milchfrau, noch die Schneiderin, sie bezahlt aber die Wäschenäherin, und ihr Coiffeur macht sich (als Liebhaber) bezahlt. Sie hat ihre Pförtnerin, bei der sie ihren Absinth zu sich nimmt und der sie Blutegel ansetzt, wenn diese krank ist. Sie stellt dem Engländer und dem Parisfremden, dem alten Herrn, dem alten Rentner ihre Fallen.

Die Lorette hat den Loret zur Voraussetzung, der Ausdruck Lorette hat seine Verbreitung gefunden, das Wort Loret nicht. Es entspricht dem greluchon oder den vollkommenen gigolo, das ist nicht der Zuhälter, aber der heimliche Liebhaber, der von einem andern ausgehaltenen Person, der Botengänge besorgt und wegen Vergleichs mit den Gläubigern, als da sind die Milchfrau, die Schneiderin, der Hauswirt, den Friedensrichter aufsucht. Gegenüber der Lorette verzeichnen die Zeiten der Julimonarchie die Lionne — die Löwin. Die Lionne der Literatur ist nicht das Weib des Lion   des Löwen. Der Lion ist nach Art und Wesen Junggeselle, oder wenn er es nicht ist, so kommt es auf dasselbe heraus; am Tage nach der Hochzeit gewährt er der Person seiner Wahl nur mehr eine zerstreute Aufmerksamkeit. Der Lion bei Balzac ist Marsay, Trailles, La Palférine, sind die Frauenbändiger. Die Lionne ist stets verheiratet, aus Notwendigkeit und Bestimmung. Die Lionne hat einen Gatten, der Wechselagent, Tuchwarenhändler, Oberst der Nationalgarde, Präfekt oder Beamter ist. — Madame Rabourdin (von Balzac), die ihren Gatten in die staatliche Verwaltung bringen will und

90

seiner Niederlage mit ohnmächtiger Ergebung beiwohnt, ist eine Lionne. Die Lionne ist fast immer wohlanständig; ist ihr Wert darum größer? In „Les Français peints par eux-mêmes" zweifelt man an dieser absoluten Ehrbarkeit; man neigt zu der Ansicht, daß diese Wohlanständigkeit gegenüber einem vollkommenen Dandy, einem vollendeten Pferdefreunde, nachgeben könne. Vor allem aber ist die Lionne eine bürgerliche Frau, die sich wie eine Herzogin gibt. Sie liebt es, der Parforcejagd beizuwohnen, die italienische Oper zu besuchen, und sie spricht über Literatur. Die Lionnes besuchen sich gegenseitig, ihren Wechselagenten von Gatten sehen sie den Tag über nur wenig. Eine von ihnen (Les Français peints par eux-mêmes) sagt am Abend zu ihrem Gatten: „Ihr kleiner Vetter macht mir den Hof, was kann ich dafür; voriges Jahr machte er Fräulein Irma, bei der Sie ja in großem Ansehen stehn, den Hof. Er grollt Ihnen offenbar. Er versucht Ihre Frau oder Ihre Maitresse zu verführen. Suchen Sie doch Fräulein Irma für ihn zu gewinnen." „Sie haben recht, teure Freundin, ich bin seit einiger Zeit diese Tänzerin ein wenig müde geworden ich werde ihn bitten, morgen vormittag bei ihr das Frühstück einzunehmen." „Recht, mein Freund, tun Sie das." So erneuert die Lionne unter Louis Philippe die Überlieferung des großen Jahrhunderts, ich meine das 18. Jahrhundert.

Lionnes sind auch die schriftstellernden Frauen, die Daumier auf die Tribüne der politischen Versammlungen bringt, eine alte Lionne ist jene Frau mit der Brille, die aus einer Loge der Oper, sich an das Publikum wendend, ruft: „Meine Damen und Herren! Sie werden gewiß den Verfasser des schönen Dramas, welches bei Ihnen so großen und wohlverdienten Beifall fand, kennen

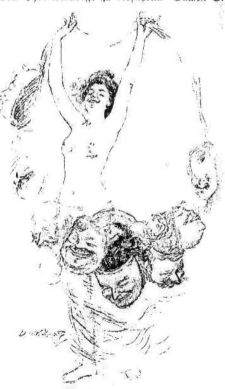

„Sie alle gehören uns!"
84. Karikatur von Widhopff.

91

lernen wollen der Verfasser bin ich." – Das ist möglich, weil Daumier seiner Phantasie die Zügel schießen ließ; in Wahrheit errang zu seiner Zeit keine Frau im Theater berechtigten oder erschlichenen Erfolg. Die Lionne ist die starkgeistige Frau, die aus allen Erleichterungen, die das alte Gesetz, welches die Frau als Lehnsfrau behandelt, ihr gewährleistet, Nutzen zieht, und sie hält an ihnen fest, immer neue Vorrechte erstreitend. George Sand ist eine Lionne, oder war es, als sie sich Madame Dudevant nannte. Madame de Bargeton (in Balzacs Illusions perdues) ist eine Lionne; es war ein Irrtum der Lionne, dem Gatten die eigenen Begriffe aufzunötigen und ihn zu ihrem Triumph ausnützen zu wollen. Das war Unerfahrenheit, denn die Frau kann dem Mann ihre eigenen Vorstellungen nicht aufnötigen, sie kann nur in seinem eigenen Gedankengange auf ihn wirken. Daher Irrtümer, daher Niederlagen. Der Lionne war keine Dauer beschieden. Das Kaiserreich, das zweite Kaiserreich hatte die Kokotte und die Kokodette. In der Bourgeoisie wurde die Lionne oder die verkannte Frau zur verhängnisvollen Frau; als solche mußte sie viel beißenden Spott hinnehmen, ebenso wie die Kokotte, wie die Damen der Halbwelt, die Balzac vor dem jüngeren Dumas gekennzeichnet hatte, ohne gleichwohl den Namen für sie zu finden, der seinen Weg machte; aber er hatte Worte gefunden wie Carabine*) --- (für die Cousine Bette) die dem Raphael grollt, weil Josepha sie mit seinen Bildern langweilt. Einst hatte der jüngere Dumas in der Kameliendame um Nachsicht für die liebedurftige Courtisane ersucht, mit der DemiMonde stellt er das Gleichgewicht wieder her. Mehr jedoch als die Bourgeoisie der Julimonarchie war das Zeitalter des zweiten Kaiserreiches der Courtisane, der Kokotte gegenüber nachsichtig. Man hat die Ursache hierzu in der Verderbtheit des Hofes gesucht, der an die Stelle der bürgerlichen, familiären Dynastie Louis Philipps getreten war. Das ist wohl ein Grund! Aber es gibt noch andere Gründe, und weshalb sollte man nicht jenen gelten lassen, daß unter dem zweiten Kaiserreiche die Courtisanen mehr als bisher zur Schönheit von Paris beitrugen und daß, im gegebenen Augenblicke, da Paris selbst unter dem Meßstock und der Hacke Haußmanns eine neue Toilette anlegte, man ihnen erkenntlich dafür war, daß sie, von moralischen Bedenklichkeiten abgesehen, in ihrer farbenfrohen Schönheit so sehr den öffentlichen Gärten glichen, den Mabilles, den Valentino, den Schöpfungen des Kaiserreiches? Man hatte wohl den Opernball, woselbst Gavarni seine Rundschau hält, aber das war nicht dasselbe; das war Mummenschanz, während Guys, obwohl er sich auf summarische Zeichnung und das Aquarell beschränkt, die Vorstellung märchenhaften Glanzes heller Toiletten unter der abendlichen Lampenbeleuchtung im Freien gibt. Unter Louis Philippe unterscheidet sich das Gewand der ehrbaren Frau von demjenigen der Courtisane.

*) Plänklerin Studentenliebchen.

92

Eine stürmische Abendgesellschaft.

85. Satirischer Stich von Rowlandson auf die Verrohung der Sitten.

151

Balzac kommt wenigstens zweimal auf diesen Umstand zu sprechen, zuerst wenn er hervorhebt, daß einer der Reize von Madame Marneffe in ihrer eleganten, züchtigen Tracht der ehrbaren Frau besteht; in seiner berühmten Abhandlung über die Frau „comme il faut", die Frau, wie sie sein soll, kommt er darauf zurück! Noch zu Beginn des Kaiserreiches bekundeten die galanten Dämchen diese Unterscheidung. Es währte jedoch nicht lange, bis die eleganten Damen der Aristokratie sich auf demselben Gebiet der Exzentrizitäten ertappen ließen. Aber wenn wir auch billig erstaunt sind über die das Verlangen herausfordernden Toiletten der kaiserlichen Zeit, die kleinen Hüte, über dem mächtigen Chignon, die den Fuß kleiner erscheinen lassen, diesen kleinen Fuß unter der weiten Krinoline, wenn wir auch den authentischen Schilderungen von tapferem Mut, von Ausschweifungen und festlichem Gepränge in Rücksicht auf berühmte Schönheiten wie Anna Deslions, Barucci und andere Glauben schenken, so dürfen wir doch nicht blindlings an die Legende von der kaiserlichen Sittenverderbnis glauben. Die Regierung trägt daran kaum die Schuld. Diejenigen Leute, zu denen der Minister Baroche sagte: „Bereichert euch", haben diesen weisen Rat wohl beherzigt, sie haben vor allem aus einer Zeit materiellen

Die Ehebrecherinnen.
Bürgerinnen! Es geht das Gerücht, daß man uns das Recht zum Ehebruch verweigern will. Wir erklären hiermit, daß dann das Vaterland in Gefahr ist.
86. Honoré Daumier. Karikatur auf die emanzipierten Frauen.

Gedeihens ohnegleichen Vorteil gezogen, sie haben tolle Ausgaben gemacht gleich den nach einem außergewöhnlichen Markttage in ihren Geschäften erfolgreichen Kaufleuten. Der Hof war leicht, zweifellos, aber nicht ohne einen Firnis von Eleganz, und die Bourgeoisie wurde nicht mehr als in den vorgängigen Zeitläufen von seiner Leichtfertigkeit angegriffen. War sie es dennoch mehr, so war die Regierung nicht die Ursache, sondern die Vermehrung des allgemeinen Wohlstandes und der Umstand, daß man von den heroischen Zeiten von 1789 und 1830 ziemlich weit entfernt war. Unter dem Kaiserreiche blüht die Karikatur. Daumier

94

lebt, Gavarni liebt, Guys arbeitet. Neben diesen großen Künstlern eine Plejade von Künstlern leichter, nur heiterer Richtung, Beaumont, Cham blühen auf, Grévin arbeitet und schickt sich an, den zarten aber anmutigen Strauß seiner leichtlebigen Geschöpfe zu winden. Andrerseits bringen, ohne jegliche Strenge, im Gegenteil, Marcelin und seine Freunde, die Zeichner des „Vie Parisienne" den Schalk, den Witzbold, den Schwieu-ler mit allerlei Nebenbegrif-fen. In ihren eleganten her-ausgekünstelten Stichen neh-

Himmel, das ist er!"

87. Galante Karikatur von Pigal auf die Treulosigkeit der Frauen.

men im besonderen die Frauen aller Moderichtungen das gleiche Äußere an, und eine Sucht nach dem, was gefällig erscheint, macht sich geltend, die Taille wird enger, die Büste üppiger, eine Art zwangloser Eleganz erfüllt diese ganze kleine Zeichnung, und in diesen einzigen farbenfrohen Stichen zeigen sich die hübschen jungen Frauen im Pariser Wäldchen zu Pferde oder im Landauer. Morlon gibt den ersten Stich heraus, der uns die Frau auf dem Pferde zeigt; der Stich ist selten geworden und wird mehr und mehr berühmt, da er das älteste derartige Dokument über diese Art der Frauenbewegung und ein Merkzeichen der sich aus ihr herleitenden Eleganz ist.

Während Marcelin jene geistreichen Anrüchigkeiten der Sitten und des Be-griffsvermögens der Frau aufzeichnet, bringt die Kunst eine veristische Strömung hervor, welche die moderne Frau wohl in einigermaßen pessimistischem Sinne, aber mit Gefühl für Recht und Ästhetik studiert. Der Impressionismus läßt den Verismus zu. Manet stellt seine unverfälschten Pariserinnen neben die stämmigen Landleute des Courbet. Degas beginnt hübsche Zusammenstellungen von Mädchen, der Charakterismus entsteht und mischt sich dem Impressionismus bei. Die Vor-würfe der durch Ausführung und Behandlung der Lichter zu wahren Pracht-werken gewordenen Stiche gesellen sich zu den Gemälden des Salons, wie der Bar des Folies-Bergère*) von Manet. Renoir malt die Moulins de la Galette.**)

*) Ein sehr bekanntes Pariser Theater für Solozenen, Akrobaten, Tanz usw.
**) Tanzlokal niederer Art.

95

Eine eifrige Erforschung der Schönheit von Paris tut sich auf, und Rops, der in seinem vielgestaltigen Werke die Kuppler zu den galanten Frauen gesellt, trägt mit seinem flämischen Schwung zum Bilde von Paris bei, so wie einst die alten Flämen ihren Geist den Karikaturisten unseres 17. Jahrhunderts eingeflößt hatten, und hiermit stehen wir also ganz auf der Schwelle unserer Gegenwart. Der alte Guys kann noch auf den öffentlichen Bällen die Gigoletten zeichnen und die ersten als naturalistisch bezeichneten Tänze darstellen, wo die Grille d'Egout und die Goulue*) mit Valentin, dem Knochenlosen, den Kronleuchter mit dem Glanz der Spitzen ihrer Tanzstiefelchen beschämen, ehe sie in der Versenkung verschwinden, und fast dieselben Modelle beschäftigen den abgehenden Guys wie den aufgehenden Lautrec.

* * *

Das Gebiet der Karikatur hat sich nicht verengt, im Gegenteil, es hat seinem Umfange das Kind beigefügt, es hat seinem politischen Boden eine weitere Ausdehnung gegeben und hat nie aufgehört, die Frauen zu erkunden. Im weiteren Verlaufe des Buches werden wir die zerlumpten, gefühlsrohen Weiber des Forain, die bürgerlichen Frauen des Léandre, die hübschen Mädchen des Willette, der in bezug auf das 18. Jahrhundert den Montmartre

In der Gemäldegalerie.
88. Gesellschaftliche Karikatur von Charles Léandre.

durchforschte und auch die weiblichen Clowns und die Bergerettes des Chéret berücksichtigte, zu unterscheiden haben. Chéret karikiert niemals, aber seine Synthese ist charakteristisch. Raffaelli schildert den kleinen Rentner, der in den düsteren Gäßchen des Pariser Weichbildes melancholische Hündchen spazieren führt. Er ergründet und faßt das Charakteristische seiner Anschauung der Pariser Straße im Bilde zusammen,

---

*) Namen berüchtigter Tänzerinnen.

96

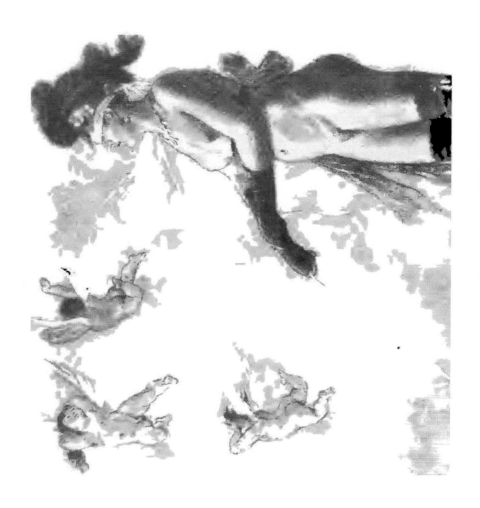

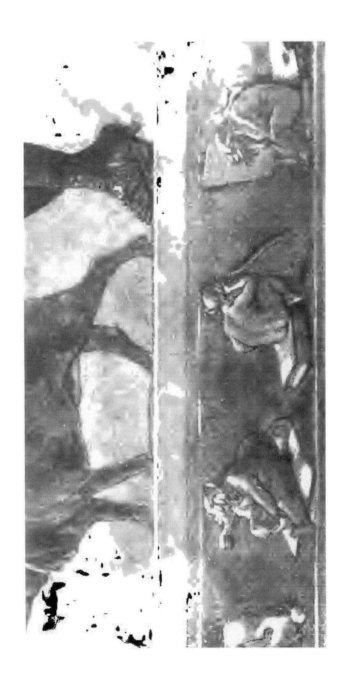

„Ich fühle es schon kollern."

89. Galant-fatirifche Karikatur von Traviès aus der Serie „Anticholerifche Karikaturen".

eint es in künftlerifchen Intentionen, aber mit mehr Meifterfchaft als Boucher und
als Carle Vernet. Das Gebiet ift unermeßlich, die Frauen mit all ihrer anmutigen
Kraft, ihrer ganzen weiblichen Macht drängen zur Initiative, nichtsdeftoweniger
aber darf der Künftler fich über fie beluftigen, denn jede Macht kann den Spott
herausfordern und an der Stelle des antiken Sklaven, der den Triumphator mit mög-
lichem Sturze bedroht, muß hier die Siegerin ihren Ruhm der Karikatur zahlen, der
reformierenden, verurteilenden Karikatur. Das Theater wird die Beute des Zeichners,
und befonders die fchönen Heldinnen des Trauerfpiels und des Luftfpiels. Es gibt
nur wenig Karikaturen der Rachel, aber unendlich viele der Sarah Bernhardt.
In neuefter Zeit veranlaßt der materielle Fortfchritt eine Umbildung der Karikatur;
der früheren Lithographie folgt der farbige Stich. Hat die Kunft dabei zu gewinnen? Das ift nicht ficher; fie verändert ihre Stellung, und diefe Veränderung
ift jedenfalls merkwürdig und intereffant. So erklettert die Karikatur Wände und
Mauern und teilt fich dem Anfchlagzettel mit. Nachdem Chéret die Aufmerkfamkeit
durch den Nimbus feiner mufterhaften Freskomalerei auf fich gelenkt hat, beeifern
fich feine Nachfolger Lautrec, Cappiello durch Entftellungen die Aufmerkfamkeit
zu erregen und mit Barrère wird das zur gewaltfamen, derben Übertreibung, die

indeſſen den Leuten keineswegs mißfällt, und die auch ihre künſtleriſche Seite hat. Die am weiteſten verbreitete Karikatur verletzte weniger, ſie verwundet in mehr verſchiedener Weiſe; nochmals, iſt es gut oder iſt es vom Übel? Es iſt eben ihr Gang, ihre Bewegung. Es iſt die Kurve in ihrem geſchichtlichen Werdegang.

* * *

Karikaturiſten und Charakteriſtiker.

Daumier.

Daumier tritt nicht an das Nackte heran, kaum daß man in ſeinem Werke den Mann im Trikot findet, wie jenen in einen Eros verkleideten Bürger, der, den Bogen in der Hand, den Köcher auf dem Rücken, vor dem Spiegel tänzelnd, ſich ſelbſt bewundert. In ſeiner mythologiſchen Serie, in ſeiner Schilderung der alten Geſchichte, wo er es leicht hätte, ſich über das Nackte zu beluſtigen, indem er ſich den Nachahmungen der Antike, den mittelmäßigen Malern und den ſchlechten Bildnern ſeiner Zeit anſchließt, zieht er es vor, ſeine Heldinnen mit

Ein Spaziergang nach Ermenonville.
Oh Gott! Mein Mann!
90. Galante Karikatur auf die Untreue der Frauen von Eugène Lami.

keuſchen Gewändern zu bedecken. Selbſt in ſeiner Serie der Baigneuſes, der Badenden, gibt er ſich ihm nicht hin. Die Badekabine bleibt ihm geheiligt, und ſeine beleibten Matronen bekleidet er bis an den Hals mit weiten Koſtümen. Selbſt in ſeinen „Plaiſirs de la campagne" „den ländlichen Vergnügungen", wo die Beluſtigungen ziemlich freier Art ihn hätten reizen können, noch weniger in den ironiſchen Nachtſtändchen, wo er uns Bürger und Bürgerinnen mit nackten Füßen, in kurzem Kamiſol, Zipfelmütze und gerafftem Unterrock zeigt, wie ſie den Kometen angucken oder eine Beute

98

der Schrecken werden, ist Daumier niemals anakreontisch und
tritt niemals an das Nackte
heran. Mit alleiniger Ausnahme der Kinder, die im
Wasser der Badewanne herum-
pantschen, bekleidet er alle seine
Figuren.

Nun die Gründe! Dau-
mier ist veristischer, morali-
sierender Meister. Er verfolgt
das Schauspiel der Straße und
schildert die tausenderlei drolligen Begebenheiten. Er beobachtet die Entwicklung des Zeit-
gemäßen im Kostüm, da ist kein
Platz für das Nackte. Ein anderer Grund ist der Abscheu des
Daumier vor dem Klassischen.
Die Merkmale dieser Antipathie
kommen auf allen Blättern
seines Werkes zum Ausdruck,
man erkennt ihre Spuren in
seiner „Histoire ancienne", wo
Ariadne, halb Steingebilde,
halb bürgerliches Wesen, nach

Danseuse au bal Mabille.
91. Galante Karikatur von Constantin Guys.

dem Meere und dem Horizonte schaut, nach dem verschwindenden Schiffe des Geliebten,
wo Penelope an ihrem Teppich stickt, oder wo ein derber, herkulischer, entsetzlich
häßlicher Tölpel von einem Liebesgott einer spöttisch lächelnden Omphale mit den
Zügen einer alten Wucherin entgegengeführt wird, oder an jener Dame Coquenard,
die er häufig in seine bürgerlichen Auftritte mengt. Als Daumier sich über das Theater
belustigte, indem er Serien seiner tragiko-klassischen Masken herausgab, hat er für
die Körper seiner Heldinnen kaum einen Blick gehabt; ihre Gesichter genügten
ihm, das Mißverhältnis zwischen ihrer spießbürgerlichen Art und ihrem Auftreten
der Komödiantin und der Majestät der Verse, die von ihr ausgingen, zu zeigen;
der Kontrast zwischen der erkünstelten Noblesse der Gebärde und der Gewöhnlich-
keit ihrer Züge gab ihnen das Komische und das die Satire Herausfordernde.
Man braucht darin keinen Einfluß des Romantismus zu sehen. Andere Romantiker haben das Nackte zur Darstellung gebracht — man könnte von Daumier

99

fagen, daß er nicht daran denkt. Die Leute, über die er fpottet, find erft mit ihrer Bekleidung vollftändig. Es muß betont werden, daß niemand fo wie er es verftanden hat, unter der Gewandung das Nackte wahrnehmbar zu machen, auch ift die Zeichnung im Mufeum von Lille („Le cortège de Silène") der abfolute Beweis für feine Befähigung, mit dem Stifte die Linien des Körpers zu geftalten. Er zeichnet fich dadurch aus, daß er unter dem Rock und dem Mieder, felbft unter der Umhüllung des großen Schals, der unter Louis Philippe Mode war und den feine Frauen, um den fchönften zu haben, mit achtundvierzig Franken bezahlten, obwohl es fchon folche zu fiebenunddreißig Franken gab, verfteht er es vortrefflich, unter züchtigen, hochgefchloffenen Badekoftümen den welken, hängenden Bufen, den herausragenden Bauch, die dürren Beine und die fetten Hüften

erraten zu laffen. Er läßt auch das unverfehrte und auch das weniger fchadhafte Gefüge erkennen. Die drei Ehefeindinnen, die über dem Hute eines Ehemannes fchwören, den Mann aller Rechte zu berauben, find kräftig und wohlgebaut. Die Bewegungen feiner Wäfcherinnen, die Bildung ihrer Hüften, das ift alles bewundernswert, aber es ift nicht das Nackte.

Außer feinen Liebhabern, feinen Komödiantinnen, gehört die kleinbürgerliche Frau in den Bereich feiner Kunft. Er haßt ihre Verfchrobenheiten, ihre Sucht, etwas vorftellen zu wollen, ihre Feigheit, ihre Knauferei; er ift glücklich, wenn er uns eine dürre, ältliche Jungfer zeigen kann, die mit einem kleinen Fifch über die Straße geht und zu einer Klatfchgevatterin fagt: „J'ai du monde à déjeuner, je viens de faire mon marché" („Ich habe Gäfte zum Frühftück und habe foeben meine Einkäufe beforgt"); und glücklich ift er, das verklärte und fogar majeftätifche Ausfehen der Dame Chapotard zeichnen zu können, wie fie ganz ftolz daherfchreitet im Bewußtfein, ihre Vorräte in Eingemachtem beforgt zu haben.

Die Mutter auf dem Ball.
92. Galante Karikatur von Bouchot.
(Diefes Bild ift als Türe zu dem rechts ftehenden Bilde zu denken.)

100

Die Tochter daheim.
93. Galante Karikatur von Bouchot. (Siehe auch das Bild auf der linken Seite.)

Wir besitzen über Daumier das kostbare Zeugnis eines Augenzeugen; dasjenige von Banville, der in seinen Erinnerungen den Daumier daheim als einen
gutmütigen, friedlichen Riesen schildert, eine kraftvolle Künstlernatur, der aus einer
Ecke seines Ateliers einen schweren Stein oder eine leichte Platte hervorholt und

101

fie, im Nu mit einem Meiſterwerk verſehen, wieder hinſtellt. Banville hat uns den allgemeinen Eindruck, den die Zeitgenoſſen von Daumier hatten, vermittelt, ſie hatten Furcht vor dieſer ſprudelnden Komik und ſahen ihn ein wenig als einen blutdürſtigen Wilden an. Banville beſchreibt ſeinen erſten Beſuch bei dem Meiſter in folgenden Worten: „Als ich das Atelier betrat, arbeitete Daumier an einem Tiſch ſitzend und über einen Lithographieſtein gebeugt, dabei das Rondo des Kettly trällernd: „Heureux habitants des beaux vallons de l'Helvétie" („Glückliche, die ihr bewohnet die ſchönen Täler Helvetiens"), deſſen gründlicher Stumpfſinn ihn gleich einem ſeltſamen Getränk berauſchte und ihm die langſam dahingehende Zeit erträglich machte. Ich bewunderte ſein von Kraft und Güte ſtrahlendes Geſicht, die kleinen durchdringenden Augen, die wie durch einen Hauch des Idealen nach aufwärts gerichtete Naſe, den feinen, in graziöſer Weiſe geöffneten Mund, kurz, den ganz ſchönen Künſtlerkopf, der den Bourgeoisköpfen, die er malte, ſo ähnlich war,

aber geſtählt und gehärtet durch die lebendige Flamme des Geiſtes." Banville charakteriſiert ihn folgendermaßen: „Daumier, der große Zeichner, hatte die Gabe eines ungezügelten Lebensmutes; er war der Erſte, der die Natur und die körperlichen Dinge aus ihrer Indifferenz heranzog und ihnen in ſeiner Comédie humaine eine gemeinſchaftliche Rolle aufnötigte, wo bisweilen die Bäume ſich zur Lächerlichkeit ihres Eigentümers geſellten und wo inmitten eines häuslichen Auftrittes die Bronzefiguren auf den Tiſchen in grimmigem Hohn knirſchen. Ein Kind iſt im Hauſe ſeiner Amme an einem Nagel aufgehängt und in der Ferne bei einem Dorfball tanzt die Amme eine wilde, übermütige Quadrille. Auf einem anderen Bilde ertränkt ſich ein Unglücklicher unter einer Brücke und da unten im Pfuhl ſteht

Studie über das Aufſtehen und Zubettgehen
der Pariſerin.
94. Zeichnung von Henri Boutet.

102

Mayeur wird seine Belohnung auf dem Buckel fühlen.

95. Karikatur von Traviès aus der Serie „Les Facéties de Mayeux".

ein Angler, kerzengerade mit ausgebreiteten Armen und mit einer Ruhe, die fürchterlicher ist als der Zorn des Achilles. Diese beiden Figuren des menschlichen Egoismus versinnbildlichen im Tanz und im Fischzug die ganze grimme Nichtswürdigkeit, welche die menschliche Rasse in schönem Bemühen aufgewendet hat, solange die Welt steht; das ist eben der Charakter seiner epischen Kraft. Baudelaire, der gleichfalls Daumier charakterisierte, bemerkt sein freies, sonores Lachen und die natürliche Ausdehnung seiner Schaffenskraft. Den Schriftstellern seiner Zeit galt er als der Erste der Zeichner. Baudelaire erkennt in ihm geistige Beziehungen zu Molière. Was den mutigen Geist betrifft, so hat Daumier gewiß einige Beziehungen zu Molière, wie dieser geht er geradewegs seinem Ziele entgegen. Der Gedanke löst sich ohne weiteres aus. Man schaut und man versteht. Die Unterschriften, die man unter seine Zeichnungen gesetzt hat, haben wenig Zweck, man hätte sie meistens weglassen können. Seine Komik ist sozusagen unfreiwillig.

103

Der Künstler sucht nicht, man könnte fast eher sagen, der Gedanke entschlüpft ihm. Seine Karikatur ist großzügig und umfangreich. Ein Grundzug der Gutmütigkeit geht durch sein Werk. Er hat, das ist wohl zu bemerken, oft die Behandlung satirischer Motive, obgleich sie verführerisch schön und gewaltig lockend waren, abgelehnt, weil, wie er sagte, sie die Grenzen der Komik überschritten und das menschliche Selbstbewußtsein verletzen konnten. Auch wenn er bissig und schrecklich ist, so ist er es, ohne es zu wollen. Er hat geschildert was er gesehen hat, und das Ergebnis liegt vor."

Da Daumier das Zeitgemäße verfolgt, so kann man im Verlauf seiner Serie darauf rechnen, den neuen Erfindungen und den Moden zu begegnen. Also die Eisenbahnen, die Krinolinen, die Weltausstellungen kamen an die Reihe. Die Eisenbahnserie ist sehr umfangreich, voll ängstlicher Frauen, die schaudernd den schauerlichen Scherzen des Herrn zuhören, der zu entgleisen wünscht, weil er mit hunderttausend Franken in der Lebensversicherung ist, voll verzweifelter Frauen, die sich an die Rockschöße des unvorsichtigen Gatten anklammern, der im Wunsch, die Landschaft besser vor sich ausgebreitet zu sehen, sich an die Tür lehnt. Da sind auch kleine Leute, Frauen aus dem Volke und Bäuerinnen, die sich in den Ecken anhäufen, sich ganz klein machen, sich zusammenrollen und mit den runden Augen einer durch das Getöse des Eisens und das Stimmengewirr aufgescheuchten Henne vor sich hinstieren. Die Ausstellungen liefern ihm Typen von abgematteten Leuten, von durch zu vieles Sehen ermüdeten Familien, deren Heimkehr unter strömendem Regen erfolgt, wobei der Vater den Kleinsten trägt. Die Krinoline hat ihm seine Serie der Krinolomanie geliefert. In gewissen seiner Lithographien füllt der Stift Daumiers die ganze Seite mit der immensen glockenförmigen Entwicklung der Krinoline aus. Das ist exakte Satire, „de la chose vue", „Selbstgeschautes", wie Victor Hugo sagen würde. Er übertreibt kaum und entstellt nicht, es ist Schelmerei, Karikatur, aber

96. Traufröhre an der Kirche Notre Dame in Paris.

104

So sollte er dich sehen!

Galante Karikatur von Octave Taffaert aus der Serie „Les premiers moments de la Toilette".

Beilage zu Gustav Kahn, Das Weib in der Karikatur Frankreichs.   Hermann Schmidt's Verlag, Stuttgart.

So wird er dich sehen!

Galante Karikatur von Octave Taſſaert aus der Serie „Les premiers moments de la Toilette".

lage zu Guſtav Kahn, Das Weib in der Karikatur Frankreichs.   Hermann Schmidt's Verlag, Stuttgart.

„Oh Mama, da kommt Behanzin mit seiner Armee."
97. Politisch-satirische Karikatur von Ad. Willette.

keine Übertreibung. Die Linie des Rumpfes und das Verhältnis des kleinen,
mit dem Hute sehr wohl ausgestatteten Kopfes sind so glücklich gezeichnet, daß
diese Spazierenden als Beweisgrund für die Mode, gegen die er seinen Spott
richtet, dienen könnten. Besonders zwei der Stiche dieser Richtung sind wunder-
voll, in dem einen haben die Frauen sich der Krinoline bedient als eines Mittels,
sich in die Lüfte zu erheben. Sie haben lenkbare Ballons aus ihr gemacht, mit
einer leichten Haube ausstaffiert, in ihre Mieder wohl eingepreßt, schweben sie

über Städte und Meere dahin, den Sternen zu, dem Unendlichen. Dieses Blatt hat Rops sehr in Betracht gezogen. Seine niedlichen, nackten, mit dem leichten Häubchen frisierten Mädchen, deren Nacktheit nicht sowohl bedeckt als vielmehr hervorgehoben wird durch enganliegende Strümpfe, diese Mädchen, dahinfliegend im Ballon zwischen einem Schwarm von Liebesteufelchen, welche mit Kartons von Schneiderinnen und Modistinnen und mit Parfümfläschchen, so groß wie sie selbst, beladen sind, erinnern einigermaßen an Daumier. Rops macht sich ja nicht ganz und gar von Daumier abhängig, aber er hat ihn mit gründlicher Aufmerksamkeit betrachtet und ihn energisch verteidigt und gebührend gepriesen. Die andere merkwürdige Lithographie, zu welcher die Krinoline dem Daumier den Vorwurf liefert, zeigt uns an einem stürmischen Tage eine junge Frau, die von der Erde glattweg emporgehoben wird, der Rock über der Krinoline nimmt wunderliche, anmutige Formen an, der Nordwind bläht ihn auf, macht Beulen, wirft sich in die Seide und in die eisernen Reifen in ebenso kraftvoller wie überflüssiger Anschwellung, so daß man den Eindruck des großen Schmetterlings hat, den in unseren Tagen Loie Fuller in ihren Tänzen hervorbrachte. Das ist so ziemlich die einzige Mode, die Daumier bespöttelt hat. Der Grund hierzu ist einfach: die Krinoline hat eben die Linien des Körpers am meisten entstellt.

In bezug auf Sittlichkeit scheint er die Theorie zu verfechten, daß die Frauen unter allen Breitegraden sich unter das Joch der gleichen Leidenschaften beugen; die kriegerische Expedition nach China unter dem zweiten Kaiserreiche hat ihm zeitgemäße Zeichnungen eingegeben, in welchen Chinesinnen figurieren. Aber das ist nicht die Chinesin des Boucher, das sind auch nicht die sehr unwahrscheinlichen Chinesinnen mit ihren hübschen okzidentalen Kokottengesichtern der kleineren Meister des 18. Jahrhunderts, es ist indessen auch nicht die

Sie liebt mich! Sie liebt mich!
98. Satirische Karikatur von Traviès aus der Serie „Galerie Physionomique".

106

172

wirkliche Chinesin; es ist die wunderliche Verbindung der wohlbeleibten pausbäckigen Türhüterin in den niederen Quartieren der großen Städte Frankreichs mit den Figuren eines Wandschirmes. Es sind derbe, breitangelegte Chinesinnen, die aus lustigen Augen unsere Matrosen begehrlich anschauen; „wie schade, daß ich nicht chinesisch kann", sagt ein Matrose, als er eine dieser hübschen Personen hin und her wackeln sieht. Ein anderes Bild! Es ist ein leeres Zimmer, eine Frau befindet sich darin, eine Chinesin, sie betrachtet mit aufgerissenen Augen ihr Fenster oder vielmehr ein Loch in der Wand, durch welches das kräftige Gesicht eines Seemanns sichtbar wird und die Unterschrift?

Die Leidenschaft
99. Zeichnung von George d'Espagnat.

„Sapperlot, das schöne Weib!" Und das Weib denkt: „Ach Gott, was für ein schöner Mann." Der Nimbus der Kraft und der Sieghaftigkeit des männlichen Geschlechts dünkt Daumier unter allen Breitegraden gewaltig. Sein äußerster Osten ist den schnell fertigen Liebschaften vielleicht selbst geneigter als unser westlicher Barbar; den Beweis hierfür gibt uns die Lithographie, wo ein Seemann lächelnd und hüpfend wie der Gott Pan ganz erfreut erscheint, an jedem Arme eine Chinesin zu haben, und ausruft: „Was für ein tüchtiges Land! Daheim hatte ich Mühe, eine Frau zu finden, hier finde ich zwei." Das ist indessen nur Zeitvertreib bei Daumier. Er erfreut sich mehr und entwickelt mehr Genie, wenn er eine Versinnbildlichung der Freiheit auf den Stein bringen kann, zugunsten der freisinnigen Opposition, der er unter Louis Philippe stets eine der festesten Stützen gewesen ist. Hier sehen wir die „Liberté", die Freiheit, jung und schön, in einen gefährlichen Schlummer versunken, mit der phrygischen Mütze auf dem Kopfe, sie denkt nicht an die ihr drohende Gefahr. Verschlagen und geheimnisvoll schreitet

107

jemand auf sie zu. Er ist von kräftigem Wuchs, so wurde Louis Philippe bisweilen von Daumier als Bourgeois-Athlet dargestellt. Dabei hatte er den oben spitzen und unten breiten Kopf, den hohen Schopf, mit welchem Daumier Louis Philippe immer darstellt. Er nähert sich der Freiheit, sein Benehmen verrät schlimme Absichten der Verführung und des Verbrechens. „Avez vous fait vos prières ce soir, Madame?" (Haben sie heute abend gebetet?), und wie Baudelaire sagt, es ist Othello Philippe, der die harmlose Freiheit trotz ihrer Hilferufe und ihres Widerstandes erstickt. Anderswo ist es ein dunkler Winkel von Paris anseiten eines finsteren Gebäudes, wo wohlgekleidete Herren ein Mädchen, welches die phrygische Mütze trägt, umzingeln und mit ihren galanten Redensarten belästigen. Sie führen die Ärmste zu dem verdächtigen Hause, und im Hausflur bemerkt man das karikierte Profil des Königs, des Minotaur der Freiheit. An anderer Stelle sehen wir die Freiheit in der Folterkammer, hier gilt ihm aber die weibliche Form nichts, Daumier karikiert sie nicht. Es ist politische Satire, sie war Daumier vertraut und er hat ihr Ausdruck gegeben in seiner Zeichnung über das Blutbad in der Rue Transnonain, das schönste und das schmerzvollste bildliche Zeugnis, das über den Aufstand vorhanden ist, nach demjenigen der Freiheit auf den Barikaden von Delacroix mit dem in dem ausgeplünderten Zimmer hingestreckten Leichnam eines Arbeiters.

Doch kehren wir zu den reinen Karikaturen über die Frau zurück. Berauschten sich die Frauen in den Zeiten des Agio und der finanziellen Kämpfe, in den Zeiten Louis Philippes mehr im Spiel ums Geld? Tatsache ist, daß Daumier der Börsengeschäfte der Frauen spottet, es gibt eine Serie über die Jobberinnen, neben seiner Serie über die Jobber; Daumier widmet einige Stiche den Frauen, welchen der Zutritt zur Börse untersagt ist; die aber darum mit um so mehr Halsstarrigkeit den kleinen Geldmarkt, die kleine Börse daneben oder im Freien aufsuchten, die man heutzutage den „Marché des pieds humides", den „Markt der kalten Füße", nennt. Es sind zunächst hochgewachsene, handfeste, magere und hohlwangige Frauen, die gleich Parzen an der Schwelle der Börse sich in Verwünschungen gegen die Männer ergehen, die ihnen den Palast der Geschäfte verschließen und sie verhindern, sich ganz nach ihren Wünschen der Leidenschaft des Spieles hinzugeben. Wird die von der Börse ausgeschlossene Frau, wenn sie an der Spekulation Gefallen findet, sich dazu entschließen, draußen zu bleiben? Daumier sagt nein und nimmt seine Serien der Jobberinnen wieder auf. Um in die Börse einzudringen, verkleidet sie sich als Mann, Karikaturen zeigen uns die Spekulantin, beschäftigt die Schwierigkeiten zu umgehen und dem Ostrazismus, der sie vom vermeintlichen Paradiese ausschließt, Trotz zu bieten. Die Wechselagenten und die Polizeipräfektur verbieten den Frauen den Eintritt zur Börse und dem für die Makler eingefriedeten Platze. Das hindert aber nicht; sie werden das Äußere von Männern

108

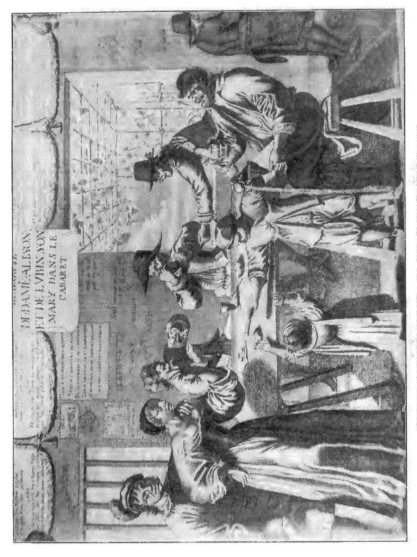

Dialog zwischen Madame Alifon und ihrem Gatten Lubin im Kabaret.

100. Seltener Pariser Stich auf die herrschenden Sitten. (18. Jahrhundert.)

annehmen, fie werden fich in Männerkleider ftecken, und kräftig ausgeführte Lithographien zeigen fie uns im Begriff, fich auszurüften, Hofen anzuprobieren und
Bärte anzulegen. Daumier folgt diefen fo in Dandys verwandelten Heldinnen
zur Börfe, wofelbft fie fich unter die Männer mifchen, und man erkennt fie leicht
an der beträchtlichen Entwicklung ihrer Hüften, welchen er eine wahrhaft koloffale
Silhouette zu geben liebt.

Nach den Jobberinnen die Scheidungsluftigen, die Ehefeindlichen. Daumier
ift aufrichtig republikanifch gefinnt; der ganze gegen den König Louis Philippe
unternommene Feldzug beweift es; er zählt zu den Mitarbeitern des Journals
„La Caricature", aus welchem Philippon den gefürchtetften der guerilleros gemacht hat, welche in der franzöfifchen Preffe jener Zeit das Königtum bekämpften.
Er ift jedoch keineswegs Frauenrechtler, fondern durchaus taub gegenüber allen
weiblichen Anfprüchen der Zeit. Er fchildert mit befonders unbarmherzigem Stift
die Ehefeindinnen, die Frauenrechtlerinnen und die Blauftrümpfe. Sie find alle-
famt häßlich. Ob er fie in ihrem Klub zufammenführt, ihnen in die Familie folgt,
ob es die ftolze Gattin oder die Schwiegermutter ift, die er zeichnet, er gibt ihnen
ftets rundliche Köpfe und platte Züge, zwei große, runde Augen neben einer Stülp-
nafe, auf die Gefahr hin, das Mitgefühl erheblich herabzumindern, welches die-

101. Titelblatt zu Rimes de Joie von
Félicien Rops.

jenigen, die feine Blätter betrachten, für
die Ehemänner empfinden könnten, und
ihnen die Anficht beizubringen, daß die
Frauen felber den Männern das Mittel
in die Hand geben wollten, fich von ihnen
zu befreien.

Nach den politifchen Frauen und
den Frauen mit den fozialen Forderungen:
die Theaterdamen. Er macht fich nicht
über die romantifchen Schaufpielerinnen
luftig, wie zum Beifpiel Marie Dorval,
deren Stimme dem Volke die ganze rührende
Macht des neuen Dramas vermittelte;
das behält er fich für die Tragödinnen
vor. Er hat unvergeßliche Fratzen von
anmaßlichen Weibern gefunden, eine faft
achtzigjährige Andromache mit hohlen
Wangen, fcheue, fchielende, ungelenke
Frauen, um in ihnen die Schönheit der
Tragödinnen zu verkörpern, welche Racine
gegen die Sarkasmen der Romantiker und

110

ihre Angriffe auf das klaf=
fische Theater in Schutz nahm.
Mehr noch, er bahnt sich den
Weg mit den Vereinstra=
gödinnen.

Die Serie des Daumier
über die Liebhaberschauspieler
gehört zu den berühmtesten;
auch da sind es die Vergnü=
gungen der Bourgeoisie, die
ihm das weite Feld der
Ironie eröffnen. Daumier
greift die Aristokratie nur
selten an, das Volk niemals,
immer aber die Bourgeoisie.
Dafür gibt es zwei Gründe:
Der erste besteht darin, daß
in der Mittelklasse das Lächer=
liche stärker zum Ausdruck
kommt als in der Aristokratie
oder im Volke. Die Aristo=
kratie sichert sich durch eine
gewisse physische, von der
Zahl ihrer Angehörigen un=

Angebot süßer Ware.
102. Karikatur auf die Prostitution von A. Roubille.

abhängige Auszeichnung. Diese Auszeichnung braucht keinerlei Geistesblitz über die
Züge und in den Ausdruck des Gesichtes zu legen; aber sie ist vorhanden. In den
arbeitenden Klassen schützt die Arbeiterkleidung meist vor dem Spott, und bei den
Unglücklichen bieten Elend und Lumpen keine Veranlassung zum Lachen. Dagegen
bietet die Bourgeoisie mit ihrem etwas unangebrachten Gepränge und dem oft an=
spruchsvollen Auftreten dem Spötter viele Angriffspunkte. Der andere und, wie wir
glauben, für Daumier meistbestimmende Grund ist in seinen politischen Anschauungen
zu suchen. Eine Zeichnung, die er für den Corsaire machte und die das Journal
nicht veröffentlichte, gibt nach dem, was Banville erzählt, einen zusammenfassenden
Begriff seiner politischen Ansichten. Auf einer kleinen Brigg befindet sich eine Kanone,
die mit einem Schlage alle die Robert Macaire, alle die Geschäftsleute einer zweifel=
haften Redlichkeit, Advokaten, pflichtvergessene Richter, Gaukler aller Art, Prosti=
tuierte, abenteuerliche Generäle hinwegpustet. Das war die Niederschießung der Ge=
sellschaft, das heißt der Bourgeoisie, deren Herr und Meister, deren Symbol, deren
höchster Ausdruck Louis Philippe war. In seinen politischen Karikaturen ver=

111

spottet, geißelt, verhöhnt Daumier, mit lächerlichen Fraßen verunstaltet er die Häupter der Bourgeoisie, ihren König, ihre Minister, und rührt auch an die Wähler, die Lehensherren; und er verhöhnt sie nicht nur in politischer Hinsicht, sondern es beliebt ihm, sie bis in die Freuden ihres Privatlebens zu verfolgen, wo sie ihm völlig grotesk erscheinen. Daher bietet er uns oft den Anblick beleibter Damen, welche Verse deklamieren oder eine Kavatine auf dem Piano herunterrasseln, während ein junges Mädchen, sich vorbeugend, die Augen auf die Partitur geheftet, offenen Mundes, zerzausten Haares, keuchend dem Vortrage zu folgen bemüht ist. Daher zeigt er sie uns, wie sie durch eine Reihe troß der Feuersgefahr auf den Fußboden gestellter Lichter die Rampe des Theaters mit ihrer Beleuchtung schlecht und recht zu ersetzen bemüht sind. Er läßt uns den intimen Proben beiwohnen, wo eine junge Frau, mit ihrem Manne die Rolle einstudierend, mit tieftragischem Tonfall, in edler Haltung, mit hintübergeworfenem Haupte, ein Bettkissen mit allen Zeichen der Angst an sich preßend, ihm entgegenruft: „Vous ne m'arracherez pas mon enfant!" („Sie werden mir mein Kind nicht rauben!") Während Monsieur und Madame Probe halten und sich unbarmherzig ihre Stichworte entgegenschleudern, sind die dienenden Geister durch den Schall der Stimmen herbeigelockt worden und versuchen, durch das Schlüsselloch zu sehen, ganz glücklich, ganz entzückt, denn sie glauben, daß es einen heftigen Streit gibt. Die Domestiken!

„Also so sind die, die du liebst!"
103. Galante Karikatur von Steinlen.

Daumier hat ihnen einige Stiche vorbehalten. Der schönste ist derjenige, wo vor einem Piano, welchem der Kammerdiener Töne zu entlocken versucht, die Köchin, ihre Herrin nachahmend, die Augen gen Himmel richtet und eine Romanze singt, und die Unterschrift ist: „C'est l'inconvénient d'avoir des domestiques qui ont servi chez M. Duprez" („Es tut nicht gut, Dienstboten zu haben, die bei Herrn Duprez gedient haben"). Duprez war ein zu jener Zeit berühmter Tenor. Hie und da zeichnet Daumier den Dienstboten einer kleineren Haushaltung,

112

Le Quadril

Nach einer Lithographie von

Beilage zu Gustav Kahn Das Weib in der Karikatur Frankreichs

Hermann Schmidt's Verlag, Stuttgart

Wenn der Frühling kommt.

Er: „— Ein Haus, Pferde, ein Auto ... und das Übrige!"
Sie: „— das Übrige von wem?"

104. Galante Karikatur von Jeanniot.

der, völlig außer Atem, vom Markte zurückkehrend, die Treppe emporklimmt. Aber
er kehrt bald zu seinem Bourgeois zurück und er findet auch Madame de Saint Cha-
lumeau wieder, die mit Eifer ihre Operettenrolle einstudiert und nicht bemerkt, daß
ihr Kind, durch eine Bewegung des Stuhles unter den Tisch geworfen, laut brüllt.
Er findet seine Sommervergnügungen wieder, wo Bürger und Bürgerin in einer
verlassenen Gegend ohne Baum und Strauch sich den Strahlen der Sonne, die
boshafte Lichter über sie ausgießen, aussetzen.

113   13

Ich erwähnte soeben, daß Daumier sozusagen niemals hübsche Frauen gemalt hat. Wie es aber keine Regel ohne Ausnahme gibt, so hat er doch eine
gemalt und gezeichnet, und zwar ging das so zu: Es gibt wenig Leute, die er so
verabscheut wie die Richter, es seien denn die Advokaten. Vielleicht in der Erinnerung an die Strafen, welche die Lebenskraft der „Caricature" verheerten, da
die Abonnementsbeträge aufgezehrt wurden durch die Verurteilungen, welche mit
großer Freigebigkeit verteilt wurden, jedesmal, wenn man allzusehr an der königlichen oder ministeriellen Macht gerüttelt hatte. Vielleicht auch grollte er ihnen
wegen Verletzung persönlicher Interessen. Wahrscheinlich ist, daß er über das
zweierlei Maß in der Rechtspflege erbittert war und über die Erleichterungen, die
sie den Reichen in bezug auf die hohen Gesamtbeträge der Gerichtskosten und der
Honorare der Rechtsanwälte bot. In einem seiner Bilder scheint er ausdrücken
zu wollen, daß, wenn schon Wohlhabenheit ein vortreffliches Mittel ist, von den
Gerichten schnell das Recht zugesprochen zu erhalten, doch auch weibliche Schönheit
nicht schaden kann; wenn er daher vor die nachsichtigen Augen der Richter ein
von den heißen Blicken des Verteidigers ausgebrütetes hübsches Weib hinstellt,
so ist es in der Eigenschaft
eines Symbols oder vielmehr
eines sozialen Epigrammes;
die Schönheit, darf man wohl
behaupten, macht ihm nur geringe Sorge. Seine gewöhnliche Bourgeoise gewährt den
Anblick eines alten Notars
oder eines alten Kutschers.
Die alten Gewürzkrämer, die
sich von ihren Geschäften zurückgezogen haben, sagen aber
zu ihr, wenn sie ihr die Garten-
anlagen zeigen: „Je n'ai pas
vu les autres roses, je n'ai
vu que vous" („Ich habe die
anderen Rosen gar nicht gesehen, ich habe nur Sie gesehen"). In seiner Serie der
Baigneuses, der Badenden,
zeigt uns das Blatt „Elle
a tout de même une jolie
taille Madame Coquardeau"

Die vornehme Lumpensammlerin.
„Nein, nein, ich könnte mich niemals zu solch niedriger Liebschaft
entschließen."
105. Karikatur von M. Radiguet.

114

Die Wassernixe.
Aus dem kleinen Fisch wird ein großer, sofern ihm Gott das Leben gewährt.
(Nach La Fontaine.)
106. Galant-satirische Zeichnung von J. Wely.

(„Frau Coquarbeau macht doch eine feine Figur") eine sackförmige Person mit
schwerfälligem Gang. Auf seine Barken- pflanzt er dürre Rebstöcke von Frauen-
zimmern, überragt von grotesk-rechteckigen Strohhüten. Seine Blaustrümpfe sehen
aus wie in Rührung versetzte Alligatoren; die schriftstellernde Frau, die einem
jungen Manne ihr Bild zeigt mit den Worten: „Der Künstler hat mich in dem
Augenblicke dargestellt, wo ich an meinem düsteren Werke unter dem Titel ‚Vapeurs
de mon âme' (‚Grillen meiner Seele') schrieb, das Auge ist nicht übel, aber die
Nase scheint mir nicht bekümmert genug", hat ein Hasenprofil. Jene andere schriftstellernde Frau, stolz und majestätisch, männlichen, gebieterischen Profils, in der
Strohkapuze mit rosafarbenem Bande, das ihr Gesicht umrahmt, den Schal sieghaft
über der Schulter, hehren Schrittes, ruft ihrem Manne, der damit beschäftigt
ist, einem ganz kleinen Kinde die Suppe einzuflößen, die Worte zu: „Adieu, mein
Lieber, ich gehe zu meinem Verleger, wahrscheinlich werde ich erst sehr spät wieder-
kommen, vergiß nicht, Dodoren zweimal den Brei zu geben." In bezug auf die
Blaustrümpfe ist er schier unerschöpflich. Warum? Nun, der Blaustrumpf der
Zeit Louis Philippes pflegte eine weinerliche Literatur, die ihm auf die Nerven
ging, zumal diese Elegien durchaus mit den sozialen Ansprüchen dieser Damen im
Widerspruche standen und sie den Ehrgeiz hatten, die Hosen anhaben zu wollen.

115

Er hat daher folch fettwangige Schwermut, folch anfpruchsvolles Gebaren mit der gleichen Beharrlichkeit gemalt, die er bei den dürren Beinen und den vertrockneten Gliedern feiner bürgerlichen Frauen im Bade bekundet.

* * *

Guys.

Der heutigen Tages berühmte Guys war zeit feines Lebens unbekannt geblieben; daran war ihm übrigens gelegen, er unterzeichnete niemals und verlangte von den Kritikern, die über ihn fprachen, daß fie ihn nur mit der Initiale G... bezeichnen möchten.

Warum dies Inkognito! Warum diefer perfönliche Rückzug, diefe verfchloffene Art vor einer Zeit, für die er doch fo eingenommen war, die er in Taufenden von Zeichnungen fchilderte, die er mit unermüdlichem Eifer Tag und Nacht wenigftens fünfzig Jahre feines langen Lebens hindurch geduldig zergliederte und in ihrem Luxus und ihrem Elend, in ihrem Gepräuge und befonders in ihren Auswüchfen zur Darftellung brachte! Charles Baudelaire, der über Guys unter dem Titel „Le Peintre de la vie Moderne" eine fchöne, fehr vollftändige Abhandlung fchrieb,

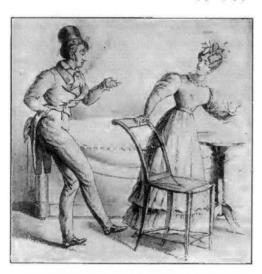

neigt der Anficht zu, daß Guys aus Dandytum jeglichen lebenszeitlichen Ruhm verfchmähte. Aber felbft das peinlichfte Dandytum hat niemals dergleichen Opfer verlangt, und weder der wahre Dandy wie Baudelaire, noch die Großfprecher im Dandytum, wie Barbey d'Aurevilly, haben je aufgehört, ihre Perfönlichkeit zu bekräftigen. Soll man einen Kommentar dafür in der Profadichtung von Baudelaire unter dem Titel „Perte d'Auréole" feinen Mann von Geift ift dort gefchildert, wie er feine Aureole, die er an einem verrufenen

— Ah! Ihr feid jetzt zwei; ich meine doch, ich hätte dich allein gelaffen.
— Pfui, komm mir nicht zu nahe, das ift abfcheulich.
107. Aus der Serie „Parifer Sitten" von Scheffer.

116

Die Rachsucht.
108. Radierung von Félicien Rops.

Orte fallen gelassen hat, nicht wieder aufheben will] suchen, soll man diese auf ihn anwenden, indem man die Erklärung ändert, und zu dem Glauben neigen, daß Guys in seinem Ungestüm, seinem Eigensinn, seiner Leidenschaftlichkeit überall Charakter suchend, wo immer er seine Kost bietet, bei Hofe, im Theater, an den Kreuzungen der Straße, unter der Laterne, in der verrufenen Gasse, es vorgezogen hat, seiner Bewegungsfreiheit wegen für alle der Unbekannte zu bleiben? Vielleicht ließ eine lebhafte Empfindlichkeit ihn die Ermunterungen fürchten, die er, seines Scharfblickes und seines Rechtsgefühls wegen, bei den Kritikern wohl gefunden hätte, Lobeserhebungen, die zweifellos von anscheinend begründeten Einwendungen über das Unzureichende in der Zeichnung begleitet gewesen wären, über etwas allgemein gehaltene Verkürzungen, zu lange Frauenarme, unmögliche Pferdehufe, Einwendungen die, wenn auch richtig, doch vielleicht mit zuviel nüchternem Verstande und ohne Rücksicht auf die Hauptabsichten des Künstlers gemacht worden wären; den Charakter, die Regungen, die Schärfe hatte er erst später zu zeichnen begonnen, ohne Zweifel, weil sein Stolz ihn davon zurückhielt, als Anfänger aufzutreten.

Die Porträts über ihn, es gibt ein von Manet gemaltes und drei Photographien, die sein Freund Nadar von ihm machte, zeigen indessen als hervorragenden Charakterzug nicht Stolz oder Hochmut, sondern eher ein empfindsames, melancholisches, gedrücktes Wesen. Das sind nicht Bildnisse eines glücklichen Menschen, der sich unaufhörlich offenen Auges mit amüsanten Dingen beschäftigt, sondern eines Beschaulichen. Wenn Guys Gefallen am Studium der Menge fand, so war es nicht als Vignettenzeichner, der sich an den Wunderherrlichkeiten der Dinge, an dem heiteren, vom Lächeln der Schönheit belebten und erhellten Getriebe der Straße erfreut, sondern vielleicht mehr als beklommener Beobachter im Sinne Edgar Poes, des Geistersehers, der den „Mann aus der Masse" schrieb. Guys besitzt Verwandtschaft mit dem Dichter, der ein melancholischer Lieb-

„Jetzt, da wir alt sind, kommt es mir vor, als ob ich sie niemals betrogen hätte."
109. Satirische Karikatur von Hermann Paul.

118

La Migraine.

110. Populärer anonymer Stich aus der ersten Hälfte des 19. Jahrhunderts.

haber des Lichtes und der Bewegung, nur um der Kenntnis des „Weshalb“ und des „Wie“ seiner Leiden willen und, um über das schmerzliche „Warum“ grübeln zu können, allem gram war, was Geräusch, was Leben und Vergnügen im Gange des Weltgetriebes bedeutet. Es ist fürwahr eine mit Bitterkeit gemischte Freude, die Persönlichkeiten einer Zeit, die ihr als drückend empfindet, an euch einzeln vorüberziehen zu sehen, aufzuzählen den schnöden Pomp, aufzusuchen die armselige Wohnung der Niedrigkeit, wohin nur selten Nektar und Ambrosia dringen, und in jenen Spelunken dem Vorbeimarsch der Studenten und der Soldaten, bisweilen auch dem würdevollen Eintritt eines Notars beizuwohnen. Und der Mann, der dort in einem Winkel sitzt, mit einem Büchlein in der hohlen Hand, ein wenig dem Faust auf der Kirmes ähnlich (natürlich mit dem Mephisto im Busen), gäbe viel darum, wenn er in seiner Dunkelheit etwas von den Umrissen und der Schönheit der Helena gewahren könnte, nach welcher die der Lebensordnung Entrissenen suchen, wo immer sie diese finden zu können meinen und wo sie ihnen infolge gewisser Schwäche und entgegengesetzter Geistesrichtung doch nie begegnet.

119

Guys ist zufällig in Flessingen geboren, wo sein Vater unter Napoleon I.
Beamter war. Sein Stammland ist die Provence. Er war von ganz besonderer
Art, sehr originell, sehr unabhängig. Sein Lebensgang war merkwürdig. Er übte,
als einer der ersten, das Werk eines Kriegsberichterstatters aus, zugleich Schreiber
und Zeichner für illustrierte Zeitschriften, ein Amt, welches sich in der Folge so
sehr verbreitet hat. Er arbeitete zunächst für englische Zeitschriften, die zuerst zu
dieser Art der Information ihre Zuflucht nahmen und ihre Abgesandten nach allen
Teilen der Welt schickten, wo immer das Leben der Menschheit sich in Dramen
kundgab, Augenzeugen, die befähigt waren, das Geschaute durch die Feder und
den Stift zu übertragen. Guys korrespondierte durch Zeichnungen. Er ist 1803
geboren und begann im Jahre 1838. Seine erste wohlbekannte Reihe ist eine nach
London gesandte Sammlung von Entwürfen aus dem Klubleben und populäre
wie politische Straßenszenen (1848), dann verfolgte er für die Illustrated London

Folies Bergère.
111. Radierung von Félicien Rops.

den Feldzug in der Krim; der
Anblick des Krieges erschreckte ihn
nicht, sondern regte ihn an. Eine
der ersten Taten seines Mannes-
alters — er zählte fünfundzwanzig
Jahre — war es, nach Griechenland zu ziehen, während des griechischen Aufstandes gegen die Türken, der seinen Epilog bei Navarin
fand, zu kämpfen; er war, sagt
Baudelaire, neben Lord Byron,
den Standesunterschied in Betracht gezogen, bei seiner Kenntnis
des Universums, oder doch Euro-
pas und des Orients, nicht nur
ein Mann der Welt, sondern
der ganzen Kulturwelt. Gavarni
schätzte Guys sehr hoch, und während einer Periode des Jahres
1848, die er in London zubrachte,
bediente er sich viel seines Bei-
standes in bezug auf Bilder für
illustrierte Journale und der Entwürfe, die ihm Guys als Andeutungen für Zeichnungen, welche
für die Ausarbeitung im Stich

120

Der stolze Vater mit seinem Kind.
„Das ist mein Werk!"
112. Karikatur von Henry Monnier.

dienen sollten, sandte. Delacroix bot einst zwei seiner eigenen Zeichnungen für einen
Guys. Das waren für Guys schöne Triumphe. Gautier, Baudelaire würden seine
Anstrengungen gern unterstützt haben. Wenn Guys keinen Ruhm erlangte, so lag
es daran, daß er ihn nicht wollte. Er ging so wenig achtsam mit seinen Werken um,
daß er ganze Pakete Zeichnungen an Leute schickte, welchen er ein wenig Verbindlich-
keit schuldig zu sein glaubte. Er verkaufte auch davon. Nadar erzählt in seinen
persönlichen Erinnerungen, die er im Figaro über Guys veröffentlichte, als der außergewöhnliche Künstler im Alter von fünfundachtzig Jahren gestorben war, daß dieser
gewaltige Schöpfer einer Fülle von Werken, dieser freiwillig Namenlose an gewissen
Tagen die Schaufenster eines der unbedeutendsten Kunsthändler namens Picot in
der Passage Vero-Dodat mit seinen Bildern anzufüllen pflege. Das Wenige, was

121   16

195

er aus seinen Arbeiten zog, später eine Pension seitens seiner Familie, genügten ihm für seine Lebensbedürfnisse. Sein Ende war tragisch; von einem Wagen am Opernplatz umgeworfen, wurde ihm ein Bein an zwei Stellen zerschmettert, er wurde nach dem Krankenhaus Dubois geschafft. Dort lag er sieben Jahre hindurch krank darnieder, einsam, fast alle seine Freunde überlebend, durch die Abgeschiedenheit beinahe zum Schweigen verurteilt. Er war übrigens bereits sehr schwach. Wir wollen indessen diese biographischen Anmerkungen abkürzen, die wir hier geben, weil Guys, dessen Name zwischen Daumier und Gavarni der Künstlerwelt eingeprägt werden soll, vom Publikum sehr wenig gekannt ist, und weil sie das bemerkenswerte Werk dieses irrenden Weltwanderers, der sich mit sechzig Jahren in Paris niederließ, um Paris zu schildern, der dort fünfundzwanzig Jahre, ein eifriger Nachtwandler, aber auch ein eifriger Arbeiter, lebte, unbekümmert um Geld und Ruhm, leidenschaftlich in der Arbeit, nur immer darauf bedacht, Paris zu schildern, die Pariserinnen, die Schönheit von Paris und das Laster von Paris dem Verständnis näherzubringen. Bevor er sich in Paris festsetzte, ist er allerdings bemüht gewesen, die Silhouetten von Spanierinnen, Ägypterinnen, Türkinnen, Griechinnen zu zeichnen, aber sein höchster Ruhmestitel ist doch die unendliche Serie, die er über Paris geschaffen hat. Und wenn er unter diesen Werken viele dem militärischen Gepränge, dem prächtigen Aufzuge der Karossen, dem Anblick schöner

Pferde, dem Ritt der Amazonen widmete, seine bemerkenswertesten Zeichnungen sind doch diejenigen, die er über das Weib und die Ausschweifungen von Paris geschaffen hat. Ist er Sittenrichter? Nein, nur Beobachter. Um Guys wohl zu verstehen, muß man seine Zeichnungen sozusagen lesen, hintereinander, in Serien, wie ein Bilderbuch ohne Text, das man etwa benennen könnte: „Fleurs du Mal et Fleurs de Beauté" („Giftige und schöne Blumen"). Guys hat nicht bloß versucht, die fleischlichen Gelüste des Volkes und der Schlemmer, das bunte Durcheinander des Wundergartens der Liebe zu schildern. Einige feine, duftige Aquarelle, glückliche Eingebungen oder mit Sorgfalt ausgeführte Arbeiten offenbaren uns, daß er der Zeitgenosse der Mar-

Junge Mädchen gefällig?
113. Aus den „Teufeleien" von Le Poitevin.

122

guerite Gauthier ist, der armen Töchter aus der Zeit der Kameliendame, die der Schwindsucht anheimfielen. Er schildert sie ohne den Schatten der Ironie, es scheint bisweilen sogar, daß, wenn er zierliche, anmutige Mädchengestalten an die Ecke verlassener Straßen stellt und sie durch die Gegenwart einer stämmigen, vierschrötigen Matrone im Schal an ihren Platz gebannt erscheinen läßt, er Mitleid empfinde mit den in zarter Jugend schon so schnöde profanierten Leibern. Übrigens ist seiner tiefgründigen Aufmerksamkeit keiner der Töne des Klavieres menschlicher Ausschweifungen entgangen. Er hat alle Elemente der Anziehungskraft ge-

Arme Komödianten.

Verstehst du, daß ich mich — der große Tragöde — trotz allem
nicht dazu verstehen kann, den Hungerleider zu spielen?
; 114. Soziale Karikatur von Cadel.

schildert vom brutalen Angebot der Dirne an der Straßenecke oder in den dunklen, anrüchigen Kneipen, den öffentlichen Häusern bis zur Zweideutigkeit der Maske des Jägers mit dem schlanken Torso und dem feinen Beingefüge, den langen, blonden Flechten, der an einem Balle der Opéra comique gegen einen Wandpfeiler der Oper lehnt. Es scheint bisweilen, als sei er seinen Modellen in das Leben gefolgt, als bringe er von ihnen verschiedene, aus verschiedenen Zeiten ihres Daseins stammende Entwürfe, und daß er sich für ihr Los, den Wandel ihrer Lage und ihrer Lebensweise interessiert habe. Leitet doch zum Beispiel ein gewisses junges Weib im gelben Busentuch, eine Anfängerin mit noch im Werden befindlicher Wesensart hinüber zu einem anderen Bilde, einer feingekleideten, geschniegelten, aufgedonnerten Kokette, die, im Range erhöht, Einkäufe beabsichtigt und leichtfüßig über die Straße huscht zu einem Laden voll allerlei Flittertand, ihrer Verfeinerung sich wohl bewußt! Durch ihr Benehmen, ihren Gang, ihre Mimik haben ihn die Freudenmädchen

123

für sich eingenommen, er verfolgt sie in ihrer Jagd auf den Mann in geschmack-
voller Equipage ins Gehölz, zu Fuß, durch die Straßen. Er sieht sie auf den
öffentlichen Bällen; die Biches, die Kokotten, die Kokodetten und die Gigoletten
haben durch die katzenartig faule Art, mit der sie in ihren Landauern sitzen, durch
den Schwung der Hüften bei ihrem Gange durch verrufene Straßen, durch ihr
gleißnerisches Dahingleiten, ihre Art und Weise des Anrufes und der Aufforderung es ihm angetan.

Dem Studium des Mannes widmet er weit weniger Aufmerksamkeit. Er
gibt den Mann, ohne sein Äußeres allzusehr zu vertiefen oder zu zergliedern.
Seeleute, Gemüsehändler, Markthallenanschläfer, Soldaten, wohlgekleidete Herren,
die Mabille und Valentino mit den hohen Hüten, die ihnen Guys ziemlich jämmerlich auf die Köpfe gestülpt hat, bespicken, sind nur Statisten in seiner Anzahl von
Studien. Er sieht sie, aber er betrachtet sie nicht; er nimmt Vormerkung von ihnen,
aber er schildert sie nicht.

*   *   *

Guys ist ein regelmäßiger Besucher der Lustgärten des gemeinen Genusses,
wo die Belenchtung, das Rauschen der Gewänder, die Reflexe des Lichtes auf
dem Atlas, das Weiß und Rot der Schminke die Freudenmädchen für das Ver-
langen schmücken. Er kennt sie alle, diese Gärten der Liebesfreude in und um
Paris. Er interessiert sich am meisten für die in Paris, Valentino, Mabille,
Idalie, Bullier; wo die hübschen Erstlinge, die eleganten Berufsmäßigen, die
Soldatendirnen, die untersten der Grisetten sich erlustieren, da zeichnet er sie auf.
Er verfolgt dort die Geschichte der Spezialtänze von den ältesten, die sich vom
Schottisch herleiten, zu den leisen Vorspielen, bei welchen die Tänzerin fein sittsam
an den schweren Rock faßt, bevor sie mit den Spitzen ihres Stiefelchens den Kronleuchter bedroht, bis zu den allerneuesten, von der „stürmischen Tulpe" und dem
wilden Walzer des Ball Bullier, wobei das Kleid der Tänzerin eine ganz besondere Arabeske der Linien zeigt. So zeichnet Daumier die wirbelnden Ärmel
seiner Advokaten bis zu der schamlosen Ausgelassenheit der spätesten Stunde, und
dadurch, ebenso wie durch seine Studie über die Gigolette, ist genau festzustellen,
zu wie später Zeit Guys noch arbeitet, und wird gezeigt, daß dieselben Stellen,
an welchen Seurat der Jüngere und der noch jüngere Toulouse-Lautrec die Elemente ihrer Zusammenstellung des modernen Lebens suchten, den alten Guys noch
immer damit beschäftigt sahen, die Wandlungen aufzuzeichnen, welche Mode und
Charakter dem weiblichen Aufputz und dem Ausdruck der kecken Schönheit oder
der charakteristischen Häßlichkeit der Kurtisane oder der gemeinen Hure vorschrieben.
Guys, der die bescheidenen Mädchen aus dem Volke mit ihrer energischen Schulterbreite, mit der entschiedenen Gebärde, welche unter dem zweiten Kaiserreich, mit

124

Dem alten Ehemann werden Hörner aufgesetzt.
115. Populärer Stich auf die lebenslustigen jungen Frauen.

dem leinenen Häubchen auf dem Kopfe, in einfachem, sehr einfachem Kleide, die
Hände in den Taschen ihrer Abendschürzen, in den Vorstädten umherzogen, schilderte,
Guys schloß damit, daß er den Rayon d'or, den Sonnenstrahl oder auch die
Sauterelle, die Heuschrecke, im Wirbel ihrer billigen Spitzen, ihrer anspruchs-
losen Unterröcke zeichnete. Seine Aufzeichnungen über das Leben der Pariser
Dirnen umschließen fünfzig Jahre, und das Buch, welches die noch schüchternen,
noch grisettenhaft anmutigen jungen Mädchen aufnimmt und bei der Soldaten-
dirne, der Zuhälterin, der entsetzlichen Verbrecherdirne ankommt, darf vollständig
genannt werden. Guys hat die öffentlichen Bälle besonders oft gezeichnet. Die
Tänzerin, die wahre Tänzerin, die Kunsttänzerin, hat ihn weniger beschäftigt. Sein
Werk deutet auf häufige Anwesenheit in der Oper, er hat die Kaiserliche Loge
oft gezeichnet. Er ist viel hinter den Kulissen gewesen, das ist aus seinen Zeichnungen ersichtlich, oder er hat, wie Degas, den Eintritt des Ballettes, die Bildung der Gruppen der Ballettänzerinnen, die sich auf Befehl hastig zum Gesamt-
tanz vorstürzen, beobachtet. Auch die eigentliche Tänzerin hat er gezeichnet und
Wendungen und Windungen hübscher Mädchen, die mit ihrem gebräunten Nacken
und ihren zugleich strammen und zierlichen Beinen an jene Tänzerin erinnern, von
deren Liebschaften Baudelaire uns erzählt, an die Fanfarlo. Aber er zieht dem
Ballett doch die Ausstattungsstücke vor, die er in London und Paris prüfenden

Auges gesehen hat, er zieht
dem Tanz der Music-Hall
den naiven, fehlerhaften, persönlichen, grobsinnlichen,
schmachtenden, wüsten Tanz
vor, der vom Tanz nur die
rhythmische Bewegung hat,
den rhythmisch zwingenden
Drang, wenn er nicht etwa
eine abgetönte Klage ist.
Mehrere dieser Zeichnungen,
darunter diejenigen, die uns
in die niedersten Spelunken
der Lüste und in die öffentlichen Häuser der Pariser
äußeren Boulevards führen,
zeichnen die Unterhaltungen
auf, jene Erholungspausen
zwischen den Sitzungen des
mechanischen Vergnügens,

Die Zensur.
116. Allegorische Karikatur von Charles Léandre.

126

Tragöde und Tragödin.
117. Karikatur von H. Daumier aus den „Tragisch-klassischen Physiognomien".

denen sich die weiblichen Häftlinge unter den Augen der Aufseherinnen hingeben. Einige Aquarellzeichnungen zeigen uns das ganze Ansehen dieser Rast, dieses Einbringen sentimentalen Empfindens in die Höhlen der Fleischeslust. Er läßt das elende Orchester, welches von den äußeren Boulevards oder aus einer schlechten Gasse kommt, in das Halbdunkel des Lokals eintreten, den alten Geigenspieler mit dem vom Regen plattgedrückten Hute, die alte Harfnerin mit dem lose umgebundenen Kopftuche, und das kleine Mädchen, das den Teller zum Einsammeln für die schlechten Musikanten herumreicht. Er hat den Empfindungsabweichungen der Dirne beim Anhören dieser unsicheren Musik nachgespürt. Hier halten sich einige Paare für den Walzer umschlungen, dort bereiten sich andere für den Balancé, den Cancan oder die Quadrille vor. Es zeigen sich da beim Anschlag der Musik, beim Anruf der Töne schmachtende, skeptische und heftige Temperamente. Er verfolgt diese Unterscheidungsmerkmale in gewissen seiner Zeichnungen mit äußerst gewagter Ausführlichkeit. Da stellt er dem Liebhaber sieben nackte Personen vor, die eine zeigt sich herausfordernd und deutet auf ihre Brüste, die andere, aufgebläht wie ein Ballon, scheint mit ihren Gedanken abwesend zu sein; bei noch anderen sind die schlaffen, müden Augen gar wenig in Übereinstimmung mit dem Angebot des Körpers. Er unterscheidet auch Aussehen und Ausdruck in der körperlichen Art dieser nächtlichen Heerscharen, wie er sie an den Toren der Häuser gesehen hat, an den Kreuzungen der Zugänge, wo Verwachsene ihre pfiffigen Sarkasmen, ihre volkstümlichen Späße an der mit Haufen fetten Fleisches über-

127

laſteten Fleiſchbank zum beſten geben. Dieſe unerfreulichen Dinge interpretiert er ohne Spott. Zweifellos begab ſich Guys, dieſer eingewurzelte Nachtſchwärmer, wie man ihn wohl nennen darf, nachdem er dem Vorüberziehen der Weiber auf den öffentlichen Bällen beigewohnt hatte, an jene bizarren Orte. Man kennt den Charakter von Guys nicht, man weiß nicht, ob nicht einiges Mitleid ſich ſeinen Beobachtungen beimiſchte, oder ob es einfach das Streben nach Gewiſſenhaftigkeit war, welches ihn veranlaßte, genau das aufzuzeichnen, was er mit ſo richtigem Blick geſehen hatte. Wenn bisweilen eine deutliche Anwandlung von Satire bei ihm hervortritt, ſo iſt es bei ſeiner Schilderung der Ausbeuter des weiblichen Artikels; er ſtellt mit Beharrlichkeit die dürftige Perſönlichkeit, die ohne Zweifel auch ihrem Volke gegenüber ſehr dürftig iſt, mit dem Profil eines römiſchen Prokonſuls, neben eine Hurenwirtin, deren Kopftuch wie ein Krönungsdiadem ausſieht, mit einem roten Schal von purpurnem Glanz, und er gibt ihr an ihrem ſieghaften Zahltiſche einen beunruhigend ſtrengen Geſichtsausdruck.

Neben ſeinen Studien über wilde Tänze, beſtialiſche Abmattungen, ermüdende Hopferei, des ·unendlichen Hin und Wider durch nachtbeſchattete Gaſſen, verfolgt er allgemeine Spuren. Er führt richtige Porträts aus, ſehr bezeichnende Porträts, wo die zerzauſte Perücke oder das plumpe Arrangement des pomadiſierten Haares die Schlaffheit und Unentſchiedenheit der Züge noch typiſcher erſcheinen läßt. So hat er unter der Menge ſeiner Zeichnungen Silhonetten von Anfängerinnen in der Proſtitution, die ſich von der Griſette und der Arbeiterin nur durch den entblößten Buſen unterſcheiden, er verweilt bei den ruhigen Gemütern, die den glücklichen Zufall erwarten, mit den Händen in den Taſchen der Schürze, ganz dem Kammerkätzchen, dem Mädchen für alles ähnlich. Er ſkizziert im

Da haben wir's! Eine Frau, die in ſolch feierlicher Stunde mit ihren Kindern tändelt... es gibt eben doch noch un= reiſe und rückſtändige Weſen in Frankreich!
118. Karikatur auf die „Frauenrechtlerinnen" von H. Daumier.

128

Onkel Ohms Weihnachten: Der Freiheitsbaum.
Politische Karikatur auf die burenfreundlichen Neigungen der Franzosen.   Zeichnung von Willette
(aus einer Weihnachtsnummer).

Beilage zu Gustav Kahn, Das Weib in der Karikatur Frankreichs.   Hermann Schmidt's Verlag, Stuttgart.

Sommertracht.

119. Humoristische Karikatur von Carle Vernet.

Vorbeigehen die Bildnisse der gerührten und ein wenig wehmütig dreinschauenden Verliebten, und er erhebt sich bis zu dem glänzenden Typus, bis zu den schönen Mädchen, deren Eintritt in den Vorsaal der Music-Hall oder in die öffentlichen Gärten eine ganze Reihe schwarzer Gehröcke in Aufruhr bringt. Recht häufig ist seine Malerei sehr summarisch und seine Komposition von böswilliger Unbestimmtheit, damit man nicht genau wisse, ob man sich im Music-Hall befindet, und nicht mit Sicherheit feststellen könne, ob es Damen von Welt oder Loretten sind, die man daherkommen sieht, und dieser respektvollen Erwartung enthüllt er, an den klebrigen Tischen, auf welche müde oder trunkene Soldaten, ihre Gläser anstierend, sich stützen, hübsche, handfeste Megären, in Kleidern desselben Schnittes mit breitem Besatz, in Toiletten, die er im bürgerlichen Milieu zeigt, welches er zuweilen zeichnete. Immerhin, wenn eine Ähnlichkeit zwischen der Bourgeoise und der Dirne vorhanden ist, so hat, ohne sie allzusehr hervorzuheben, Guys sie uns angedeutet.

* * *

Guys hat der Schilderung von Art und Wesen und von allen Schlupfwinkeln der niederen Prostitution seine ganze Aufmerksamkeit gewidmet und mit
der Wahrheit nicht zurückgehalten. Geffroy analysiert einige seiner Zeichnungen.
Er betritt das Innere des öffentlichen Hauses; er bewegt sich zwischen den Gruppen
der Sklavinnen, er sieht die auf den Diwans herumsitzenden Weiber mit den bis
an die Knie gehobenen Röcken, dem offenen Hemde, welches den welken Busen
sehen läßt, mit ihren stumpfsinnigen Gesichtern des Viehes im Stall. Jene üppige
Südländerin ist stolz auf ihre schweren Haarflechten, ihre Halskette, die fleischigen
Schultern und die großen, runden Brüste. Jene dort haben sich mit herauf-
gezogenen Knien auf den gepolsterten Bänken ausgestreckt, halb liegend mit ge-
bogenem Rückgrat, die Hüften und die Seiten gekrümmt, die Beine in der Stellung
von Najaden, andere personifizieren die Flüsse der dekorativen Skulptur des 17. Jahrhunderts. Jene dort, die ganz abgesondert steht, hebt mit der einen Hand den
Unterrock über die Waden und hält einen Fächer in der anderen. Sie zeigt, wie
alle, sehr entwickelte Brüste; ihr Haar ist mit einem Diadem geschmückt, sie
sieht tierisch einfältig und zufrieden aus. Sechs Frauen in einem Salon halten
die Augen auf die Tür gerichtet, heben ihre Röcke hoch, stellen den Busen zur
Schau, zeigen durch ihre Haltung an, daß jemand kommt . . .

Guys aber, der gegen das Ende seines Lebens der Historiker der Dirne

unter dem zweiten Kaiser-
reiche geworden ist, beschränkt
sich nicht auf die schmutzigen
Wohnräume der Maubuée-
straße und auf die großen
öffentlichen Gärten, diese
beiden Extreme. Er hat unendlich häufig jene Orte aufgesucht, jene Häuser der
Rendez - vous und jene
„Salons“, die zu seiner Zeit
sich so sehr vermehrten.
Einige seiner besten Zeichnungen bieten uns so den
Anblick der verdorbenen
Bourgeoise oder die un-
bestimmbaren Typen leichtfertiger Frauenzimmer, jener
Kokodetten, welche, nach ihm,
die geistreichen Zeichner der

Oh! Meine Frau ist gestorben!
120. Karikatur von Traviès aus „Galerie physiognomique“.

„Vie parisienne" des begehrtesten, vornehmsten humoristisch-satirischen illustrierten Journales, Marcellin, Hadol, Edmond Morin aufnehmen.

* * *

Er ist der große Schilderer seiner Zeit. Lami, von dem wir in einem früheren Kapitel sprachen, hat solche Rolle mit der Raschheit der Ausführung, die ihr Genüge zu tun gestattet, vor ihm gespielt, aber Guys übertrifft ihn; wie Lami ist er sehr befähigt, die Art und das Wesen der großen Welt zu studieren. Sein Wissensdrang hat jeden Pulsschlag von Paris empfunden, er hat in sehr vielen Aquarellen feine Amazonen von Rasse in den Reitwegen des Pariser Wäldchens gezeigt. Im Theater hat er mehr dem Saal als der Bühne seine Aufmerksamkeit ge-

Das bevorzugte Geschenk.
121. Zeichnung von Wibhopff.

widmet, und er war der erste, der jene Logenstudien brachte, jene Gruppierungen hübscher Frauen und ihrer Anbeter, oder der beiden Leutchen, deren Anwesenheit im Theater auf ein verliebtes Zwiegespräch schließen läßt. Manet, Renoir und noch andere haben den gleichen Vorwurf für schöne Werke der Malerei benutzt. Als Zeichner von Frauen einer Zeit, da die schönsten derselben ihren Stolz darin suchten der Kaiserin Eugenie ähnlich zu sehen, hat er ihr Modell studiert, ohne indessen darin besonders glücklich zu sein, was anzudeuten scheint, daß das Gelingen und die Genauigkeit solcher Arbeiten ihm einige Vorbereitung kostete. Er hat wirkliche Zeichnungen der Mode gezeichnet, wo das schöne Kleid die eigentliche Hauptsache ist; jedesmal, wenn er in seiner Bahn des Globe-trotter einer hübschen weiblichen Erscheinung begegnet, hat er sie mit ingeniöser, entzückender Geschwindigkeit aufgezeichnet; seine ganze Kunst nahm in dem Maße, wie er heranreifte, wie er alterte, mehr und mehr der reinen Psychologie, des Übersehens der gering-

131

fügigeren Einzelheiten, den Weg nach dem Wesenhaften der Zeichnung. Nichts ist aufrichtiger als eine Kunst, die der Künstler für sich ausübt, ohne Sucht nach Ruhm oder nach Gewinn, einzig im Streben nach Wahrheit und zwingender Kraft.

*   *   *

In der Geschichte der Kunst nimmt Guys einen sehr wichtigen Platz ein; er hat die Zeit des Romantismus gesehen, die Julimonarchie, das zweite Kaiserreich und den Beginn der dritten Republik, und das gab seinen Werken einen besonderen Umfang. Während seine talentierten Nacheiferer nur Paris und London kannten, hat er die Welt durchstreift, was ihm eine eigentümliche, interessante Vielseitigkeit verlieh. Er hat niemals, im eigentlichen Wortsinn, Karikaturen gemacht, er hat niemals Übertreibungen gezeichnet und hat doch allein durch die Schärfe seiner Beobachtung Silhouetten geschaffen, so lebenswahre und so eigenartige weibliche Wesen, wie in derselben Zeit Gavarni und Rops. Er ist ein großer Künstler, aber er ist fragmentarisch. Er hat nie den Versuch gemacht, aus seinen so zahlreichen pittoresken Aufzeichnungen ein geschlossenes Ganze zu ziehen. Er skizziert Zusammenwirkungen, aber er belebt sie nicht, er gibt ihnen nicht Form in einem großen Gemälde. Er verfügt nur über einige der technischen Mittel der Kunst. Er ist nicht Maler, wie es Daumier ist; daher ist er weniger vollkommen als jener, als manche Künstler, mit welchen er Berührungspunkte hat, mit Manet, wegen des scharfen Blickes, der schnellen Auffassung, der Gabe, das Rauschen des ganz Modernen, des ganz Neuen im Fluge zu erfassen, mit Daumier, an welchen zuweilen die Lebhaftigkeit, die glückliche Kühnheit, die Gewissenhaftigkeit und die Anlage seiner Zeichnung erinnern, mit Alfred Stevens wegen des sehr eingehenden Studiums der Frau in ihrer physiologischen Wesensart, dem Bestreben, in ihren Unvollkommenheiten, ihren Runzeln, den Alterserscheinungen, den Anzeichen des Abwelkens Charakter und Schönheit zu entdecken, wie Baudelaire in den ein wenig verun-

— „Die Rue de Navarin hast du nicht gefunden?"
— „Da steige hier hinauf und du wirst den Montmartre sehen!"
122. Karikatur auf die Prostitution von A. Willette.

132

Ein öffentlicher Garten.

123. Karikatur von Gérard auf die Sitten jener Zeit.

Die Geldheirat.
124. Karikatur von Travlès.

ftalteten Zügen vergangene Schönheit suchte; zu Félicien Rops hat er, soweit
es das eigentliche Porträt, Gesichtsstudien, Art und Wesen betrifft, auffallende
Annäherung, und hier muß man auf den Einfluß, den Guys auf den großen
Aquafortisten hatte, schließen, der ihn als jungen Anfänger kannte, wie er in Paris
seine Lehrjahre verbrachte, während er selbst schon völlig im Besitz seiner Kunst
war und alle Schleichwege, alle Krümmungen, das ganze Schauspiel des Lebens
kannte. Dieselben Dinge, die Guys beschäftigten, haben auf Dagas Eindruck gemacht und durchziehen sein Werk als Hauptmotive. Der Einfluß von Guys ist
mit Sicherheit festgestellt, man erkennt ihn beim Anblick mancher Zeichnung von
Willette, besonders auch in gewissen Zeichnungen von Forain. Er zählt literarisch
unter die Vorläufer des Naturalismus, denn er war einer der Vorläufer des
Impressionismus, der auf den Naturalismus einen deutlichen Einfluß hatte. Er
ist sehr persönlich. Er ist einer der seltenen Künstler seiner Zeit, die Neues geschaffen
haben und die nichts der japanischen Kunst schulden.

Baudelaire hat die Methode geschildert, in welcher Guys arbeitete, die Art
seiner Andeutungen gleichlaufend zu machen, stets mit Rücksicht auf das Ganze,
damit es weit vorwärts gebracht und sehr vollständig erscheine. Anders arbeitete
auch Rodin in der Skulptur nicht, und diese Ähnlichkeit der Methode ist für Guys
ein Ruhmestitel.

*   *   *

134

Die Folgen der Geldheirat.
125. Karikatur von Traviès.

Gavarni.

Was Gavarni von Daumier, seinem Nacheiferer des Ruhmes, seinem Zeit-
genossen, seinem Nachbar im Gedenken der Menschen unterscheidet, das ist das
Streben nach Anmut. Beide waren offenbar Karikaturisten, die vor allem, trotz
allem den Charakter suchten; sie sind auf der Suche nach dem entscheidenden, nach
dem seltenen Augenblick, wo ein Charakter sich geschlossen zeigt oder wo zwei
Charaktere durch einen bestimmten, kurzen Ausdruck ihren Antagonismus abgrenzen.
Aber Daumier, das leidenschaftliche Genie, sucht ihn in der stämmigen Kraft, und
Gavarni fast immer in der Anmut, der Anmut der Linien, der Figuren, und selbst
in der Unterschrift hat er immer elegante Grazie, auch wenn er eine Bosheit oder
eine Gemeinheit schreibt. Ein Unterschied zwischen Gavarni und fast allen anderen
Karikaturisten besteht darin, daß er ebenso Schriftsteller wie Künstler ist, wenigstens
seiner Veranlagung nach. Seine Verse, seine humorvollen Erzählungen aus der
Zeit, da er mit leichter, geistreicher Feder das Malerische der Briefe des Deutschen
Theodor Hoffmann schilderte, würden vielleicht nicht genügt haben, ihm den Ruhm
zu verschaffen, den er als Zeichner erworben hat. Aber dieser Ruhm ist besonders
aus der engen Verbindung des Zeichners und des Schriftstellers hervorgegangen;
seine Legende trägt viel zur Wirkung seiner Zeichnung bei, mehr als bei anderen
Karikaturisten, denn bei den anderen gibt es nur drollige, kurze Bemerkungen unter
der Zeichnung, während bei Gavarni die Worte, die den Vorgang begleiten, längere
Zeit sprudeln und fluten. Gavarni hat ungefähr achttausend Erzeugnisse, sowohl

135

Karikaturen wie Modezeichnungen, episodische Zeichnungen, Buchilluftrationen auf Holz und Stahl gebracht, man darf annehmen, daß wenigftens die Hälfte von diefen achttaufend ihm die pikanten Witzworte verdanken, durch die die Blätter berühmt geworden find. Der Witz Gavarnis ift sehr gewählt und fehr verfchiedenartig; folch große Zerftreuung ift eine Klippe für den Künftler. Er zaudert zu fehr in der Wahl der verfchiedenen Wege, die fich ihm bieten. Gavarni hätte Schriftfteller werden können; auch als Gelehrter hätte er fich einen Namen machen können, denn er hat zahlreiche mathematifche Manuffripte hinterlaffen. Er war immer mit einer Idee, mit der Möglichkeit einer Erfindung befchäftigt. Er, der übrigens Autodidakt ift, hätte diefe Fähigkeit entwickeln können; was er weiß, hat er dem Leben abgewonnen, den allerverfchiedenften und meift zufälligen Beobachtungen und Studien der Jugend.

Guillaume Chevalier war 1804 in Paris, 5 Rue des Vieilles Haudriettes, mitten im pittoresken Gefchäftsviertel, geboren. Eine Aufzeichnung, die man unter feinen Papieren gefunden hat, berichtet: „Als ich ein ganz kleiner Junge war, hieß man mich Kohlezeichnungen von Augen im Profil machen, und das fand ich

Die Parifer Grille.
126. Zeichnung von René Préjelan.

fehr langweilig: Ich habe drei Hefte voll Reiter, Räuber, Häuser mit rauchenden Schornfteinen, dem Ritter Bayard, kleinen Hunden und kleinen Knaben, die ihre Drachen fteigen laffen, gezeichnet, dann habe ich Kofaken gemacht, wenn ich welche gefehen habe. Später war es das Gitter an der Penfion Butet und der Ballon des Herrn Mageft, und wenn ich aus alledem nicht Petarden und Wurfgefchoffe gemacht hätte, fo würde das ein fchönes Buch mit Goldfchnitt abgeben." Wir haben durch das Verfchwinden diefer Jugendverfuche ohne Zweifel nur fehr wenig verloren, aber die Bemerkung beweift, daß der junge Che-

136

„Die Ähnlichkeit ist unverkennbar."

Satirische Karikatur von Abel Faivre.

215

„Der Bourgeois scheint nicht daran zu denken, daß wir schon im Wäldchen sind!"
127. Galante Karikatur*) von Bouchot.

vasier immer zeichnete, bei dem Baumeister Dutillard, zu welchem man ihn im Alter
von zehn Jahren in die Lehre gegeben hatte, beim Feinmechaniker Zecker, wo er im
vierzehnten Jahre lernte, wie in der Pension Butet, wo er Integralrechnung übte, wie
auch im Konservatorium der Künste und Handwerke, wo man Maschinenzeichnen
lehrte. Trotzdem er stets zeichnete, hat er sich doch nicht schon früh aus der Gewöhn-
lichkeit herausgehoben. Einige Seiten scherzhafter Zeichnungen, einige Studien für
den Hafen von Bordeaux, und in der Folge zahlreiche Studien über die Natur
der Pyrenäen haben ihm nicht Gelegenheiten zu Meisterwerken geboten. Er bleibt
beengt und trocken, weil er seinen Weg noch nicht gefunden hat, außer in, wie es

*) Zu dem Bild ist eine aufklappbare Wagentüre zu denken.

scheint, zahlreichen Abenteuern, welche ihm die Elemente des skeptischen und ein wenig geringschätzenden Urteils über die Frau vermittelt haben, die später eine Seite seines Talentes werden sollte. Sein Pseudonym Gavarni fand er während seiner Reisen in den Pyrenäen, und er bediente sich desselben sehr bald für Mode= zeichnungen, die ihm in Auftrag gegeben wurden, er beginnt auch Kostüme zu zeichnen, aber sein künstlerisches Gewissen veranlaßt ihn, Körper in die Kleider zu malen, auch wenn man nur das Kleid verlangte. Eine andere Neuerung von Gavarni: man verlangte von ihm Kostüme für den Opernball oder für irgend welche andere Gesellschaftsbälle. Es handelte sich darum, pittoreske Ideen zu weib= lichen Kostümen zu verkaufen. Man war damals sehr für diese Art von Be= lustigungen eingenommen; der Opernball bedeutete eine wirkliche Festlichkeit. Gavarni wurde damit beauftragt, Phantasie zu entwickeln, den jungen Mädchen für einige Sous die Zeichnungen der Ergebnisse einer gefälligen Einbildungskraft, ein Kostüm zur Verfügung zu stellen, welches gleichzeitig etwas unerwartet, bizarr und sehr kleidsam wäre. Das hat ihn nicht weiter in Aufregung versetzt, es gelang ihm und er hatte dauernde Erfolge, er blieb in der Folge der Maler der Opernbälle, das heißt der Maler der Gesamtheit jenes genußfrohen Gewühles, der mit einem einzigen Blick und auf einem einzigen Blatt die ganze Ausgelassenheit der Chicards und der Debardeure zu erfassen und zu bringen weiß, wie er auch der Maler seiner kleinen Seitensprünge, seiner Treppendialoge und seiner Abenteuer war. Es gab sogar, seine Biographie erinnert daran, unter dem Domino zwischen Gavarni und zum Beispiel jener Komtesse Dash, die so viele lockere Sachen schrieb, zahl= reiche Skizzen über erlebte Unterhaltungen; Gavarni war gekommen, um zu zeichnen (im Gegensatz zu seiner leicht= fertigen, im Kostüm einer Kolombine, die „einen Mann sucht", verkleideten Freun= din), um eine hübsche, ele= gante Frau zu suchen, um zu intrigieren und um zu lieben. Seine häufige An= wesenheit an allen Orten des malerischen Vergnügens be= weist, daß er sich lebhaft und ganz seiner Kunst hingab. Wie Guys zieht er in Paris umher; wie dieser ist er Au= genzeuge. Aber infolge seiner Misogynie fühlt sich Guys

Der Besuch beim Gönner.
128. Karikatur von Charles Philippon aus der Serie
„Pariser Eheleute".

138

Die verlorene Tochter.

— Da bist du ja endlich! Du wirst einen schönen Auswischer bekommen!

— Eh, denk nicht dran, ich hab' mir ja das Automobil mitbezahlen lassen, um schneller da zu sein.

129. Karikatur auf die „Kleinen Modistinnen" von Ferdinand Bac.

besonders zu den gemeinen Schlupfwinkeln, zur niederen Prostitution hingezogen. Guys denkt nur daran, das Weib als solches, die Berufung auf das Geschlechtliche zu vermerken, die Komödie des Ganzen, die Ausbeutung und die Unzucht zu geben; er findet es für gut, Orte der weiblichen Fleischbeschau zu beschreiben. Gavarni ist wählerischer; er läßt die Spelunke beiseite, er verweilt im Boudoir bei der Frau der Unordnung oder bei der Frau der Ordnung, die aus der Liebe

139

ein Geschäft macht; er schärft den Gedanken seiner Zeichnung durch feinsinnige Legende. Wenn er dieser analytischen Studien, dieser engen Verbindung zwischen Laster und Lächerlichkeit müde ist, erfrischt er sich am heiteren Panorama des Lasters und der Koketterie, auf dem Opernball! Dort findet er auch die geistreichen Worte, sieht raschwechselnde Szenen, die wogende Menge rätselhafter Gestalten, er hört die der Augenblickseingebung entsprudelnden Witzworte, und bisweilen erhebt er sich zur Gesamtdarstellung, er gibt in ihrer Bewegung, ihrem Rhythmus, ihrer Färbung ein ganzes Augenblicksbild der Pariser Ausgelassenheit.

*　　*　　*

Die heute sehr in Verfall gekommenen Opernbälle bildeten einst einen wesentlichen Teil des Liebeslebens in Paris und des Pariser Leichtsinnes. Schon unter dem ersten Kaiserreiche hat sie Bosio in einem berühmten Stiche geschildert. Man sieht über einer Diele, von welcher die Fauteuils entfernt worden sind, unter der Loge den Fries einer Reihe von Greifen, die in ihren Klauen die Lyra halten; ein fröhliches Gewimmel von Leuten, die mit ihren Alltagskleidern zugleich ihre Alltagssorgen abgeworfen haben, die mit der Karnevalsmaske etwas von dem renommierenden, leichtfertigen Geiste, den ihre Verkleidung ihnen eingibt, in sich aufgenommen haben. Dort jene goldbetreßten, mit Schnüren und einem kühnen Federbusch geschmückten Husaren behandeln, oder versuchen die dekolletierten Merveilleuses durchaus husarenmäßig zu behandeln. Jener Türke, dessen Kostüm durch den damit getriebenen Mißbrauch später so trivial erschienen ist, jener Türke mit dem Bilde der Sonne auf dem Rücken, schön wie einer der Mameluken des Kaisers, möchte die Dame im Domino, die von einem Stutzer begleitet wird, gern als eine dem Gläubigen geweihte Houri behandeln. Jener Harlekin ist bemüht, sich unter dem Wirrwar der Menge, mit der Geschwindigkeit und der Gewandtheit, die zu solcher Persönlichkeit paßt, mit deren fröhlicher, unverschämter Wunderlichkeit er sich angetan hat, an seine Eroberung heranzuschlängeln. Jener weiße Pierrot mit der breiten Halskrause verlangt ganz naiv, was seinem Rufe der Genäschigkeit alle Ehre macht, die Knospen der weiblichen Brüste zu küssen, den Nacken der Frauen zu liebkosen, und der Doktor Mirobolan, der als alter Landarzt verkleidet ist, mit dem flachen Hute à la Brummel auf dem Kopfe und der enormen falschen Nase wird Mühe haben, die Damen vor solchem Beginnen zu schützen. Die Lustigkeit entlehnt aus allen Möglichkeiten. Da sind tanzende Nössel, Brauerburschen aus der Vorstadt mit plattgedrückten Schlapphüten im Nacken, wie vor der Einnahme der Bastille! Ist das eine Frau, die sich als alte Witwe besseren Standes kostümiert hat und unter einer enormen Haube mit dem Kopfe wackelt? Jedenfalls nicht! Es ist ein Mann, wie auch jene andere Witwe, die bemüht scheint, den zahnlosen Mund aus der Kinnbinde herauszuziehen. Es gibt da Masken der

140

Départ pour Cythère.

Galante Karikatur von Félicien Rops.

Beilage zu Gustav Kahn, Das Weib in der Karikatur Frankreichs.　　　　　　　Hermann Schmidt's Verlag, Stuttgart.

Die Kupplerin.
130. Sitten-Karikatur von Guydo.

Einfältigkeit, es gibt da Schreibgehilfen, die sich stolz als Offiziere verkleidet haben, es gibt Leute, die sich über sich selbst und den eigenen Frohsinn amüsieren, andere sind gekommen, um zu lachen, wieder andere — der Stich von Bosio gibt ihnen ein besonders lustiges Ansehen — haben sich zu gemeinschaftlicher Belustigung

141

zufammengetan, und ihre Fröhlichkeit drückt fich aus und rinnt in dem Maße der fie umgebenden Ausgelaffenheit zu.

Mit Gavarni — er felbft hat dazu beigetragen — ändert fich das Koftüm auf den Bällen der Oper ein wenig. Es wird nicht mehr, wie ftets früher, der italienifchen Komödie, der alten Opéra comique oder den Uniformen aller Armeen entlehnt. Gavarni hat Koftüme gezeichnet; da find zunächft diejenigen zu erwähnen, die er im Jahre 1837 für den Verleger Aubert machte: die ländliche Pächterin, die Minnefängerin, die baskifche Bäuerin, die Aragonierin, der Booteigentümer, der Bergbewohner, die Frau aus den Pyrenäen, wozu er feine Reife nach dem Süden ausnußte; dann die fehr vielen Blätter, die er für den Karneval durch den Charivari veröffentlichte; er kennzeichnet vornehmlich den Débardeur, den Schiffsausläder, den Chicard. Er liefert für den Charivari 66 Zeichnungen über die Débardeurs. Er überliefert der „Illuftration" Szenen aus dem Karneval, er erfindet das Koftüm der Parpaillonne. Er ftudierte im befonderen den Ball Chicard, wo der berühmte Tänzer in feiner halb mythologifchen, halb niederen Parifer Volkstracht, mit antikem Helm und in den Stiefeln eines Mifträumers,

deren er fich zu feinen Tänzen oder vielmehr choreographifchen Sprüngen bediente, während der Jahre 1830—1836 auftrat. Gavarni gab fechs Albums von Maskentrachten heraus, abgefehen von den grotesken Verkleidungen. Auf den Opernbällen ift er daheim, und die Schriftfteller, welche, außer ihm felbft, ihn am beften und treffendften in der Nebenfigur eines ihrer Romane fchildern, in Manette Salomon, find die Goncourt, feine Freunde, feine Schüler, feine Biographen. Der Opernball und Gavarni! Der fprudelnde Schaum der Zuchtlofigkeit und des Wißes, die verliebte Schelmenhaftigkeit, das elegante, ein wenig

Mayeux: „Laß mich in Ruhe! Wenn du mich reizeft, nehme ich ein anderes Bett."

131. Karikatur von Travics aus der Serie „Facéties de Mayeux".

142

Die kleinen Schifferinnen.
132. Galante Zeichnung von Beaumont.

brutale Fest — das alles trägt das Gepräge des Gavarni. Die Erinnerung an den
Künstler und an die Feste vermischen sich für die Nachwelt, und man konnte noch
auf den letzten, in ihrem nunmehr zu großen und zu reichen Rahmen so sehr um=
gewandelten Bällen der Oper, manche Mädchen jenes von Gavarni geschaffene
Kostüm tragen sehen, jenes durch so viel Legende erläuterte Kostüm der Débardeuse,
der Holzausläderin, das sich nur aus einem auf dem Nacken sitzenden flachen Stroh=
hute, einem Hemd, einer kurzen Hose, Strümpfen und Schuhen zusammensetzt.

* * *

143

Sommermorgen.

— O Poefie, o Natur, o Stille ringsum, o herrliche Frifche!
— Ja, ja, es erfrifcht, wenn man hinten im Waffer fitzt!
133. Satirifche Zeichnung von Lucien Métivet.

Der Karneval, der Opernball! Er dachte an ihn in feinen anderen Serien,
in feinen Serien, die man als „böswillige Vertraulichkeit" bezeichnen könnte. In
den Partageufes, den Buhlerinnen, die ihre Anbeter ruinieren, fagt eine junge
Frau zu einem jungen Manne: „Enfin, mon cher, au carnaval suivant je lui
donnai un fils, à cet animal." „Eh bien?" „Eh bien! il n'en a pas voulu"
(„Nun, mein Lieber, am folgenden Karneval habe ich ihm einen Sohn gefchenkt,
dem Efel." „Nun?" „Nun, er hat ihn gar nicht gewollt").

Diefe Partageufes find ungefähr feine Loretten, fie befitzen fehr entwickelten
Gefchäftsgeift. Eine von ihnen fagt zum Concierge, dem Hausmeifter: „Entre
nous, un m'sieu de Pignonfumé, qui reste ici, c'est-il solvable?" („Unter uns,

144

Populärer Stich aus der Zeit der Revolution auf den Austritt der Nonnen und Mönche aus den Klöstern und die Ablegung der Ordenstracht.

Beilage zu Gustav Kahn, Das Weib in der Karikatur Frankreichs.

Hermann Schmidt's Verlag, Stuttgart.

ein Herr von Pignonfumé, der hier wohnt, ist der zahlungsfähig?") Das sind Erkundigungen, die am Tage nach dem Balle eingeholt werden. Nach dem Souper und dem ihm folgenden Champagner ist die Lorette wieder ernst und nachdenklich geworden, sie holt Auskünfte, ihr Sinn ist nur auf das Materielle gerichtet, unbekümmert darum, ob der Liebhaber damit einverstanden ist, wie aus jenem Dialog zwischen zwei Partageuses hervorgeht: „J'ai pourtant, chez nous, gardé les dindons! — à présent, ce sont eux qui me gardent" („Daheim bei uns habe ich die Truthähne gehütet! — jetzt müssen sie mich hüten"). Man spricht von diesen Damen ohne besondere Wertschätzung. Eine Partageuse geht vorüber, zwei Männer sind im vertraulichen Gespräch: „Vous connaissez cette charmante personne?" „Parfaitement! C'est la femme de deux. de mes amis" („Kennen Sie das reizende Wesen?" „Gewiß! Es ist die Frau von zweien meiner Freunde").

Sie pflegt mehrere Namen zu führen, mindestens jedoch zwei; ein junger Mann führt sich ein, höflich, den Hut in der Hand: „Madame de St-Aiglemont, Madame, s'il vous plait" („Madame de St. Aiglemont, wenn ich bitten darf"). Die Dame, an welche sich dieser Jüngling wendet, trägt ein Tuch um den Kopf und bietet den verehrungswürdigen Anblick einer Dueña, etwa einer Concierge, und sie antwortet: „C'est ici, Mosieu . . . Mame Chiffet . . . on te demande" („Das ist hier, mein Herr . . . Mame Chiffet . . . man verlangt nach dir"). Diese Dueña ist zugleich eine legitime Mutter. Die Treue dieser Partageuses kennzeichnet Gavarni durch

Das vierte Glas Kognak.
134. Karikatur auf die niedrige Prostitution von Félicien Rops.

ein kurzes Zwiegespräch. Ein junger Mann und ein junges Weib befinden sich auf dem Lande; auf den Rasen hingestreckt, plaudern sie: „Combien as-tu fait de passions malheureuses? o Hélène!" — „Combien as-tu cassé de pipes, o Hector!" („Wieviele unglückliche Liebschaften hast du schon gehabt, Helene?" — „Wieviele Mädchen hast du auf dem Gewissen, o Hektor!") Ihre Uneigennützigkeit? Hier ein Wort darüber. „Les Lorettes, moi j'aime cela, c'est gentil comme tout, ça ne fait de mal à personne! Quoi! des petites femmes qui . . . Qui gagnent à être connues" („Die Loretten, das gefällt mir, sind artig wie nur was, das tut niemandem weh! Was denn! So nette Frauchens . . . Die gewinnen bei näherer Bekanntschaft"). Oder jenes andere, wo eine Lorette einem sehr verdrießlich dreinschauenden jungen Mann Vorhaltungen macht. „T'as plus le sou! . . . Et la bicoque de ton grand-père! puisqu'on t'en donné quarante mille francs qu'est-ce que tu en fais! — Je ne sais pas comment tu n'est pas honteux, un homme comme il faut, d'avoir une maison rue Bar du Bec" („Was, du hast kein Geld mehr! . . . Und das hübsche Haus von deinem Großvater! Was tust du denn mit den vierzigtausend Francs, die man dir dafür gibt! Ich begreife nicht, daß du dich nicht schämst, ein Mann comme il faut, mit einem Hause in der Bar du Bec-Straße"). Es ist offenbar der letzte Brocken des väterlichen Erbes, dieses Haus vom Großvater, den die Lorette sich vorgenommen hat zu verflüchtigen, à flamber — wegzusengen, wie man zu Gavarnis Zeit sagte. Wie knüpfen sich in dieser kleinen Welt die Liebschaften an? Gavarni erzählt es uns. Eine junge Person hat zärtlich die Hände über die Schultern eines eben zu ihr eintretenden Herrn gelegt und sagt zu ihm: „J'ai pensé à vous, demandez à Norine!

Engel und Teufel.
An diesem Tage hält man gute Kameradschaft.
135. A. Willette. Satirische Weihnachtskarikatur.

146

Makrele und Stockfisch.

136. Gesellschaftliche Karikatur von Grandville aus dem Zyklus „Speisekarte eines Restaurateurs".

Je lui ai dit tout de suite; j'ai dit: Ce n'est jamais Cubsac, un homme si comme il faut, qui laisserait une femme dans l'embarras pour quinze cents malheureux francs . . . et c'est pour vous conter ça au petit monsieur de Cubsac que je vous ai engagé à venir sans façon, me donner à diner ce soir" („Ich habe an Sie gedacht, fragen Sie Norine, das Dienstmädchen. Ich habe ihr sofort gesagt, ich habe gesagt: Herr Cubsac, ein Mann, wie er, wird eine Frau nicht wegen lumpiger fünfzehnhundert Franken im Stiche lassen . . . und um Ihnen das zu sagen, mein lieber Herr Cubsac, habe ich Sie gebeten, ohne Umstände zu kommen und mich heute abend zum Diner zu führen") und Herr Cubsac scheint sich schon den Mund danach zu lecken. Vielleicht ist es auch er, zu welchem eines Tages dieselbe Person sagt: „Ah ça, voyons, Monsieur le Baron, que diable voulez-vous qu'on en fasse de votre confiance, si on n'en abuse pas" („Aber, mein Herr Baron, was der tausend wollen Sie, daß man mit Ihrem Vertrauen tue, wenn man es nicht mißbrauchen soll"). Die Kehrseite der Medaille ist es, daß der Bourgeois sehr wohl weiß,

147

wie nötig er ist: daher der sehr galante und dabei sehr bestimmte Herr zu einer netten, zugleich nachdenklich und zornmütig aussehenden Frau, die neben ihm auf dem Diwan sitzt, sagt: „Ne plus m'aimer! mais Paméla, ce serait un luxe que vos moyens ne vous permettent pas" („Mich nicht mehr lieben! Aber, Pamela, das wäre ein Luxus, den Ihre Mittel Ihnen gar nicht erlauben würden"). Turcaret, der Geldmensch, auf der Höhe seiner Macht! Glücklich, die ihn verstanden haben, das ist wenigstens die Meinung von Gavarni; hat er doch die Lebensschilderung der unvorsichtigen Grille in seiner Serie der „Lorettes vieillies" der alternden Loretten geschrieben.

*   *   *

Gavarni nimmt die Ballade von Villon über die schöne Heaulmière, die Elegien von so vielen Dichtern über den Tod der Schönheit und ihr Vergehen unter den Falten und Runzeln wieder auf. Jene alte Frau sagt: „Et de la beauté du diable: voilà ce qui me reste, des griffes!" („Und von allen den verführerischen Reizen: was ist mir geblieben? Runzeln!"), und jene andere: „Les poètes de mon temps m'ont couronnée de roses . . . et ce matin, je n'ai pas eu ma goutte, et pas de tabac pour mon pauvre nez!" („Die Dichter meiner Zeit haben mich mit Rosen bekränzt . . . und heute früh habe ich meinen Morgentrank nicht gehabt und keinen Tabak für meine arme Nase!") Was wird aus den alten Kurtisanen, aus den ehemaligen Feen des Liebesgenusses und des Zufalles? Die eine trägt einen Gemüsekorb mit dürftigem Inhalt spazieren, und während es an Käufern mangelt, murrt sie für sich hin: „Ma petite maison! maman l'a mangée! mon frère Zidor a joué mes chevaux, mes châles, mes bagues! Enfin, mon père a bu le reste!" („Mein hübsches Häuschen! Die Mutter

Unterhaltung auf der Straße.
Ah! meine Liebe, hier sitzt sich's gut.
137. Karikatur auf das Straßenleben von Hermann Paul.

148

Zotige Lieder.
138. Karikatur auf die Kabarets von Charles Léandre.

Liebchen komm!

159. Symbolische Karikatur von Louis Morin.

hat es durchgebracht! Mein Bruder Zidor hat meine Pferde, meine schönen Kleider, meine Geschmeide verspielt! Und den Rest hat der Vater versoffen!") Diese hatte Familiensinn. Andere werden Kartenlegerinnen. „Je dis la bonne aventure, depuis que je ne sais plus ce que c'est" („Ich sage den Leuten das Glück an, seit ich es nicht mehr kenne"). Andere wieder durchstreifen zu Fuß die Champs Elysées, die sie einst prahlerisch im Landauer durchfuhren. Sie haben das Geschäft gewechselt „A présent je vends du plaisir pour les dames" („Jetzt verkaufe ich Naschwerk für die Damen") und sie trägt auf ihrem Rücken die schwere Dose mit allerlei Süßigkeiten. Am besten daran sind noch diejenigen, die bei einem Mädchen, welches seinen Weg in der Galanterie macht, altern. „Allons, va au marché, m'man et ne me carotte pas" („Flugs geh auf den Markt, Muttchen, und knausere nicht"). Es gibt auch einen düstereren Abschluß, die Dienstbarkeit. „Encore si j'avais autant de ménages à faire que j'en ai défait" („Wenn ich wenigstens nur so viele Haushaltungen in Ordnung zu bringen hätte, wie ich in Unordnung gebracht habe"). Dann auch der Bettel, den Gavarni in seiner berühmten und erschreckenden

150

Die neugierigen Schulbuben.*)
140. Galante Karikatur von E. Forest.

Legende kennzeichnet: „Charitable Môssieu que Dieu garde vos fils de mes filles" („Mein guter Herr, möge Gott Ihre Söhne vor meinen Töchtern bewahren"), worin in packender Verkürzung das ganze Familiendrama der Straßenbettlerin erzählt ist, die über die verflossenen Tage des Glanzes nachdenkt und philosophiert.

*   *   *

Unter dem Schwarm von Legenden, unter diesen Witzfunken, diesen Geistesblitzen, die in ihrem spontanen Zusammenwirken, literarisch wie zeichnerisch, das Werk des Gavarni blühend erscheinen lassen, sind Worte, Redewendungen,

*) Die untere Abbildung ist als Türe zu der oberen zu denken.

151

Der Mensch als Frosch.
141. Seltene französische Karikatur aus dem 17. Jahrhundert.

wie auch kurze Gespräche, die den Karneval zum Gegenstande und zum Milieu haben. Eine Maske, ein Soldat en costume de volontaire de 1792, will eine Marketenderin der republikanischen Armee umfassen. „Encore une nuit blanche, que tu me fais passer, Phémie!" („Deinetwegen habe ich wieder eine schlaflose Nacht gehabt, Phémie!") „Eh bien, et moi donc" („Na, und ich erst!"). „Toi, Phémie, c'est pour ton plaisir!" („Du, das ist zu deinem Vergnügen, Phémie!") „Eh bien, et toi, est ce que ce n'est pas pour mon plaisir, bête" (Nun, und du, ist das nicht zu meinem Vergnügen, du Hornochs"). Eine Frau sieht an einem Balltage über die Brüstung der Loge in den Opernsaal hinunter. „Y en a-t-il des femmes. Y en a-t-il. Et quand on pense que tout ça mange tous les jours que Dieu fait, c'est ça qui donne une crâne idée de l'homme" („Was für eine Masse Frauen, was für Frauen! Und wenn man denkt, daß das jeden Tag, den Gott werden läßt, essen will, da kriegt man aber Achtung vor den Männern"). Ein Mann sagt zu einer Frau: „Bast! quand tu me donnerais un peu de sentiment pour ce soir!" („Genug, wenn du mir wenigstens heute abend ein wenig Gefühl entgegenbringen möchtest"), und die Frau: „Ça l'use" („Das nutzt nur ab").

Es gibt auch ehrbare Frauen, die den Opernball besuchen. Da sind, vor der Françillon des jüngeren Dumas, Bourgeoises, die ihren Männern einen Streich spielen wollen. Zwei Bourgeois, die sich phantasiereich als Edelleute der alten Zeit ausgerüstet haben, sagen: „Nous intriguons deux dominos que nous ne

152

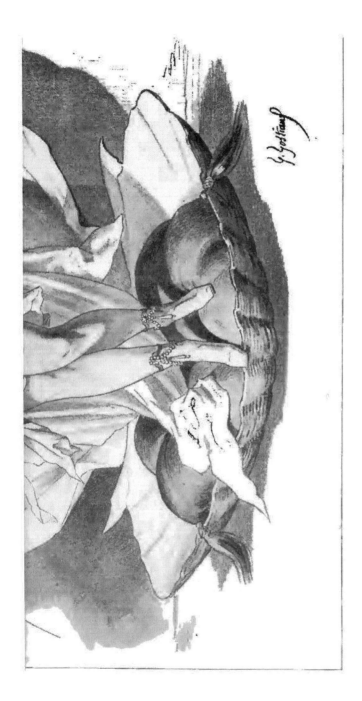

— En a-t-elle de ces bijoux!

— Une huître à perles, quoi!

Galant-satirische Zeichnung aus der „Galerie amusante".

239

connaissons pas; c'est elles qui savent qui nous sommes . . . et que nos
femmes s'embêtent! ça m'intrigue" („Zwei Dominos, die wir nicht kennen, haben
unsere Neugierde rege gemacht; sie wissen aber, wer wir sind . . . und daß unsere
Frauen sich langweilen! Das ist unangenehm"). Der weibliche Trug kennt keine
Grenzen, daher hat auch Gavarni eine der umfangreichsten und reizendsten seiner
Serien „Tromperies de femmes" („Frauentrug") genannt.

*　　*　　*

Zwei Frauen streiten sich, oder vielmehr eine Frau überhäuft die andere mit
Vorwürfen, es sind verheiratete Bürgersfrauen; die, welche sich beleidigt fühlt,
ruft der anderen zu: „Comment, c'est avec moi, une amie intime, que tu agis
ainsi! Comment tu as ton Gustave, Anatole Barbeseau, le pantalon garance,
le grand blond, le petit marquis, ce gros imbécile de Marjolet, Victor, le
cousin de l'autre, Labriche et Théobald, et le chasseur d'Afrique, et qui
encore . . . Celui de Belleville et, ah . . . le petit d'en face . . . Vois donc,
Félicité! sans compter M. Chose, et tu viendras encore porter le trouble
dans mon ménage. Ah! Félicité, ce trait là vous coûte ma considération"
(„Wie, mir, deiner intimen Freundin gegenüber handelst du so! Du hast doch

deinen Gustav, den Anatole
Barbeseau, die Krapphose,
den großen Blonden, den
kleinen Marquis, den großen
Einfaltspinsel, den Marjolet,
Viktor, den Vetter Labriche
und Theobald, und den afri-
kanischen Jäger, und wen denn
noch . . . den aus Belleville
und, ah . . . den Kleinen von
gegenüber . . . Siehst du,
Félicité, ohne den Dingsda
einzurechnen, und da trägst
du mir noch solche Unruhe
ins Haus. Ah! Félicité, dieser
Streich kostet dir meine Achtung"). Der gestrenge Ehemann steht in der gemeinschaft-
lichen Schlafstube, die Frau,
nachlässig in ihren Diwan
hingestreckt, nimmt eine frech

Die Kupplerin

142. Karikatur auf die Prostitution von Lourdey.

„Das ist meine Schwester! Eine feine Dame!!!"

143. Karikatur auf die Prostitution von Feuchère aus der Serie „Encore des ridicules".

unachtsame Miene an; der Gatte: „Mais . . . il me semble . . . qu'on a pipé ici —" , Hein! ah! c'est moi, pui ai voulu voir, pour ma dent du fond!" „Ma fois, c'est bien des bêtises, ça ne fait rien" („Aber . . . mir scheint doch . . . daß man hier geraucht hat — He! Ich habe nur wegen meinem Backenzahn sehen wollen! Das ist ja dumm, aber es schadet nichts"). Ob wohl eine kleine Konferenz mit dem Zahnarzt das Mißtrauen des Gatten verscheuchen wird? — Ja, sofern er von demselben Teich ist wie jener andere mit dem Hosenträger, der, den Säbel in der Hand, seine im Lehnstuhl entschlummerte Gattin betrachtet. „Il me semblait pourtant avoir entendu la voix d'un homme dans sa chambre! Mais elle dort, elle dort paisiblement! O, Angélique, je suis un monstre d'ingratitude" („Es kam mir doch so vor, als ob ich eine Männerstimme hier im Zimmer gehört hätte! Aber sie schläft doch, schläft so friedlich! O Angelika, was bin ich doch für ein undankbares Scheusal"). Zum Unglück sind die Füße eines Liebhabers hinter dem Lehnstuhl, in welchem der Engel von Angelika so friedlich schlummert, sichtbar. Jenes Zusammentreffen, wobei ein Ehemann seinen Schirm zerbricht, ist beinahe etwas wie eine Vorrede des Boubouroche de Courteline. „Comment, tu me vois avec un mossieu que tu ne connais pas, et tu fais des bêtises inconvenantes comme ça . . . et tu n'ôtes seulement pas ton chapeau! O, Hippolyte, vous ne serez donc toute votre vie qu'un homme sans aucune espèce de formes" („Wie — sagt die Frau -- du siehst mich mit einem Herrn, den du nicht kennst, und du begehst solche Unschicklichkeiten . . . nicht einmal den Hut nimmst du ab! O, Hippolyte, du wirst dir in deinem ganzen Leben kein gutes Benehmen angewöhnen"). Sie sind ihrer Eheklaven sicher. Eine von ihnen sagt zu ihrem Liebhaber:

154

„Entends-moi bien, demain matin, il ira t'engager à dîner. Si tu lui vois son parapluie, s'est qu'il n'aura pas sa stalle aux Français; alors tu n'accepteras pas. S'il n'a pas de parapluie, tu viendras dîner' („Höre mal zu, morgen früh wird er dich zum Essen einladen. Wenn du den Schirm bei ihm siehst, so geht er nicht ins Theater; da nimmst du nicht an. Wenn er aber keinen Regenschirm hat, so kommst du zum Essen"). „Mais il faut penser à tout, s'il pleut demain matin? („Aber man muß doch an alles denken, wenn es morgen früh regnet?") „S'il pleut, il sera mouillé, voilà tout! Si je ne veux pas qu'il ait de parapluie, moi, il n'en aura pas! tu est donc bête?") („Wenn es regnet, so wird er eben naß werden, weiter nichts! Wenn ich nicht will, daß er den Schirm mitnimmt, so wird er keinen haben! Du bist wohl ein bißchen dumm?") Oder vielleicht das, wo der Gatte im gemeinsamen Schlafzimmer seiner Frau das Korsett aufschnürt und sagt: „Ah par exemple, voilà qui est bizarre, ce matin j'ai fait un noeud à ce lacet là, et ce soir il y a une rosette" („Ah! Teufel. Das ist aber merkwürdig, heute früh hab' ich einen Knoten am Schnürbande gemacht und heute abend ist es eine Rosette"). Man hat also daran getippt, und unsere Ehemänner trösten sich darüber. Hier sind vielleicht zwei so Angeführte, sie kennen sich, sie treffen sich unter strömendem Regen, es war übrigens notwendig (wenn sie auch zweifellos vorgezogen hätten, das Inkognito ihrer galanten Rollen zu bewahren), daß sie sich trafen und sich sprechen konnten, denn sie warten schon eine Ewigkeit an derselben Stelle und unter demselben Machtwort. „J'ai rendezvous ici, mon cher, avec une femme charmante." „Et moi aussi" — „Une blonde" — „Et moi aussi . . . les yeux bleus!!!" „Et moi aussi!!!" „Alphonsine!!!!!!" „Et moi aussi!!!!" „Ah! je suis floué!!!!!!" „Et moi aussi!!!!!!" („Ich habe hier ein Stelldichein, mein Lieber, mit einer reizenden Frau." „Und ich auch."

„Sie — — sie sagten mir, ich solle mit Ihnen spielen."
144. Gesellschaftliche Karikatur von Charles Philippon aus der Serie „Der gute Ton in Liebesangelegenheiten".

155

„Eine Blondine" „Und ich auch . . . mit blauen Augen!!!!" „Und ich auch!!!!"
„Alphonfine!!!!!!!" „Und ich auch!!!!" „Ah! ich bin betrogen!!!!!!!" „Und
ich auch!!!!!!!") Wenn der beleidigte Gatte einen Brocken der Wahrheit erfährt,
so hat man eine Antwort bereit. Hier, ein wütender Mann, mit einem Briefe
in der Hand, schreit: „Mais écoutez donc ce que vous avez écrit! Mon Gustave,
je . . ." („Aber, hör mal, was du da geschrieben haft: Mein Guftav, ich . . .")
„Eh bien oui, eh bien oui! Est-ce ma faute si vous ne comprenez pas, tout
ce qu'il y a d'amour pour vous, dans ce billet écrit à un autre! Vous
m'avez fait tant de chagrin; j'etais folle! je me serais noyée . . . je me serais
jetée au cou du premier venu . . . O mon Dieu! et il ose dire que je ne
l'aime pas . . .!" (Freilich, freilich! Ist es meine Schuld, wenn du nicht be-
greifft, was für eine Liebe für dich in diesem an einen anderen gerichteten Briefchen
liegt! Du haft mir so viel Kummer bereitet, ich war von Sinnen! Ich hätte mich
ertränkt . . . ich hätte mich dem erften beften an den Hals geworfen . . . O mein
Gott, und er wagt zu sagen, daß ich ihn nicht liebe . . .!") Und diese echt weibliche Pfychologie. „Oui, ma chère, mon mari a eu l'infamie de faire venir
cette créature dans ma maison, sous mes yeux, et cela quand il sait que la
seule affection que j'ai en ce monde est à deux cents lieues d'ici! Les hommes
sont lâches!" („Ja, meine Liebe, mein Mann hat die Schändlichkeit gehabt, diese
Kreatur in mein Haus aufzunehmen, unter meinen Augen, und noch dazu, wo er
doch weiß, daß meine einzige Liebe in diefer Welt zweihundert Meilen von hier
wohnt! Die Männer sind niederträchtig!")

* * *

Die Männer dieser menschlichen Komödie des Gavarni (Ehemänner oder
Liebhaber) sind nicht immer sehr geschickte Leute. Es gibt Männer, sagt Gavarni,
die für eine Frau nur den Wert eines Hutes haben, und in populärer Sprache
gibt er die belebte Unterhaltung zwischen zwei Frauen aus dem Volke: „Les
hommes, m'ame Huet, quand ça veut les femmes, c'est des sansonnets; on
en prend un, c'est un crapaud" („Die Männer, M'ame Huet, wenn sie Frauen
fuchen, find wie die Stare; wenn man aber einen nimmt, so zeigt fich's, daß er
eine Kröte ift"). Aber, wenn der Mann, der fich verheiratet, fich ändert und an
Wertschätzung Einbuße erleidet, so trifft das umgekehrt ebenso zu! Die Fehler
des Ehemanns scheinen nur weit mehr hervorzutreten, nachdem er gefangen und
vor dem Bürgermeisteramt in Fesseln geschlagen worden ist. Gavarni schildert
uns den Wechsel im Benehmen der Frau, die geftern eine sanfte Verlobte war,
in folgender Weise: „Fortuné, mon Dieu, qu'est-ce que tu fumes donc là, qui
que comme cela." „Ça, mais Bibie, c'est de ce bon tabac que j'apportais
chez ton père avant notre mariage, et dont tu raffolais, Bibie" („Fortuné,

156

Das Urteil des Paris.

145. Seltener satirischer Stich aus dem 17. Jahrhundert.

mein Gott, was rauchst du denn für einen Stänker." „Aber, Bibie! das ist doch der gute Tabak, den ich vor unserer Hochzeit deinem Vater brachte und in den du rein vernarrt warst, Bibie"). Wenn der Mann in Wut gerät, so läßt Gavarni seinen kaltblütigen Spott an ihm aus. „Parce que, parce que ça ne va pas, parce que ça ne me plait pas, parce que je ne le veux pas . . . („Weil, weil das nicht geht, weil mir das nicht gefällt, weil ich das nicht will . . .") und die Frau antwortet: „Dieu, mon ami! que je te trouve beau dans ce rôle là" („Mein Gott, Freundchen, wie gut du mir doch in dieser Rolle gefällst"). Ein philosophischer Ehemann sagt zu dem andern: Je suis comme de personnage d'Henri Monnier, qui n'aime pas les épinards. Je n'aime pas le piano, et j'en suis content, parce que si j'aimais le piano, ma femme jouerait du cor de chasse" („Ich bin wie der Mann, von dem Henri Monnier spricht, der den Spinat nicht mochte. Ich liebe das Klavierspiel nicht, und das ist gut so, denn wenn ich das Klavierspiel liebte, so würde meine Frau Waldhorn blasen"). Ob aber die Ehemänner ihr Geschick frohgemut oder mit Bitterkeit tragen, ob sie draußen auf den Strich gehen oder ob ihre Gattinnen sie mit den Attributen des Aktäon zieren, immer hat Gavarni nur die eine Meinung über sie, die für alle Abstufungen ihrer Unfälle verwendbar ist. Er betitelt eine seiner Serien „Les maris me font toujours rire" („Die lächerlichen Ehemänner").

Und die Liebhaber? Von denjenigen, die das Leben auf ihre Weise, ohne sich um Verantwortlichkeiten zu sorgen, genossen haben, stellt uns Gavarni einige

„Madame bekommt soeben eine Einreibung!"
147. Galante Karikatur von Numa.

vor; der Titel der Serie ist: „Les Invalides de Sentiment" („Gefühlsinvaliden").
Das sind Männer von einem gewissen Alter, die in einem Ruhesessel sitzen, sie
denken über das Leben nach, und die endgültigen Axiome, die sie äußern, sind:
„Les femmes! un tas de serpents" („Die Frauen sind allesamt Schlangen").
Ein alter Landmann denkt zurück: „Ma première passion compte aujourd'hui
plus de lustres que de dents" („Meine erste Paſſion zählt heute mehr Luſtra,
als ich Zähne habe"). Ein anderer klagt: „J'ai voulu connaitre les femmes,
ça m'a coûté une jolie fortune et cinquante belles années. Et qu'est-ce que
les femmes? Ma parole d'honneur! je n'en sais rien" („Ich habe die Frauen
kennen lernen wollen, das hat mich ein hübſches Vermögen und fünfzig Jahre
meines Lebens gekostet. Und was ist das, die Frauen? Auf mein Wort: Ich
weiß es nicht"). Ein anderer: „Le coeur m'a ruiné l'estomac" („Das Herz hat

159

mir den Magen verdorben"). Noch ein anderer: „Toutes ces bêtises-là ont dérangé ma constitution" („Alle diese Dummheiten haben meine Konstitution zerstört"). Und jener: „Je n'ai plus ma terre de Chénerailles, ni mon bois, je n'ai plus le moulin d'Orcy. J'ai la goutte . . . Fichue bête!" („Mein Gut in Chénerailles habe ich nicht mehr, den Wald nicht mehr, die Mühle in Orcy nicht mehr! Die Gicht habe ich . . . Alles futsch!")

Indessen gibt es im Leben nicht bloß Ehefrauen, Loretten und Ehemänner. Nicht alle Beziehungen sind geschlechtlicher Natur. So hat Gavarni eine Serie „Les petits mordent" (Bissigkeiten der Kleinen), um den Haß, den Neid, die sozialen Bitterkeiten, die durch die Unterschiede in der Lebenslage verursacht werden, zu erklären. Im bürgerlichen Hause stellt er den Arbeitgebern ihre intimsten beiden Feindinnen gegenüber, die Concierge und das Dienstmädchen . . . Die Concierge! Sie sieht ihren Mieter vorübergehen und sie sagt: „C'est ça qui serait un joli journal, qui vous donnerait tous les jours à Mossieu, des nouvelles de chez lui plutôt que du Caucase et de l'Empereur Nicolas! Nicolas toi-même. Va, c'est moi qui en sait du cocasse . . . Pas vrai, madame!" („Das wäre eine gar nette Zeitung, die alle Herrgottstage Mitteilungen über ihn brächte, statt über den Kaukasus und den Kaiser Nikolaus! Selber so ein Nikolaus! Geh nur, ich weiß davon zu erzählen . . . Nicht wahr, Madame!") Das Dienstmädchen sagt beim Teeauftragen: „Mamselle chante, nous aurons de l'eau!" („Das Fräulein singt, da gibt es Wasser!") Die Straßenhändlerin sieht eine Kundin vorübergehen: „Une poupée comme ça, ça vaut cher à cause du taffetas") („Eine solche Zierpuppe ist viel wert wegen dem Taffet"), und die Diener der letzten Behausung halten vor der Kirche ihren Dialog: „Y avait deux paroissiens de la queue qui se disaient tout bas que la défunte était une femme bien légère . . ." („Da waren zwei Betschwestern im Gefolge, die einander leise erzählten, daß die Verstorbene eine leichte Person war"). Na, ich danke!

Il est fané.
148. Galant-symbolische Karikatur von Scheffer.

160

Die Beredsamkeit des Fleisches.
Karikatur von Abel Faivre.

Die hätte ich sehen mögen, wenn sie die Sylphide aus dem dritten Stock über dem Entresol hätten herunterschaffen müssen.

* * *

Grandville.

Es gibt in der Kunst der Karikatur kaum zwei so vollkommene Kontraste wie von Gavarni zu Grandville. Wenn auch beide, zum Unterschiede von Daumier, der allen Wert in die Zeichnung setzte und von ihr allein die Wirkung verlangte, sich bemühten, die Elemente des Interesses im Geistigen, in der Lektüre

La Vice suprême.
149. Symbolische Zeichnung auf die Décadence von Félicien Rops.

zu finden, trotzdem anstatt der heiteren, mitteilsamen Jovialität des Daumier, ihnen der Zug einer tiefen Melancholie gemeinsam war, so stehen sie einander doch als kontrastierende Temperamente ihrer Zeit gegenüber. Der Romantismus ist mystisch und pessimistisch; der Realismus beobachtend und pessimistisch. Grandville ist der Romantiker, während Gavarni der Realist ist. Der Einfluß Gavarnis auf die ihm folgende Bewegung, auf die Karikaturisten, die mit ihm gehen, ist beträchtlich,

161

Die Trennung von Kirche und Staat.

„Nun wohl, verehrte Damen, Sie werden nun halb beginnen
müssen, Ihre Opfer in Geld darzubringen.“

150. Politische Karikatur von Hermann Paul.

derjenige von Grandville ist
geringer, aber er ist vorhanden. Der Ursprung ihrer
Kraft ist verschieden; wenn
man dem geistigen Vorleben
nachgeht, den Einflüssen der
Kunst, die auf Gavarni wirken
konnten, so wird man die
vornehmen Künstler des
18. Jahrhunderts, die St.
Aubin finden und, mit einigem
guten Willen, die kleinen
Annalisten der Cythère, wie
Baudoin, wie auch Vivan
Denon. Die Lektüre des
Gavarni ist häufig die Geschichte des 18. Jahrhunderts
gewesen und unter seinen
Zeitgenossen Balzac. Grandville kommt anderswoher.
An gewissen Stellen einige
Verwandtschaft mit Achille
Dévéria zeigend, schließt er
sich in der Zeichnung des Keepsake den Vorläufern der romantischen und selbst der
klassischen Malerei dem Girodet an. Wenn man jedoch einen sehr reellen Ausgangspunkt für Grandville suchen will, so wird man vielleicht an Callot denken müssen.
Nicht als ob das Werk Grandvilles gegenüber dem Werke Callots das Gepräge
der Nachahmung trüge. Aber es gibt Übertragung gewisser Forschungen. In der sehr
sorgfältig bis ins kleinste ausgeführten Zeichnung gewisser Blätter der Grandville
liegt etwas wie eine Berufung auf die Mache des Callot. Wie Callot ist Grandville abergläubisch, er wurde mystisch. Es sind da verwandtschaftliche Beziehungen
vorhanden, die erklärlich sind, weil Grandville der Landsmann von Callot ist, und
die Mischung von Ironie und Künstlerlyrismus der lothringischen Lande findet sich
in ihm wieder. Überdies, während Gavarni seine literarische Bildung aus französischen Büchern schöpft, scheint Grandville, wenn nicht die Gedanken zu seinen
Ausarbeitungen, so doch die feinen Unterschiede der schaffenden Phantasie von der
Literatur des Nordens zu verlangen, und wenn man nach seinem Tode seinen
Einfluß erkannte, so war das nicht in Frankreich. Gavarni hat in Frankreich
Marcelin, Cham, Grévin und die ganze fröhliche Schar der Satiriker der Frau

162

des zweiten Kaiserreiches erzeugt. Es gibt Erinnerungen an Grandville bei Walter Crane. Finden wir nicht „Les fleurs animées" („Die lebenden Blumen") von Grandville in den Blumen im Fest des Walter Crane wieder? Die Phantasie des Grandville entstammt dem Norden. Er ist der Illustrator von Swift. Er war auch aus einem ganz besonderen Grunde der Illustrator von La Fontaine.

*　*　*

Eine der großen Künstlerlaunen Grandvilles, eine seiner Neuheiten in der Kunst ist es, sich der tierischen Form zu bedienen und ihr einen menschlichen Ausdruck zu geben. Er war daher wie dazu geschaffen, der Komentator des großen Fabeldichters zu werden. Die gute Durchführung war eine ziemlich schwere Aufgabe; das in den Mund eines Tieres zu legende Gespräch braucht ja nicht allzuviel Wahrscheinlichkeit zu haben. Das Tier paßt sich dem Spiel der menschlichen Leidenschaften durch eine seiner Gewohnheiten, einen seiner Vorzüge oder seiner Fehler an; im allgemeinen ist der Hase der Feigling, der Fuchs stellt die Schlauheit vor, der Bär die Ungeschicklichkeit, der Pfau den Hochmut, die Schlange die Undankbarkeit, der Wolf die Schlemmerei und die Gefräßigkeit, die Ameise die Arbeitsamkeit, der Maikäfer die Unbesonnenheit . . . das ist alles traditionell. Wenn es sich aber darum handelt, diese Begriffsscheidungen, diese kurzen bildlichen Ausdrücke durch die Zeichnung zu beleben, da stellt sich die Schwierigkeit, die Wahrscheinlichkeit dieser gemischten Gestaltungen den Gedanken annehmbar zu machen, ein. Der Künstler muß daher die Anatomie von Tier und Mensch wohl in Berechnung ziehen, und wenn er das Monstrum erschafft, so muß er es wahrscheinlich machen. Grandville hat, um die Gestalten seiner Metamor-

„Es ist ein großer Schwarzer, mit Sporen und Reitpeitsche!"　„Und meiner ist ein kleiner Blonder, mit Ringen am Finger!"

151. Karikatur von Scheffer aus der Serie „Die Grisetten".

163

phofe oder feiner kleinen Menagerie herftellen zu können, ein bemerkenswerter
Tiermaler werden müffen. Den Beweis dafür haben wir in den feltenen Zeichnungen, wo er in ihrer Vollftändigkeit die tierifche Form achtet und fie doch
der menfchlichen nähert, fo in dem Blatte, wo er einen Tiger darftellt, der aufrecht wie ein Menfch, den Dolch in der Tatze, auf ein ehebrecherifches Paar
zugeht, welches er, der graufame Ehemann, züchtigen wird. Die Metamorphofe
befremdet nicht, erregt keinen Anftoß, und das ift ein fchönes Lob. In feinen
Zeichnungen über die Löwen und Löwinnen, wo er den feiner Zeit geläufigen
Parifer Argot überträgt, indem er den Löwen als eleganten Lebemann von
hochtrabender und geräufchvoller Galanterie darftellt und die Löwin als gebieterifche
und herrfchfüchtige Frau fetzt er dem menfchlichen Körper den tierifchen Kopf, das

tierifche Maul auf, das ift übrigens feine
Voreingenommenheit, und es ift der
Grundzug aller feiner Metamorphofen.

* * *

Diefe Metamorphofen find herbe
Satire, und wenn fie auch länger bei
den kleinen Dingen des Lebens als bei
den großen Taten verweilen, fo find fie
darum nicht weniger bittere Satire.
Grandville, fehr nervös wie alle Myftiker,
übertreibt die geringfügigen Dinge; die
kleinen Verdrießlichkeiten des Lebens, die
menfchlichen Verkehrtheiten, die menfchlichen Widerwärtigkeiten infpirieren ihn,
ebenfowohl wie die großen politifchen
Krifen oder die fozialen Verbrechen.
Seine Empfindfamkeit verletzt fich leicht
an allem. Der Beweis davon findet
fich im erften Album, das er herausgab,
als er anfing, fein Künftlerglück und die
Eroberung feiner Erfolge zu verfuchen.
Die erfte Serie, die feine Art fchon fehr
offenbart, nennt fich „Le Dimanche
d'un Bourgeois de Paris" („Der Sonntag eines Bürgers von Paris"). Es find
Drangfale, die mehr das Lächeln als
das Spottlachen herausfordern, aber fie

CABINET
du
DENTISTE

Ei! ei!
152. Galante Karikatur von Gavarni.

164

Minerva in der Pause.
153. Karikatur von Félicien Rops.

sind von Grandville mit gereiztem Stift geschildert, gereizt gegen die Dinge und gegen die Menschen, gegen die Ungerechtigkeit und die Trivialität des Lebens. Monsieur und Madame haben beschlossen, einen Tag auf dem Lande zuzubringen. Man wird die Kinder und das Dienstmädchen mitnehmen. Die Familie des Herrn Tricot, seines Zeichens Strumpfwarenhändler, macht sich fertig. Im Familienzimmer befindet sich Madame unter den Händen des Coiffeurs, Monsieur nimmt ein Fußbad, das Dienstmädchen füllt das Becken mit heißem Wasser, sieht aber unwillig aus, denn die beiden Kinder, welchen man zuerst die Haare gemacht hat, zwei Knaben, haben sich vorgenommen, einander im Duell mit dem Stocke des

„So genießt man frohgemut der Liebe und der Reben Blut."

154. Karikatur von Pigal aus der Serie „Pariser Sitten".

Vaters und dem Regenschirm der Mutter zu bekämpfen, zum großen Ärger des Vaters, dem sie fast ein Auge ausgeschlagen hätten, zum großen Schrecken der Katze, die in weitem Bogen diesem kriegerischen Getöse entflieht. Endlich ist die Familie bereit. Madame hat ihr weißes Kleid angelegt und sich mit einem reizenden Hut geschmückt. Monsieur hat seinen hohen Hut aufgesetzt und sich mit seinem fischblauen Anzug bekleidet. Herr Tricot hat indessen beschlossen, sich den Fiaker zu ersparen, man wird bis zur Abfahrtsstelle der Schnellpost, welche die

Pariser den ländlichen Wonnen und den Waldungen ihres Weichbildes entgegenführt, zu Fuß gehen. Um den Zusammenstoß mit einer Equipage, die mit dem ganzen Luxus eines hinten auf dem Wagen stehenden Lakaien und eines Jägers mit der Hahnenfeder am Hut im schnellsten Tempo vorüberfährt, zu entgehen, hat Herr Tricot eine falsche Bewegung gemacht, und sein schöner Hut ist in den Rinnstein gefallen; während der Verunglückte die Faust gegen die in Unkenntnis ihres obskuren Lästerers dahinsausende Equipage erhebt, versucht eines der Kinder unter dem Vorwande, Papas Hut aufzuheben, sich im Schmutz zu wälzen, und Mama Tricot merkt nichts davon, sie ist zu sehr damit beschäftigt, sich aufzuschürzen, um zu versuchen, die Pfütze zu überschreiten, ohne ihre feinen, dünnen

166

Schuhe zu beschmutzen. Kaum an der Abgangsstelle der Schnellpost angelangt, haben unsere braven Bürger einen wahren Ansturm zu erleiden; mit überzeugender Gewalt, die den Anzug des Herrn und die Toilette der Dame aus dem Gleichgewicht bringt, versuchen die Führer der verschiedenen Fahrgelegenheiten, sie für ein Dorf lieber als für ein anderes zu bestimmen. Die von Frau Tricot mit Sorgfalt getragene Melone fällt zur Erde. Endlich ist man auf dem Lande angelangt. Als erste Unterhaltung haben sie einen Eselritt gewählt. Die Kavalkade ist jedoch nicht ohne Schwierigkeiten vor sich gegangen, denn das Tier, welches Frau Tricot trägt, hat nur den einen Wunsch, seine kostbare Last abzuwerfen, und es schlägt verzweifelt nach hinten aus, während der Herrn Tricot zugeteilte Esel sich entschieden weigert, aus dem Rayon herauszutreten, wo die Hufe seines Geistesgenossen die Beine des Reiters gefährden. Die Familie hat sich zu Fuß an die Weingelände begeben und hält ganz vergnügt Nachlese in fremdem Gut, den Weinstöcken des Winzers. Der Feldhüter stellt sie darüber zur Rede. Die Rebe rächt sich übrigens ganz allein, die Trauben waren zu grün, das krampfhaft verzerrte Gesicht, der verrenkte Gang, die Aufregung eines der jungen Tricots, die demonstrative Art, mit welcher er seine Hände über den Bauch hält, zeigen, deutlicher noch als der Titel des Stiches, die zwingende Kraft dieser Früchte; sie waren zu grün. Wird man sich über diese kleinen Unannehmlichkeiten mit einer Erfrischungsmahlzeit trösten? Schnell wird die Pastete ausgepackt, die Melone, die Leckerei; kaum hat man das Gedeck auf dem an diesem Winkel der Natur etwas spärlichen Rasen ausgebreitet, als ein Platzregen einsetzt. Man muß sich ins nächste Dorf, ins Gasthaus flüchten. Im Gasthause ist gerade Tanzvergnügen, und da Madame Tricot noch recht verführerisch aussieht, so wird sie der Gegenstand überfrie-

„Le Derrière" bei den Damen der Gesellschaft.
155. Satirische Karikatur von Charles Léandre.

167

„Charles, Sie vernachlässigen mich!"
156. Karikatur von Pigal aus der Serie „Pariser Sitten".

beuer Aufmerksamkeiten seitens eines Militärs; darob unbändiger Zorn des
Herrn Tricot, lebhafter Wortwechsel und Prügelei, welche ihn und den Soldaten
bald vor den Ortsvorsteher führt. Herr Tricot erscheint vor dem Richter mit
der Zier eines dunklen Fleckes am Auge. Meint man vielleicht, die Gattin sei
zugelassen, die Verteidigung des Unglücklichen vorzubringen? O nein, der Feldhüter drängt sie aus dem Saale hinaus, sie und die Gören, weil das Gerichtswesen
männlichen Geschlechtes ist.

*   *   *

Schließlich geht dieser Tag der Drangsale seinem Ende entgegen, es ist spät,
es ist Zeit zur Rückkehr. Aber wie denn! Es regnet, die Landkutsche ist voll-
besetzt, sie zieht ironisch und mit Passagieren gefüllt an unserer unglücklichen Familie
vorüber, die da im Wasser bis an die Knöchel watet. Herr Tricot hat seinen Hut
mit einem gestreiften Taschentuch bedeckt, die Gattin hat den roten Schal, den sie

168

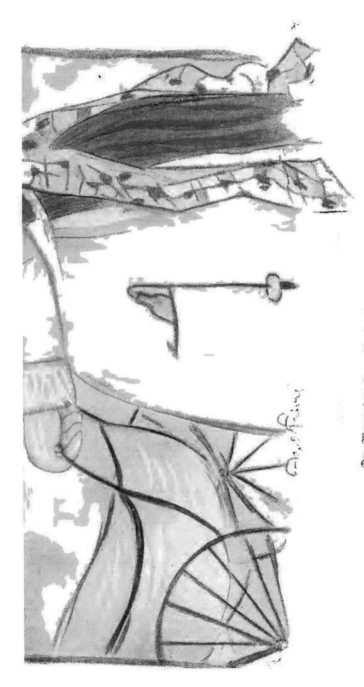

Der Wagen des Herrn Grafen ist vorgefahren!

Amüsante Karikatur auf die Wonnen von Abel Faivre.

in aller Vorsicht mitgenommen hatte, ungebunden. Endlich erreichen sie Paris, sie gelangen an den Schlagbaum, es ist elf Uhr. Da plötzlich tauchen zwei Betrunkene auf, und von jäher Liebe zu dem Dienstmädchen ergriffen fassen sie diese um die Mitte, der Lärm des zornigen Wortwechsels und der bezechten Stimmen weckt Bewohner der nächsten Umgebung aus dem Schlummer, die es für angebracht halten, über den Ärmel des Herrn Tricot ein übelriechendes Gefäß auszuleeren. Das ist aber nicht alles! Nicht das letzte der Drangsale! Während all dieser Schrecken hat Herr Tricot seinen Schlüssel verloren. Die Familie muß

vor dem Laden warten, bis das Mädchen in Begleitung des langsam und friedlich daherschleudernden Schlossers zurückkehrt; es ist Mitternacht, die Familie ist völlig erschöpft; was das schöne weiße Kleid betrifft, so ist es offenbar verloren!

* * *

Man findet von diesem Kleinigkeitskram viel in den Metamorphosen, die den Ruhm von Grandville begründeten; der Titel dieses Albums ist merkwürdig, zwei Männer oder

L'Etude.
157. Karikatur von Félicien Rops.

169

22

vielmehr zwei männliche Wesen, der Truthahn und der Papagei, halten den
Ankündigungszettel der Metamorphosen; wir schließen daraus, daß, nach Grandville, Eitelkeit und Nachahmungssucht das Theater der Menschheit leiten. Ein
anderer männlicher Papagei in einer Ecke des Titels verfolgt eine Hündin mit
seiner angelernten Galanterie . . . und der Verführer wird sich Frauengunst erwerben; auf der entgegengesetzten Seite der Zeichnung folgt ein männlicher Hund
einer Ziege, und sofern er siegt, wird seine Treue wegen der launenhaften Seitensprünge der Dame doch auf eine harte Probe gestellt werden. So werden nach
Grandville unstimmige Paare nur Unglückliches, Fehler und unstimmige Eigenschaften erzeugen. Seine Anschauung ist schonungslos, und die Frauen finden
bei Grandville eine nur sehr beschränkte Achtung. Das junge Mädchen entgeht
seinem Weiberhasse nicht. Auf dem ersten Blatt schon sehen wir eine Familie
auf dem Spaziergange. Die Zeichnung erinnert an diejenige Henri Monniers,
an den schwarzgalligen Vater, der seine große Tochter spazieren führt, mit der
Bemerkung: „Je la prodius" („Das ist mein Werk!"); aber um wieviel herber
ist hier die Spottsucht! Der mit dem Kopf und dem Rüssel eines Elefanten
geschmückte Vater reicht einer
Ente den Arm, und vor
ihnen, ungleich an Größe,
aber mit gleicher Eleganz
wohl aufgeputzt, zwei junge,
weibliche Kamele. Die Frau
ist für Grandville häufig eine
Äffin. Ein Affenweibchen
läßt sich mit einem Hasen
durch den Ehemann abfassen,
welcher Jäger ist, natürlich
mit einem Hundekopf, und
der soeben, die Flinte in der
Hand, rechtzeitig in sein Heim
zurückkehrt, um dieses wenig
erfreuliche Schauspiel zu bewundern. Die Katze ist ihm
die galante Dame! In dieser
Fabelmythologie leiht sie auch
ihr hübsches, listiges Gesichtchen der kleinen Modistin, zu
welcher ein sehr dicker Herr mit
einem Schweinskopfe sagt:

Beim Arzt.
Warum heben Sie die Arme hoch?
— Damit der Busen nicht runterfällt, Herr Doktor.
158. Satirische Karikatur von Abel Faivre.

170

266

Mayeuj: „Pflege deinen lieben Herkules so gut wie nur möglich!"
159. Karikatur von Traviès aus der Serie „Facéties de Mayeux".

„Hi Hi, Madame est sortie" („Hi Hi, Madame sind ausgegangen"). Madame
hat unrecht daran getan, auszugehen, wenn sie nicht vielleicht aus genau demselben Grunde ausgegangen ist, der ihren Gatten im Hause zurückhält, denn die
Katze zeigt ihre Krallen nicht. Hier dagegen ist ein Ehemann mit dem Kopfe
eines Hirsches, der einen wohleingewickelten Neugeborenen in seinen Armen hält,
der einen Sperlingskopf hat und den Schnabel weit aufreißt, schon nach Nahrung
piept; die Amme mit dem Ziegenkopf kann die Worte nicht zurückhalten: „Dieu
comme il ressemble à Monsieur" („Mein Gott, wie er doch dem Herrn ähnlich
sieht"), und der Hirsch findet den Gedanken, daß ein Sperling genau seine Züge
besitzt, durchaus nicht befremdlich. Grandville zeigt uns an anderer Stelle das
Äußere eines Mädchenpensionates, oder vielmehr das Leben extra muros einer
Pension. Ein kleiner Wiedehopf, ein eitles Vögelchen, läßt sich in größter Eile
von einem Bären (ohne Zweifel ein Bojar) entführen, während der brave Pförtner,
ein Hund, die Geldstücke zählt, die seine Wachsamkeit einschläferten; da ist auch
das Affenweibchen, nackt, aber kunstvoll frisiert, sie sitzt dem Affen, dem akademischen
Maler. Wir sind in den Zeiten der Hundstage; der Windhund, der Pudel,

171

der Bulldogge und der Spitz, sehr elegant angezogen, verfolgen mit heraus-
hängenden Zungen eine junge Pudelhündin. Dann hier die Tür zu einer Spelunke.
Eine sehr dekolletierte Sau und eine Eule halten nach Liebhabern Umschau. Ein
sehr jugendliches männliches Kaninchen kommt soeben vorüber; die Sau erwischt
es beim Ärmel: Du, Kleiner, komm, ich bin sehr nett! Der Papagei ist in seinen
Bildern mit Vorliebe Advokat; er führt eine Ehescheidungssache, er sagt zu den
Katern und den Ratten, die unter der richterlichen Amtstracht kameradschaftlich
miteinander verkehren: „Messieurs, observez bien en ce procès de séparation,
deux choses" („Meine Herren, beachten Sie wohl in diesem Ehescheidungsprozeß
zwei Dinge"), und welche wären wohl die zwei Dinge, wenn nicht die bewundernswert langen, spindelförmigen Hörner, die aus dem Kopfe seiner Kundin, einer
Antilope, hervorstehen. Da ist ein großer Kater, herrlich wie ein Bankier anzu-
schauen, der aus einer Falle niedlichen Ratten, die darüber glücklich sind, Gold-
stücke zufallen läßt. Die Ratten sind hier die Opernfigurantinnen. Der Argot
der Pariser, der diese als Ratten (rat) bezeichnet, schreibt diese Metamorphose
vor. Da ist der Marquerau, sein platter Kopf ist einem menschlichen Hals
wohl aufgesetzt, der einem prachtvollen, zischenden, mit goldenem Geschmeide und

Die zwei Lebensalter.
160. Karikatur von Carle Vernet.

kostbaren Spitzen angetanen Kater, der
mindestens Minister, wenn nicht regieren-
der Fürst ist, eine mit vielen Halsketten
geschmückte Truthenne mit den Worten
zuführt: „Monseigneur, je vous offre
mes hommages ainsi que ma fille!"
(„Gnädigster Herr, ich biete Ihnen meine
Huldigungen dar, wie auch meine Tochter!") Hier ein hübscher Nachtfalter,
der sich an einem Licht verfängt; über
dem Lichte läßt ein dicker Bourgeois
eine Börse funkeln, und der weibliche
Falter ist in dem farbigen Stiche mit
einem hübschen, orangefarbigen Mäntel-
chen mit blauen Streifen bekleidet; so
hübsch wie er ist, der Nachtfalter wird
ihn ablegen. Grandville verspottet die
illegitimen Verbindungen, er läßt den
Windhund die Modistin, die Katze erwarten. Der Windhund vertreibt sich die
Zeit damit, daß er mit der Spitze seines
Stockes einigen Unrat vor sich herschiebt,

172

Danse espagnole.

Radierung von Henry Detouche.

Beilage zu Gustav Kahn, Das Weib in der Karikatur Frankreichs.   Hermann Schmidt's Verlag, Stuttgart.

Karikatur auf die Neugierde der Pariser.
161. Populärer anonymer Stich.

anscheinend gleichgültig gegen die heimliche Beobachtung des Bären, des Patrons der Schönen, und der beiden Hunde, die als polizeilicher Schutz mit den Augen nach dem gewissen Jemand hinschielen, der sich nicht von der Stelle bewegt und von bösen Absichten gegen das Eigentum beseelt scheint; der scharfe Blick und die feine

173

Naſe ſcheinen nicht zu ihrem Leibgedinge zu gehören. Aber auch die Ehe entgeht ſeiner Betrachtung nicht. In einem hübſchen Waldwinkel, angelockt durch den ſäumigen Lauf eines Fluſſes, ſitzt ein Seerabe am Ufer und angelt, in einiger Entfernung iſt ſeine Gattin, ein in Seide gekleideter Schwan, eine Frau mit Schwanenkopf und Schwanenhals, ſie hat ſich auf die Leier geſtützt, und ſie nimmt eine erhabene, meditierende Stellung ein, wobei ſie ein Lied in der Hand hält, ganz überflüſſiger-weiſe, denn der Lümmel von Ehemann denkt nur an ſeinen Fiſchköder; es ſind Seelen, die, ohne ſich zu verſtehen, den Strom des Lebens entlang ziehen; es iſt, ſagt Grandville, eine Ehe nach dem Geſetz der Menſchen; er ſtellt ihr eine Ehe nach dem Geſetz der Natur entgegen; ein Spatzenpaar ſchnäbelt ſich verliebt unter einem Baume, und ein fauchender Kater, ohne Zweifel der Ehemann, ſieht ihnen zornig, mit runden Augen, aber ohne lebhafte Erregung zu. Dieſelbe Liebhaberei diktiert ihm die lebende Speiſekarte eines Reſtaurateurs, auf welcher er den Phyſio-gnomien von Leuten und ihrer moraliſchen Perſönlichkeit ihr phyſiſches Ausſehen

und ihre gaſtronomiſchen Neigungen zugeſellt. Er hat da ſchöne und harmonie-volle Zeichnung gefunden. Jene Transfuſion der For-men und der Eigenſchaften bildeten mit der politiſchen Karikatur, wo er in Gemein-ſchaft mit Daumier und Philippon gegen Louis Phi-lippe harten Krieg führt, den Grundzug ſeiner Arbeit, bis ihn die Periode des Myſti-zismus überkam. Und dann war es unter ſeinem Stift und Pinſel ein Aufblühen von Figuren, die heute zwar ein wenig aus der Mode ſind; dieſe romantiſchen Träumereien aber waren reizend und muten noch immer an. Wenn man, nachdem man die Metamorphoſen durchgegangen iſt, die „Fleurs animées" („Die lebenden

Telephonfreuden.

— Wie meinen Sie? Dreißig Zentimeter lang ... wo der tauſend ſoll ich hin damit ... — Na, bringen Sie ihn nur mit, man wird ja ſehen!

162. Karikatur von Grün.

174

Blumen") öffnet, so kann man nicht umhin, an den phantastischen Erzähler Hoffmann zu denken, an die Zartheiten, die er im steten Wechsel mit der Posse bringt, an die Antonia, die er in seinen tragikomischen Fabeln neben seiner Phantasie in Callotscher Manier einflicht. Diese Treue zu Callot findet bei den beiden Künst, lern verschieden gearteten Ausdruck, es ist Annäherung. Grandville hat übrigens Illustrationen zu einer französischen Übersetzung von der la Bédollière Hoffmanns

geliefert, doch ist hier nicht der Ort, diesen Mystizismus Grandvilles vor Augen zu führen. Er ist dann nicht mehr der den Frauen übel= gesinnte Beobachter, er ist der liebenswürdige Interpret der Anmut der Frau und der Verherrlicher ihrer gei= stigen Eigenschaften. Übri= gens hat er schon, noch ehe jener Mystizismus in ihm aufstieg, in Entwürfen aus dem Palais Royal sehr wohl die Anmut der Be= wegung und die Schönheiten der Linie zu unterscheiden verstanden und sie freimütig gezeichnet. In seinen poli= tischen Karikaturen gibt er der Freiheit eine schöne und edle Gestalt, wenn er, was selten vorkommt, in seiner literären Karikatur die Frau

Die Loretten.
163. Galante Karikatur von Gavarni.

karifiert, läßt er ihr etwas Hübsches und Elegantes; so teilt er der Madame Ancelot in seinem „Course au clocher académique", seinem „Kirchturmrennen nach der akademischen Würde" Anmut zu, wenn er sie mit dem hohen Hut ihres Gatten auf dem Kopfe darstellt, wie sie diesen, der einen Frauenhut mit der Feder des Schrift= stellers, einer enormen, starren Gänsefeder, trägt, dem ersehnten Fauteuil zuschiebt. Er verspottet den schriftstellerischen Ehrgeiz der Frau, aber er entstellt ihre Phy= siognomie nicht. Er ist ein galanter, ein beinahe ehrerbietiger Karikaturist.

* *

175

Die Pariser, obwohl sie oft über ihre Akademie spotten — und es fehlt ihnen durchaus nicht an Veranlassung, sei es, daß ein Mann geringeren Talentes sich in den Sessel schwingt, der für den Mann höchsten Verdienstes bestimmt ist, sei es, daß die Akademie in etwas eigentümlicher Weise einen Preis zuerkannte —, die Pariser beschäftigen sich immer viel mit ihrer Akademie. Grandville beschäftigt sich also mit ihr; das war übrigens während der Zeit der Romantik oder wenigstens mitten in der Zeit der romantischen Kämpfe, wo die akademischen Wahlen etwas bedeuten konnten, vielleicht den Sieg einer der beiden Parteien, die sich um die Gunst der öffentlichen Meinung stritten. Da die Akademie klassisch war, so war der Sieg für die Romantiker gleich der Eroberung eines festen Platzes. Grandville war Romantiker, wenn auch nur mäßig, denn eine Karikatur von ihm nimmt Bezug auf das, was man die Bataille de Hernani nennt, das heißt auf die Diskussionen im Saale am Tage der ersten Vorstellung von Hernani. Die Jünger der Schrift-gelehrsamkeit und diejenigen, die in Massen aus den Ateliers der schönen Künste

Spazierengehende Engländer.
164. Karikatur von Carle Vernet.

mit Nanteuil, Johannot und anderen romantischen Zeich-nern herbeieilten, offenbarten dort mit äußerster Heftigkeit ihre Meinung; die natür-licherweise übertreibende und stark auftragende Karikatur Grandvilles zeigt uns junge Leute, welche Greise von ihren Sitzen herabstoßen, in-dem sie dabei die Übermacht ihrer physischen Kraft und ihrer Zahl aufwenden. Wenn das Stück noch länger ge-danert hätte, würden wir nicht mehr loskommen, lautet die zusammenfassende Klage eines der kahlköpfigen Greise, die von der langhaarigen Jugend besiegt werden. Wenn er nach seiner Gemütsart sicher-lich lärmende Kundgebung haßte, stellt er sich deshalb auf die Seite der Roman-tiker? In jener wilden Jagd

176

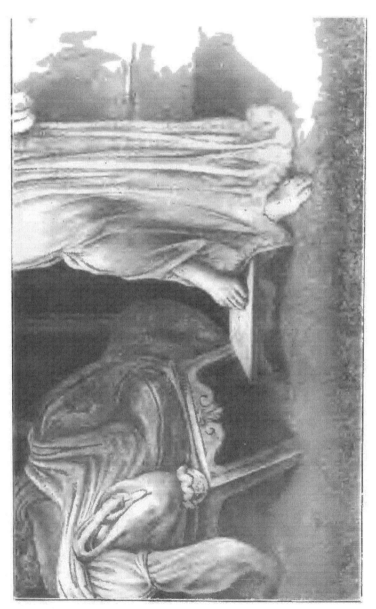

Die Eitelkeit.

Galanter Stich von Octave Tassaert aus der Serie „Les Prélude de la Toilette".

Die Schäferstunde.

165. Galanter populärer Stich aus der Zeit der Restauration.

nach einem Sitz in der Akademie, die nicht weniger als drei große Blätter ein=
nimmt, zeigt er uns den Sitzungssaal mit seinen leeren Fauteuils, und auf den
Tischen Akademikerperücken, gelockte, schneeweiße, ergraute Perücken, auch den
kühn aufgebauten Schopf nach dem Muster von Louis Philippe, oder Haartrachten
nach Mussetscher Art. In den Blättern 2 und 3 jedoch, die den Zug der Anwärter
darstellen, schreitet Hugo umgeben von niedrigen Schmeichlern einher, der ältere
Dumas im glorreichen Schatten eines Walter Scott, eines Byron, eines Foscolo,
die ihm die Manuskripte von den Werken aus den Taschen ziehen wollen, zu

welchen er gar zu treu und unbescheiden die ihrigen benutzt hat. Da ist Balzac gewissermaßen auf einem Königsstuhl über den zusammengebundenen Zöpfen zweier Bewunderer einhergetragen, hinter ihm geht Gerard de Nerval mit seinem Zepter. Da ist Darliae, Gozlan entsteigt dem Schiff, in welchem er drei Jahre gelebt hat, als Sklavenhändler (man hat es niemals recht gewußt, er sagte es nicht). Grand-ville hatte dort die schönste Ge-legenheit, den Blaustrümpfen etwas am Zeuge zu flicken, aber er hat gegen sie nicht den kräftigen Haß, den ihnen Dau-mier entgegen-brachte. Er hat

La Poule au pot.

166 .Louis Morin. Zeichnung für die Speisenfolge eines Diners der Journalisten.

sich darauf be-schränkt, die sich-erste Art, um nach der Akademie zu gelangen, zu bespötteln, die darin besteht, einen Salon offen zu halten, um darin Akademiker zu empfangen, indem er uns jene intelli-gente Ancelot zeigt, die ihren Gatten in ein Fauteuil stößt. Hugo gehört dem Zuge der draußen Stehenden an, derjenigen, welche warten. Ancelot jedoch ist schon im Saal, und in der Tat war er vor Hugo Akademiker. Er besaß kein Talent, aber seine Frau war nicht ohne solches, sie hatte immerhin dasjenige, ihn vorwärts zu stoßen, und das zeigt uns Grandville in feiner Satire. Nur Louis Philippe gegen-über war er voll Grimm, und gegen seine Minister, was gefährlicher war. Man muß auch in Betracht ziehen, daß er ein feuriger Verteidiger der Freiheit war, um seine Art ganz zu verstehen, welche ihm gestattete, der zartsinnige Illustrator, der epigrammatische Tiermaler und der entzückende Sinnbildner zu sein, der er war. Er ist nicht nur Karikaturist, er ist der philosophierende Geist, der sich der Zeichnung bedient, um einen satirischen und lyrischen Traum zum Ausdruck zu bringen.

*   *   *

178

Henri Monnier.

Noch ein Künstler aus der großen Zeit der Karikatur. Viel ungerechtes Urteil hat lange über ihm geschwebt. Nicht daß, zu seinen Lebzeiten, der Erfolg seinen Bemühungen nicht entsprochen hätte — aber nach seinem Tode wurden einschränkende Äußerungen über den Wert seiner Kunst laut, die ziemlich grundlos waren, denn er hat tatsächlich einen Typus, „einen Menschen geschaffen", er hat ihn doppelt hervorgebracht, durch die Zeichnung und durch die Schrift, denn er ist auch als Schriftsteller nicht ohne Bedeutung.

Schriftsteller nicht nur in allgemeiner Auffassung, sondern auch nach eigenem Plane, denn er ist Dramendichter. Er ist nicht nur das, er ist auch Schauspieler. Eigenartiger Schauspieler, denn er tritt in den Theatern auf, um dort seine karikaturalen Schöpfungen in den kleinen Lustspielen, die er allein oder in Mitarbeiterschaft geschrieben hat, zur Darstellung zu bringen. Er machte einige unvollendete Studien am Lyceum, welche durch den Eintritt in den Verwaltungsdienst unterbrochen wurden; nach gewissen Biographen hätte er seinen Vater inständig gebeten, ihn die administrative Laufbahn wählen zu lassen, und er wäre Bureaumensch geworden mit derselben Begeisterung, mit demselben heiligen Feuer, welches andere Menschen für die Kunst ergreift. Wenn es wahr ist, was man erzählt, so könnte man daraus folgern, daß er in sehr jugendlichem Alter schon Selbstkenntnis besaß und wußte, daß er in einer Verwaltung reichen Stoff zur Übung seines Talentes finden werde, das heißt, zur Erfassung, zur Aufzeichnung und zur unterscheidenden Beurteilung der Lächerlichkeiten. Sein Werk zeigt die Spuren seines Weges in den Bureaus

Malweiber.
167. Satirische Karikatur von Charles Léandre.

179

des Justizministeriums, der ihm seine schöne Serie über die „employés‘ (die Staatsbeamten) liefert. Doch bleibt er nicht lange in den Staatskanzleien. Von einer mit Lami nach London gemachten Reise bringt er farbige Lithographien heim, die seinen Erfolg sichern und ihm einen Platz anweisen. Er beginnt die verwickelte und seltsame Odyssee seines Lebens.

*   *   *

Champfleury erzählt, daß Balzac, nachdem er Henri Monnier die lebhafteste Sympathie entgegengebracht hatte, seine Meinung über ihn änderte und ihm erkennbar sein Wohlwollen entzog, indem er sich seiner als Vorwurf für den Bixiou in seinem Roman „Les employés" bediente, ein grau in grau gemaltes Bild, streng sowohl gegenüber dem Charakter wie dem Talent des Monnier-Bixiou. Wenn

Satisfaktion.
168. Karikatur von Félicien Rops.

es auch bedenklich ist, einem Zeitgenossen zu widersprechen, der in der Lage war zu sehen, zu hören und zu verstehen, so scheint es doch, daß Champfleury sich hier getäuscht habe. Das liegt daran, daß Bixiou nicht bloß in den „Employés" auftritt, er figuriert in der ganzen Comédie humaine, und obwohl er in allen Novellen und Romanen mit derselben Art und Weise des lustigen, boshaften, drolligen, unendlich geistreichen und ziemlich gefürchteten Spaßvogels angeführt wird, so ist er doch nicht ganz derselbe in den Employés oder im Provincial à Paris oder an anderer Stelle bei Balzac; der Hauptpunkt der Ähnlichkeit zwischen Bixiou und Monnier ist, daß beide Ministerialbeamte sind oder gewesen sind, daß beide sich darin versuchten, ihrem Talent als Karikaturenzeichner dasjenige eines Mystifikateurs hinzuzufügen. Der Mystifikateur ist offenbar niemals ein Muster von Nächstenliebe, der Spott gilt ihm mehr als die Liebe. Monnier ist indessen nicht der einzige Karikaturist, der einige Jahre in

180

„Ich scheide verliebter von dir, als ich es je gedacht!"

169. Karikatur von Daumier aus der Serie „Tragisch-klassische Gestalten".

einem Ministerium zugebracht hat, auch nicht der einzige, der sich den Mystifikationen hingegeben hat. In dem literarischen Bilde von Bixiou sind daher Züge von Monnier, aber in Bixiou finden wir kein genaues und vollständiges, strenges und übelwollendes Bild von Monnier. Einer der Gründe, die uns zweifeln lassen, ist, daß, als die illustrierte Ausgabe der Comédie humaine in Vorbereitung war, Balzac von Monnier verlangte, er solle sich mit einem wichtigen Teile dieser Illustrierung befassen, und daß er ihm unter den Personen, die er gern von Monnier gezeichnet gesehen hätte, mit dem Curé Birotteau, den Grandet, Philippe Brideau, Flore Brazier auch das Charakterbild des Bixiou nannte. Es ist ja wenig wahrscheinlich, daß Balzac, wenn er von Monnier Beihilfe für seine Ausgabe wünscht, damit beginnt, sich in ungebührlicher Art an ihn zu wenden, denn wenn Bixiou als Monnier hingestellt war, so hätte dieser sich in ihm erkannt und ihm bemerklich gemacht, daß die Zeichnung einer Persönlichkeit, die als eine Satire auf ihn selbst gelten konnte, die Unannehmlichkeit der Lektüre des Buches neubeleben und den Angriff verschlimmern hieße. Man kann nicht annehmen, daß Balzac auf dem einem Freunde zugefügten Unrecht bestehen und es erneuern konnte in dem Augenblick, da er Mitwirkung von ihm verlangte. Man darf also die Behauptungen Champfleurys als unerwiesen betrachten. Bixiou hat freilich einiges von Monnier, weil Balzac, als er den Charakter eines Karikaturisten und

Mystifikateurs schilderte, gewisse Züge, die an den Karikaturisten-Mystifikateur Henri Monnier erinnerten, nicht vermeiden konnte; das ist alles. Wenn er Bixiou unter die Beamten des Ministeriums versetzt hat, wo sein Held Rabourdin arbeitet und leidet, so ist es in der Weise, wie er Phellion zum Herausgeber von Handbüchern und du Bruel zum Liederspieldichter gemacht hat. Zur Zeit wo Balzac schrieb, bot ein Ministerium noch mehr als jetzt den Anblick eines Phalansters.

* * *

Das will heißen, daß mehr noch als gegenwärtig Literaten und Künstler dort Eintritt suchten, um für das Opfer von sechs oder sieben Stunden täglicher Bureauarbeit das materielle Dasein zu erwerben und den Rest ihrer freien Zeit ihrer be-

Akédysséril.
170. Symbolische Karikatur von Félicien Rops.

182

284

Die Tanzstunde.

„Aben Sie Anmut ohne Steifheit, wie Sie es bei mir sehen!"

171. Karitatur aus dem „Album comique".

vorzugten Beschäftigung, der Literatur, der Kunst, der Musik zu widmen. In der Comédie humaine gibt es Bureauvorstände, die am Abende das Pult am Orchester der komischen Oper besetzt halten. So ist Colleville, der Gatte der schönen Frau Colleville, am Tage Beamter, am Abend aber Flötist und begleitet die Musik der Herren Grisar, Auber oder Adolphe Adam. Dieses Doppeldasein führt er, damit Madame Colleville, ein Typus der Lionne jener Zeit, stets neue ausge-suchte Toilette tragen könne. Wenn Balzac einen Roman über die Ministerien und das Personal der Ministerien schrieb, so durfte er das Inventar der tatsäch-lichen Berufsarten der Ministerialbeamten nicht vernachlässigen, d. h. er mußte dessen Erwähnung tun, was sie außer ihrem Broterwerb, als Dichter, Geschicht-schreiber, Musiker, Dramatiker, selbst als Maler trieben, wenn auch wegen der solcher Kunst während der hellen Tagesstunden zu widmenden Zeit diese in den Ministerien seltener waren. Monnier war eine allgemein bekannte Persönlichkeit. Seinen Aufenthalt in den Ministerien hat er durch eine sehr bemerkenswerte Serie von Lithographien, die den weitesten Erfolg hatten, hervorgehoben, ebenso wie er eine Serie von Szenen aus dem Leben im Ministerium schrieb, die er seinen „Scènes

183

populaires" einschaltete. Balzac konnte solcher bekannten Dinge nicht unwissend
erscheinen und nicht sagen, daß es unter den Beamten des Staates geistreiche
Karikaturisten und notorische Mystifikateure gab.

*   *   *

Von den Mystifikationen Monniers sind einige Erinnerungen geblieben. Sie
sind nicht besonders humoristisch, wurden aber von den Zeitgenossen sehr belacht.

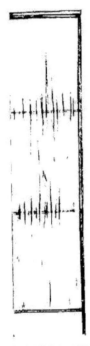

Ihre komische Nuance läßt bei Monnier wenig Hochschätzung
für die menschliche Natur voraussetzen. Der Omnibus ist
häufig der Schauplatz seiner künstlerischen Eingebungen. Häufig,
erzählt man, amüsierte er sich damit, den Reisenden das Wechsel-
geld zu übermitteln, welches der Kondukteur zurückgab, und
unbemerkt unter die Scheidemünze ein Fünfzigcentimestück gleiten
zu lassen. Die Freude Monniers bestand dann darin, das
Gesicht der Person, welcher der Zufall oder vielmehr die Schalkhaftigkeit Monniers jene kleine Gabe aufgenötigt hatte, prüfend
zu betrachten. Er wollte aus dem Spiel des Gesichtsausdruckes
Gewinn ziehen. Der Kondukteur hat sich geirrt, dachte der
Gewinner, dann kam er sehr schnell zu der Überzeugung, daß
er selbst sich zuerst geirrt habe, daß der Kondukteur ihm nur
zurückgab, was ihm rechtmäßig zukam, und daß im Falle einer
Reklamation er auf seinem Recht bestehen müsse. Monnier
belustigte sich sehr, auf den Gesichtern das Spiel der eigen-
süchtigen Empfindungen zu verfolgen. Bisweilen, wenn seine
Nachbarin eine Dame war, schaltete Monnier, statt des Fünfzig-
centimestückes, unter das Geld einen sehr lakonischen Zettel
„Je vous aime", unterzeichnet „Der Kondukteur" ein. Es kam
dann vor, daß, wenn die Dame den Omnibus verließ, ihr der
Kondukteur behilflich war und sie beim Heruntergleiten am
Arme anfaßte. Ohne jenen Zettel wäre solche Höflichkeit wohl
aufgenommen worden, aber nachdem der Zettel gelesen war

Fenster zu dem rechts
stehenden Bilde.

und der Kondukteur, vielleicht infolge einer Erschütterung des Wagens, den Arm
der Dame etwas stärker drückte, erblickte sie darin eine zu große Vertraulichkeit,
und dank der Schalkhaftigkeit Monniers, der heilfroh und glücklich in seiner Ecke
saß, erhielten so Omnibuskondukteure großartige fünfblättrige Levkojen, alias Ohrfeigen. Die Mystifikation dient ihm auch als Abwehr und als Rache gegenüber
der Zudringlichkeit. Eines Tages ergeht er sich im Foyer des Theaters mit einem
Freunde, als ein zudringlicher Mensch die Herren anredet und ihnen folgt. Der
geärgerte Monnier tut so, als zähle er die Lichtschnabel des Theaters. Um sich

184

"Da ich das gute Herz, der Künstler kenne, so wende ich mich an Sie, mein Herr; ich bin die Witwe eines Generals, der Unglück gehabt hat; man will kostbare Möbel bei mir pfänden! Würden Sie mir wohl mit 50 Frank — aushelfen? Hier sind meine Ausweise." — "Madame, ich kann nicht." — "Nun, dann vielleicht 5 Frank." — "Selbst weniger nicht." — "5 Frank vielleicht". — "Unmöglich!" — "Na, ich sehe, Sie kennen alle Schliche, geben Sie mir 2 Sous zu einem Gläschen und eine Prise Tabak."

Karikatur auf die Kunst und hungernden Künstler nach einem Stich von Daumet aus der Serie "Dummheiten".

Beilage zu Gustav Kahn, Das Weib in der Karikatur Frankreichs.

Hermann Schmidt's Verlag, Stuttgart.

„Wem gehört der Hut?"

172. Galante Karikatur von Numa in der Art derjenigen, die man „Portes et Fenêtres" nannte.

angenehm zu machen, zählt der Läftige sie auch. „Es sind neununbsiebzig", sagt er triumphierend. „Ich finde achtzig" sagt Monnier. „Nicht möglich, Sie täuschen sich." Man beginnt von neuem. Endlich, als Monnier genug hat, sagt er zu ihm: „Sie sind im Irrtum, Sie vergessen den Klarinettenschnabel",*) und läßt ihn stehen.

Zur Zeit Louis Philippes hatten derartige Späße den größten Erfolg. Gozlan und Roqueplon machten davon Rätselaufgaben in ihren Journalen, und tout Paris, das ganze geistreiche Paris erzählte sie sich am folgenden Tage.

*   *   *

*) Ein französisches Wortspiel bec lumineux — bec de clarinette.

185

Henri Monnier liebte nicht nur das geistreiche Paris, er liebte jeden Winkel von Paris. In einer ausgezeichneten Studie über Henri Monnier in der Gazette des Beaux-Arts schreibt M. Schnerb den raschen und fast zauberhaften Erfolg zum Teil der Voreingenommenheit der Pariser für die farbige Lithographie zu, aber das ist nicht genügend. Während Lami in der ersten Zeit der Julimonarchie sich durch die Darstellung des Charakteristischen in den Karossen von sechs Pariser Vierteln einen hübschen Erfolg schuf, behandelt sein Freund Monnier denselben Gegenstand, indem er das Familienleben darstellt. Schnerb sagt mit Recht, daß ein Bühnenkünstler in jenen sechs Lithographien alle nötigen Unterlagen für die Inszenierung einer zeitgeschichtlichen Komödie finden würde. Es sind auch hübsche Entwürfe über Sitten und Gebräuche. Im Pariser Viertel Marais, im großen Salon eines alten, vornehmen, von behäbigen Bürgersleuten bewohnten Hauses, hübsche weiße, mit Gold verzierte Säulen, in Kupfer getriebene Wandleuchter, ganz der Stil Meissonniers. Der schöne, von Boffrand für eine mit den Soubise oder den Rohans befreundete Adelsfamilie gemalte Salon beherbergt alte und lustige Großkaufleute, die das Kartenspiel pflegen. Da im Hause nur ein Feuer vonnöten ist, so hat man das in der Küche zum Vorteil des anderen im Salon ausgehen lassen, und die Köchin in der normännischen Haube, in einem Fauteuil, nicht weit vom Tisch der Kartenspieler sitzend, nimmt an der allgemeinen Fröhlichkeit der Herrschaft und ihrer Gäste teil. In der Chaussée d'Antin (dem Bankierviertel) ist die Soirée wie auch die Ausstattung anderen Stiles. Die Wände sind mit Bildern bedeckt; man sitzt überall auf Diwans oder Rundsofas und verstreut sich in Sondergespräche; diese Zerstreuung ist übrigens angebracht, denn die Eingeladenen sind wie Heringe zusammengepfercht; war es doch in jenen Salons der Hochfinanz bereits Brauch, doppelt so viel Leute einzuladen, als Platz fanden. Im Faubourg St. Honoré, im sehr nüchtern dekorierten, weiten Salon

Heule nicht, oder ich haue!
173. Galante Karikatur auf den betrogenen Ehemann von Gavarni.

186

Wie glücklich man doch ist, wenn man Leuten, welche die Tiere lieb haben,
einen Besuch machen kann.

174. Satirische Karikatur von Lami aus der Serie „Zur Unzeit".

stehen wenige, auch sehr dekorierte Leute in Gruppen beieinander. Ein prächtig gold-
strotzender Diener rückt die Sessel heran. Die Leute aus dem Faubourg St. Denis
haben ihre Zusammenkünfte auf das Land, an das Ufer eines klar rieselnden
Baches verlegt; man gibt sich den Freuden der Mahlzeit hin, die erst dann vollständig sind, wenn der Mann, in Hemdärmeln, mit dem Hute seiner Frau auf
dem Kopfe ist, und sie ihrerseits sich die Hauptbedachung ihres Mannes aneignet.
Die größte Ungeniertheit herrscht in der Gesellschaft, und wenn einer der Ge-
ladenen sich in die freie Natur entfernt hat, so kehrt er mit den eigentümlichen
Wendungen jemandes zurück, der während des Gehens seinen Anzug in Ordnung
bringt. Im Faubourg St. Germain unterhalten sich alte Adelsherren, die Köpfe
wie Nußknacker haben, mit alten Damen in Hauben mit schweren Hahnenfedern,
und jungen Frauen, deren Hüte flaumartigen Marabout von exorbitanten Dimensionen tragen, und mit eleganten, wohlgenährten Abbés. So kennzeichnet durch
die Art und Weise einer Soirée Monnier nicht ohne Talent die geistigen Zustände seiner Zeit, und die Darstellung, so klein sie auch ist, ist sehr hübsch in
der Ausführung.

*   *   *

187

Um seine häuslichen Szenen gut zur Darstellung zu bringen, hatte Monnier eine, übrigens derjenigen Lamis sehr verwandte Technik gefunden, wo die farbige sehr gesuchte, sehr einem Bilde ähnelnde Zeichnung mehr den Eindruck eines ausgeklügelten Gemäldes, als den einer rasch hingeworfenen Skizze macht. Es ist dieselbe Mache, die er für seine Straßenszenen, für seine Studien über die Bourgeoisie im Pomp oder einfach beim Spaziergang verwendet. Er ist seinen Modellen in die Verkaufsläden gefolgt, welche sie am häufigsten zu besuchen pflegen. Da sind wir bei der Putzhändlerin. Hinter dem Schaufenster unter einem Fries im Empirestil sind junge Modistinnen staffelförmig so hingesetzt, daß sie den Draußenstehenden den Nacken und die Schultern zeigen. Eine Kundin ist da, die eine große Kapotte anprobiert. Sie besieht sich im großen Spiegel, und ihre ganze Person atmet religiöse Aufmerksamkeit für das eigene Bild. Steht er, steht er nicht? Die dem Monnier so treue Person, der Bourgeois, ist auch gegenwärtig. Gatte oder Vater, nur als Begleiter der Kurzweil der Nymphe dienend, ist er, ohne darüber ungehalten zu sein, von der Beratung ausgeschlossen. Monnier führt uns auch zum Apotheker, er führt uns ins Café, wo fast alle Gäste eifrig ins Spiel vertieft sind, mit Ausnahme derjenigen, die sich eifersüchtig um den Zahltisch herumdrücken, wo, reizend frisiert, eine sehr hübsche Kassiererin, der Ruhm und die Anziehungskraft des Cafés, thront. Vielleicht ist es das Café in der rue Rohan, welches Monnier und andere Romantiker während der Hernani Zeiten aufzusuchen pflegten und welches sie als „Café des Cruches" („der Schafsköpfe") bezeichneten, das Café, wo er den Vater Chateauneuf traf, den er beobachtete, und der zum Urbild des Joseph Prudhomme wurde? Auch der Laden des Büchertrödlers hat den Besuch Monniers; er hat ferner das Restaurant nicht vergessen, wo eine tief verschleierte, feine Dame in Begleitung eines Herrn nach einem Separatzimmer Umschau hält unter den erstaunten Augen einer enormen, unbeholfenen Dienerin, welche in ihrem Äußern des Naturweibes den sonderbarsten Kontrast mit der Pariserin bildet, die an diesen Ort kommt, der Liebe zu opfern. Monnier zeigt uns in seiner Serie der Compensations (der Ausgleichungen) die Pariserin am Abend in der vergitterten Loge im Theater, am Morgen in der Kirche, der Armut Almosen spendend. Das eine macht hier das andere wieder gut, und es ist eine Gelegenheit, eine Frühjahrstoilette von sehr gutem Geschmack anzulegen. In den Compensations pflegt Monnier zwei Vignetten nebeneinander zu stellen, die eine zum Beispiel kann als die Langeweile im Salon bezeichnet werden: eine Dame gähnt in verbindlicher Weise gegenüber einem sehr respektablen Herrn von einem gewissen Alter, vielleicht ihrem Gatten oder dergleichen; der Salon sieht würdig aus und ruhig, die darin befindlichen Leute auch, aber die Kompensation ist in der Dachstube, wo dieselbe junge Frau auf den Knien eines Malers ihr Domizil aufgeschlagen hat. Bisweilen sind die Ausgleichungen weniger heiter, so auf dem

188

Sie (für sich): Das wird ihm aber teurer zu stehen kommen als ein
kinematographisches Verwandlungsbild.

175. Moderne Karikatur auf die alten Liebesritter von Malteste.

Blatte: Mit zwanzig Jahren mit sechzig Jahren. Mit zwanzig Jahren sind es drei hübsche, luftig einherschwenkende Grisetten – mit sechzig Jahren sind es, in demselben Aufputz, dieselben Frauen, aber gealterte, entkräftete Bettlerinnen. Hier reicht er vielleicht an Gavarni heran. Seine Serie der Grisetten ist übrigens weniger verführerisch als diejenige Scheffers, weniger herb als die Gavarnis, wie auch seine Theaterfiguren unter denjenigen des Daumier stehen. Aber er hat eine eigene Schöpfung, den Joseph Prudhomme, und damit reiht auch er sich den Größten an.

* * *

Wie Daumier, wie Grandville, wie die Mehrzahl der Karikaturisten von 1830 [man könnte fast sagen, wie alle Karikaturisten von 1830] hat Monnier einen Abscheu vor der Bourgeoisie. Keinerlei Neigung zu der in den Julitagen über-wundenen Aristokratie wohnt in ihm, Monnier ist Demokrat oder vielmehr halb Demokrat, halb Bonapartist. Wenn Joseph Prudhomme sich schmeichelt, daß er die Bourgeoisie repräsentiere, so läßt Monnier ihn im wesentlichen sagen: „In mir verkörpert sich die gesamte Bourgeoisie, ich repräsentiere euch alle, denn ihr habt nur eine Übergangskultur, eine Übergangskunst, die Demokratie ist noch nicht da."

In einer Bretagner Fremdenpension.
Jannik! Wo haft du deinen Kamm hingetan?
– Den hab' ich auf die Butter gelegt, Mutter.
– Aber da wird er ja dredig, du Ferkel!
176. Karikatur von Joffot.

Stellt aber Joseph Prud-homme die ganze Bourgeoisie dar? Nein, sicherlich nicht, in der Zeit, da die Bour-geoisie Thiers, Perier, Gui-zot, den Joseph Prudhomme des Monnier zu ihren Häup-tern zählte, ist der Durch-schnitt der Bourgeoisie der Steuerklassen-Wähler, der Wähler ist, weil er Rentner ist, während der vornehme, aber arme Mann nicht Wähler ist. Es ist die plutokratische Art der Zusammensetzung des Wahlkörpers, die alles gegen sich entfesselt, allen Zorn der Schriftsteller und der Künstler. Joseph Prudhomme, Pro-fessor der Schriftgelehrsamkeit, Schüler von Brard und

190

St. Omer ist zu berühmt, als daß wir uns des längeren über seine Flegeleien zu verbreiten brauchen. Monsieur Prudhomme redet unaufhörlich und stets von seiner geistigen Fassungsgabe, die er von Natur wegen habe. Er wäre nicht vollständig, wenn Monnier ihm nicht das Charakterbild der Madame Joseph Prudhomme zur Seite gestellt hätte. Er hat ihr nicht durch die Zeichnung, sondern durch das Theater feste Gestalt gegeben. „Grandeur et décadence" („Größe und Verfall"), ein fünfaltiges Stück, welches Monnier zusammen mit Gustave Vaez für das Variété schrieb, zeigt uns, daß Joseph in Madame Prudhomme den Meister, ja den Tyrannen gefunden hat. Joseph Prudhomme, ebenso wie der Mayeur des Travies, wie alle die bürgerlichen Schlachtopfer der Karikatur aus den Zeiten der Julimonarchie, ist Kapitän der Nationalgarde. Aber nicht ihm macht der Tambour der Kompanie seine Meldungen, sondern er erstattet seine Berichte an Madame Prudhomme, welche entscheidet und leitet, in so bestimmter Weise, daß der Tambour in beständigem Irrtum sie bald mit „Madame", bald mit „Mon Capitaine" anredet; sie überantwortet auch die Abwesenden, diejenigen, welche nicht auf Wache ge

„Ohne Zoll ist hier kein Durchgang."
177. Humoristische Zeichnung von Scheffer.

zogen sind, dem Disziplinargerichtshof, sie ist es, welche die Kompanie befehligt. Sie will auch nicht, daß ihre Tochter einen Schriftsteller heirate, und sie würde auch die Ursache des Verfalles von Joseph Prudhomme sein, wenn nicht alle Vaudevilles einen guten Ausgang haben müßten. In seinen kleinen Lustspielen, deren berühmtestes der berüchtigte Roman „Bei der Pförtnerin" ist, läßt Monnier eine ganze Horde von Megären vorüberziehen: eckige, umständliche, häßliche, unangenehme Weiber. Außer in seiner Serie der Grisetten, und um die schöne Kassiererin der Pariser Cafés zu verkörpern, ist er weniger darauf bedacht gewesen, hübsche Personen zu zeichnen, als bizarre und ärgerliche Fratzen alter Weiber. Mit wem soll man sie vergleichen? Vielleicht mit den beliebten Klatschbasen, welchen die Holländer in ihren Gemälden einen Platz gewähren, und jenen dem

191

Der Alte hinter uns ist gut, was?
178. Galante Karikatur von Feuchère.

Trunke und dem Tanz ergebenen Menschenaffen, mit welchen der realistische Teniers seine Kirmesbilder belebt. Von den realistischen Meistern hat er die Geduld, die Peinlichkeit der Arbeit; seine besten Werke sind angenommene, wieder vorgenommene, korrigierte, überarbeitete Aquarelle, Ergebnisse langer Mühen, bis daß sie das Aussehen von der Gedrängtheit und Vollständigkeit erhielten, die er suchte. Er ist aber von besonderer Art. Seine Auffassung ist neu im Gebiete des gallischen Humors, denn sie beruht auf einer langen Reihe von Beobachtungen aus allen Momenten des Lebens, in der Welt, im Café, vor dem

192

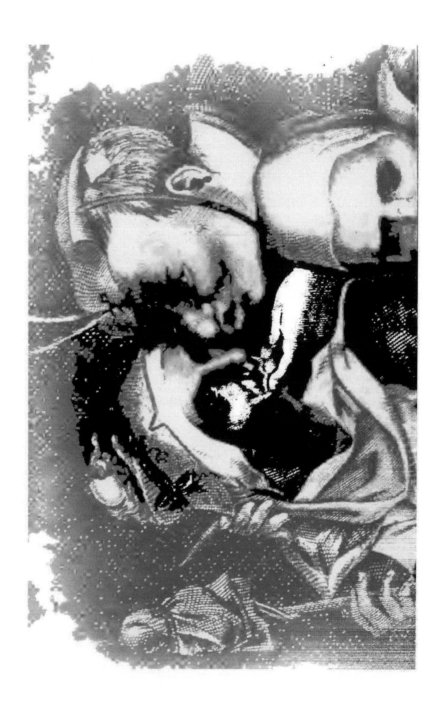

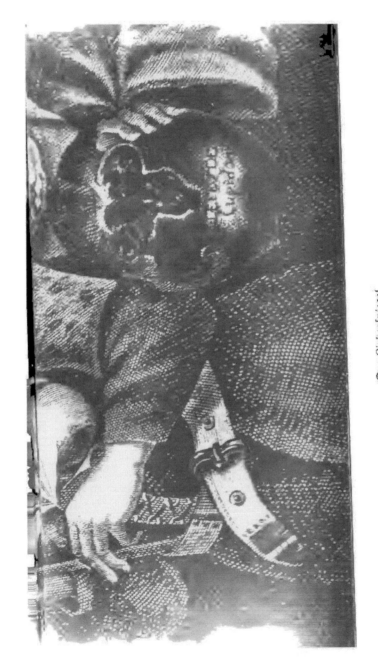

Der Liebesspiegel.

Seltener satirischer Stich aus dem 16. Jahrhundert.

„Frisches Schweinefleisch und getrüffelte Truthenne."

179. Karikatur von Granville aus der Serie „Speisekarte eines Restaurateurs".

Modell, auf der Straße. Monnier kennt seine Bourgeois und Bourgeoises von Paris in= und auswendig. Wenn er sie schilderte, so hat er sie mit der frischen Kraft überzeugender Ursprünglichkeit gegeben und nicht nach den Bildern oder Büchern der Vergangenheit.

*   *   *

Frühling.
180. Radierung von Félicien Rops.

Das Weib bei den romantischen Illustratoren.

Devéria.

Wenn man die reiche romantische Bibliographie bedenkt, wenn man den enormen Katalog der während der letzten Hälfte des vergangenen Jahrhunderts geschriebenen Romane durchgeht, so wird man finden, daß neben den großen Werken eines Hugo, eines Gautier, neben den zahlreichen Romanen der George Sand, die damals leidenschaftlich verschlungen wurden, sich die Werke einer Anzahl weniger bekannter Erzähler bemerkbar machen, Schriftsteller zweiter oder dritter Ordnung, die um die Meister sozusagen das Kleingeld der Kunst ihrer Zeit der romantischen Anschauungsweise verstreuen. Gibt es unter diesen zweitklassigen Schriftstellern solche, die wahrhaftes Interesse bieten?

So scharen sich um Stendhal oder Balzac, um die großen Arbeiten, die der unbeschränkte Ausdruck der veristischen Bewegung sind, eine Menge weniger anspruchsvoller, weniger vollkommener, weniger schöner Buchwerke, die aber dennoch dem Sittenforscher der Zeit genaue Belehrung, verschiedenartige Anschauung, nützliche Urkunden liefern. Da wäre, neben Balzac, etwa Charles de Bernard um Rat zu fragen. Wer von der Literatur nur das hauptsächlich Gangbare kennen lernen will, ihre großen Etappen und diese nur durch ihre Hauptwerke, für den wird die Lektüre eines Charles de Bernard unnütz sein. Aber für denjenigen, der sich mit der Geschichte der Sitten beschäftigt, behält der Romandichter zweiter

194

Ordnung seinen ganzen Wert. Seine Art ist weniger kraftvoll, weniger mächtig, aber wenn seine Darstellung weniger persönlich, weniger allgemein fesselnd ist, so findet man doch bei ihm eine Menge Einzelheiten, die der große Romandichter, der darauf bedacht war, seine Gestalten bis zum Typus herauszuarbeiten, vernachlässigte oder als überflüssig beiseite ließ. Der Schriftsteller zweiter Ordnung kann für den Kulturhistoriker eine sehr kostbare Quelle der Belehrung sein. Das gilt für den Zeichner sowohl wie für den Illustrator und für den Charakterzeichner, der darauf Bedacht nimmt, seine Zeit zu veranschaulichen, wie er sie sieht, in einer anderen Regel der Kunst als derjenigen, in welcher die Daumier und die Gavarni glänzten; hier hat Devéria seinen Platz und seinen hohen Wert. Devéria, romantischer Maler und Zeichner, ein tüchtiger Maler, Illustrator von Buchwerken, Liebhaber von Kostümen, deren er neue und pittoreske zu ersinnen trachtete, sehr für artige Schönheit eingenommen, bald leicht, bald sentimental, manchmal ziemlich frei, guter Porträtmaler, Schöpfer einer ganzen Reihe von Lithographien anekdotischer und elegischer, auch heiterer Motive, ist wirklich jemand. Selbst wenn er kein Talent von besonderer Bedeutung wäre, so würden doch Fruchtbarkeit

Le Boudoir des Chats.
181. Satirische Karikatur von Coypel.

195

und Vielseitigkeit seines Werkes die Aufmerksamkeit für ihn herausfordern; seine
ausgezeichnet empfundenen, den Charakter des Modelles gleich den Medaillen des
David d'Angers enthüllenden, ausdrucksvollen Porträts werden der unvergängliche
Teil seines Werkes bleiben, wegen des darin bekundeten Talentes und der schätz-
baren Urkunden, die er damit lieferte. Seine Zeichnung ist entzückend; wenige
Maler, selbst diejenigen des 18. Jahrhunderts, sind bestrebt in gleich hohem Grade wie
gewisse romantische Künstler zweiter Ordnung, den Kultus des Schönen zu pflegen
und zeigen so auffällig das beständige Streben nach Anmut der Gesichtszüge und
nach Vollendung der weiblichen Formen, die sie zeichnen oder malen, wie Devéria und
Taffaert. Daß es dabei, nach unserem modernen Empfinden, die wir mehr noch den
Charakter als die Eleganz suchen, bisweilen nicht ohne Abgeschmacktheiten abging,
ist wohl möglich! Die Zeitgenossen urteilten jedoch nicht so. Devéria dankt einen
großen Teil seiner Erfolge dem Zauber der Gestalten, die er zeichnet und empfindet.
In einem Punkt begegnen sich Gavarni und Devéria, und da ist ein Vergleich
zwischen ihnen möglich; das ist in bezug auf das, was die Romantiker „Les
figures de Keepsake" („Gestalten der Erinnerung") nannten, der Fall. Es
handelte sich darum, jugendliche Gestalten von idealer Lieblichkeit im raffaelitischen
Stile darzustellen, im Sinne derjenigen Gestalten, mit welchen Shakespeare seine
Furien ausstattete, die Cressida, die Perdita, Gestalten auch in der Art jener ver-

„Sie haben ja ganz reizende Kinder, gnädige Frau."
182. Karikatur von Eugène Lami aus der Serie „Contretemps".

196

Ewige Trauer.

183. Galante Karikatur von Guillaume auf die „untröstlichen" Witwen.

Theatralischer Festzug.
184. Galante Zeichnung von Louis Morin.

geiftigten, erträumten, finnigen und luftigen Geschöpfe zu bilden, die nicht der
Erde anzugehören scheinen, halb Engel, halb Weib, wie der weiche Zynismus der
erften Romantiker fie liebte. Gavarni schuf folche, ebenfo Devéria. Auf diesem
Gebiete gebührt Devéria der Vorzug, der, wenn er schon als Charakteriftiker weit
unter Gavarni steht und gegenüber der komischen und freundlichen Synthefe
Gavarnis von offenbar kindlicher Pfychologie ift, vor diefem die beffere Ausrüstung
als Maler und kundiger Erfinder voraus hat.

Das Werk Devérias fließt über von hübschen, wenn man will, viel zu hübschen,
ftets aber anmutenden Geftalten, die immer mit wohlwollendem, ein wenig ver-
liebtem Stift entworfen find, einem dabei aufrichtigen Stift, der die Art feiner
Zeit erkennt und anerkennt bis zu den Fehlern und den äfthetischen Irrungen. Das
bedeutet freilich eine gewiffe Minderwertigkeit in der Kunst – für uns aber ift
es eine Quelle der Belehrung; niemand macht uns fo gut wie Devéria mit dem
Durchschnittsgeschmack der hervorragenden Perfonen aus der Zeit der Restauration
bekannt. Man möchte ihn für den von den Snobs bevorzugten Künstler halten.
Was wir unter den Kunstliebhabern „Snobs" nennen, find Leute, die fich fehr
um die Kunst forgen, die ziemlich erprobten Geschmack besitzen, fich aber von allzuviel Raffinement in einer Kunst fangen laffen, die schließlich doch von leichterer
Art ift. Die jungen Frauen, die jungen Mädchen schwärmten für die Lithographien von Devéria, jene jungen Frauen und jene jungen Mädchen, welche die
Harfe spielten, welche den großen Erfolg schufen, nicht allein einiger weinerlicher
Schriftsteller von der Art des Millevoye oder des Baron Guiraud, der Verfaffer
der „Chute des feuilles" („Fallende Blätter") oder des „petit Savoyard" („Der
kleine Savoyard"), fondern auch Lamartines, die den Eloa des Alfred de Vigny

198

bewunderten. Sie liebten auch die Romanze; Loïsa Puget und andere von geringerer Wichtigkeit standen in Blüte; die jungen Heroinen des Walter Scott, die Minna und die Brenda erschienen im „Keepsake", und Kleinodien in den Formen des claymore und des schottischen Baretts wurden hergestellt, als Erinnerung an den Rob-Roy.

Die Maler poetisierten die Schönheit der modernen Griechin nach den Versen der „Orientales" von Victor Hugo, auch nach den Gemälden von Ary Scheffer, und in Bezugnahme auf die Türkenverfolgung verliehen sie ihnen schöne Körperformen, schwermütige, elegische Gesichtszüge. Das Streben nach Lokalfärbung machte, daß die französischen Romantiker die Frauen der verschiedenen Länder durch 'den Schleier der Legenden sahen und so konventionelle Typen schufen, wodurch indessen die Anmut nicht ausgeschlossen wurde. Diese verschiedenen Gründe halfen zur Bildung einer Kunst, die nicht die Inkarnation der bürgerlichen Banalität ist, die aber, weil sie ihre Vorbilder nicht aus dem Leben schöpfte, vorübergehend war. War Devéria, außer in bezug auf seine genauen und bestimmten Porträts, einer der glänzendsten Vertreter jenes vorübergehenden Augenblickes der Kunst?

Eine lange Reihe seiner Lithographien

Les Préludes de la Toilette.
185. Galante Zeichnung von Octave Tassaert.

199

La mort au bal masqué.

186. Félicien Rops. Symbolische Karikatur auf die syphilitischen Krankheiten.

zeigt die Liebe bei allen Völkern; diese Serien, welche unabänderlich die verliebten Paare der verschiedenen Nationalitäten in einen Kuß vereinigen, sind alle gut ausgearbeitet; sie sind aber auch von einer unerträglichen Sentimentalität. Gewisse Redensarten schufen den Gedanken; da ist im bretonischen Kostüm die Frau mit der bekannten Haube, und darunter liest man „Un long jour de travail, un instant de bonheur“ („Ein langer Tag der Mühen, ein Augenblick des Glücks“); Deutsche aus der komischen Oper, ein Schäfer und eine Schäferin, träumen zusammen. „D'un long jour de travail, l'amour les dédommage“ („Von einem langen Arbeitstag, für den die Liebe entschädigt“). Die Tiroler haben nur das Echo der Berge zu ihrem Vertrauten. Der Eng-

200

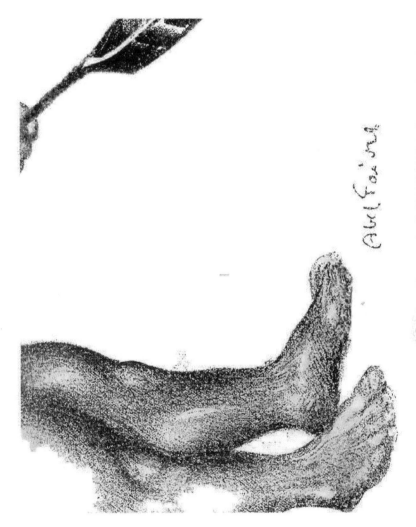

Satirische Umschlagzeichnung zu einer Nummer der Zeitschrift „L'Album" von Abel Faivre.

länder macht natürlich (natürlich nach der verbreiteten Volksmeinung, die, sich aus einigen Sonderfällen herleitend, maßlos verallgemeinert ist) eine Vernunftheirat, und wir sehen da ein melancholisches Paar „Unis par le cœur, séparés par l'intérêt" („Durch die Herzen vereint, durch die Interessen getrennt"). Den Polen läßt die Liebe die Härten seiner Knechtung vergessen. „Die verliebten Venezianer" werden durch die schreckliche Eifersucht einer Maske gestört; „Griechenland", ein Kriegsheld, umfaßt eine Kriegsheldin, aber die Türken nahen. „L'amour lui faisait oublier les fatigues de la guerre — La guerre l'arrache encore aux plaisirs de l'amour" („Die Liebe ließ ihn die Beschwerden des Krieges vergessen — Der Krieg entriß ihn wieder den Freuden der Liebe"); in Ischia versucht ein alter Arzt vergeblich Graziellen zu retten; in Smyrna trägt die Schaluppe auf ruhigem Meere zwei Verliebte davon. Alle diese Lithographien sind sehr troubadourmäßig, sehr für den Salon, sie sind der genaue Ausdruck des Dichtertraumes der Zeit, es sind Abgeschmacktheiten, aber den „Orientales" von Hugo entsprossen, sind es kostbare Dokumente über die Psychologie der Zeit.

*   *   *

Die Familienszenen Devérias sind von größerem Wert; ebenso ausdrucksvoll für ihre Zeit, sind sie besser erdacht und besser gezeichnet. Sie lassen uns in eine halb aristokratische, halb bürgerliche Welt eindringen. Die Damen und die jungen Mädchen, die der Stift Devérias in Angriff nimmt (seine Zeichnungen stellen weit mehr Frauen als Männer dar), sind sentimental; die Bank im Garten, der schattige Winkel im Park, das Boudoir sind seine bevorzugten Dekorationen. Sehr häufig ist der Gegenstand das Geständnis eines jungen Mädchens gegenüber seiner Mutter. Die Blätter „Je l'aime tant — Ma fille il faut oublier" („Ich liebe ihn so sehr — Mein Kind, du mußt vergessen") erzählen uns in ihrer Gegen-

Mädchen eines öffentlichen Hauses in Erwartung der Kundschaft.
187. Galante Karikatur von Guys.

201

überſtellung von den erſten kleinen Dramen des Erwachens eines weiblichen Herzens. Bei ihrer Darſtellung hat Devéria jedoch weniger an den genauen Ausdruck der Phyſiognomien als an die Hübſchheit der Figuren gedacht, die er vorführt. Er beachtet das Kind. Er ſtudiert es nicht ohne heitere Grazie. Im „Orateur interrompu" (dem „unterbrochenen Redner") iſt das Kind, welches vergißt, was es ſagen will, nicht ohne richtigen Ausdruck gezeichnet, nur gibt Devéria im Beſtreben nach gewiſſer Hübſchheit den Kindern die Phyſiognomien kleiner Männer und kleiner Frauen. Immerhin, er iſt der paſſende Illuſtrator, um die Kinder zu zeigen, die Victor Hugo lärmend und ungezwungen ſpielend bei der Arbeit duldet, an die er aber nichtsdeſtoweniger lange und ernſthafte Strafpredigten richtet; man iſt daher auch nicht erſtaunt, unter einer Lithographie des Devéria, wo ein Mädchen ſein Röckchen hebt, wie um ein Menuett zu tanzen oder Hugo eine Verbeugung zu machen, die Worte zu finden: „Riez pourtant, du sort ignorez la puissance; riez, n'attristez pas votre front gracieux, votre œil d'azur, miroir de paix et d'innocence, qui révèle votre âme et réfléchit les cieux" („Lache nur, du kennſt nicht des Geſchickes Mächte; lache, möge nimmermehr eine Wolke deine herrliche Stirn, das Blau deines Auges, den Spiegel des Friedens und der Unſchuld trüben, das deine Seele enthüllt und den Himmel wiederſtrahlt"). Die Kinder, die Devéria zeichnet, wiſſen, daß ſie der anmutige Spiegel des Friedens und der Unſchuld ſind, ſie wiſſen es ein wenig zu ſehr.

Andere Stiche zeigen die Muſik und das Konzert als gefährliche Bundesgenoſſen der Liebe; die junge Frau läßt, während ſie ſingt, die Lippen ihres Begleiters auf ihren Fingern ruhen. Die

„Wir pfeifen auf das Publikum."
— Heut kommſt du auf den Rücken zu liegen, nicht wahr?
— Wenn du nichts dagegen haſt. Man mag ſagen, was man will, es iſt halt doch die ſchönſte Lage...
188. J. Bac. Galante Karikatur auf die weiblichen Ringkämpfe.

— Juſtine, laß doch die Katze in Ruh'!
— Gleich, Herr, ich bin ſchon dabei.
189. Galante Karikatur von Numa.

Muſik iſt in der Zeit der Romantik eines der Zaubermittel, welche die Liebe
aufkeimen laſſen. Sie iſt unter dieſen unbeſtimmbaren Mächten der Liebe nicht
die einzige. Da ſind auch zum Beiſpiel der Park, der Abend, das Dunkel die
Mitſchuldigen. Die Leçon d'amour (die Unterweiſung in der Liebe) gibt
Devéria in einem Stich! Eine junge Frau ſitzt auf einer Bank und neben ihr
ein feuriger, zudringlicher junger Mann. Die Phyſiognomie der jungen Frau
hat jene nachdenkliche Strenge, eine Art ſchwermütiger Umwölkung auf dem
Geſicht, die der Einwilligung vorauszugehen pflegt. Hinter der Bank, zwiſchen
den Bäumen hört ein junges Mädchen zu; es ſchaut nicht hin, es ſieht nicht, es
läßt ſich durch verliebte Phraſen einwiegen. Es hört mit einer Art frohen Ent=
zückens auf die Beteuerungen des Liebhabers, es hört, es verſteht, es ſucht in den
Worten nach dem, was ſie an wiederholten flammenden Lobeserhebungen enthalten.
Die Lithographien, die den Titel führen „Sujets de femme" („Frauenangelegen=
heiten") haben vor allem den Zweck, dem Auskleiden und Ankleiden eleganter Schön=
heiten beiwohnen zu laſſen, das iſt ſchon die diskrete Ausſchweifung des Taſſaert;
das entſtammt dem 18. Jahrhundert, und es bereitet uns auf Stevens und die
Maler der Frau vor, die ſpäter kommen. Das iſt die rührende Note, rührend vor
dem Fleiſch und vor der Schönheit, die Devéria gibt, die ſich unterſcheidet von

203

— Ah, die Feuerwehr! — Na, es ist ja auch was zum
Begießen da.
190. Karikatur von Abel Faivre.

der Ausgelassenheit, welche er in seine Illustrationen des La Fontaine einstreut. Man würde bei Devéria ebenso wie bei seinen zahlreichen Schülern vergebens herbe Satire suchen. Devéria brandmarkt nicht. Wenn er die Lüsternheit malt, so setzt er auf einen Diwan, vor welchem ein Nipptisch mit einer prachtvollen Pastete steht, einen jungen Mann und eine junge Frau, sie schlürfen in großen Zügen den Champagner, die junge Frau ist über die Schulter des Liebhabers geneigt und schaut in liebreizender Schwermut vor sich hin. Ein junges Mädchen, welches sie bedient, entfernt sich, nicht ohne einen bewundernden Blick auf das junge Paar geworfen zu haben, welches so sorglos erscheint, daß man es für ein junges, verliebtes Ehepaar halten möchte, oder auch eine Marguerite Gautier und den Armand Duval, in den sie verschossen ist. In seinem Suchen nach Grazie hat Devéria das junge Kammermädchen mit einem hübschen Lächeln, mit sehr einnehmenden Zügen, mit vollendetem Nacken bedacht. Vom Romantismus hat er sich besonders der Romanze angenommen, darin ist er übrigens am besten inspiriert.

* * *

Octave Tassaert.

Größer als Devéria und uns näher stehend, da sein Tod später erfolgte, zählt Tassaert in hervorragender Weise unter die romantischen Zeichner, unter jene Interpreten der Intimität der Frau, die uns über die Sitten von 1830 wertvolle Angaben machen.

* * *

204

La Femme au Trapèze.
191. Radierung von Félicien Rops.

Le Monde.
- Bist du fertig?
Ja, Mama.
Dann machen wir, daß wir fortkommen.
192. Karikatur von Forain.

Nachdem Taffaert sehr ge-
feiert worden war, geriet er ein
wenig in Vergessenheit; unter
den Generationen, die denjenigen
folgten, die ihn bewunderten,
überlebte er sich etwas, wenn
er auch zu treuen und glühenden
Bewunderern Leute von der Art
des jungen Dumas zählte, dessen
Sammlung nicht weniger als
50 Bilder von Taffaert umfaßte.
Stift und Pinsel des zartsinnigen
Künstlers beschrieben in den spä-
ten Tagen seines Lebens, einigermaßen ermattet zwar, dieselbe
Melancholie und dieselbe Eleganz, durch die er die Triumphe
seiner Jugend erworben hatte.
Hatte sich der Geschmack verändert? Verlangte man mehr rea-
listisches Leben, genauer umschrie-
benes Tun? Gewisse neue Maler
waren mit kühneren Absichten aufgetreten. Man darf wohl annehmen, daß Taffaert
in seiner Lässigkeit und Weltabgeschiedenheit sich im Ruf mehr noch als im Talent
überholen ließ! Es ist von dem allem etwas, und auch daran liegt es, daß die
Skala der Schätzung des Schönen sich ummodelt, daß man Stevens, Guys wie den
Impressionisten das Verlangen nach einem schmackhafteren und zugleich herberen,
mehr charakterisierenden Ausdruck der Reize der Frau dankte. Taffaert unterordnet
alles der Eleganz und der Schönheit und geht vom Gesichtspunkte der Tradition
des 18. Jahrhunderts aus, von Boucher, von Greuze; Rubens und Corrèze sind
seine Meister, wenn er malt; er richtet sich mehr nach ihnen, wenn er versucht,
das Leben als zartfühlender, anmutiger, ein wenig lockerer Künstler zu schildern.

*   *   *

Gleichwohl ist Taffaert Romantiker. Die langen Erörterungen über das
Genie von Delacroix und das große Talent von Ingres, die allzu deutlich gestellte
Antithese zwischen der Zeichenkunst von Ingres und der Art des Delacroix haben
die genaue Vorstellung, die man sich von einem romantischen Maler machen darf,
ein wenig verwischt. In der allgemeinen Charakteristik, die man der französischen

206

Malerei aus den Zeiten der Romantik gibt, gedenkt man nur des begeisterten Fluges des Delacroix in die Fernen der Geschichte und der Welt; seine Berufung auf Legenden, auf die großen Taten der Geschichte, den Glanz des Orients scheinen alle Romantiker nach ähnlichen Horizonten und ähnlichen wechselvollen Bildern zu entführen. Wenn wir uns indessen an die literarischen Phänomene der Zeit des 18. Jahrhunderts und seiner Reize halten, an die trauliche Schönheit der zeitgenössischen Personen, einen Theophile Gautier, den kühnen Romantiker, dessen Ideale weniger hoch gehen als diejenigen von Hugo und der nicht die glänzende Färbung und den Umfang großer Ziele sucht, verstehen wir, daß der reine, milde, wahrhaft klassische Ton in seiner Übereinstimmung mit der Überlieferung des Gérard de Nerval ihn gar nicht daran hindert, ein Romantiker zu sein. Selbst in der Malerei, neben Delacroix, ist in der romantischen Kunst noch Platz für die Devéria und die Tassaert, die Lami, die eine mehr nebenhergehende Kunst ausübten; Tassaert ist Romantiker durch die Koketterie und seine malerische Phantasie,

durch die Vorliebe für harmonievolle Schönheit, die schmeichlerische Grazie, die er selbst auf die Magdalenen anwendet, deren Häupter er mit einer gewissen Gesuchtheit frisiert. Er unterscheidet sich auch von den Klassikern bisweilen durch die Kühnheit seiner Gegenstände, durch die Wahrheit, die er in seine Zeichnung bringt. Er hat sie aber dennoch wohl angesehen, Girodet war ihm nicht gleichgültig, und der Halbromantismus von Prud'hon, Anhänger des Correggio,

Étude pour le beau Paon.
193. Radierung von Félicien Rops.

207

Der Fechtunterricht.
194. Karikatur von Philippon aus „l'Album comique".

wie er selbst, aber weit begabter, mit einem ganzen Umkreis von Mystizismus, mußte sehr verführerisch für ihn sein. Wie Devéria ist Tassaert eine Doppelnatur, in seinem Künstlerleben sind zwei Seiten. Er entwirft große Bilder aus heroischer Zeit (Der Abschied von Fontainebleau, den der Stich berühmt gemacht hat, ist von ihm), und er zeichnet verliebt die Reize, die Eleganz des Nackten der Frau seiner Zeit, mehr noch ihre Ausgezogenheit als ihre Nacktheit. Dieser sehr volkstümliche Künstler, der in den Julitagen von 1830 zur Straße hinabstieg, wenn nicht mit dem Gewehr in der Hand, so doch mit dem Stift, um die Stellung der Verteidiger der Freiheit im Bilde festzuhalten, ist in die weibliche Eleganz vernarrt, und wenn er Gemälde erläutert, die populär geworden sind, so tut er es mit elegischen Worten aus den „Paroles d'un Croyant" (den „Worten eines Gläubigen") des Lammenais, so gibt er auch zu der weiblichen Grazie die Schalkhaftigkeit mit der ganzen hübschen Weiblichkeit in den Albums „Les Préludes de la Toilette" („Vorstudien zur Toilette"), „Les Amants et les Époux" („Liebhaber und Ehemänner"), „Mansardes et Boudoirs" („Dachstuben und Herrschaftsräume").

Er ist nicht im eigentlichen Wortsinne Karikaturist, denn seine Spöttereien gehen niemals in Entstellung über, dazu liebt er die Anmut des weiblichen Körpers zu sehr; er ist Charakterist, der das Epigramm nicht verwirft. Die Absicht seiner Albums ist stets satirischer Art, aber dieser Eindruck mildert sich während der Ausführung vor dem Zauber, den seine Modelle auf ihn ausüben.

* * *

208

Die Buhlerin.

Radierung von Félicien Rops.

Beilage zu Guſtav Kahn, Das Weib in der Karikatur Frankreichs.   Hermann Schmidt's Verlag, Stuttgart.

Die Quadrille im Elysée Montmartre.
159. Galante Zeichnung von Fernand Fau.

27

323

Es gibt unter seinen Zeichnungen keine, die nicht eine Hymne auf die Schönheit des weiblichen Körpers wäre. Er ist sehr Modernist; es ist ein Fehler in
seiner Malerei, wenn die ganz zeitgemäße Grazie der Modelle zu seiner ein wenig
konventionellen Einrichtung seiner Dekoration im Widerspruch steht, aber in seinen
Zeichnungen ist er ganz modern, er stellt sich neben Gavarni, dessen kaustischen
Schwung er zwar nicht besitzt, dem er aber wenigstens als Zeichner gleichkommt;
unter den Charakteristen seiner Zeit nimmt er einen besonderen Platz ein wegen

Das Opfer
196. Radierung von Félicien Rops.

seiner Liebe zum weiblichen Nackten und
den schönen Formen. Er entstellt niemals.
Das Launige kommt in dem Augenblick,
wo er seine Modelle hernimmt, kommt
aus der Vertrautheit mit den Szenen,
die er überträgt; wie in den Préludes de
la Toilette. Stellen wir uns eine Serie
vor, welcher Daumier den gleichen Titel
gegeben hätte. Magere und flache, den
Rebstöcken ähnelnde Personen würden auf
den Seiten des Albums runden, beleibten
Weibern mit ebenso beleibten Rückseiten
folgen. Diese Fülle von Fleisch oder diese
Zuchtruten wären mit sehr plumpen Nasen
und Füßen versehen. Auf dem Toiletten-
tische sähe man die falsche Haartour der
Matrone. Ein Bourgeois im Hemd wohnte
dieser trübseligen, anmutlosen Auseinander-
setzung mit dem Leuchter in der Hand bei,
auf dem Kopf die Zipfelmütze oder ein in
der Weise gebundenes Kopftuch, das sich

zwei Hörner bilden. Bei Gavarni würden wir ein schönes Mädchen finden, eine
manicure (Handärztin), mit bitteren Betrachtungen. Die junge Lorette würde
in beißenden Axiomen überfließen, Verachtung für den Mann wie die Frau
atmen. Rops würde in späterer Zeit das hübsche, nackte Mädchen seinen Kupplerinnen mit ihrem üblen Rate zugeführt haben. Taffaert bleibt elegant, und auf
der ersten Seite führt er eine junge Frau ein, welche auf ihrem Bette, in Form
einer Muschel, ausgestreckt liegt, eine junge Schönheit, deren Hemd so wenig Platz
als möglich einnimmt! Das Hemd ist freilich da, aber es verhindert weder den
Anblick der Beine, noch der Arme, der Brüste, der Schultern, noch auch des
Bauches, es ist ein weißes Fältchen, ein zarter Überwurf über einen Teil der
Nacktheit. Zum Ersatz dafür bedeckt ein hübsches Häubchen die Stirn, auf welcher

210

Das Atelier.

„Sie wollen zu Fräulein Boulard? Das ist hier! Treten Sie ein, mein Fräulein!"
197. Galante Karikatur von Forest.*)

die Strähnchen der Haartracht des vergangenen
Tages noch bemerkbar sind. Taffaert will den ganzen
Körper zeigen. Um eine Dame im Bade vorzustellen, läßt er ihr das Häubchen und bewilligt ihr
die Bedeckung der einen Schulter mit dünnen,
leicht verflochtenen Bändern; er nimmt zu einer
durchsichtigen Badewanne Zuflucht, deren Rand
allein eine dunklere Linie zeigt; es ist eine Badewanne aus Glas, welche die Beine der Dame
sehen läßt, die ins Bad steigt, bekleidet nur mit
ihrer Scham und dem leichten Häubchen. Auf anderen Blättern, um graziöse Bewegungen zu zeigen,
dreht er den Leib, biegt den Rücken nach einwärts,

*) Die rechts stehende Tür ist als zu dem obigen Bilde ge-
hörig zu denken.

211

um den Nacken zu zeigen, er scheut auch die kleine Gymnastik nicht, welche die Jagd nach einem unwahrscheinlichen Floh nötig macht. Wenn die Bewegung logischerweise dem Auge des Liebhabers einen Teil des Körpers entzieht, so ist das kein Grund für Tassaert, ihn desselben zu berauben. Tassaert hat beobachtet, daß gerade dafür die Spiegel gemacht sind, und er verstreut in den Boudoirs große und kleine Spiegel, so viel nur nötig sind, und gibt so, zugleich mit dem lächelnden Gesicht, die Schönheit der Züge, die harmonischen Wendungen und die prickelnde Bewegung der Frau bei ihrer Toilette.

* * *

Die hübschen Mädchen von 1830 zeigt er uns neben ihren Harfen, wie sie ihre Haare kämmen, mit schalkhafter Grazie das Strumpfband befestigen, den Riegel zu dem Schlafzimmer berühren, welches sie dem Liebhaber öffnen oder verschließen werden, mit einer Art bewegender Andacht das Ohrgehänge befestigen; dann endlich ist die Toilette zu Ende, das Kunstwerk ist fertig. Aber ehe er zu diesem Abschluß gelangt, hat sich Tassaert lange, vor und nach dem Anlegen des Korsetts, mit seiner Heldin beschäftigt. Denn ebenso wie der Spiegel ist das Korsett eines der Beiwerke, mit welchen Tassaert zu spielen liebt; die Verwendung des Korsetts in seinen Stichen ist ein Merkzeichen der Modernität, es ist, zugleich mit der Besonderheit der Möbel, das, was ihn von den netten, leichten Vignettenzeichnern des 18. Jahrhunderts, zum Beispiel von Baudoin unterscheidet. Obgleich man in Anwendung des Korsetts eine Art Hindernis erblicken kann, man möchte sagen, infolge des Übelstandes, daß es das Nachtkleid in Gestalt einer harten Bedeckung unterbricht, dient es ihm doch dazu, wovon er ausgiebigen Gebrauch macht, die Schultern mehr hervorzuheben, und die Hüften üppiger anschwellen zu machen. Fast immer, um der schon frisierten jungen Frau Ersatz zu bieten, verleiht er ihr einen Helmstutz und Hundelöckchen à la mode der Zeit, und mit dem Korsett umgürtet, bietet sie so, nur mit der Ahnung eines Hemdes und den leichten Häubchen angetan, neben jener anderen, die Entfaltung einer fast vollständigen Nacktheit.

* * *

„Die Liebhaber und die Ehemänner". — In dieser Sammlung fließt Tassaert in satirischen Phantasien über. Einige dieser Stiche, die ihn mit einer Mischung kindischer Rührung und empfindungsvoller Ausschweifung, die seine Merkmale sind, zeigen, erinnern an Creuze und den zerbrochenen Krug. Hier zwei Stiche: eine Neuvermählte macht darin, am Tage nach der Hochzeit, vertrauliche Mitteilungen, aber von verschiedener Art und Weise; in dem einen ist ihre Anhörerin

212

Der ausgepreßte Liebhaber.
198. Seltener satirischer Stich von Lagniet aus der Serie „Die Jahreszeiten".

Heliogabal.

199. Zeichnung von Willette zur Illustration eines Fragments des Heliogabal von Jean Richepin, veröffentlicht im Courrier français.

eine Frau, in dem anderen ein junges Mädchen, und dieses Blatt ist das geistvollere.

Da ist im Ausdruck der jungen Frau eine Mischung träumerischer Grazie und Weichheit, eine gewollte liebliche und würdige Zurückhaltung, eine entzückende Sanftmut, und die Züge sind so hübsch und rührend wie die der Madonna in den schönen Bildern der italienischen Renaissance.

Dann Schwänke und Possen. In dem Stiche, der „Ne fais pas la cruelle" („Sei nicht grausam") genannt ist, bekleidet aus Scherz die junge Frau ihren Verliebten mit ihrem schönen Kleide, sie selbst hat seinen hohen Hut ein wenig seitwärts auf ihr Hinterhaupt gestülpt, in der Art, wie Gavarni seinen Ausländerinnen den caloquet aufsetzt, und trägt eng anliegende Unterhosen, welche die Beine erkennen lassen. Sie wird es leicht erreichen, daß der Verliebte ihr zur Grausamkeit nicht Veranlassung bietet. Darin liegt keine Verderbtheit, sondern nur Einwilligung in den Sinnengenuß, wie auch in dem Stiche, wo die junge Frau

214

auf dem Bette ausgestreckt ihrem Gatten (oder Liebhaber) zusieht, wie dieser sorgfältig und mit der ganzen Aufmerksamkeit, die solche Verrichtung erfordert, den
Knoten seiner Halsbinde wieder in Ordnung bringt, ironisch, unzufrieden, aber auch
weich murmelt: „Il y en a qui diraient merci" („Dafür würde sich manche be-
danken"). Solche Keckheiten kommen bei Taffaert nur spärlich vor; aber er hat
doch der Sittenmängel nicht unkundig erscheinen wollen, und in seinen „Boudoirs
et Mansardes" deutet er darauf hin. Oh! Ein einziger Stich, der als Andeutung
oder Scheingrund aufgefaßt zu sein scheint, kann als eine Bestätigung gelten, daß
er sehr wohl die kleinen Liebeskioske kennt, die seine Zeitgenossen sich aufbauten,
wie auch die kleinen Häuser des 18. Jahrhunderts in den entfernten Lustwäldchen
des Liebeslandes; als eine Bekundung seiner Kenntnis der galanten Feste, die
fernab vom häufig aufgesuchten grünen Rasen stattfinden . . . „Vous nous le
paierez" („Das werdet ihr uns heimzahlen") sagen zwei Frauen zu zwei Männern,
welche quer durch die verschlossenen durchsichtigen Fenster ihnen mittels zweier

„Es ist ein Wunderkind, wir haben das Mädchen nach der Methode Jacotot ausgebildet."
200. Anonymer satirischer Stich.

215

LES REMOIS.

A la femme du peintre ils aspirvient tous deux   Trahis et prevenus les galants temeraires
Il leur rend tour a tour ce qu'il auroit craht deux   Jont auteurs de leur peine et temoins oculaire

Heimgezahlt.

Des Malers Frau sie hatten nachgestellt,   Verraten die verliebten Narren beide
Und ihre Frau in dessen Netze fällt!   Sind Zeugen nun bei ihrem eignen Leide!

201. Galante Karikatur von Watteau.

Molièrescher Instrumente eine Art Sturzbad zukommen ließen. Sie sind offenbar
belauscht worden, und diese Begießung hat den Sinn der Anspielung. Doch ist
es vielleicht nur ihre Siesta, der süße Schlummer, den die beiden Männer gestört
haben. Sie hatten sich zum Schlafen hingelegt, und wie so häufig bei Tassaert,
hat die eine das Korsett, die andere nicht. Neben seinen Eleganten zeichnet
Tassaert deren Kammerkätzchen. Diese sind sehr artig aufgefaßt, große Hauben
mit Bändern geben den niedlichen Gesichtern ein feines Aussehen. Der sehr
kurze Rock läßt das runde Bein und den kleinen Fuß sehen; es sind Soubretten
für die Komödien des Boudoirs, für den geschraubten Stil des Scribe. Diese
Soubretten zeigen das liebenswürdigste, verständnisvollste Lächeln, wenn ihre
Herrin zu ihnen sagt: „Je n'y serai pour personne" („Ich bin für niemand zu
Hause"), während sie dem Liebhaber die Hand zum Kuß überlassen. Sie üben
mit diesen Tantalusqualen Vergeltung, widerstehen den Angriffen des Galanten
— vielleicht, nicht immer!

Da ist hier eine, die ein junger Elegant um die Mitte faßt, indem er ausruft: „Ah, pour ce coup ci . . ." („Ach, aber diesmal . . .") Sie kehrt von
ihrem Ausgange zurück. Sie hält in den Händen eine schwere Flasche mit Par-

216

Im Bois de Boulogne.

— Aber so drehen Sie sich doch ein wenig nach mir um!

Galante Karikatur von Abel Faivre.

Sie hatte den Eintritt unterfagt, aber die Nachläffigkeit der Dienftboten . . .
202. Galante Karikatur von Eugène Lami aus der Serie „Zur Unzeit".

fümerien, dann eine große Hutfchachtel. „Milon de Crotone", den uns Puget
mit den Händen in den Spalten einer Eiche festgehalten darftellt, hätte fich leichter
gegen den Angriff des Löwen, der ihn zerreißen will, verteidigt, als diefes fchwache
Kind gegen den zärtlichen Feind. Das ift eine hübfche, geiftreiche Vifion aus den
„Boudoirs et Mansardes" von 1830, die uns Taffaert gezeigt hat.

*   *   *

Lepoittevin.

Ift Lepoittevin ein großer Künftler? Nein, aber er zählt nicht nur zu den
romantifchen Zeichnern, fondern ift auch einer der bedeutenderen in ihrer Reihe.
Dann ift er wohl Romantiker? Kaum! Um ihn beffer zu verftehen, ftelle man
fich einmal einen jener fleißigen Schüler vor, die, folange fie ihre Klaffe durch-
machen und folange die Unterrichtsftunde dauert, ihre Aufgabe pünktlich machen
und dem Unterricht des Lehrers mit einer allerdings nicht befonders begeifterten,
jedoch ernften und pünktlichen Hingebung folgen. Nun kommen die Ferien;
unfer fleißiger Schüler, von dem wir auch vorausfetzen, daß er bis dahin ganz
fittfam gelebt hat, wird fich jetzt dem bloßen Kontraft zuliebe den wildeften

217

Spielen hingeben. Oder denken wir uns einen ernsten und geradezu feierlich tuen-
den Beamten, der während der Amtsstunden jede Regung der Unabhängigkeit,
jeden Anschein der Persönlichkeit in sich eifrig unterdrückt. Kein Mensch versieht
den Dienst so genau wie er; kein Mensch widmet seine Zeit einer langweiligen
Arbeit so gewissenhaft wie er. Doch nun kommt der Abend; das Amt ist geschlossen, unser Mann hat dem Staate gegenüber bis morgen gar keine Verpflichtung. Für heute hat er das Seinige getan, die Wertpapiere zu verwahren, die
Bilanz der Einnahmen und Ausgaben aufzustellen. Er ist frei, er tanzt; es
wirbelt ihm im Oberstübchen, die Einbildungskraft bemächtigt sich seiner. Er
flüchtet aus seinem Bureaukratenleben in die tollsten Seitensprünge; er macht
förmliche Lustspiele, Zauberstücke; er wird abenteuerlich, mutwillig, übertreibend.
Ganz so war Lepoittevin der Stecher neben Lepoittevin dem Maler beschaffen.

*   *   *

Als Maler war Lepoittevin, der Schüler eines Hersent, abgemessen, ruhig,
klassisch, oder doch halbklassisch, in eben demselben Maße wie Paul Delaroche.
Er besitzt zwar nicht dessen dekorative Geschicklichkeit, wohl aber seine Gesetztheit.
Er malt kalt, seine Bilder gleichen korrekt ausgeführten Geschäftsstücken. Er
pinselt eine Seeschlacht zwischen den Rittern von Rhodus und den Türken, er malt

Das Modell.
205. Galante Karikatur von Louis Morin.

Schlachtenbilder für das Museum in Versailles, und wie
jeder andere stellt auch er die
kleinen Linien der Truppen
um den Generalstab auf, wo
die ruhigen Pferde mit den
unruhigen abwechseln. Er
malt z. B. eine Liebeserklärung aus der Zeit der Liga;
sein in Samt gekleideter Ritter
kniet so artig wie nur möglich
vor einer schönen Dame, deren
Stirne mit einem hübschen
Kranz geschmückt ist. Er malt
ferner verschiedene Ansichten
vom Park und vom Schloß
in Versailles und versäumt
nicht, sie mit feinen Persönchen im Stile Ludwigs XIV.
zu bevölkern. Auf der an-

218

deren Seite wieder liebt er Holland; er reist hin und bringt melancholische Kanäle, aber auch Bilder aus der Geschichte mit nach Hause, ein Van de Velde, wie er eine Seeschlacht nach der Natur zeichnet, oder ein Paul Potter, wie er auf dem Felde malt. Empfänglich für die malerischen Schönheiten der Normandie häuft er in seinen Zeichnungen melancholische Winkel aus Caen, Fischer aus Arromandes. Alles recht kalt. Seine Leinwand verrät nirgends, daß er auch Teufeleien machen kann; eine dahin gehende, aber auch nur recht unsichere Andeutung finden wir etwa in seinem Bilde „Die Lektüre“, welches wie folgt komponiert ist: Zwei Damen sitzen in einem Park, von der Art des Parkes in Versailles; die eine liest in einem dicken Buche, die andere hört wohl zu; da kommt ein Herr, um sie zu unterhalten. Dieser Herr, sehr groß, lang, von der Sonne verbrannt, hat eine recht mephistophelische Miene. Ob Lepoittevin da wohl den satanischen Geist, die Begehrlichkeit und die Liebesgier darstellen wollte, wie sie sich aus den Blättern des Buches erhebt und für diese schönen Leserinnen greifbare Gestalt annimmt, die dann auch, wie in der Danteschen Episode der Francesca di Rimini gesagt ist, an diesem Tage kaum weiter lesen? Eine solche Annahme ist wohl möglich, aber nichts weniger als sicher. Vielleicht wollte er eben nur einen langen und von der Sonne verbrannten Herrn malen. In den Zeichnungen von der Revolution des Jahres 1830 kommt sein spöttisches Temperament schon eher zum Ausdruck. Während beispielsweise Lami oder Taffaert in ihren Zeichnungen desselben Gegenstandes mit ihrem Stift eine wahre Lobhymne auf die Vertreter der Volkssache anstimmen, nimmt Lepoittevin keinen Anstand, uns die Patrioten zu zeigen, wie sie auf Plünderung ausziehen, oder vielmehr von einer solchen zurückkehren, mit zahl-

Die Branntweinhändlerin.
204. Karitatur von Carle Vernet.

219

reichen Broten und mit Säcken, welche ohne Zweifel mit kräftigen Nahrungsmitteln gefüllt sind. In der Ecke seines Blattes zeigt er uns einen sonderbaren National-gardisten, der ohne Zweifel eben auf die Schildwache zieht, bewaffnet mit einer Infanterieflinte und gegen die feindliche Reiterei durch einen Helm im Stile Heinrichs X. geschützt. Hier zeigt sich schon ganz entschieden eine gewisse satirische Neigung, aber immerhin recht schwach, und dabei ist es derselbe Schöpfer der Teufeleien, der in zehn lithographischen Blättern nahezu hundert sarkastische, sonder-bare und satanische Gegenstände behandelt, die ebensowenig klassisch wie moralisch sind. Nichts ist in diesen Teufeleien, was der berauschenden und freudigen Ästhetik eines Jérôme Bosch unterworfen wäre, nichts, was einen echten katholischen Glauben an eine Hölle oder eine Furcht vor ihr andeuten würde; nichts auch, was darauf hinweisen würde, daß die gezackte Majestät des Luciferschen Donnerkeils ernst genommen wird. Die Sache ist einfach fröhlich, fratzenhaft, satirisch und phantastisch.

Der Teufel ist für die Romantiker ein komisches Element geworden, wenn auch einige von ihnen dieses Komische nicht ohne ein gewisses Zittern behandeln. Immerhin hat Théophile Gautier in seinen Jungfranzosen es nicht unterlassen, diejenigen zu verspotten, die an den Teufel glauben oder ihn zum Gegenstande eines literarischen Mittels machen. Der Mephistopheles Goethes hat seine Schatten in manches Hirn geworfen. Neuere Versuche haben aus ihm nur neue Typen sar-kastischer Persönlichkeiten ge-macht. Auch andere als Le-poittevin haben nach ihm Teufeleien graviert; diese sind sogar zu einem kuranten Handelsartikel geworden. Sehen wir doch, daß die Her-ausgeber, für welche Gavarni gearbeitet hat, solche von ihm direkt verlangt haben. Man machte solche Teufeleien gerade so, wie man Jagd-szenen oder malerische Ko-stüme zeichnete. Der Erfolg Lepoittevins wirkte darin anregend, und gibt man erst

Szene im Aufbewahrungsraum für Schirme im Frauenklub.
Die Vorsteherin: „Nr. 419 ein Ehemann und ein Regenschirm, macht 4 Sous".
205. Amüsante Karikatur auf die Pantoffelhelden von Cham.

220

Die Büchse der Pandora.
206. Symbolische Karikatur von P. Quinsac.

das Genre zu, so war dieser Erfolg durch die Mischung der Satire mit einer komischen Phantasie auch genügend gerechtfertigt.

* * *

Da sind vor allem die Teufel, die sich mit Musizieren unterhalten. Um sich ein Konzert zu geben, stützt sich der eine mit den Fingern auf die Nase und macht aus ihr eine Trompete; ein anderer Teufel mit einem Hundskopf und einer Kochsmütze darauf begleitet ihn, indem er auf einer Pfanne eine wahrscheinlich sehr komplizierte teuflische Symphonie schlägt. Jenem Teufel, dessen Nase wie ein Jagdhorn geformt ist, wel-

Die Liebe in Paris.
— Maria! . . . schnell, schnell, eine Limonade und einen Fiaker!
207. Karikatur auf die Prostitution J. L. Forain.

ches ihm bis auf den Bauch hinunterreicht, bläst ein kleines Teufelchen den Ton mit Hilfe eines Blasebalges ein, der dort angebracht ist, wo die Apotheker von Molière ihre Instrumente verstecken. Wieder ein anderer versenkt auf dieselbe Weise seine Flöte in die fleischigen Teile eines Teufelchens, und dabei kommen Töne heraus untermischt mit den Schlägen eines Cymbals, welches von der Mittelperson sozusagen rhythmisch bearbeitet wird. Die Musik ist nicht die einzige Unterhaltung der Teufel; da sind welche, die im Wasser plätschern, und ihre langen Schwänze zappeln auf der Oberfläche des Wassers am Ende ihres Leibes, welcher dadurch aussieht wie das Rückgrat eines phantastischen Hundes. Ein Gefolge von Teufeln begleitet einen Wagen voll mit Hexen; andere wieder lernen von einem alten Magier neben einem Galgen aus dem Zauberbuch lesen. —
Ein anderer Teufel will einem Sultan ein Klistier geben, der nachlässig neben einer nackten Teufelin sitzt; diese hat ein zahnloses Affengesicht und ist bis auf einen Büschel wirrer Haare auf der Spitze ihres Scheitels ganz kahl; der Sultan soll sie infolge der Wirkung irgend eines bizarren Zaubertrankes wohl schön finden. Man würde glauben, die Illustration einer Fabel aus der Hölle vor sich zu haben

222

340

mit einer orientalischen Moral. Lepoittevin führt die Frau in seine Teufeleien ein. Er zeigt sich da gewissermaßen weiberfeindlich. Der Teufel stellt dem Weibe nach, aber das Weib scheint ihm auch nicht unwillig zu folgen, wobei mildernde Umstände geltend gemacht werden können. Diese mildernden Umstände bestehen darin, daß der Teufel alles daransetzt, um es zu überlisten. Setzt es sich als junges, reines und offenherziges Mädchen vor den Beichtstuhl, so erscheint dieser Beichtstuhl in der Lithographie von Lepoittevin gesteckt voll wollüstiger Teufel mit glühenden Augen, von denen einige mit heraushängender Zunge, gleich toll gewordenen Hunden, hervorkriechen, um sich unter die Röcke des Mädchens zu verstecken. Ob nun die Unglückliche in der Reinheit des Priesters einigen Schutz finden wird? Der Priester kommt wohl mit fromm gekreuzten Armen, aber sein Rattenkopf und die gekrümmten Nägel, mit welchen er unter die Soutane greift, sind nicht darnach angetan, Vertrauen zu erwecken. Ein anderes Mädchen betet im Bett seinen Rosenkranz. Drei Teufel heben einen Zipfel des Bettvorhanges auf und belauschen ihre Träume, um ihr unzüchtige Bilder vorzugaukeln. Einige Frauen gehen eben in die Hölle, wo ein Teufel sie hineinschleppt. Die Hölle wird durch eine düstere Schlucht dargestellt, in der ein totes Wasser fault. Wollen nun die Frauen die Felsen hinaufklettern, um etwa einen Ausgang zu finden, so werfen sich die Teufel in unzüchtiger Weise auf sie, bewaffnet mit Peitschen. Manchmal wird der Teufel auch ironisch. Da ist beispielsweise eine Kalvarie bei Montrouge neben Paris; am Fuße des Kreuzes verrichten zwei fromme Dorfbewohner, ein Mann und eine Frau, ihr Gebet, wahrscheinlich um Gott zu danken, weil er ihnen eine glückliche Reise gewährt hat. Die Teufel machen sich über sie lustig, indem sie gewiß daran denken, daß unser frommes Paar sich in ein ihrer Unschuld gelegtes Netz verfangen wird. Der horizontale Arm des Kreuzes ist nichts anderes als eine große nackte und strenge Teufelin, auf deren Bauch ein Teufelchen eben seine Not verrichtet; und dieses Teufelchen sitzt derart,

Mayeux: „Ein solches Kleinod, einen solchen Koloß muß ich haben, Himmelsapperment!"
208. Karikatur von Traviès aus der Serie „Les Facéties de Mayeux".

223

daß es den vertikalen Schaft des Kreuzes bildet. Anderen Bäuerinnen macht der Teufel das Leben schwer. Da steht eine in ihrer Küche, ganz umringt von Teufeln, die mit den gebackenen Schnittchen und mit den Töpfen allerlei Kunststücke treiben. Neben Zeichnungen, welche einfach mit einer burlesken Phantasie gemacht sind, sehen wir einige, die an die Phantasie eines Rops erinnern. Das große Verdienst Lepoittevins besteht eben darin, daß er in einem kleinen, sehr kleinen Maße der Vorläufer von Rops gewesen ist. Da ist zum Beispiel eine junge Frau, die sich mit Schaukeln unterhält; aber die Schaukel wird von verschlungenen Teufeln gebildet, welche über einem Abgrund mit ihren Schwänzen an Bäumen hängen. Die junge Frau lächelt. Ohne Zweifel wollte Lepoittevin da die Sorglosigkeit der Frau darstellen, die sich in den Netzen des Teufels fangen läßt. Da ist eine Zeichnung, wo die Frau lächelnd auf die Ratschläge des Bösen hört, und eine andere, welche schon ganz an ein Blatt von Rops erinnert. Diese stellt einen großen Teufel dar, wie er mit Siebenmeilenstiefeln eben auf der Erde ankommt, mit einer riesigen Bütte auf dem Rücken; die Schäfte seiner Stiefel und seine Bütte sind voll nicht etwa von Puppen, sondern von reizenden Frauen mit abenteuerlichen Chignons, einige in großer Toilette mit stark entblößtem Busen, andere ganz im Gegensatz mit sanftem, regelmäßigem Gesicht, mit jungfräulich in Bänder eingewundenen hängenden Zöpfen, förmliche Heiligenbilder. Und sie alle

sind ausstaffiert und herausgeputzt, um den Mann zu verderben, sowohl jene, welche mit ihrem sanften Zauber reizen, die hübschen Bräute, mit den Vergißmeinnichtaugen, mit dem strohgelben Haar, nicht minder jene mit dem höllischen Feuer in den brennenden Augen. Augenscheinlich hat Lepoittevin bei diesem Teufel mit der Bütte an jenen Alten von Rabelais gedacht, der vorn und hinten eine Bütte trägt, in jeder eine seiner kleinen Entelinnen; für die, welche in der vorderen Bütte hängt, und welche er daher immer im

„Nehmen Sie Ihren Mantel, mein Fräulein, und lassen Sie uns miteinander gehen!"
209. Amüsante Karikatur von Charles Philippon aus der Serie „Noch etwas Lächerliches".

224

— Fantine viens-tu ? j'ai là un pigeon
Nous partagerons, je te donne les
pattes.

— Schöne Maske, willst du mit mir soupieren?
— Du darfst dir auch die Taschen vollpfropfen.

— Du, hast du nicht eine falsche Nase?
Schöne Maske, ich schwöre es, daß es meine eigene ist!
— Na, dann schnäuz dich mal!

Satirischer Stich aus der Serie „Maskenbälle" von Morland. (Zweites Kaiserreich.)

Ach, die liebe Sonne kommt!
210. Karikatur von H. Gerbault.

Auge hat, mag er schon gutstehen; nicht so für jene, welche er gewöhnlich in der hinteren Bütte hat, trotzdem diese noch ganz Kind ist, da er sehr gut weiß, daß der böse Geist früh genug auch in die kleinen Mädchen hineinzufahren pflegt. Rabelais übertreibt, vielleicht läßt sich von Lepoittevin dasselbe sagen; es war sein gutes Recht anzunehmen, daß böse Mächte zwischen die Schön= heiten der Erde reichlich den Samen des Schmerzes streuen, der uns durch die Schönheit verhüllt wird. Lepoittevin geht sogar noch weiter, er scheint ausdrücken zu wollen, daß die Schönheit gar nicht notwendig ist, um die Begierde zu wecken.

225

Hat er doch den Teufel als Weib verkleidet und stellt neben dieses Weib einen seufzenden brünstigen Jungen. So herausgeputzt, als Weib von einem ehrwürdigen Alter, ist der Teufel recht häßlich. Aber die Begierde ist so stark, daß der junge Mann sogar diese triumphierende Meerkatze mit verführerischem Zauber und mit allen Reizen ausgestattet sieht. So will Lepoittevin moralisieren. Man empfindet wohl, daß man nahe an der Zeit lebt, wo Theodor Hoffmann seinen Nathanael sich in eine Puppe verlieben läßt, und nicht fern von jener, da Rops den großen Sämann des Bösen darstellen wird, wie er über Städte und Flüsse schreitet und die Erde mit kleinen Teufelchen bevölkert. Das ist nicht mehr die Romanze von Devéria; ein anderes, viel schrilleres Lied beginnt. Unter diesem Titel ist Lepoittevin bemerkenswert; er bildet das verbindende Glied zwischen der mystischen und der satanischen Romantik, und die große Verschiedenheit seiner Teufeleien von seiner gewöhnlichen Kunst verringert keineswegs das Interesse an dem eigenartigen, wenn auch weniger bekannten Künstler.

* * *

Félicien Rops.

Obwohl in Belgien geboren, gehört Félicien Rops doch der französischen Kunst, denn erstens ist er der Rasse nach ein Wallone, und zweitens hat er vorwiegend in Paris gelebt und gearbeitet. Wenn er auch manches der flämischen Kunst zu verdanken hat, so kann ihn doch die französische Kunst mit vollem Recht für sich reklamieren. Hat er doch als Mann von stark ausgeprägten literarischen Neigungen den französischen Schriftstellern gar viel zu verdanken. Unter den Zeichnern der Frau und speziell der Pariserin ist er neben Guys zu stellen, den er aber noch überragt; denn außer dem scharfen, unerbittlichen, tapferen, stark modernen Blick des Guys, außer der Geschicklichkeit, die ihnen beiden gemeinsam ist, den Körper unter den Kleidern ahnen zu lassen, das Zeitalter, das gesellschaftliche Milieu und den standesmäßigen Zug mit einigen entscheidenden und einschneidenden Strichen anzudeuten, zeichnet ihn noch das Traumhafte, die Phantasie und eine un-

Tänzerinnen der „Moulin-rouge".
211. Karikatur von Charles Léandre.

226

leugbare Überlegenheit
der Mache aus. So-
wohl durch sein Genie,
wie auch durch seine
Fehler ist er vielleicht
der beste Dolmetsch der
romantischen Frau.
Rops gelangte zur
Kunst zu einer Zeit,
wo der Romantizismus
bereits im Niedergang
begriffen war, spät ge-
nug, um auch für die
Ironie empfänglich zu
sein, andererseits vor
gewissen Entwickelun-
gen der Romantik, früh
genug, um auch an
ihrer lyrischen Rich-
tung teilnehmen zu kön-
nen. Und diese Mi-
schung von Lyrik und
Ironie ist mit einer jener
Züge, welche seine Kunst
besonders schmackhaft
erscheinen lassen.

La femme et la folie dominent la monde.
212. Karikatur von Félicien Rops auf die Prostitution.

*　　*　　*

Das Weib, wie es von Félicien Rops in seinen Werken am Anfang seines
Schaffens dargestellt wird, ist die hübsche Brüsslerin, blond oder braun, mit
einem flämischen oder spanischen Anflug, recht fleischig, ganz aufgeblüht, mit
dem klaren, nicht immer besonders feinen Lächeln. Der Künstler suchte seine
Modelle in jener Vorstadt von Köln, wo das Brüssler Laster seine Orgien feiert,
und daneben unter den städtischen Bürgersfrauen. Sein Stift zeichnet vielfach
Typen in der Manier von Rubens aus jener Zeit, wo er die Titelblätter der von
Gay und Doucé herausgegebenen erotischen Bücher mit hübschen Vignetten schmückt,
oder für Poulet-Malassis arbeitet. Er war auch Mitarbeiter einiger in Brüssel
erscheinenden illustrierten Journale, als er in dieser Stadt Charles Baudelaire begegnete, jenem Schriftsteller und Poeten, der den größten Einfluß auf ihn gewinnen

227

und seiner ästhetischen Auffassung eine neue Richtung geben sollte. Charles Baudelaire war nach Belgien gegangen, um dort literarische Vorträge zu halten, hatte
aber keinen Erfolg damit, weil das Belgien jener Zeit wenig Geschmack an der
Literatur fand. Er beabsichtigte dann, Materialien zu einem Buche zu sammeln,
welches die Franzosen eingehender über Belgien unterrichten sollte, und wurde in
dieser Absicht um so mehr bestärkt, weil ihm die Nachbarschaft seines Freundes
Poulet-Malassis veranlaßte, sich einige Monate in Brüssel aufzuhalten. Baudelaire gehörte damals zu den kühnsten Kritikern der französischen Kunst. Einige
seiner Studien verfolgten den Zweck, die Bestrebungen der Karikaturisten seiner Zeit
mit denen ihrer Vorgänger aus der letzten oder vorletzten Generation zu vergleichen.
Was er da über Daumier, über Grandville und über Pigal zu sagen hat, ist ganz
vorzüglich. Außerdem war er sozusagen der Entdecker von Guys, und seine Studie
über den Maler des modernen Lebens sollte für Rops geradezu zu einer
Offenbarung werden. Da hat der tastende und suchende Rops eigentlich seinen richtigen Weg gefunden. Baudelaires Vorstellung von der Schönheit und von der Frau
war eine von jener seiner romantischen Vorgänger wesentlich verschiedene. Finden
wir doch bei ihm die Worte: „Was nicht ein klein wenig mißgestaltet ist, übt keine Wirkung aus, woraus folgt, daß die Unregelmäßigkeit, das heißt das Unerwartete, die Über-
raschung und die Verwun-
derung, ein wesentliches Element und das Charakteristische
der Schönheit ausmacht."
Und an einer anderen Stelle:
„Ich habe die Definition des
Schönen, meines Schönen
gefunden! Es ist etwas Feu-
riges und Trauriges, etwas
Unbestimmtes, was der Mut-
maßung Raum läßt. Ich will

Zarte Aufmerksamkeit.
Das ist alles, was du als Taille anhast?
— Ja, mein Lieber.
Na, dann nur zu! Kannst allein hinaufgehen! Die Herren da
oben werden es dir Dank wissen!
213. Galante Zeichnung von F. Bac.

228

Das Ende vom Lied.

Die franzöſiſche Republik: „Tauſend Wetter, mir ſcheint, daß man mich noch weiter anpumpen will . . .
aber das iſt nicht mehr Allianz, das iſt ſchon mehr Alliage.“

214. Satiriſche Karikatur auf die franko-ruſſiſche Allianz von Paul Iribe.

351

„Die große italienische Arie."

215. Gesellschaftliche Karikatur von Charles Philippon.

meine Auffassung auf ein greifbares Objekt, sagen wir gleich auf das interessanteste Objekt der Gesellschaft, auf das Gesicht der Frau anwenden. Ein verführerischer und schöner Kopf, oder mit anderen Worten ein Frauenkopf ist ein Kopf, der uns in einer etwas unklaren Weise gleichzeitig sowohl von Wolluft, als auch von Traurigkeit träumen läßt, der in uns die Idee der Melancholie, der Müdigkeit, ja sogar der Übersättigung und gleichzeitig die entgegengesetzte Idee einer Luft und Gier zum Leben erweckt, verbunden mit einer Bitterkeit, welche aus der Entbehrung und aus der Verzweiflung auszuströmen scheint. Das Geheimnisvolle, das Leid gehört auch mit zum Charakter des Schönen. . . . Ich will damit nicht sagen, daß die Freude sich mit der Schönheit nicht vereinigen lasse; wohl aber behaupte ich, daß die Freude ein recht vulgärer Schmuck ist, während die Melancholie sozusagen wie eine vornehme Begleiterin erscheint, so zwar, daß ich — sollte vielleicht mein Gehirn ein verhextes Geheimnis sein? — eine Schönheit ohne ein damit verbundenes Unglück mir gar nicht vorstellen kann. Auf solche Ideen gestützt, — andere werden wohl sagen, von ihnen besessen — wird man begreifen, daß für mich, ganz so wie auch für Milton, Satan der vollkommenste Typus der männlichen Schönheit ist."

Das sind ganz neue Worte. Die lyrische Auffassung der Schönheit, ihre Formel für die Empfindung der Schönheit hat Baudelaire in seinen „Blumen des Bösen" die folgenden Verse eingegeben:

Du wandelst über Tote, Schönheit, lachst sie aus,
Den Schrecken hast du dir zum schönsten Schmuck erwählt,
Behängst als liebsten Zierat dich mit Mord und Graus,
Der protzig gleißend uns von deinem Stolz erzählt.

Du bist der Augenblick, der wehend uns verfliegt,
Die Flamme bist du, wie sie knistert und verblaßt.
Der Mann, der brünstig schönen Frauenleib umschmiegt,
Ist gleich dem Sterbenden, der 's eigne Grab umfaßt.

230

352

Er beginnt eines seiner Gedichte in Prosa, „Ein Rassenpferd", mit den Worten: „Sie ist recht häßlich und doch so herrlich. Zeit und Liebe haben sie mit ihrer Kralle gezeichnet und ihr grausam beigebracht, was jede Stunde und jeder Kuß der Jugend und der Frische raubt. Sie ist wirklich häßlich, eine Ameise, eine Spinne, wenn ihr wollt, ein Skelett sogar, und doch ist sie herrlich, großartig, zaubervoll, mit einem Wort, sie ist köstlich." . . . .

Daraus können nun die plastischen Künstler bisher nie gehörte Lehren ziehen. Wir haben die Beziehungen unterstrichen, welche zwischen der Formel Hugos: „Was schrecklich ist, ist schön" und der Kunst eines Travies aufgestellt werden können; doch hier erst finden wir den klar ausgesprochenen Rat, besonders dem Charakter nachzuspüren und die Schönheit vorwiegend in dem Eindruck zu suchen, den eine schmerzliche Innerlichkeit auf einem Gesicht von edlen Linien hinterläßt. Die klassische Ästhetik hat besonders der Schönheit des Weibes, der Regelmäßigkeit seiner Gesichtszüge und dem harmonischen Ebenmaße seines Körpers Rechnung getragen. Die romantische Kunst wird die Effekte in dem Malerischen der Entkleidung finden. Nach Daumier, der die Runzeln des Alters, die Aufblähungen des Körpers, die Trivialität der Maske kräftig entstellt und mit Eifer hervorgehoben hat; nach Gavarni, der sein Element einer bitteren Komik in der bei niedrigstem Stand der Tugend beurteilten moralischen Persönlichkeit des Weibes findet; nach Devéria oder Tassaert, den Fortsetzern jener Vertraulichkeiten, in denen sich das 18. Jahrhundert gefallen hat, indem es, um die Begierde und ein leichtes Lächeln zu erwecken, den Körper des Weibes in teilweiser Entkleidung spielen ließ: tritt nun eine Kunstästhetik auf, die ihre Elemente der gesellschaftlichen Stellung und der Beschäftigung des Modells entnimmt und die das Weib zur Beute der ewigen Begehrlichkeit oder (wie er es

Die Grisette: „Das ist ungefährlich!"
216. Karikatur von Scheffer aus der Serie „Les Grisettes".

231

nennt) des Satans macht. In diesem Punkte bestätigt sich die Überlegenheit der plastischen Kunst. Die satanischen Schriftsteller haben mit denselben Ideen weniger Dauerhaftes geschaffen, als die plastischen Künstler, ob Maler oder Bildhauer. Die satanische Idee, welche einige der schönen Blätter von Baudelaire schwülstig macht, verdirbt keineswegs jene von Rops, weil der Plastiker auch einer falschen Idee die schöne Form zu geben vermag, während ein Gedicht, in welchem eine falsche Empfindung zum Ausdruck kommt, keinen Bestand hat. Übrigens ist Rops keineswegs bloß satanisch; gestützt auf eine reiche Erbschaft der flämischen Kunst und vertraut mit den wahren charakteristischen Vorbildern, wie sie von den großen Flämen und den großen Holländern geboten werden, verliert er die Natur nie aus den

Augen und bedient sich der Theorien Baudelaires nur insofern, als er aus denselben plastische Effekte schöpfen kann, um in seine Kunst das Geheimnisvolle und das Schreckliche einzuführen. Ein Album, welches Rops einmal einem seiner Verehrer in Vorschlag gebracht hat, sollte das Album des Teufels genannt werden; jedoch wenn Rops an den Teufel gedacht hat, so wollte er aus ihm keineswegs den schwarzen Satan der schwarzen Messen machen, oder

Die Beichtübungen des Monsieur Henri Roch.
217. Karikatur von Félicien Rops.

232

Nein, mein Herr . . . ich habe niemals vor Männern ohne Hosen Angst gehabt.

Satirische Karikatur von Abel Faivre.

etwa den Baphomet, deſſen Gotteslästerung ſchon durch ſein Vorhandenſein auf einen religiöſen Glauben hindeutet. Sein Teufel ſteht eigentlich dem geiſtvollen und ſpöttiſchen Teufel eines Leſage und eines Cazotte am nächſten. Er kann — nach der Definition — alles ſehen. Er nimmt ihn zum Helden, weil er die Gelegenheit benützen will, um ſeinen Verehrern einige verſchloſſene Interieurs zu öffnen und einige recht bewegliche und gewürzte Szenen zu zeigen. Rops bedient ſich der Mythologie eher in einem ironiſchen Sinne. Er läßt die Maulaffen von Paris eine Sirene auf-

Madame Bordin.

218. Charles Huard. Zeichnung aus dem ſatiriſchen Roman von Guſtav Flaubert „Bouvard et Pécuchet".

ſiſchen, die dann ganz überraſcht ſind, wenn ſie am Ende ihrer Angel die wunderbare Schönheit eines Ungeheuers finden und im gewöhnlichen Leben der plötzlichen Offenbarung eines Wunders und der Anweſenheit eines feenhaften und entzückenden Scheuſals begegnen. Dieſe überraſchende Wirkung und der Geſchmack an ſolchen Wirkungen haben etwas von luſtiger Myſtifikation an ſich. Baudelaire hatte ſtark die Neigung, ſeine Zeitgenoſſen zu myſtifizieren. Sein Schüler Rops war dazu bei weitem weniger geneigt; doch bricht bei ihm ein ſpöttiſches Temperament oft in den dramatiſcheſten Kupferſtichen durch, und eben dieſe Neigung zur Satire hielt ihn davon zurück, ſich zu verlieren, wenn er an geheimnisvolle Vorwürfe bei einer etwas ſchwefligen und ſchwankenden ſataniſchen Beleuchtung herantrat.

Rops hat es vermieden, die Mode ſeiner Zeit zu karikieren, und eben darum finden wir bei ihm über dieſelbe wertvolle und ſehr genaue Aufſchlüſſe. Dieſem großen Darſteller des Nackten, dieſem Meiſter des Unbekleideten erſcheinen alle

233

Waffen des Weibes und alle seine eleganten Kunststücke als berechtigt. Höchstens daß er ihre Zahl kritisiert. Es ist zu beachten, daß in seiner „Abfahrt nach Kythera" das junge Weib, welches im blumengeschmückten Nachen zu den Freuden und Belustigungen der Liebesinsel flieht, in großer Begleitung erscheint. Es wird von einem ganzen Schwarm teuflischer Amoretten begleitet, von denen einige mit Hutschachteln, andere mit kleinen Kofferchen beladen sind; es fehlt nicht einmal der kleine Berichterstatter, der die Welt über die Taten und Bewegungen der Schönen auf dem laufenden halten soll. Diese Öffentlichkeit des Liebeslebens datiert wohl nicht von gestern, erscheint aber hier in neuer phantastischer Beleuchtung.

In den Blättern, deren Gegenstand aus dem pulsierenden eleganten Leben gegriffen ist, wie im Betrunkenen Dandy, in der Falle, oder in der Beschlagnahme, ist Rops der verläßliche Dolmetsch des eleganten Lebens seiner Zeit. Die in der Stirne kurz abgeschnittenen Haare, die langen anliegenden Kleider, die Roben mit einer ungeheuren Krinoline, die kleinen, in die Stirne gerückten Hüte, wie sie von den eleganten Damen des zweiten Kaiserreichs und am Anfang der dritten Republik getragen wurden, werden von Rops genau beachtet, und diese Wahrheit der Kostüme erhöht den Eindruck einer unbedingten Treue der Szenen, die er beobachtet oder geschaffen hat, und die er eben bekleidet darstellen wollte.

„Die Kunst, sich die Liebe der Frau zu erwerben."
219. Karikatur von Hippolyte.

Rops ist nicht unvermittelt zu dieser wunderbaren Wiedergabe des wirklichen Lebens gekommen. Als er aus Flandern und aus Seeland zurückkehrte, wo er jene schöne Serie von ruhigen Frauen auszuführen begonnen hatte, mit der langsamen Bewegung, mit der wenn auch nicht schwerfälligen, so doch etwas steifen, gestützten Haltung, erschien ihm die Pariserin ein wenig gekünstelt. „Der Spießbürger," so schreibt er in einem seiner Briefe, „wenn er in einer Ecke des Boulevards der hottentottischen Venus im Nationalkostüm begegnen würde, wäre gewiß weniger verblüfft, als ich es gewesen bin, da ich diese unglaubliche, aus Pappe,

234

Reißpulver . . . zuſammengeſetzte Frau vor mir ſah, . . . ich habe etwa ein Hundert von jenen Roſenmädchen des Teufels, welche ich dieſen Winter erſcheinen zu laſſen gedenke . . ." Er bemerkte aber bald, daß dieſe Pappe von Fleiſch war, und machte ſich mit einer ganz beſonderen Meiſterſchaft daran, das Mädchen der Pariſer Boulevards und der Muſikhallen zu überſetzen. Die Mädchen in der Falle, einer Szene, die ſich in einem großen Nachtlokal abſpielt, ſtehen auf der höchſten Stufe jener Proſtitution, welche er ſo kräftig darſtellt. Nicht weniger kräftig erſcheint er in der Zeichnung jener Mädchen, die ſich in den Wandelgängen der Folies Bergères und auf der Straße herumtreiben. Wenn auch ſeine Phantaſie

ſich ihre Modelle noch oft genug aus gewiſſen Schlupfwinkeln Antwerpens holt, ſo bringt er doch ſchon kräftige Darſtellungen der Mädchen der Pariſer Vorſtädte. Neben den großen Blättern mit romantiſchem Vorwurf entſteht ihm eine ganze Reihe von Radierungen. Die Beſcheidenheit der erſten Poſe, die Selbſtgenügſamkeit, mit der jenes ſchöne Mädchen die eigenen Brüſte liebkoſt, welches, aus Verſehen natürlich, den Hut aufbehält, während es den letzten Rock fallen läßt, deuten ſchon eine ganz ſichere Beobachtung an. Selbſt dort, wo er, wie beiſpielsweiſe in dem berühmten Blatt „Der Diebſtahl und die Proſti

„Die Kunſt, ſich die Liebe des Mannes zu erwerben."
220. Karikatur von Hippolyte.

tution beherrſchen die Welt", ſeinem Modell Faunsfüße gibt, finden wir in der Maske ſowohl wie in der Haltung auch nicht den Schatten des Konventionellen; es iſt eben ein modernes Mädchen, welches er mit ätzender Pointe zeichnet.

Dieſer Ausdruck der Wahrhaftigkeit und Aufrichtigkeit, dieſes Suchen nach der letzten Neuigkeit des weiblichen Nackten, wie es ſich beinahe im Mieder abdrückt, die überraſchende Ähnlichkeit des Anblicks der Frauen ſeiner Kupferſtiche mit dem der heutigen Frau läßt uns Rops als ganz modern erſcheinen; durch dieſe Momente vereinigt ſein komplexes Genie die Romantiker mit ihren Nachfolgern in der Kunſt und mit jenen, welche ſie erſetzt und nach ihnen Neuerungen

235

eingeführt haben. Manet war ebenso wie Rops ein Freund von Baudelaire. Manet, der mit allem Romantischen gründlich aufräumt und in der weiblichen Bewegung die Wahrheit und nur die einfache Wahrheit sucht, ist um nichts aktueller als Rops, so wie Degas nicht schärfer als er erscheint.

Daraus ist zu ersehen, daß aller Aufputz, alle Ausschmückung des Modells bei Rops nur eine oberflächliche ist, eine Verzierung, mit der er seine Kunst würzt, während er im Grunde nur Charakterzeichner und Verist geworden ist. Hat er doch selbst gesagt, daß er, wenn er über die Boulevards von Paris geht, „ein Flammenbad nimmt". Und an einer anderen Stelle, wo er die eigene Kunst sehr genau beschreibt, sagt er, daß er die Erscheinungen und die Szenen dieses 19. Jahrhunderts malen möchte, welche er so interessant findet, wo „die Frauen so schön sind, wie zu irgend einer anderen Zeit, und die Männer immer dieselben bleiben. Dazu hat die Sucht nach brutalen Genüssen, das Jagen nach dem Gelde, die Kleinlichkeit des Interesses auf die meisten Gesichter unserer Zeitgenossen eine widrige Maske aufgeklebt, auf welcher ‚der Trieb der Perversität', von welchem Edgar Poe spricht, in großen Anfangsbuchstaben zu lesen ist. Dies alles erscheint amüsant und charakteristisch genug, um die Künstler darnach streben zu lassen, die Physiognomie ihrer Zeit darzustellen." Gewiß sind alle guten Künstler bestrebt, die Physiognomie ihrer Zeit darzustellen; doch nicht alle sehen ihre Zeit in derselben Beleuchtung, und die Würze der realistischen Anschauung eines Rops ist eben seine Auffassung im Sinne des Edgar Poe, die Zulassung des perversen Geistes, welcher im Grunde genommen nur die Negation des erhaltenden Triebes darstellt. Daumier hat noch keineswegs an diesen perversen Trieb gedacht, ebensowenig Gavarni, trotz seiner verbitterten Anschauung und seiner hämischen Spottsucht. Auch waren ja die Frauen ihrer

— Als ich so alt war wie du, . . . war ich deinem Vater schon untreu.

221. Karikatur von J. L. Forain.

236

Das Hazardspiel.

Gesellschaftliche Karikatur von Bosio.

Beilage zu Gustav Kahn, Das Weib in der Karikatur Frankreichs.

Hermann Schmidt's Verlag, Stuttgart.

361

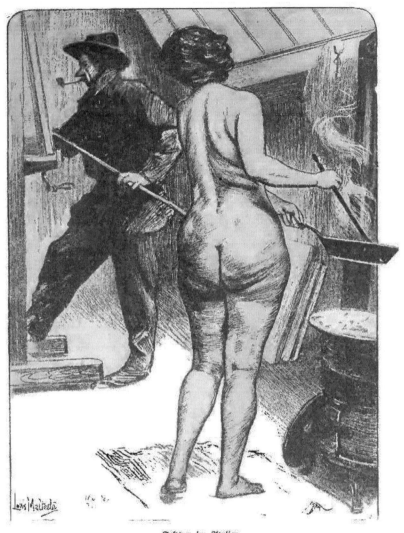

Feſttag im Atelier.
222. Galante Karikatur von Louis Malteſte.

Zeit noch einfacher. Bei Daumier will die Bürgersfrau in ihrer Kleinlichkeit nur
triumphieren, der Blauſtrumpf aber nur den Gemahl ſich möglichſt dienſtbar machen.
Seine Frauen ſind knauſerig, ſtolz, anſpruchsvoll, egoiſtiſch, ebenſo wie jene des
Gavarni; dazu gönnen ſie ſich gern die kleine Freude, ihren Liebhaber, der ſie

237

bezahlt, oder mit dem sie sich unterhalten, lächerlich zu machen. Die Frau bei
Rops ist schon eine viel verwickeltere Erscheinung, sie ist die Dame mit dem
Hampelmann; sie langweilt sich, sie muß ein Spielzeug haben. Sie langweilt sich
um so mehr, weil sie die Abspannung kennt, welche dem Ausflug in ein künstliches
Paradies zu folgen pflegt. Der blaue Ring um ihre Augen ist weniger die Folge
von Liebeskämpfen, als des Genusses von Reizmitteln, welche ihr Träume, Kraft,
Vergessen, Raserei bringen. Diese Frauen, die nie müde werden, sind den ver-
dammten Frauen Baudelaires ganz nahe verwandt. Rops glaubt nicht an die
Wiederkehr der schwarzen Messen und des Sabbats, auch nicht an die Beschwö-

Madame Kardinal.
225. Karikatur von Charles Léandre.

rungen, mit denen der alte
Magier, der kraft seiner Formeln den Raum, die Zeit
und den Tod zu zähmen vermag, die gespensterhafte, wohl
auch etwas kalte Nacktheit
der Liebhaberin vergangener
Zeiten gleich einer großen üppigen und anziehenden Blume
hervorzuzaubern wußte. Wohl
aber kennt Rops den Einfluß
des Haschisch, wie er später
den des Morphiums kennen
lernen wird. Das Laster erscheint wenig bei Daumier;
bei Gavarni erscheint es als
Schamlosigkeit und Lüsternheit; bei Rops dagegen ist
das Laster grausam aus bloßem
Hang zur Grausamkeit. Die
Frau mit dem Hampelmann will den Mann nicht nur beherrschen, sie will ihr
Spiel mit ihm treiben, sie will ihn in Zwiespalt mit sich selbst bringen; und hat sie
erst die stolze Freude empfunden, ihn zu erniedrigen und willenlos zu machen, dann
richtet sich ihr Durst nach scharfen Empfindungen gegen sich selbst; das Mädchen von
der Straße stillt ihn dann mit Alkohol und mit gewaltsamen Aufregungen, während
die anderen elegante Reizmittel anwenden, welche die Augen tiefer und geheimnis-
voller machen, die Wollust zuspitzen und ihr besondere Schärfe verleihen, zugleich
aber auch die Körperkräfte untergraben und die Linien verdorren lassen.

Diese Verfeinerung, welche der Genuß von künstlichen Reizmitteln dem Ausdruck und dem Anblick des Gesichtes verleiht, diese tiefe Mattigkeit und die un-

238

gesättigte Begierde, diese ganz neue Wildheit dem Manne gegenüber, welche aus
dem Fortschritt des Feminismus, zum Teil auch aus der gesteigerten Bildung der
Frau und aus ihrem Bedürfnis nach Unabhängigkeit entsteht, einem Bedürfnis,
welches ihr die Befriedigung der stark gesteigerten und allgemeiner gewordenen
Anforderungen des Luxus erschwert, bilden in ihrer Gesamtheit die Züge, welche
Rops in seinen Frauengestalten zu zeichnen strebt. Der sorgfältiger gepflegte
Körper und die willensträftigere Seele bilden nun die Anziehungskraft. Rops
weiß sie seinen Mädchen und seinen perversen Bürgersfrauen zu verleihen. Dabei

versteht er es sehr gut, diese
beiden Kasten von Priesterinnen der Liebe zu differenzieren.
Eine Kleinigkeit in der Haartracht, ein etwas weniger
dumpfer Ausdruck des Blickes,
ein Anflug von Körperfülle
und Kräftigkeit läßt die Marguerite Gautier und die Cora
Perl, die Madame Marneffe
und die geschiedenen Frauen
sehr wohl voneinander unterscheiden, läßt auch jene stolzen
und sowohl in ihren Zügen,
als auch in ihren Sitten regelmäßigen Schönheiten sehr gut
erkennen, für welche weniger
die Tugend, als vielmehr die
Haltung die Macht bedeutet,
die Männer zu beherrschen.
Auf diese Weise gelangt er

Skating: Professionel Beauty.
224. Galante Karikatur von Toulouse-Lautrec.

mit seinen Frauen, welche von den Zufälligkeiten des Lebens nicht berührt, oder
doch vom Elend, dieser Quelle der geschäftsmäßigen Hingebung, nicht angehaucht
werden, so gelangt er zur Frau selbst, zu dem allgemeinen Typus der glühenden
und verliebten Frau, die aber mehr herrschen als wollüstig genießen will. Wohl
stellt er die Frau der Sataniker in der höchsten Spannung dem Satan-Sphinx
gegenüber, und er zeigt sie, wie sie in das taube Ohr des Scheusals und in den
Nachtwind hinein Geständnisse der Begierde schreit, die sich das Scheusal zunutze
machen wird; doch weiß er, daß dies nur eine der moralischen Stellungen der
Frau ist. In einer gewissen kläglichen Verzweiflung, welche sich der Seele bemächtigt
und sie aus dem Gleichgewicht bringt, ist es nicht die fleischliche Lust, die sich Luft

239

Frau Luna.
Ah, da kommt ein Herr!
225. Amüsante Karikatur von Abel Faivre.

macht. Doch seine Bürgersfrauen finden am Ausgang der
geistigen oder sinnlichen Krise
nichtsdestoweniger einen Augenblick der Verzweiflung oder der
Hysterie jenes schwere Gleichgewicht, welches Rops in der
Frau mit dem Hampel-
mann oder in dem schönen Stich
beobachtet, der den Titel Bourgeoisie führt.

Dieser spöttische Roman-
tiker weiß sehr gut, daß die Begierde des Mannes verschiedene
Momente hat; daß der Mann,
nachdem er die Lerchen oder die
Schwäne der Leidenschaft ver-
trieben und, gleich Baudelaire,
die großen Engel mit der ehernen
Stirne aufgesucht hat, nur zu
leicht zum gewöhnlicheren und
zahmeren Wild zurückkehrt.

Eben um dieses Suchen zu symbolisieren, verwendet dann Rops zur Verzierung
seiner Kupferstiche, wie etwa in der Pornokratès, seine kleinen Schweine.
Seine ganze Kunst will besagen, daß die Leidenschaft nach seiner Auffassung nur
eine Verkleidung der Sinnlichkeit ist.

Scheinheilig bei den einen, übertüncht bei den anderen durch eine religiöse,
literarische oder ästhetische Erziehung muß diese je nach der Individualität und der
geistigen Kraft mehr oder minder brillante Verkleidung stets unter dem inneren
Druck der Sinnlichkeit aufplatzen, welche die geistige Hülle, die Ethik, aufbläht
und zum Reißen bringt. Die Ethik, wie immer sie beschaffen sein mag, ist nur
eine Art der Sinnlichkeit, schön bei den einen, Lüge bei den anderen. In der
großen nackten Frau seines Stiches „Pornokratès" gibt Rops so ziemlich allen
die Herrscherin.

Rops hat dem einfach Nackten das nahezu Entkleidete fast stets vorgezogen.
Ein Hut, Strümpfe und Schuhe gehören fast immer zur Toilette seiner Heroinen
der Unzucht. Hier hat er zum Überfluß auch noch den Blick verborgen. Pornokratès hat, gleich Fortuna, verbundene Augen, was gewiß andeuten soll, daß sie
eine gewaltige und zufällig oder blind waltende Macht ist. Und auch das finden

240

Beilage zu Guſtav Kahn, Das Weib in der Karikatur Frankreichs.

ne Geck.

n von Félicien Rops.

Hermann Schmidt's Verlag, Stuttgart.

Au cabaret de Montmartre.
226. Nach einer Lithographie von Abel Truchet.

wir darin ausgedrückt, daß die lebhafteste und tiefste, jedenfalls die heftigste und unwiderstehlichste Begierde aus dem bloßen Anstoß der Sinne entspringen kann und oft genug auch wirklich entspringt. Wenn nach der alten Auffassung die Augen, diese Fenster der Seele, durch den Blick auch zwischen den elementarsten Wesen eine seelische Verbindung herstellen, ein vielleicht nur schwaches Band, aber immerhin ein Band der geistigen Verständigung schlingen, so will Rops, indem er Pornokratès der Augen beraubt, andeuten, welch mächtige Furche ein Stückchen gemeines, aber dabei natürlich junges und schwellendes Fleisch unter den Menschen zu ziehen vermag. Gavarni, indem er dasselbe sagen wollte, erfand seine hübsche Inschrift auf die Frauen des Opernballs: „Und siehe da, sie alle essen!" Das gibt doch eine sonderbare Idee vom Menschen! Rops sagt es auch und noch manches dazu; er sagt: „Die blinde Begierde der Männer ist immer mächtig genug, um irgend ein dummes Stück Fleisch im Lärm des Triumphs und im Siegesglanz einziehen zu lassen."

Und der Mann? Wie ist der Mann bei Rops beschaffen? Nicht etwa in seinen nebensächlichen Werken, in den Porträts von Seeländerinnen, oder in den als Illustration dienenden verwickelteren Blättern, sondern in jenen, welche wir als seine charakteristischen und grundlegenden Schöpfungen anzusehen haben? Rops

241   31

hat nicht den Verliebten gezeichnet. Fortunio ist nicht sein Mann, Mussetsche Empfindungen bewegen ihn nicht, obwohl er als ganz junger Mann auch das durchgemacht und daran gedacht, ja sogar begonnen hat, den Don Paez zu illustrieren. Der Mann von Rops, der Mann der Begierde, das ist jener Notar mit dem stumpfen Gesicht und den Faunsohren, den er gleichsam als Anmerkung in seinen Kupferstichen anbringt, dessen Kopf aus einem falschen Kragen hervorkommt, wie eine üppige Blume aus einer Papiermanschette; der Mann von Rops ist ferner jener Biedermeier, der leibliche Bruder des Philisters, mit den regelmäßigen Gesichtszügen, mit den lebhaften und scharfen Augen, die sich hinter dem Blinken einer Brille verbergen.

Wenn er ihn entkleidet, bemerkt man das feiste, schlaffe Fleisch, die fast ausgesprochenen Brüste. Auf dem Giebel seines Sodoms stellt er ihn auf, diesen Sucher der starken Lust, diesen von Gier Beunruhigten, ohne Arme, wie die Venus von Milo; und längs der Straßen der dunklen Stadt, vor den zweideutigen Tempeln und den emblematischen Masten pflanzt er die katzenartig hingestreckte Sphinx auf, mit dem schwachen Schnurrbart, wie sie nur mit dem einen Auge schläft, während das andere listig blinzelt und ruft; und hinter dem Schleier der Draperie, welche von der Ropsschen Muse, von der Nemesis mit dem mächtigen Stift bewegt wird, fühlt man, wie sich der Körper der Sphinx streckt und dehnt.

Die Begierde und die künstlichen Reizmittel in der Liebe müssen diese Verwirrung des Empfindens hervorrufen. Dazu tragen auch gewisse Ideen bei, das Versessensein der Frau auf die Macht, der Mechanismus eines fad gewordenen Vergnügens und die größere Perversität der Freudenmädchen. So hat Alfred de Vigny in seinem großen Klageliede Samsons den Mann angerufen, den die weibliche Ver-

— Die Zeit verfliegt schnell und ich komm'
dann schon.
227. Karikatur von Forain auf die Prostitution.

242

„Solange es noch warm ist."
228. A. Willette. Karikatur auf die „luftige" Kleidung der Radfahrerinnen.

Derbtheit und der weibliche Verrat entmannt haben, daß er sich von ihr entfernt
und die Geschlechter beiderseits absterben. Rops, der die katzenartigen Umschlei-
chungen der verlorenen Frauen so gewaltig und vielleicht auch so gern beschrieben
hat, der die Priesterinnen von Lesbos um ihren modernen heiligen Hain, um den
Bois de Boulogne, aufleben läßt, wo er sie behend, mit kurzen Haaren, mit
kleinen Hüten und gestrecktem Hals vorbeiziehen sieht, mußte damit abschließen,
die schrecklichen Säulenhallen von Sodom aufzutun.

*　　*　　*

243

Einige humoristische Karikaturisten.

Philippon, Beaumont.

Es wird nicht uninteressant sein, einige Zeichner der mit dem Jahre 1830 beginnenden Periode und der Zeit von Louis Philippe, die weder Romantiker, noch Realisten und auch nur in geringem Maße Mißgestalter sind, hier näher zu kennzeichnen. Unter ihnen soll uns besonders Philippon eingehender beschäftigen. Man kann über die Karikatur von 1830 eigentlich gar nicht sprechen, ohne Philippon anzuführen. Denn nach einigen interessanten Versuchen in der bürgerlichen Satire, in der Modezeichnung und in der Parodie der Modezeichnung wurde Philippon sozusagen der Manager der französischen Karikatur, indem er, vornehmlich zu politischen Zwecken, das Journal La Caricature begründete, welches, bevor der Charivari entstanden war und sich die wertvolle regelmäßige Mitarbeit Daumiers gesichert hatte, das schönste humoristische Journal Frankreichs war. Man kann übrigens sagen, daß dieser schöne Versuch, wenn sich ihm auch Gleichwertiges an die Seite stellen läßt, nie übertroffen worden ist, und daß die Sammlung der Caricature, des Journals von Philippon, auch heute noch, wo die Leidenschaften, welche seine Zeichner angefeuert haben, bereits erloschen sind, ein unvergleichliches Interesse bietet.

In Wahrheit waren die Künstler, besonders aber die Karikaturisten nahezu sämtlich Demokraten, der größte Teil von ihnen Pariser aus Paris, voll der Erinnerungen an die Zeit der Revolution, von der ihnen ihre Eltern erzählt hatten, begeistert von der Epoche des Kaiserreichs, dessen letzte Pracht und pathetischen Untergang sie noch mit erlebten, fast alle Kinder des Volkes, das heißt antiklerikal gesinnt. Es war also für Philippon nicht schwer, eine

— Geh, sei doch vernünftig! es geht ja in acht Tagen!
229. Galante Karikatur von Forain.

Galante und symbolische Karikatur.
230. Galante Karikatur von Ferdinand Jau.

Die Barrisons in den Folies Bergères.
231. Karikatur von A. Willette.

Reihe von talentvollen Personen um sich zu versammeln, die sich die Aufgabe stellten, Karl X. und später Louis Philippe zu bekämpfen. Der Karikaturist findet seine Modelle fast immer in der Mittelklasse. Infolge der Politik, welche Louis Philippe nach dem Siege der wahlberechtigten Bourgeoisie einschlug, und zu welcher ihn die plutokratische Partei, den Intellektuellen stets verhaßt, hindrängte, war dieser König den Künstlern verhaßt genug, um es Philippon, der sein Journal ganz besonders zum Zwecke der Bekämpfung des Königs begründet hatte, zu ermöglichen, Talente um sich zu sammeln, die ihn bei seinem Unternehmen zu unterstützen gern bereit waren, und nicht nur Talente, sondern auch Leute, die ihm ganz ergeben waren. Die prächtigen Zeichner von 1830 arbeiteten nur zu gern mit ihm; die politische Begeisterung steigerte ihre Verve; und Philippon tat alles, um sie noch anzueifern. Er war keineswegs ein bloßer Direktor, dessen eigene geistige Kraft nur wenig ins Gewicht fällt. Als geistvoller Mann wußte er kurze und beißende Inschriften zu erfinden. Und fand er sie nicht selbst, so wußte er sehr wohl die richtigen Schriftsteller aufzutreiben, welche ihn mit den besten Witzworten und sicher treffenden Parisismen versehen konnten. Selbst ein talentierter Zeichner, beschränkte er seine Mitarbeit manchmal nicht auf die Inschrift allein, sondern dehnte sie auch auf die Zeichnungen aus. Es ist allgemein bekannt, daß in einzelnen Fällen er es war, der die weiblichen Silhouetten gezeichnet hat, welche wir in den Zeichnungen von Traviès neben Mayeux finden. Ob er in diesen Fällen auch richtig gehandelt hat und ob es nicht besser gewesen wäre, den schönen Stichen von Traviès ihre Einheitlichkeit zu belassen? Sicher hat die Mitarbeit auch gewisse vorzügliche Resultate erzielt, indem sie auf ein und demselben Blatte die etwas affektierte Anmut Philippons mit der tiefen Verve Traviès' vereinigte, der übrigens die weiblichen Silhouetten mit einer bemerkenswerteren Kunst als sein Direktor zeichnete. Wenn wir aber auch zugeben, daß Philippon in der Ausübung seiner Pflichten als leitender

246

Direktor etwas zu weit gegangen ist, indem er sich selbst in vielleicht indiskreter
Weise zum Mitarbeiter machte, oder kraft seiner Stellung seine Mitarbeiterschaft
aufzwang, so hatte er doch unleugbar sehr gute Einfälle. Nicht nur hat er Daumier
die Idee zu Robert-Macaire gegeben, er hat auch eine sehr schöne Gruppierung
von Künstlern geschaffen. Die wenigen Karikaturen, welche ihm von Decamps,
einem der großen romantischen Maler, aus Haß gegen den Absolutismus und
gegen die Plutokratie überlassen wurden, werden alle stets berühmt bleiben; so
jene, wo Karl X. im Schlafrock mit der Flinte nach einem künstlichen Kaninchen
schießt, welches von einem Kammerherrn herangezogen wird; oder jene, wo die
Freiheit im feierlichsten Exekutionsaufzug an den Pranger gestellt wird, ähnlich
der Szene, wie Jeanne d'Arc in Rouen verbrannt wurde. Philippon scheint sogar
einen tüchtigen Schatz allgemeiner Ästhetik und einen sein praktisches künstlerisches
Können überragenden Geschmack besessen zu haben; denn das von ihm begründete
Journal geht hinsichtlich der Breite und der Mannigfaltigkeit der Elemente weit
über seine eigentliche Kunst hinaus; ein Umstand, der ihm natürlich nur als
Verdienst angerechnet wer-
den kann.

In den Werken Phi-
lippons ist ein wenig von
allem zu finden. Wir haben
da Figuren von Keepsake, die
er aber anders als seine Zeitgenossen auffaßt. Er ver-
sucht gar nicht, ihnen eine
Ossianische Würde zu geben.
Er geht nicht darauf aus, die
elegische Figur der romantischen Maler, oder die heilige
Jungfrau der Kirchenfenster
fälschlich nachzuahmen. Ganz
modern und ganz Pariser,
sucht er seine Modelle unter
den verschiedensten Hand-
werkerinnen. Er setzt sich
die höfliche Wäscherin, die
hübsche Pastetenbäckerin, die
sorgfältige Handschuhmache-
rin, die Buchbinderin, die
pikante Nähterin vor. Nur

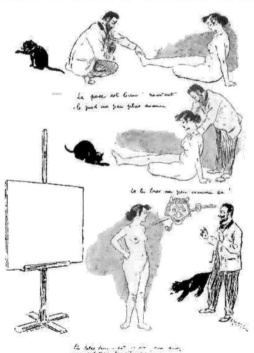

Der Malerdilettant.
232. Galante Karikatur von Roedel.

247

gibt er ihnen allen die hübschesten Gesichtchen, die überhaupt zu sehen sind. Auch gibt er eine Reihe von Frauenfiguren aus allen Ländern, indem er sich der konventionellen Auffassung beugt, welche zu jener Zeit die Spanierin glühend, die Skandinavierin träumerisch haben wollte. Doch bleibt er dabei nicht stehen, und seine Serie Pariser Schönheiten, welche er den verschiedenen Kreisen weiblicher handwerksmäßiger Beschäftigung entnimmt, ist von unvergleichlich größerer Bedeutung und Breite. Die Serie der Schmetterlinge, das sind Frauen und Stutzer, die in dekorativer Art mit Schmetterlingsflügeln ausgestattet erscheinen, ist nicht ohne Anmut, auch nicht ohne epigrammatische Verve. Dann hat er uns Zeichnungen von Grisetten gegeben, recht hübsch ausgeführt und mit ironischen Inschriften versehen, die an die Seite der gleichen Werke Scheffers gestellt werden können. Er hat viel über die Mode seiner Zeit gespottet. Von ihm stammt jene berühmte Zeichnung, in der Modistinnen auf Gerüsten herumsteigen, um an einem ungeheuren Hut zu arbeiten, einem Riesenpilz, der durch ihren emsigen Fleiß in ihrem Laden aufgeschossen ist. Auch die Straße hat ihn stark beschäftigt, sowie jene bewegliche Verzierung, mit welcher sie vom Bedürfnis oder von der Phantasie des Handels ausgestattet wird. Da haben wir unter den „Sorgen des Handels" die Auslage, oder die Kunst, die Dachrinnen einzupacken. Geschäftige Ladengehilfen erscheinen an sämtlichen Fenstern eines Hauses, indem sie verschiedene Stoffe zu riesigen Schärpen bis ins Unendliche ausbreiten; auf dem Dach, zwischen den Rauchfängen sieht man Jünglinge mit schweren Rollen von Stoffen ankommen. Die auseinander gebreiteten Stücke schmücken das Erdgeschoß, umspannen das erste Stockwerk und verbinden gleichsam wie breite Bänder die Rauchfänge.

Dies ist die Auslage. Jedoch alle diese mühsam

Die Liebe in Paris.
Am Morgen. — Am Abend.
233. Galante Karikatur von Forain.

248

Affiche für die Zeitschrift „La Revue déshabillée".

Zeichnung von A. Willette.

Abschied eines Russen von einer Pariserin (1815).

254. Carle Vernet. Karikatur auf die Freundschaft der galanten Pariserinnen mit den Feinden.

ausgeführte Arbeit ist nur vorübergehender Natur. Es geht doch nicht an, daß alle diese Schätze des Hauses den Unbilden des Wetters und dem Verschleppen durch Diebe ausgesetzt bleiben. Die am Morgen ausgebreitete Herrlichkeit muß am Abend wieder schön zusammengelegt werden, um am andern Morgen aufs neue zu erscheinen. Dieses Zurücklegen der Stücke auf ihren Platz ist das Verpacken —

Kurzer Besuch.

„Mach dir's doch bequem, es ist ja nur ein Verdauungsbesuch."

235. Galante Karikatur von Forain.

oder Achtung vor dem Regen -, wie Philippon sagt. Und da sieht man auf einem anderen Stich, wie alle diese Rollen von Stoff dick gebauscht in großen Falten und in dichten Kaskaden auf die Straße heruntergelassen werden. Dann sehen wir wieder in den Straßen von Paris den Lauf der Schnellfüßler, die atemlos eilenden Ladengehilfen, wie sie mit schweren Paketen beladen herumrennen. Sie sind geschniegelt und gestriegelt, ebenso die Verkäuferinnen in der sorgfältigsten Toilette. Die Serie der auf die Dummheit des Publikums Spekulierenden hat Philippon gleichfalls dem Straßenleben entnommen. Er nimmt da im ganzen die Idee des „Cris de Paris" („Ausrufer in Paris") von Boucher, von Bouchardon und von Charles Vernet wieder auf; jedoch wo seine Vorgänger nur das Malerische gesucht und gefunden haben, dort findet er auch für den Humor Verwendung. Indem er auf diese Weise die Haltung und die Kostüme zeichnet, liefert er zugleich Skizzen der Sitten, in welchen er den Drang nach heimlichen Schlichen durchleuchten läßt. Dies bewirkt, daß seine Serie, wenn sie auch hinsichtlich der Kunst der Ausführung und der Schönheit der Zeichnung hinter den Serien von Boucher, Bouchardon und Charles Vernet zurückbleibt, diesen in betreff des Interesses und der Feinheit der Beobachtung an die Seite gestellt werden kann. Ein so scharfer Geist wie der Philippons konnte weder vom klassischen, noch vom romantischen Ideal ganz beherrscht werden. Er hat die Mängel beider Methoden sehr gut erkannt; wenn er aber auch die Übertreibungen der einen und die Zaghaftigkeit der anderen richtig beurteilt hat, so fehlte ihm doch die Fähigkeit, selbst eine neue Formel aufzustellen. Er war Eklektiker, auf dessen geistigen Gehalt Pigal, Scheffer und Charles Vernet größeren Einfluß als seine Freunde Daumier und Decamps ausgeübt haben. Seiner Zeichnung fehlt jene weite Schönheit, welche seiner Verve und Ironie so angemessen gewesen wäre.

250

Edonard de Beaumont gibt uns über eine spätere Epoche Aufschluß. Die Juli-Monarchie war gefallen. Wenn er in der Politik etwas anderes als den Vorwand gesucht hätte, seinen Humor glänzen zu lassen, so würde ihn in politischer Hinsicht nur die Revolution des Jahres 1848 interessieren. Er macht nie karikierte Entstellungen, er will nur charakterisieren, und am Fuße seiner Lithographien finden wir stets geistvolle Inschriften. Er geht von Gavarni aus, hat aber seine eigene ausgesprochene Persönlichkeit. Er trägt in dieselben Vorwürfe seine persönliche Note hinein. Nur fehlt seiner Kunst eine gewisse Weite und Allgemeinheit, um ihn als einen Künstler ersten Ranges erscheinen zu lassen.

Bei nicht eben reichem Schaffen schadet eine gewisse Eintönigkeit seinen besten Stichen, welche in seinen Serien minderwertige Wiederholungen aufweisen. Er hat keinen Typus geschaffen, und dies beeinträchtigt das Beachtenswerte seiner künstlerischen Tätigkeit. Daumier weist mehrere auf, auch außer seinem Robert Macaire, Gavarni hat seine Lorette, Grandville seine Tiermenschen, Monnier seinen Biedermeier, Travies seinen Mayeux. Philippon und Beaumont haben keinen eigenen Typus. Immerhin findet sich bei Beaumont wenigstens ein Anlauf zum Typus, so in seinen Vésuviennes und in der Silhouette der Frau, welche während der Revolution vom Jahre 1848 den Soldaten spielt. Doch sind die Stiche der Serie weder zahlreich noch mannigfaltig genug, um einen bestimmten Typus darzustellen, und dabei stellt sie der Blaustrumpf von Daumier durch die Schönheit der Zeichnung und durch die höhere Verve der Auffassung weit in den Schatten. Auch zeigen seine Stiche eine gewisse Verwandtschaft mit den Débardeurs von Gavarni auf. Nichtsdestoweniger sind sie ganz hübsch gemacht und haben in den Einzelheiten auch einen persönlichen Zug.

Die Schöpfung des Bataillons der Vésuviennes – sie glühen und sind heiß bei der Sache wie ein Vulkan, daher der Name – muß in einem weiblichen Klub vom Jahre 1848 entschieden worden sein, wo Beaumont eine kräftige und exaltierte Rednerin auftreten

Der eitle Bonvivant.
236. Karikatur von Travies aus der Galerie „Physionomique".

251

läßt, die, mit Bändern, Tressen und Haarflechten reich geschmückt, der stürmischen Versammlung zuruft: „Ihr wollt mir das Wort entziehen! Nur zu! Mein eigener Mann hat das nie und nimmer fertig bringen können!" Die Vésuviennes tragen ein kokettes Kostüm, welches teilweise den Débardeurs von Gavarni, teilweise den mobilen Garden — das ist ein Korps von jungen Freiwilligen, welche in den Junitagen aufgestellt wurden, um das Proletariat zu bekämpfen — entlehnt ist, nämlich eine weite Hose, einen langärmeligen Dolman und ein Käppi. Sie sind mit Flinten bewaffnet, haben ihre Sergeanten, ihre Korporale und ihren Tambourmajor. Diese Frau Tambourmajor zeigt uns Beaumont in dem Augenblick, wo sie über die Federn ihres militärischen Kalpak die Federn aus dem Hute einer ihrer Freundinnen steckt. Der Sappeur des Bataillons, geschmückt mit einer Lederschürze und einem riesigen Haarbusch, wie ihn damals die wirklichen Sappeure der Regimenter getragen haben, fragt eine hübsche Kollegin, gleichfalls Vésuvienne: „Meinst du nicht, daß ich mir einen Bart aufsetzen sollte?" Die Befehlshaberin des Bataillons, nach Beaumont eine gewisse Josephine Frenouillot, läßt die Revue passieren. Sie hat sich den kleinen kaiserlichen Hut aufgesetzt; ihr breiter Rücken und ihre römische Maske verleihen ihr einige Ähnlichkeit mit Napoleon I. Im übrigen lautet die Inschrift dieses Bildes, welches die Serie der Vésuviennes mit einer viel derberen Komik als die früheren Stiche abschließt, wie folgt: „Josephine Frenouillot mißbraucht ihre Ähnlichkeit mit Napoleon,

um ihre Truppen glauben zu machen, daß der Kaiser nicht gestorben ist, wie die Polizei verlauten ließ." Diese Karikaturen, deren Spitze sich gegen die weiblichen Ambitionen richtete, haben der Bourgeoisie vom Jahre 1848 viel Spaß gemacht. Bis auf die militärische Organisation haben die Frauen alle Rechte erlangt, wegen deren Forderung man sie zu jener Zeit verspottet hat. Die Zeit ist eben ironisch genug, auch die Karikaturen zu karikieren und sie angesichts der Tatsachen als frivol erscheinen zu lassen.

Eh bien!! — adieu!
237. Karikatur von Scheffer aus der Serie „Les Grisettes".

* \
* *

252

Die Marketenderin.

258. Symbolische Titelzeichnung für die Zeitschrift „Le Rire" von A. Willette.

Eduard de Beaumont hat wohl keinen Typus geschaffen, doch hat er immerhin eine Schattierung des Typus hervorgehoben. Wenn er bis heute nicht genügend gewürdigt worden ist, so ist dies noch kein Grund unbemerkt zu lassen, daß sein Frauentypus von der Lorette Gavarnis, von der Grisette Scheffers und Philippons, von der Prostituierten Traviès' und von der ausschweifenden Dame Guys' genügend verschieden ist, um auch mit einem besonderen Namen bezeichnet zu werden. Die Frau seiner Karikatur ist weniger pervers als jene Gavarnis, weniger heruntergekommen als jene Philippons und weniger brutal als jene von Guys. Sie hat nicht die Schönheit der Frau von Rops, weil ihre Hübschheit etwas gesucht erscheint. Sie ist durch die Literatur noch nicht so bedeutend geworden, um eine Macht oder ein gesellschaftliches Unglück darzustellen. Sie hat weder Genie noch Bitterkeit. Sie hat etwas Ungeschliffenes, oft auch etwas Offenes an sich. Sie ist natürlich, naiv sogar. Sie ist auch verschwenderisch. Da sie nicht mehr die Lorette, auch nicht die Grisette, viel weniger noch die Schnepfe ist, so wollen wir sie als die kleine Frau bezeichnen. Beaumont deutet da schon den Typus der Cocodette (Modenärrin) an, wie er unter dem Stift der Zeichner des zweiten Kaiserreichs blühen wird. Doch ist es noch nicht die richtige

„. . . . das ist auch eine von deinen Ideen, Eulalia, Sonntagsabend im Garten speisen zu wollen."
239. Satirische Karikatur von Charles Huard.

Cocodette. Diese zeichnet sich durch ein Übermaß der Toilette an Höhe, an Breite und an allerlei rauschendem Aufputz aus. Die Feder an ihrem Hut ist vielfältig; die Weltausstellungen hatten eben bereits stattgefunden. Die Cocodette läßt sich einen eigenen Stil in ihrer Kleidung angelegen sein, um auf hundert Schritt auch von einem Ägypter oder Brasilianer erkannt zu werden. Die Cocodette trägt in ihrem Anzug gewissermaßen auch ihre Standarte mit sich; man sieht, daß da ein ganzes Magazin oder ein ganzer Korb voll Liebe vorübergeht. Dagegen sind die kleinen Frauen von Beaumont,

254

vorausgesetzt, daß sie nicht
den Opernball besuchen oder
in einen feministischen Klub
gehen wollen, daß sie nicht
auf der Marne Boot fahren,
wobei sie allerdings ein Kostüm tragen, welches dem der
Eva möglichst nahekommt,
eher mit einem nüchternen
und sicheren Geschmack ausgestattet. Da ist Eine augenscheinlich eben auf einer Expedition begriffen; ihr Kutscher — sie selbst steht auf
der Straße und läßt ihren
Wagen vor dem Hause hal-
ten, wo sie eben hineinzu-
gehen beabsichtigt   sagt
zu ihr, den Hut in der
Hand: „Entschuldigen Sie,
Madame, ich möchte nur
bemerken, daß mir Madame
schon für drei Fahrten schuldig sind“; worauf sie antwortet: „Kutscher, Ihre
Figur gefällt mir, ich will
Sie für den ganzen Monat

Le Gaillard d'Arrière
245. Radierung von Félicien Rops.

nehmen, mein Lieber.“ Sie rechnet augenscheinlich darauf, daß einer ihrer Besuche
ihr das Geld für den Wagen einbringen wird. Aber sie ist einfach und hübsch, diese
Goldjägerin. Ein winziges und sehr elegantes Hütchen umschließt ihre Stirne mit
hübschen Bändern. Ihre Toilette ist verschwenderisch, jedoch ohne etwas zuviel zu
haben. Die Heldinnen von Beaumont verbringen den größten Teil ihrer Zeit damit,
von einem schönen Kaschmir zu träumen; aber sie wissen, wie eine Grisette, graziös
um einen solchen zu bitten. Man fühlt ihren starken Willen heraus: kein Kaschmir,
keine Zärtlichkeit. Sie legen eine gewisse Manier hinein, eine liebenswürdige, oder
doch eine nervöse Manier. Da sehen wir einen Bürger, der eine ohnmächtige Frau
in seinen Armen hält und dabei ruft: „Klara, liebe Klara, schon wieder diese ver-
maledeiten Nerven! Klara, du sollst den Kaschmir haben, einen Kaschmir, ja zwei,
wenn du willst!“ Wir können uns darauf verlassen, daß unsere Schöne aus der

255

geheuchelten Nervenerfchütterung zu der reinften Heiterkeit erwachen wird. Das
Mittel ift ja nicht gerade gewaltfam, es ift nur ein Mittel der Komödie. Eine ganze
Serie von Beaumont nennt fich die Rote Kugelftraße. Die Rote Kugelftraße
liegt neben der Vorftadt Montmartre in der Nähe der heutigen Folies-Bergères
und ift ziemlich verrufen. Um die Zeit von 1848 fcheint da ein verrufenes Haus
geftanden zu haben, wenn auch nicht eines von den allerfeinften, fo doch elegant
genug. Eine diefer Damen fagt zu ihrem Liebhaber: „Das fchönfte Mädchen von
der Welt . . . kann doch nur das geben, . . . was ihm bleibt . . .“ Der Hausmeifter fteht mit ihnen auf ziemlich vertrautem Fuße; hat er doch manches aus-
und eingehen gefehen und wüßte vieles zu erzählen. . . . Er bringt der Bonne
einer der kleinen Frauen einen Brief. Diefe Dienerin hat die gewöhnliche tragifche,
mürrifche und verfchloffene Maske eines jungen Frauenzimmers, welches fich dort,
wo es das Schickfal hingeftellt hat, nicht auf dem richtigen Platze fühlt. „Hier,
Fräuleinchen Urfula, das ift fo ’n Liebesfchwur für Ihre Madame; ift wohl
die drei Sous wert“ - das Porto für den Brief. Unter fich pflegen diefe
kleinen Frauen auch die Schickfalsfrage zu verhandeln. Die eine von ihnen ent-
blättert bei Gelegenheit einer Landpartie ein Taufendfchönchen, und da fagt ihre

Am Strande.
241. Galante Karikatur von Charles Huard.

Genoffin mit dem beftimmten
Ton der Gewißheit: „Mußt
du aber abergläubifch fein, um
daran zu glauben, was diefe
kleinen Blumen erzählen! Die
Wahrheit kann man doch nur
durch die Karten erfahren.“
Eine andere, möglicherweife die
Mutter des zukünftigen Calino,
hat fich das Bild ihres Liebhabers machen laffen. Man
macht fie aufmerkfam, daß es
keine Ähnlichkeit hat. „Nun
ja, das wollte ich ja eben, follen
ihn die anderen erkennen und
Streit mit ihm fuchen!“ Diefe
hier gehört wieder der naiven
Schule an, irgend eine aus-
gediente Soubrette, die zum
Befitz von Mahagonimöbeln
gekommen ift. Beaumont hat
auch für feinere Gefchöpfe Ver-

Die heiße Hand.

Karikatur von Boïïn.

Beilage zu Gustav Kahn, Das Weib in der Karikatur Frankreichs.

Hermann Schmidt's Verlag, Stuttgart.

wendung, ähnlich der Musette
aus dem Leben der Bohème,
bei welchen das Liebesleben
sich auch mit einer Art gei-
stiger Zerstreuung verträgt,
welche auch für Abenteuer,
für das Prickelnde, für das
Theater Sinn haben. Dar-
aus entspringt zwischen zwei
hübschen jungen Damen, von
denen die eine auf einem
Fauteuil sitzt, während die
andere auf einem Diwan hingestreckt liegt, folgendes Zwiegespräch: „Nun bleiben uns
noch fünf Franken, dafür
wollen wir zwei Fauteuils
in den Folies Nouvelles
nehmen." „Und wofür wol-
len wir zu Mittag speisen?"
„Aber so geh doch, du hast
ja erst gestern zu Mittag
gegessen. Du möchtest nur

Der Träumer.
242. Galant-politische Karikatur von Abraham Bosse.

immer und immer essen." Die Treue gehört keineswegs zu den grundlegenden
Charaktereigenschaften dieser liebenswürdigen Personen. Da ist eine, zu der ein
Herr, welcher wohl ein Recht hat, so zu sprechen, die Bemerkung macht: „So,
Ihre Cousine aus Marseille ist also angekommen. Sie hätte die Polizeiaufsicht
nicht vergessen sollen." Unter diesen Ungetreuen, welche Beaumont zeichnet,
finden wir nur wenig verheiratete Frauen, doch läßt er auch solche nicht ganz
beiseite liegen. Da stellt er beispielsweise neben hübsche Frauen, die sich eben
vor dem Spiegel auskleiden, alte kahlköpfige Männer mit ein paar borstigen und
wirren Haaren, die bezeichnende Nachtlampe in der Hand. Sie betreten das eheliche Gemach, der Mann küßt die Schultern der jungen Frau, welche halb fröstelnd,
halb traurig murmelt: „Freilich, er hat ein Recht darauf." Doch die Elegie ist
nicht Beaumonts Sache. Bald führt er seine kleinen Frauen an das Ufer der
Marne, deren Landschaft mit dem ruhigen Wasser und mit den von Gesträuch
beschatteten Ufern er nur leicht hinwirft; da läßt er sie zu zweien in den „Fluß
des Lebens" steigen, Seite an Seite schwimmen, wobei eine Flasche zur Erfrischung
neben ihnen stromabwärts treibt. Sie rauchen auch ziemlich stark, die Heldinnen

257

33

Cocottocratie.

Cocottocratie.
245. Radierung von Félicien Rops.

von Beaumont,
ob Pfeife, ob Zi=
garre. Sie rau=
chen der strengen
Welt unter die
Nase, und wenn
Beaumont, der
nachsichtige Mo=
ralist, sie beson=
ders interessant
gestalten will, so
läßt er sie den
Nacken zurück=
beugen und durch=
sichtige Wolken
gegen den Himmel
blasen.

Woher re=
krutieren sich diese
kleinen Frauen?
Aus der Klasse
der Arbeiterinnen
und der Putz=
macherinnen. Die
Putzmacherin
von Beaumont
ist maliziös; wie
weiß sie mit echter
Pariser Unver=
frorenheit die Ab=
stufungen zu un=

terscheiden! Da ist eine, welche einem Herrn, der ihr folgt, zulächelt. Der Herr hat
glühende Augen und die Nase des leidenschaftlichen Mannes. Er überlegt ganz laut:
„Ja, wie spreche ich sie nur an, die kleine Person? ... Aha, ich hab's! ... Fräulein,
ich möchte mir Blumen auf den Hut geben lassen" ... und bei dem Gedanken an
die Blumen, mit welchen der Zylinderhut dieses Herrn umwunden werden soll,
muß die Kleine lachen und ist auch schon entwaffnet. Vor Mabille, wo sie Triumphe
feiern wird, wo Marcellin oder Guys sie zeichnen werden, geht sie nach Chateau=
Rouge, dem Tempel der billigen Vergnügen, dem Paphos von Belleville. Die

258

kleine Arbeiterin geht auch aufs Land, von wo sie Sonntag abend zurückkommt. Man fängt an, an den Trauben zu zupfen. Der Wächter des Gartens läuft herbei, um ein Protokoll aufzunehmen. „Aber solchen Lärm wegen einiger Beeren!" sagen die jungen Mädchen; „hat Eva seinerzeit nicht von dem Apfel gegessen, trotzdem es verboten war?" „Das beweist nur," sagt mit Ernst der Vertreter der Autorität, „daß der Feldhüter in jener Gegend seine Pflicht nicht getan hat." Und nachdem sie Trauben gepflückt, gerudert, getanzt usw. haben, kehren die kleinen Dämchen ganz lustig zurück, indem sie auf Rohrflöten die Melodie láriſla, fla, fla spielen, bereit, sich den bescheideneren Vergnügungen, den Aufregungen der Liebe und den Bacchanalien des Opernballes hinzugeben.

Da gehen sie ebenso gern hin, wie die Débardeurs von Gavarni, und im selben Kostüm; nur benehmen sie sich anders. Sie sind ausgelassener, schlagfertiger. Sie antworten lebhaft auf die Ansprachen der Masken. . . . „Mein Wort drauf, Fräulein Dingsda," sagt ein Pierrot, „wenn deine Familie nichts dagegen hat, so heirate ich dich!" Es ist natürlich nur eine kurze Heirat gemeint, wie sie in dem Nachtlokal geschlossen wird, wo Beaumont in einem lebendigen Bilde das Sprichwort paraphrasiert: „Wie man sich bettet, so liegt man." Augenscheinlich! denn über und unter den Tischen liegen Pärchen im tiefsten Schlaf, der Kopf Pauls ruht gemütlich auf dem Bauch des Jacques, unter den verdutzten Augen des Kellners. Oder man geht vom Opernball ganz lustig nach Hause, zu einer Zeit, wo man den Hausmeister herausläuten muß, den man fragt: „Portier, könnten Sie uns nicht sagen, ob wir hier richtig zu Hause sind?" Es sind Existenzen von nur kurzem Leben. Da sind zwei Masken, denen eben gekündigt wird; es ist recht früh am Morgen, aber man mußte

Tänzerin vom Ball Mabille.
244. Galante Karikatur von Guys.

259

Zigeunerinnen.
245. Radierung von Henry Detouche.

die Zeit nehmen, so gut es ging. Zwischen ihnen entwickelt sich das folgende
Zwiegespräch: „Der Hausherr kündigt uns unter dem Vorwand, daß wir zu spät
weggehen und zu früh zurückkommen." „Wo werden wir nun unser Nest auf-
schlagen?" Armer Pierrot!

Eine kurze, nur sehr kurze melancholische Note. Sie werden darum heute
abend nicht weniger mutwillig herumbummeln, und Beaumont wird ihnen mit
seiner leichten Feder und mit seinem beweglichen Stift unermüdlich folgen.

* * *

260

Die Karikatur unter dem zweiten Kaiferreich.

Einige Geschichtsschreiber der Karikatur behaupten, daß die Karikatur während
des zweiten Kaiferreichs auf einer entschieden tieferen Stufe stehe, als sie zur Zeit
des Julikönigtums eingenommen hat. Die
Karikatur sei nicht nur zurückgegangen,
sondern auch eine wesentlich andere geworden, wo doch in dieser leichten Kunst vom
Jahre 1848 angefangen gegen die späteren
Jahre hin eine absolute Entwickelung hätte
eintreten sollen. Und die Urfache dieser
Erscheinung? Sie soll in der Korruption
der Kaiferzeit liegen. Es steht zu befürchten, daß diese kaiferliche Korruption
der Kritik den gleichen schlechten Dienst
leisten könnte, wie der Ausdruck „Rahm-
torte" ihn dem Marquis in der Komödie

Au Music-hall.
246. Karikatur von Charles Léandre.

von Molière geleistet hat. Gewiß hat die Epoche des Kaiferreichs ihre Fehler, ihre
Gebrechen und ihre Laster. Jedoch der Geschichtsschreiber, der die Folgen aus ihren
Ursachen abzuleiten hat und der Persönlichkeit nur eine begrenzte Macht über die
Ereignisse zuschreiben darf, wird eher geneigt sein anzunehmen, daß, wenn auch gewisse
Katastrophen aus der kaiferlichen Politik erwachsen sind, darum die Regierungsform
an sich nicht notwendig einen Niedergang herbeigeführt haben muß. Es ist gewiß
unleugbar, daß die gewaltsame Art, mit welcher Louis Napoléon die Macht an sich
geriffen hat, in Frankreich notwendig eine Herrschaft des Militarismus herbeiführen
mußte, und daß es zwischen den Soldaten und den Getreuen des Kaiferreichs auch
wenig gewissenhafte Abenteurer gegeben hat. Man kann auch einräumen, daß die
Zurückhaltung von den Staatsgeschäften, welche dem Kaifertum nicht nur von einzelnen bedeutenden Persönlichkeiten, sondern auch vom ganzen Stab der orléanistischen
und republikanischen Parteien entgegengesetzt wurde, das Land um die Dienste
streng rechtlicher Männer gebracht hat, um jene der am Parlamentarismus Fest-
haltenden, nicht minder auch der edlen und reformatorischen Intelligenzen, denen
das Volkswohl am Herzen lag. Das Kaifertum, welches weder auf die konser-
vative noch auf die fortschrittliche Elite zählen konnte, mußte sich im Anfang die
menschlichen Organe von dorther holen, wo sie eben zu haben waren. Es standen

261

ihm außer den Leuten, die zu allem bereit sind, nur die weniger diffizilen und an sich weniger strengen Elemente aller Parteien zur Verfügung. Und diese Elemente haben denn auch ihre Plätze eingenommen, wohl auch behauptet. Sie bildeten die eigentlich vertrauenswerte Phalanx der neuen Regierungsform. Nachdem jedoch die ersten Erschütterungen des Staatsstreichs vorübergegangen waren, gab es auch ehrliche Leute, welche der neuen Dynastie zu dienen bereit standen. Morny, Persigny, Maupas usw. waren die ersten Elemente der bonapartistischen Partei, die sich vorwiegend aus Verschwörern und Strebern zusammensetzte. Die Kirche, die sich mit den Interessen der Erhaltung der Dynastie geschickt ins Einvernehmen setzte, konnte in der ersten Zeit nur ein recht unbestimmtes, elastisches und ziemlich fremdes Personal bieten, da ja ihre besten Freunde ehrenhalber mit der Legitimität oder mit dem Orleanismus gehen mußten. Die späteren Generationen boten ihr schon wertvollere Parteigänger. Man darf nicht vergessen, daß im Rat des Kaisertums zu einer bestimmten Zeit auch Männer von der Bedeutung eines Thouvenel und eines Victor Duruy Platz gefunden und genommen haben.

„Die Ehemänner sind nicht so, wie das dumme Volk immer meint!"

247. Karikatur auf die emanzipierten Frauen von Daumier.

Die Literatur war unter dem zweiten Kaiserreich keineswegs so ganz wertlos, wie man anzunehmen pflegt. Nach der wundervollen Bewegung des Jahres 1830 und nach der Herrschaft der romantischen Schule war es der neuen literarischen Periode nicht eben leicht, brillant zu erscheinen. Aber vorläufig lebten ja die Romantiker noch: Hugo und Lamartine als Gegner des neuen Regimes, Vigny als Gleichgültiger, Mérimée St.-Beuve und Théophile Gautier als bekehrte Parteigänger. Freilich haben diese Schriftsteller dem Kaisertum gar nichts zu verdanken. Auch jene, die sich ihm angeschlossen hatten, konnten aus der neuen

262

Der Kaninchenhändler.

Die Käuferin: „Händler, Euer Kaninchen stinkt!"

Der Händler: „Ja, Madame, aber wenn man bei ihnen an derselben Stelle riechen würde — —"

248. Populäre ästhetische Karikatur aus der Zeit der Restauration.

Ästhetik, der Ästhetik der kaiserlichen Epoche, keine Impulse gewinnen. Sie setzen einfach ihre Bestrebungen fort. Aber schon zeigen sich während des Kaiserreichs ihre unmittelbaren Nachfolger, Leconte de Lisle, Théodore de Banville, Beaudelaire. Der Balzacsche Roman findet bei Flaubert und Goncourt seine Fortsetzung; in diese Zeit fällt auch das erste Auftreten Renans. Damit haben wir einige Namen genannt, welche jeder beliebigen Epoche zur Zierde gereichen würden. Man wird vielleicht sagen, daß ihre Jugend und die Zeit ihrer Vorbereitung in die Epoche der vorhergehenden Regierungsform fällt; man muß aber andererseits auch zugeben, daß das Gären während des Kaiserreichs uns die Schriftsteller der Epoche der dritten Republik gebracht hat, die großen Realisten Zola und Daudet, die Dichter des Parnasse und außerdem Vallés, Cladel, Paul Arène, wohl lauter Feinde der bestehenden Regierungsform, welche aber ihre Entwickelung durchaus nicht behindert hat. Auf dem Gebiete der Malerei hat die kaiserliche Epoche schöne Früchte gezeitigt. In dieser Zeit wird der Impressionismus geboren und zur Entfaltung gebracht; Manet, Degas, Monet, Renoir, Pissaro treten auf. Der Salon der Zurückgewiesenen vom Jahre 1863 liefert für die geschichtliche Abteilung der Weltausstellungen die schönsten Bilder. Ihre Schöpfer waren allerdings die Zurückgewiesenen; aber sie wurden ja auch während der dritten Rupublik noch lange Zeit zurückgewiesen. Der Einfluß von Gustave Courbet kommt glänzend zur Geltung. Die Maler von Erfolg, die Maler des Hofes gehören freilich nicht zu diesen Neuerern. Winterhalter, Gérôme, Dubufe, Bouguereau, Cabanel sind die Bahnbrecher. Nichtsdestoweniger bekunden auch Puvis de Chavannes und

„Vieille bourgeoise" aus der Zeit Louis Philipps.
249. Radierung von Charles Huard.

264

Der Besuch eines ehemaligen Kunden.

Galante Karikatur von Charles Léandre.

Gustave Moreau viel Talent. Carpeaux hat bedeutende Bestellungen, Barye ist wenigstens vorhanden, und die Morgenröte von Rodin und Balou fällt gleichfalls in diese Zeit. Man sieht also, daß die Epoche keineswegs unbedeutend war, daß sie zur Geltung kommen wird.

In der Karikatur sind Daumier und Gavarni mit gebrochenem Talent noch immer tätig, und auch Guys schafft noch. Außer diesen Großen finden wir eine ganze Reihe von rührigen und geistvollen Zeichnern in Tätigkeit, die in ihrer Manier neue und originelle Bahnen einschlagen. Der Unterschied erscheint einigen Kritikern sogar sehr einschneidend, und er ist es auch, wenn man Morland oder Cham mit Daumier vergleicht. Wir werden diesen Unterschied weniger bedeutend finden, wenn wir an Beaumont denken und jenes Werk studieren, welches den Übergang von der Karikatur des 1830er Genres zur Karikatur des Kaiserreichs bildet. Die kleinen Meister sind oft diejenigen, an deren Werken sich der Gang der Entwickelung am leichtesten untersuchen läßt. Dies ist auch hier der Fall; die Manier von Beaumont und seine Wahl der Modelle weist bereits auf die phantastischen Zeichner des zweiten Kaiserreichs hin.

*　*　*

Die schöne Voltigeurin.
250. Galante Karikatur von Th. Vernier.

265

Die Karikatur am Anfang des zweiten Kaiserreichs wird durch das Auf=
treten einer ganzen Reihe von leichten, geistvollen, unterhaltenden, rührigen, wenig
tiefen Anekdotisten charakterisiert. Ihren eigentlichen Vorwurf bildet weniger das
Leben selbst, sie beschränken sich vielmehr darauf, seine Äußerlichkeiten und den
Wandel der Mode zu belauschen. Sie sind keine Satiriker, haben keinen bitteren
Stachel, gehen über das Epigramm kaum hinaus. Ob sie es absichtlich tun? Oder
zwingt sie ihr Naturell und der Grad ihres Könnens dazu? Das Letztere ist wohl
anzunehmen. Denn jedes Genre findet die ihm entsprechenden Verdolmetscher,
und unter diesen artigen Geistern, diesen rührigen Auslegern des Lebens, wie es
sich eben macht, finden sich kaum solche, welche über die leichte Formel hinausgehen
würden, um sich zur wahren und höheren Karikatur zu erheben, um den tiefen
und amoralischen Zug eines Gavarni zu erreichen. Doch ist dies nicht ausschließlich
ihr eigener Fehler. Das durch einen Handstreich eingeführte Kaisertum, welches
das Murren aller Arten von Widerständen vernehmen konnte und sich auf die
reichen Klassen stützte, war nicht geneigt, die Presse sanft zu behandeln. Jede
Satire, welche gegen das herrschende System gerichtet war, jede Auflehnung und

Pariser Skizze.
— Na ja, warum braucht ein — Mann auch zu rauchen wie
ein Frauenzimmer!
251. Ch. Bernier. Karikatur auf die emanzipierten Frauen.

auch der kleine Krieg waren
verboten. Ein fest gefügtes
System der Unterdrückung,
die Furcht vor ganz beträcht=
lichen Geldstrafen, vor dem
Verbot des weiteren Erschei=
nens sogar hatte die Jour=
nale eingeschüchtert. Nicht
nur die politische Karikatur
ist eingeengt, wie die Satire
des Figaro von Beaumar=
chais, und darf sich weder mit
der Politik, noch mit den Finan=
zen, weder mit den inneren,
noch mit den äußeren Angele=
genheiten befassen, wenn nicht
mit Duldung oder gar auf Ver=
anlassung der Regierung, son=
dern auch die soziale Karika=
tur findet alles eher denn Er=
munterung. So bleiben ihr nur
die Nebensächlichkeiten der
Sitten zum Verzeichnen.

266

Die Liebe in der Kleinstadt.
252. Karikatur auf die Prostitution von Charles Huard.

Noch ist zu bemerken, daß die schönen scharfen Romane, welche die Gesellschaft des zweiten Kaiserreichs beschreiben, erst zur Zeit der dritten Republik erschienen sind. La Fortune des Rougon, la Curée und der Anfang der Serie
der Rougon-Maquart sind erst in den Jahren 1873.74 in den Buchhandel gelangt.
Die Romane von Goncourt, welche die Presse bereits unter dem Kaiserreich verlaffen haben, sind gewiß schöne Sittenstudien, können überhaupt als schöne und
freie Unterfuchungen betrachtet werden, doch gehen sie über die Erscheinungen des
privaten Lebens nicht hinaus. Will man die Wahrheit über diese Zeit erfahren,
darf man sie keineswegs in dem blassen Roman von George Sand, der sentimentalen George Sand, die ihren Zorn aus der Zeit der Lélia bereits vergessen hatte,
auch nicht in den noch süßlicheren Romanen von Octave Feuillet suchen. Flaubert
allein könnte sie verkünden, der in seiner Madame Bovary die Bilanz des fallit
gewordenen Romantismus, der malerischen Illusion des Lebens und des alten
Sandismus zieht, der nach den klaren Regionen der Gelehrfamkeit strebt. Er beschreibt Salambo, malt Karthago, um für seine Éducation Sentimentale eine neue
Studie der romantischen Seele vorzubereiten, die sich in einem ganz anderen Milieu
bewegt, um uns die Geschichte seines Schwankens vor einer Welt zu geben, wie
sie sich ihm eröffnet, und wie er sie in der Revolution des Jahres 1848 nicht gefunden hat. Die Literatur der Zeit gibt den Künstlern keinen Antrieb, das Leben
ihrer Epoche genau und in allen seinen Tiefen zu beschreiben. In der auf sehr

267

gut gemachte Einzelheiten ausgehenden Literatur dagegen bieten uns die Goncourts gerade die Beschreibung des Lebens eines jener kleinen Karikaturisten der Zeit. Chandellier, der in ihrem Buch Manette Salomon in der Gestalt von Anatole erscheint, clownhaft, geschmeidig, von geringer Begabung, mäßig geistreich, hat einige Stiche gezeichnet. Diese Stiche sind durchaus nicht schlecht. Sie erreichen jene seiner Nebenbuhler, von denen er sich überflügeln läßt, nicht weil er zu träge ist, sondern weil er jede Art Arbeit annimmt. Er kennt die großen Maler seiner Zeit, die großartigen Landschafter aus der Schule von Fontainebleau, Rousseau und Millet; er lebt neben den Malern in Paris. Zu sehr Bohème, zu sehr Lazzarone, im ewigen Kampf gegen die Armut hat er doch eine akademische Er- ziehung genossen, und darin eben steckt sein Fehler. Er stöbert trotzig in den Neuigkeiten herum. Es fehlt ihm an Begeisterung. Dieser Lebemann, dem die bösen Stunden, das Elend und der Hunger so wenig anhaben können wie der Platzregen im April einer kräftigen Pflanze, hat keinen Schwung; er verfügt wohl über den Wortwitz, über den Zeichnerwitz, doch ist dieser Witz nur schwächlich und kleinlich. Was wir bei ihm finden ist nicht Ironie, sondern Aufschneiderei. Gon- court widmet denn auch einige Blätter seines Romans dem Studium der Auf- schneiderei und ihrer verschiedenen Erscheinungsformen. Diese Aufschneiderei ist nicht mehr Spott, sondern Hänselei. Wir werden uns heute über den Unterschied nicht mehr ganz klar. Es mag uns scheinen, daß diese Hänselei in ihrer plebeji- schen Form schon lange ein Element des französischen Geistes bildet, in welchem sie ja immer vorhanden war. Jedoch die neue Richtung, welche dieser Geist nimmt, sowie seine leichte Eleganz waren zu jener Zeit auffallende Erscheinungen. Diese neue Richtung entspringt volkstümlichen Quellen; sie legt an die großen Ereignisse, an die großen Bestrebungen, an die bedeutenden Manifestationen des Geistes den engen Maßstab des kleinen frontierenden und mürrischen Bürgers an, der sich durch nichts Bedeutendes stören lassen mag. Für die tiefer blickenden Roman- schreiber war diese neue Art der Ironie auffallend genug, um sie zu einer ein- gehenden Zergliederung derselben zu veranlassen. Natürlich haben die Goncourts nicht unterlassen, die Hohlheit dieses geistigen Schwankens hervorzuheben. Die Aufschneiderei ist zänkisch ohne Größe, ohne Solidität; ihre Komik erreicht nie den großen Zug, deckt bei dem Objekt nie das Wesentliche auf und gelangt nie dazu, die Komik des Charakters in einen knappen Ausdruck zusammenzufassen, sondern bleibt an den kleinen Zügen und unbedeutenden Äußerlichkeiten hängen. Wir be- finden uns da entschieden in einer Zeit der Respektlosigkeit, in einer Zeit der Ope- rette; aber die kräftigen Äußerungen der Ironie und das Heranziehen ernster Stoffe waren ja auch verboten; die Zensur hat ein scharfes Auge, und der öffentliche Geist überläßt sich dem Halbschlummer; die lebendigen Kräfte der Nation und die Äußerungen ihres allgemeinen Geistes sind unterdrückt. Das ist keineswegs eine

268

Die prächtige Hochzeitsfeier der Johanna.

253. Groteske Karikatur nach einem seltenen französischen Stich aus dem Anfang des 17. Jahrhunderts.

La Poule d'Inde en Falbala
Femme en Pretintaille et Fontange ·
Croit etre belle comme un ange .
Mais ce vain Falbala par son ample contour
La rend grosse comme une tour
Et tout cet attrait si fort l'enfle et la guinde
Quelle ressemble en poulet d'Inde

Die Truthenne mit dem Faltenſaum.
254. Boucher. Symboliſche Karikatur auf die weibliche
Eitelkeit und Putzſucht.

den großen Schöpfungen an-
gemeſſene Atmoſphäre. Man
lacht über Kleinigkeiten, um
nicht über Bedeutendes nachdenken zu müſſen. Wie ſollten
da die jungen Karikaturiſten
der Zeit dazu kommen, den
tiefen und gründigen Zug
eines Daumier zu ſuchen,
deſſen Blätter, ſoweit ſie aus
dieſer Zeit ſtammen, ja ſelbſt
weniger Mark und Kraft
haben, wenn ſie auch in der
Zeichnung ſeinen früheren
Schöpfungen gleichkommen
mögen. Der Einfluß Dau-
miers und Gavarnis macht
ſich um dieſe Zeit mehr in
der Literatur als in der Zei-
chenkunſt fühlbar. Die luſtige
Mythologie von Daumier
und ſeine Poſſen auf die Darſteller der Tragödien haben
den Späßen eines Meilhac
und eines Halévy über den
Olymp den Weg geebnet. Dieſe
Stiche ſind dem Orpheus in
der Unterwelt und der ſchönen Helena zeitlich voraufgegangen. Ebenſo hat Gavarni
die kurze Manier, die zerhackte Beſchreibung und die in knappen Aphorismen gegebene Charakteriſtik der Goncourts beeinflußt. Die Charakteriſtiker und die Karikaturiſten dieſer Epoche haben jene Meiſter ſchon viel weniger ſtudiert. Sie leben eben
mit der Zeit, ſie moraliſieren nicht, ſondern geben ſich gefallſüchtig, elegant und leicht.

So nennen ſich denn auch die illuſtrierten Journale dieſer Zeit La Vie
Parisienne (Pariſer Leben) und Le Petit Journal pour rire (Kleines Journal
zum Lachen). Ihr ganzes Beſtreben geht darauf hinaus, das Pariſer Leben zu
kopieren, die Jovialitäten des Tagesgeſprächs zeichneriſch zu verzieren. Beſonders
gelangt La Vie Parisienne zur Bedeutung, und zwar infolge des Talents ſeiner
Zeichner, unter denen Fleury, Sabatier, Crafty und ganz beſonders der Gründer
des Journals, Marcelin, hervorzuheben ſind.

270

Wenn Marcelin nicht der Vergessenheit anheimfällt, so hat er dies gewiß nicht den Vorzügen seiner Zeichnungen zu verdanken. Er zeichnet ja nicht schlecht, nicht ohne Verve, nicht ohne Studium, jedoch noch recht mager. Seine Serien: Bälle und Soiréen, Musiker und Musikerinnen, La Maison Pompéienne usw. sind reich an sehr korrekten, schwächlich graziösen und auch ein wenig ausgelassenen Zeichnungen. Seine Inschriften sind einfach genug; ein Beispiel: „Besucht recht fleißig die großen Gesellschaften, betretet so viele Parkette wie nur möglich, und Ihr werdet weit kommen." Die Wände der Salons, wo man tanzt, schmückt er, tapetenartig, wie man zu sagen pflegt, mit Damen, die sich recht gut erhalten haben. Ja, wenn sich die Damen nicht gut erhalten, wer soll es denn tun! Und

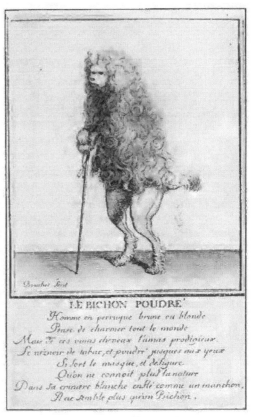

LE BICHON POUDRE
Homme en perruque brune ou blonde
Pense de charmer tout le monde
Mais si vous chevaux l'amas prodigieux
Se nènoir de tabac, et poudre' jusques aux yeux
Si fort le masque, et défigure
Qu'on ne connoit plus la nature
Dans sa crinière blanche enflé comme un manchon,
Il ne semble plus qu'un Bichon.

Das gepuderte Löwenhündchen.

255. Bouchot. Symbolische Karikatur auf die eingebildeten Stutzer aus der Zeit der Romantik.

doch hat auch diese ärmliche, von unbedeutenden Inschriften eingerahmte Zeichnung ihr besonderes Interesse. Sie ist prosaisch, aber wahr. Die Frau des zweiten Kaiserreichs erscheint da mit allem Zubehör ihres Aufputzes und ihrer Pariser Verführungskünste, mit dem kleinen Kopf, der aus der schweren Robe auftaucht, die wieder mit dem riesigen Ballon der Krinoline abschließt. Es sind fast puppenartig hübsche Weltdamen, die nur die eine Sorge haben, sich gut zu kleiden. „Sagen Sie, bitte" - so spricht ein Moralist dieser Karikatur zu einer hübschen Person — „nicht, ich gehe in die Oper, sagen Sie lieber, ich gehe, mich in der Oper sehen zu lassen." Diese Damen in der Oper plaudern, kokettieren, intriguieren, genau so wie im italienischen Theater, dem eigentlichen Modetheater,

271

wo man hingeht wie ins Konzert, indem man auf einen Augenblick den süßlichen Plausch und den Klatsch unterbricht, um den Gesang Marios oder der Alboni anzuhören. Neben diesem hübschen Frauenspielzeug sehen wir ihre Herren und Meister, die sie nicht gar besonders lieben und ganz nach ihrem Wert beurteilen. „Ist aber der Graf empfindlich!" bemerkte eine Dame zu ihrer Freundin. „Jawohl," antwortet diese, „wenn es regnet und seine Pferde naß werden." Der Dandy dieser Zeit ist wenig empfindlich; er ist der kalte Eroberer von der Art des Camors von Octave Feuillet, der wieder von den geistvollen Don Juans des Mérimée abstammt, denen der Stendhalsche Einfluß aufgeprägt ist. Man hat behauptet, daß Balzac, indem er die Gesellschaft der Zeit Louis Philippes studierte, besonders dazu beigetragen hat, die Gesellschaft des zweiten Kaiserreichs zu schaffen. Stendhal hätte dies noch viel mehr getan, wenn die literarischen Einflüsse wirklich so mächtig gewesen wären.

Eine Karikatur, die im Charivari erschienen ist — sie ist, wenn ich nicht irre, von Charles Vernier —, zeigt uns einen neuen Orpheus, der von neuen Mänaden zerrissen wird. Die Szene spielt wohl im Valentino, einem der öffentlichen Ballplätze, welche man jüngst nach dem Vorbild der englischen Vauxhalls auch in Paris eingerichtet hat. Ein Herr bekommt von den zahlreichen Händen junger, eleganter und schöner Frauen, deren hübsches Gesicht aber vom Zorn verzerrt ist, eine tüchtige Tracht Prügel. Die Inschrift besagt: „Jemand hat ihnen gesagt, daß er der Verfasser der Filles de Marbre (Mädchen von Marmor, herzlose Loretten) sei." Théodore Barrière hat sich zum Juvenal dieser Welt von Cocodetten gemacht; er läßt ihnen in seinem Filles de Marbre betitelten Theaterstück durch den Mund des Desgenais, der räsonierenden Person des Stückes, sehr scharfe Worte sagen.

Der Salon eines öffentlichen Hauses.
256. Galante Karikatur von Guys.

Die Demi-Monde (Halbwelt) von Dumas sollte eben aufgeführt werden, in welchem Stücke er für dieses Pariser Leben ein ganz neues Milieu abgrenzt, wohl nicht neu genug, um nicht schon von Balzac vorhergesehen zu werden. Das Charakteristische an dieser Halbwelt besteht darin, daß sie sich keineswegs bloß aus Loretten und Cocodetten zusammensetzt. Sie besteht vielmehr aus Frauen, die bereits ver-

414

Parifer Zwiegespräch.

— Eben habe ich den Hauszins einkaffiert und will diefe Fünfhundert-Frank-Note aufheben, um dir
nächftens einen fchönen Schal zu kaufen . . . wenn du recht artig fein willft! . . .
— Gib fie mir nur lieber gleich her . . . denn wenn ich recht artig wäre, fo hätteft du keine Freude
daran . . . du würdeft denken, daß es nur wegen des Schales ift. . . .

257. Galante Karikatur von Beaumont.

heiratet waren, die ihren Mann betrogen und das eheliche Haus verlaffen haben,
oder aus demfelben verjagt worden find, die für Witwen gelten, manchmal es auch
wirklich find, die aber durchaus nicht erkennen laffen möchten, was fie in Wirklichkeit waren, bevor fie folche Damen zu den drei Sternen geworden find; ganz
reizende Perfonen, frei im Herzen, auf der Suche nach einem reichen und ergebenen

273

Der Erbonkel.
258. Amüsante Zeichnung von Pigal.

Mann. Der zu jener Zeit in Paris herrschende Kosmopolitismus verstärkte noch die Reihen dieser schönen Pariserinnen und schönen Damen aus der Provinz mit zahlreichen hübschen Frauen aus der Fremde, die nach Paris kamen, um hier eine größere Würze des Lebens und mehr Freiheit der Bewegung zu suchen, welche sie in einer nachsichtigeren Welt und unter den Augen einer zwar nicht minder indiskreten, jedoch weniger tyrannischen Polizei wohl auch eher als in ihrem eigentlichen Vaterlande finden konnten. Diese sehr gemischte und immer lachende Halbwelt reist viel. Die Eisenbahnen hatten die Entfernungen aufgehoben und das Gebiet der Karikatur mit neuen Stoffen versehen. Wenn auch Guys und mit einer viel weniger feinen Kunst auch Crafty noch immer hübsche Pferdegeschirre beschreiben, so war doch das Malerische der Reisen im Eilwagen oder in dem schweren Kremser, den die Bürger in früherer Zeit zu ihren Landpartien benützt hatten, allmählich ganz verschwunden, um den spaßigen Eindrücken der Touristerei Platz zu machen. Man spricht viel von Seebädern; Beaumont namentlich führt seine Damen gern dahin. Man geht viel nach Baden-Baden; besonders Marcelin stellt sich die Aufgabe, die Reise dahin zu illustrieren. Diese entfernteren Ausflugsorte bieten prächtige Gelegenheiten zu Zusammenkünften; man trifft sich dann wieder in Paris. Die Badesaison bildet für die Heldinnen des Marcelin oder des Edmond Morin die beste Gelegenheit zu gar vielen Überschwenglichkeiten. Die Karikaturisten greifen gern jeden Vorwurf auf, um nur den brennenden Fragen aus dem Wege zu gehen. Darum suchen auch zahlreiche farbige Stiche das lustige Leben der Studenten darzustellen. Man verschlingt förmlich die Szenen aus dem Leben der Bohème, und Murger findet unter den Zeichnern eifrige Schüler. Die Grisette wird zur Charaktertänzerin oder zu einer Art weinerlicher Figur. Diese

274

Figuren sind zwar schrecklich schlecht beobachtet, aber es ist immerhin Bewegung und Schwung in ihnen. Die Wahrheit aber ist nur bei Guys oder bei Rops zu finden.

Die Frau, welche Marcelin auf den großen Blättern seiner Vie Parisienne an die Ränder oder auf die Titelblätter setzt, um mit ihnen die leichten Erzählungen seines Journals zu verzieren, welche von der um die Tuileries wogenden frivolen Menge, nicht minder auch von einer nach Vergnügen und Lurus haschenden Bürgerschaft eifrig verschlungen werden, ist auch die Frau, welche Steven so gern in seinen Bildern darstellt. Die Welt des zweiten Kaiserreichs ist diesem belgischen Maler ganz besonders günstig. Er hat von den Flamändern eine solide Kunst

Belehrung.
— Und dann ein Mann, das ist so was Häßliches!
259. Karikatur von Forain.

und eine blendende Fertigkeit geerbt, die ihn besonders im Malen der Stoffe und in dem Ausnützen der tiefen Töne der Lacke und Glasuren des fernen Ostens auszeichnet. Um zu gefallen und um dem herrschenden Geschmack zu entsprechen, verlegt er sich darauf, die Einzelheiten der Toilette mit großer Genauigkeit und mit viel Grazie wiederzugeben. Er malt im Genre und auch in halb-charakterisierender Manier. Die Anekdote ist bei ihm nie von der besten Sorte und auch nicht von besonderer Bedeutung; dafür aber ist das Zubehör von einer so ausgesuchten Vollkommenheit, daß die Gesamtheit der Werke Stevens ihn in die Reihe der ersten Meister stellt. Er beschreibt mit Vorliebe Damen aus der Aristokratie und der vornehmen Bürgerschaft und ist stets darauf bedacht, nur schöne Frauen als Modell zu nehmen. Die interessanten Typen aus dem volkstümlichen Leben, welche Guys noch immer mit Eifer und unermüdlich zeichnet, werden in der Malerei dieses Zeitabschnittes eher bei Degas und bei Renoir erscheinen.

Renoir ist schon seit den ersten Anfängen des Impressionismus der Maler der Schönheiten von Montmartre. In seinen Jugendarbeiten finden wir allerdings

275

auch noch ganz andere Sachen: große, sonnige Landschaften mit tiefem, fast panoramatischem Blick aus irgendeinem schönen Erdenwinkel, Einzelheiten von Häusern und Gärten aus der Umgebung von Paris; aber auch hier schon, in seinen allerersten Anfängen, erscheint eine endlose Reihe hübscher Gesichter aus Montmartre. Vielleicht ist die künstlerische Entdeckung von Montmartre überhaupt auf ihn zurückzuführen. Die impressionistischen Maler haben da viel gelebt. Die Angliederung der Dörfer der nächsten Umgebung von Paris an die Hauptstadt hat diese unter dem zweiten Kaiserreich bedeutend vergrößert. Die in Paris durchgeführten öffentlichen Arbeiten, die riesige Zunahme der Bevölkerung, welche zum Teil dem Einfluß der Eisenbahnen zugeschrieben werden muß, der gewaltige Aufschwung des Handels besonders in den sogenannten Pariser Artikeln, welcher so vielen kleinen Mädchenhänden lohnende Beschäftigung bot und aus der Provinz zahlreiche junge Personen anzog, schufen einen sehr ausgedehnten Verkehr. Das Paris des Haußmann war im Entstehen begriffen; große Straßenzüge wurden durchgebrochen und brachten Licht in die alten Stadtteile. Die Hacke der Häuserabbrecher drängte die arbeitende Klasse aus den engen Gassen der inneren Stadt in die Vorstädte, welche auch noch durch das Zuströmen aus den Provinzen einen Zuwachs an Bevölkerung erhielten. Auch das Kleinbürgertum veränderte sich; zahlreiche arbeitende Familien bereicherten sich nicht unwesentlich aus dem Geschäft, es entstand eine ganze Reihe kleiner Besitzer und Unternehmer, welche in ihrer Art, sich der Mode anzupassen,

260. Charles Léandre. Karikatur auf Jeanne Granier.

den Zeichnern Edmond Morin, Cham und Grévin Stoff zu zahlreichen Stichen boten. Dazu kam, daß die Zensur etwas nachsichtiger wurde. Eine Zeichnung von Andrieux, welche wir in diesem Bande reproduzieren, zeigt uns die vom Kaisertum wieder eingeführte Zensur in der Form und in der Ausstattung von weisen Greisen, welche darauf zu achten haben, daß weder in den Zeitungen etwas geschrieben, noch in den Theatern etwas gesagt werde, was dem allgemeinen Wohl abträglich sein könnte. Diese Greise, welche der Karikaturist nach der Gewohnheit der Künstler, wenn sie es mit der Zensur zu tun haben, mit großen Lichtschirmen über ihren triefenden Augen bekleidet und mit kahlen Schädeln darstellt, halten ihre Scheren untätig und unbeschäftigt einer schönen

276

— Und jetzt: Eins, zwei, drei, das Weihnachtsgeschenk des alten Adam für seine Eva.

261. Galante Karikatur von Métivet.

Frau entgegen, welche halbnackt zwischen ihnen paradiert. Diese schöne Frau ist mit dem Rock einer Tänzerin bekleidet, auf welchem man die Titel der Vaudevilles von Clairville lesen kann. Clairville war einer der geistreichen Schriftsteller jener Zeit, dessen sich die konservativen und kaiserlichen Parteien annahmen, weil er die

La Pâtissière.
262. Symbolische Karikatur von Bouchot aus der Serie „Die Berufsarten".

republikanischen und soziablistischen Theorien, die Proudhonschen Losungsworte vom „Rechte auf Arbeit" und „Eigentum ist Diebstahl", in seinen Singspielen verspottete und bekrittelte. Diese Karikatur hat ihre Bedeutung. Das kaiserliche Regime begünstigte derartige Parodien von Werken mit sozialer Tendenz, ermutigte die Stücke ohne Kleidung und ebenso die Operetten, weil es von dem Prinzip ausging: „Sie singen, da werden sie auch zahlen"; „sie trällern die Arien und Couplets der Vaudevilles, folglich unterwerfen sie sich dem Regiment". Das einzige Recht, welches in dieser Zeit der Karikatur noch belassen wurde, bestand darin, die allgemeinen

Ideen in Spottliedern zu besingen und der Entwicklung der Mode zu folgen.

Die zahlreichen Karikaturen der Mode dieser Zeit unterscheiden sich besonders in einem Punkte von denen der vorhergehenden Periode. Wenn Philippon auf den Kopf der Pariserinnen jene ungeheuren Hüte setzt, aufgebaut aus Blumensträußen und Federbüschen auf einer möglichst großen Fläche von Stroh, oder auf einem möglichst großen Stück Tüll oder Samt, welches ein Drahtgeflecht aus Messing überhaupt zu tragen imstande ist, so hat er die allgemeine Mode im Auge. Seine Grisetten sind einfach, und ebenso sind die Loretten Gavarnis nur am Abend der Opernbälle exzentrisch. Die Spottsucht Philippons und Gavarnis, ja, in seinen ersten Anfängen auch jene Beaumonts richtet sich, soweit sie die Mode betrifft, gegen die Allgemeinheit, ihre epigrammatischen Pfeile werden gegen alle Klassen der Gesellschaft abgeschossen. Dagegen differenziert die Karikatur des zweiten Kaiserreichs die anständigen und die unanständigen Frauen schon in viel größerem Maße. Ist etwa die Prostitution kühner geworden? Oder hat sie mehr an Raum gewonnen? Die Kurtisanen kleiden sich in einer Art, als sollte ihnen der Anzug als Anschlagzettel dienen. Wir sehen sie nicht mehr so tief ausgeschnitten und mit der un-

278

gewöhnlichen Haartracht, wie
Traviès seine Straßendirnen
darstellt; verschwunden sind
die ungeheuren Marabouts,
so groß wie ein Marktkorb,
mit welchen der volkstümliche
Stich der Restaurationszeit
den Kopf der Frauen von der
Straße geschmückt hat. Jetzt
tritt eine andere Manier auf,
eine eigentümliche Exzentrizi=
tät im Tragen der Kleider,
welche einen kühnen Schnitt
und eine Überschwenglichkeit
an schreienden Farben auf=
weisen. In diesem Luxus der
Kleidung und in den fort=
während Änderungen der
Mode ist auch ein Stich ins
Militärische zu beobachten.
Die Hüte haben die Form
österreichischer Helme oder
französischer Käppis, der lang=
ärmelige Überrock verdeckt die
Leibchen. Der Luxus der
Farbe, oder vielmehr die

La Fruitière.
263. Symbolische Karikatur von Bouchot aus der Serie
„Die Berufsarten".

durcheinander geworfene Auslage von Farben dient gewissermaßen als Unterschei=
dungszeichen. Daran ist zum Teil auch der Romantismus schuld; der Romantismus
in der Literatur arbeitete so sehr im Exotischen und hatte die fremden, nicht minder
auch die volkstümlichen Trachten so sehr herausgestrichen, daß dies alles auch in die
Mode überging. Dazu kam ein wenig auch der Einfluß der Kaiserin. Sie ist Spa=
nierin, und infolgedessen werden die kleine spanische Haube, der Bolero, die kurzen,
aufgebauschten Röcke einige Jahre lang zur Mode. Aber außerhalb ihres Kreises
führen die Modistinnen, welche vielleicht nie von größerem Einfluß waren, den spitzen
Tirolerhut oder die flache Haube ein, letztere mit ungeheuren Blumenkörben, unter
welche sich aus Glas oder Wachs gemachte Früchte mischen. Unter allen diesen Hüten
erscheinen enorme Chignons; nach einer Karikatur von Grévin sehen die Soldaten
in dieser breiten Haartracht mit Recht eine Nachahmung ihrer Kommißbrote.
Wenn Grévin auch gewiß übertreibt, so steckt doch ein Körnchen Wahrheit drin.

279

Das genaueste Bild der normalen Mode finden wir bei den impressionistischen und realistischen Malern. Sie übertreiben nicht, sie geben uns die wirklich volkstümliche Mode wieder. Bei Renoir erscheinen die Frauen in den Moulins de la Galette mit an der Stirne kurz geschnittenen Haaren, unter Hüten wie ein Schirmdach, in kleinen, bebänderten Mänteln. Der Maler läßt über die Figuren seiner Tänzerinnen und über ihre Toiletten Sonnenstrahlen streifen, welche durch das Glas durchsickern. Sonntagsball am Nachmittag! Sonntagsball am Abend! Da drehen sich die letzten Grisetten und die ersten Trottins (Lehrmädchen) lustig im Tanz. Der Trottin ist eine Erscheinung des zweiten Kaiserreichs. Gewiß war er auch vor dem zweiten Dezember vorhanden, und das Kaiserreich hat keine so tiefgehende Änderung der Sitten hervorgerufen, um neue, ganz neue Typen zu erzeugen; nur wurde er früher weniger beachtet. Weder Daumier noch Gavarni zeichnen diese Figur. Dagegen sieht man in der Karikatur des zweiten Kaiserreichs das kleine Lehrmädchen oft genug über die Straße gehen, mit der von schwarzer Wachsleinwand bedeckten Schachtel am Arm, und hinter ihm jene, die ihm nachsteigen. Es ist dies eine Folge des Paris von Haußmann, mit seinen breiten Straßen, glänzenden und weit geöffneten Geschäften, in deren Inneres man durch die großen Spiegelfenster tief hineinblicken kann, daß diese Mädchen auf dem Wege zur Liebe oder zum Laster viel häufiger erscheinen. Die Zeichner des zweiten Kaiserreichs, unter anderen auch Guys, machen Schattenrisse von diesen Mädchen, die

sich noch spät auf der Straße der dunklen Vorstadt herumtreiben, mit der einst so zierlichen, nun aber heruntergekommenen Grisettenmütze auf dem Kopf. Die Impressionisten dagegen sehen sie nicht mehr, wenn sie in Montmartre, wo sie ihre Beobachtungen machen und malen, auf den Kreuzwegen den Zug der Arbeiter beobachten, wie sie zur Arbeit gehen oder von derselben kommen; ein Aufzug, schmerzlich, aber auch nett zugleich.

Das Theater ist nicht ohne Einfluß auf diese Mode. Wohl ist dies keine neue

„Schnell, versteck deinen Brief, es ist dein Liebhaber!"
264. Galante Karikatur von Scheffer.

280

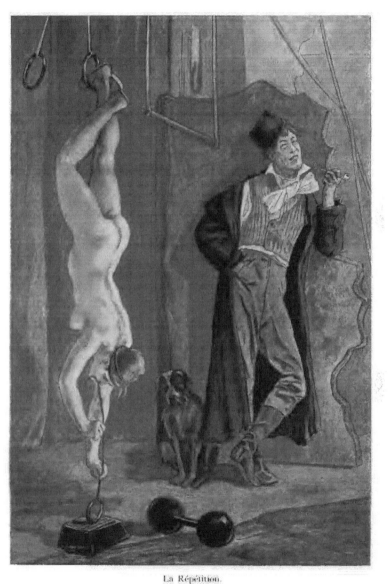

La Répétition.

Farbige Radierung von Félicien Rops.

Beilage zu Gustav Kahn, Das Weib in der Karikatur Frankreichs.   Hermann Schmidt's Verlag, Stuttgart.

Erscheinung, die etwa erst vom Anfang des Kaiserreichs datieren würde; aber man geht jetzt häufiger ins Theater und widmet den Anzügen, die dort getragen werden, mehr Aufmerksamkeit. Dazu kommt, daß das Theater der Sitten dem Luxus amüsantere und kühnere Vorbilder bietet. An den Toiletten eines Stückes von Scribe, wo die unerläßliche Naive mit dem flachen Stirnband zwischen ihrer Mutter und zukünftigen Schwiegermutter, die auch so bürgerlich wie nur möglich gekleidet sind, über die Bretter geht, hatte die Neugierde der Damen wahrlich nicht viel zu holen. Dagegen bringt das kühnere Theater des Alexandre Dumas des Jüngeren und jenes des Victorien Sardou die Damen der Halbwelt und

Abschied.
265. Galante Karikatur von Forain.

Abenteurerinnen auf die Bretter. Auch geht das Theater mit den historischen Kostümen immer mehr zurück, während das Theater mit den weltlichen Kostümen an seine Stelle tritt. Die Zahl der Theater vermehrt sich zugleich. Die Schauspielerinnen wetteifern miteinander im Luxus, dies um so mehr, je mehr sie bemerken, daß ihren Toiletten größere Beachtung geschenkt wird.

Vor dem zweiten Kaiserreich gab es ein Theatergesetz, gab es gewisse Privilegien, in deren Sinne die Zahl der Schauspieler, welche in den kleineren Theatern auf einmal auftreten durften, festgelegt war. Um das Jahr 1860 herum fallen diese beschränkenden Gesetze; die Theater werden frei. Und sie benützen diese Freiheit, um möglichst große Gruppen auftreten zu lassen und die Szenen reich auszustatten. Man gibt Seerien, deren hauptsächlichster ästhetischer Zug darin besteht, eine Anzahl neuer Kostüme, auch halber Kostüme zu schaffen, welche ihre Elemente der Geschichte und allen möglichen Formen der menschlichen Entkleidung entlehnen, dabei aber dem herrschenden Geschmack zu entsprechen bestrebt sind, welcher darauf hinausgeht,

möglichſt glänzende Kleider und auffallenden Haarſchmuck zu tragen. Infolgedeſſen
ſind die Mädchen vom Theater auf lichte Stoffe und bunte Anzüge ganz verſeſſen.
So wirken verſchiedene Elemente zuſammen, um die Mode des zweiten Kaiſerreichs
zu einer der kühnſten zu geſtalten, die es je gegeben hat. Darjoq zeichnet einige
Cocodetten aus dem zweiten Kaiſerreich; er ſtellt ſie den ſogenannten Merveilleuses
(Modenärrinnen) der Zeit des Direktoriums gegenüber, einer Zeit, wo die Mode ſich
gleichfalls ins Ungeheuerliche erging; er ſtattet ſie mit kleinen, runden Hüten aus,
von denen breite, zarte Bänder über den Rücken hinunterlaufen (man nannte dieſe:
„Kommen Sie mal nach, junger Mann!"); ſie tragen dazu eng anliegende
Polonäſen, kurze, ſtark aufgebauſchte Röcke, unter welchen die hohen, verſchnürten
Halbſchuhe zu ſehen ſind.

Bertall zeichnet eine große Glocke mit ſchlankem Schwengel, um auf dieſe
Weiſe die Zartheit des Fußes unter einem enormen Kleid zu veranſchaulichen. Es
iſt die Zeit der Kleider mit unzähligen ſeidenen Bauſchen, in deren Höhlung mit
Grünzeug verzierte Blumenſträußchen geſteckt ſind. Jede Frau möchte unter den
Falten des etwas kurzen, weiten Kleides einen möglichſt kleinen Fuß zeigen, wie
wir dies in den Modeporträts von Dubufe, in den Zeichnungen von Renoir, bei
den Mädchen aus der Bo-
hème von Morland und bei
den eleganten Damen von
Marcelin ſehen.

„Er kann nicht mehr!"
266. Karikatur von Pigal aus der Serie
„Pariſer Sitten".

* * *

Die politiſche Karikatur
unter dem zweiten Kaiſerreich
iſt unzählig und beſchwich-
tigend zugleich. Der Charivari
bringt jeden Tag irgend eine
politiſche Zeichnung, aber die
Zenſur ſorgt dafür, daß es
eine möglichſt bedeutungsloſe
ſei. Man verſpottet natürlich die Feinde des Landes.
Der gegen den deſpotiſchen
Herrſcher Nikolaus geführte
Krimkrieg gibt dem Genius
eines Daumier gute Gelegenheit, gegen die ſeit 1830 ver-
haßte Autokratie und gegen

282

die Schrecken von Warschau großartige Akzente zu finden. Es war das sozusagen die einzige Gelegenheit. Sonst ist fast bei allen Zeichnern die einfache Jovialität vorherrschend. Pelcocq, einer der glänzendsten Zeichner der Zeit, einer derjenigen, welche in ihren militärischen Stichen die konventionelle, famose Haltung des Mili-

tärs am besten darstellen und zugleich vorzügliche Zeich-ner der Mode sind, hält mit seiner Meinung über den mexikanischen Feldzug nicht zurück. Zwei Soldaten sehen eine Mexikanerin vor-übergehen, die ihr Gesicht hinter einem Fächer verbirgt. „Gibt acht," sagt einer der Soldaten, „es scheint, daß sie sogar in den Strumpf-bändern Bajonette haben." Cham zeigt nicht minder eine bedeutende Kraft. Die gegen das herrschende Regime ge-richteten zahlreichen Karika-turen erscheinen erst am An-fang der dritten Republik. Es sind zumeist, mit Aus-nahme jener von Daumier, polemische und sehr scharfe Zeichnungen. Einige sind von Pillotell, einem späteren Mit-

Tanz der Zigeunerin. (Schattenspiel.)
267. Zeichnung von Henry Detouche.

glied der Kommune, der, nach London verbannt, in den englischen Blättern sehr gute Stiche brachte, andere wieder von Gill, der in der politischen Karikatur eine gewisse Rolle spielt, besonders wo er gegen den sechzehnten Mai und gegen jene Reaktionäre ankämpft, welche in der Umgebung des Marschalls Mac-Mahon zu finden waren.

*   *   *

283

Die Karikatur und die Frau unserer Zeit.

Von Degas bis Abel Faivre.

Man nimmt allgemein an, daß der Impressionismus vorwiegend eine Schule
von Landschaftern gebildet hat. Wohl waren die meisten Impressionisten ganz vorzügliche Landschaftsmaler, doch sind die Ambitionen der Gruppe und die von ihr
erreichten Resultate darüber weit hinausgegangen. Nach der Korrektheit und Kälte
des Klassizismus und nach der Überschwenglichkeit des Romantizismus bedeutet
der Impressionismus eine Rückkehr zum Leben, und zwar zum wirklichen und einfachen Leben, wie es von den Impressionisten gefunden und mit den freiesten,
nüchternsten Mitteln wiedergegeben wurde, welche am geeignetsten waren, den
Schauer und das Herzklopfen dieses Lebens darzustellen. Einer der beliebtesten
Maler des zweiten Kaiserreichs, Winterhalter, malt in einem beachtenswerten
Bilde, in welchem er uns eine Idee von den Festlichkeiten der Zeit geben will,
ein Dekameron, in welchem die Personen in archaistisch-italienischer Art gekleidet
sind. Courbet, ein kräftiger und aufrichtiger Verist, hat sich nicht gescheut, die
Mädchen der Seine in sehr moderner Tracht an den Ufern dieses Flusses hingestreckt zu malen, und zwar in einer von Gesundheit und Kräftigkeit strotzenden
Darstellung. Die Malerei von Gustave Courbet ist in ihrer Technik noch weniger
frei von den Einflüssen der Vergangenheit als in ihrer Ästhetik; sie stellt die Aus-
brüche der Freude noch etwas düster dar, sucht nicht das Licht und gibt uns nur
in übertragenem Ausdruck die Idee jenes Vergnügenschauers, von welchem die
schönen, lachenden Pariserinnen aus der Zeit des zweiten Kaiserreichs ergriffen
waren. Da Courbet auf die Technik des Impressionismus noch ohne Einfluß war,
so gilt er nur für einen ihrer Vorläufer hinsichtlich der Auffassung des Vorwurfes.
Seine Provinzler, seine Provinzlerinnen, seine Pariserinnen zeigen den nach ihm
folgenden Malern den Weg, und Manet ist wenigstens am Anfang seiner Laufbahn betreffs einiger seiner schönen Eigenschaften auf Courbet zurückzuführen. Wenn
jedoch Manet die Darstellung gewisser Schlupfwinkel des Liebeslebens in den Vorstädten von Paris wieder aufnimmt, oder wenn er eine Trinkstube in den Folies
Bergères malt, oder die Freuden der Kahnfahrer unter einem blauen Himmel an
einem schönen Sonntag zum Vorwurf nimmt, so zeigt er besser als Courbet die
genaue Stunde, das heißt die Impression der Zeit an. Dasselbe ist bei Degas der
Fall, der durch seinen Verismus und kraft seines sehr exakten Pinsels zum feinen
Darsteller der zauberhaften Lichtwirkungen und Lichtspiele wird und in seinen treffenden Bildern zugleich die harmonischsten Bewegungen zum Ausdruck bringt. Ein
gut Teil der Arbeiten von Degas bezieht sich auf die Tänzerin, und er findet da
die schönsten Haltungen des weiblichen Körpers. Es ist dies in der französischen

284

268. Karikatur auf die Prostitution von Félicien Rops.

Lassata.

Kunst eine neue oder doch erneute Note; das 18. Jahrhundert hat sie wohl gekannt, immerhin aber hat sich dieses Jahrhundert doch hauptsächlich auf die Physiognomie der Ballerinen beschränkt, wie Latour, und hat einige Ensembles gebildet, wie Boucher in den Ecken seiner Illustrationen, oder wie Fragonard. Das moderne Kostüm der Tänzerin, die reizende Kleiderlosigkeit, welche die Frau in einem Schwall von Atlas und Tüll gewissermaßen nackt läßt, war noch nicht erfunden. Die eleganten Schauspieler der Camargos und der Guimards haben darum nicht weniger ihren ganzen Reiz, lassen aber die ganze Schönheit der weiblichen Linie weniger hervortreten. Die folgenden Zeiten gaben sich in der Darstellung der Eleganz der Tänzerin hie und da ein wenig hart. Eine gewisse Zimperlichkeit und der während der Restauration, besonders aber unter der Herrschaft Karl X. zur Herrschaft gelangte Pietismus hat den Aufputz der hübschen Mädchen von der Oper, die im Ballett erschienen, nahezu widerwärtig gestaltet. Dann aber ging auch dies vorüber; das heute herrschende Kostüm trat in seine Rechte und wird wohl noch lange das herrschende bleiben. Aus den Biegungen der jungen Mädchen mit den schönen Schultern, aus ihren Bewegungen und Haltungen während des Tanzschrittes hat Degas das Beste der Eleganz und der Grazie herauszuschlagen gewußt, wobei er auch eine gewisse satirische Spitze zur Geltung kommen läßt. Wenn die Tänzerin sich nach vorn neigt, gleichsam als würde sie von einem un-

Haben Sie Spargel zu verkaufen?
269. Karikatur von Pigal aus der Serie „Pariser Sitten".

widerstehlichen Drang zum Publikum hingezogen, dann aber infolge der Ordnung des Balletts plötzlich wie angefroren stehen bleibt, dann erscheint sie in der goldigen Beleuchtung, die auf ihrem Aufputz in Regenbogenfarben spielt, wie ein prächtiger Schmetterling, der über den Blumen eines künstlich angelegten Gartens hinflattert. Und wenn der Maler dieselbe Tänzerin bei der Probe, wo sie ihre Schuhe schnürt, in einer anderen Haltung erfaßt, so ist es doch immer wieder dieselbe schlangenhafte Grazie, welche alle Linien des schönen Kör-

286

pers beherrſcht, die kräftigen
und dabei doch ſo ſchlanken
Schultern hervortreten und
aus der perlmutterartigen
Fläche des Rückens die ſchöne
Blume des Nackens hervor-
blühen läßt. Die muskulöſen
und beweglichen Beine bauen
ſich auf den Fußſpitzen auf.
Das ganze Ballettkorps wird
lebendig und beſeelt. Später
wird Forain das intime Leben
dieſes Ballettkorps während
des Zwiſchenaktes und hinter
den Kuliſſen belauſchen, wird
inmitten der falſchen Unſchuld
und der Schelmereien der in
Seide und Tüll kurz gekleideten
Mädchen die dicken Bankiers
im ſchwarzen Rock aufziehen

„Läſtere doch nicht ſo laut.“
270. Geſellſchaftliche Karikatur von Forain.

laſſen. Degas dagegen beſchränkt ſich auf das Schauſpiel der Tänzerin, auf die
Erſcheinung der Schönheit und des Reizes, welche ſie in der Ausübung ihrer Kunſt
bietet, ſowohl vor dem Publikum, wie auch bei dem Halblicht der Übung, wo nur
wenige Flammen des Kronleuchters angezündet ſind und die farbigen Lichter der
Rampe auf den bleichen und roſigen Geſichtern, auf den weißen und glänzenden
Stoffen in vielfarbigem Feuer ſpielen. Damit wurde für die Malerei ein ganz neues
Gebiet, die Kunſt der Beleuchtung gewonnen. Dieſe Kunſt, welche manchmal wie
ein Haſchen nach ſprühenden Funken oder, um bei einem vorhin gebrauchten Gleichnis
zu bleiben, wie eine Jagd nach glänzenden Schmetterlingen erſcheint, wurde augen-
ſcheinlich durch die Fortſchritte der Beleuchtungskunſt und durch den Luxus der Aus-
ſtattung im Theater hervorgerufen. Das zweite Kaiſerreich hat darin ein Erkleckliches
geleiſtet; wenn auch ſeine Tänzerinnen weder brillanter noch feiner an Talent als
jene der früheren Zeit geweſen ſind, ſo war doch ſchon in ihrer Art der Gruppierung und in ihrer größeren Zahl eine Pracht gegeben, die man früher nicht
gekannt hatte, und die einem Degas Gelegenheit gab, über den eleganteſten Linien
der weiblichen Schönheit die überraſchendſten Lichteffekte ſpielen zu laſſen.

Wenn Degas bei dem Malen der Tänzerinnen nur ſelten ſatiriſch wird, ſo
geſchieht dies, weil es ſich nicht recht verlohnt. Er hat die Kuliſſen der Oper zur
ſelben Zeit wie Ludovic Halevy geſehen, der berühmte Verfaſſer der Kardinals-

287

familie, diefer fcharfen Studie der kleinen Tänzerin und ihrer Mutter. Degas, fo herb er auch fonft zu fatirifieren verfteht, mag die Grazie nicht verfpottten; die Eleganz der Linien fcheint ihm jeden Scherz ertöten zu follen. Im Gegenfatz dazu erfcheinen einige feiner Bilder, welche dem weiblichen Nackten gewidmet find, in der Zeichnung graufam, in der fcharfen Betonung des Verfalls der Schönheit und der Plaftik als die bitterften fatirifchen Darftellungen. Auch Stevens deutet in dem Nackten einer Frau hie und da an, daß die Schönheit ein wenig verblaßt ift und daß die kräftigeren Reize des Sommers von den weicheren des Herbftes ab-gelöft worden find. Indem er fich aber dem Gefchmack des Publikums williger als Degas fügt, macht er diefe Erfcheinung zum Thema einer rührenden Elegie. Er legt in die Augen fo viel Ermattung, in den Gefichtsausdruck fo viel Melancholie, daß diefe Wirkungen der Zeit dem Anfchauer wie ein neuer Reiz erfcheinen, wie

etwas Anzie-hendes, wel-ches gar nicht zu der Frau gehört, die er eben malt. De-gas, der dem Gefchmack der großen Maffe, ihrer Vorliebe für das Senti-mentale und für eine falfche Eleganz in der Malerei nie eine Konzeffion gemacht hat, malt häufig fchlaff, ja bei-nahe fchwam-mig gewordene Frauen, bei denen die Ar-matur des Mieders das fchlaffe Herun-terhängen der

Les Préludes de la Toilette.
271. Galante Karikatur von Octave Taffaert.

288

Le Bal des
Nach dem Gemälde

t'z' Arts.

Abel Truchet.

Hermann Schmidt's Verlag, Stuttgart.

Unsere lieben Dämchen.

— Sag doch, mir scheint, Ernst kommt nicht schnell genug zurück, das wäre schön, wenn er uns mit
der unbezahlten Zeche hier sitzen ließe!
— Mach dir keine Sorge, da ist ja sein Überzieher, der reicht auch für mehr.
— Du hast recht. Was meinst du, könnten wir uns nicht noch ein kaltes Huhn und eine Flasche
Bordeaux geben lassen?

272. Galante Karikatur von Andrieux.

Brüste und die Schwerfälligkeit der Lenden nicht mehr aufzuhalten vermag. Darin
knüpft Degas wieder an Daumier an, jedoch mit bei weitem größerer Wildheit.
Denn Daumier ist vorwiegend ein Lacher; er spielt mit den Sonderbarkeiten der
Form, während Degas beißend ist, und wenn er teigige, schlaffe Frauen malt, so
denkt er dabei an die Liebe, welche sie noch immer erwecken möchten und in ihrer
großen Toilette, aufgedonnert, reich geschmückt, mit Schminke und falschem Haar
herausgeputzt, vielleicht auch wirklich einflößen. Degas studiert die Frauen der

289

reichen Klasse und auch jene der volkstümlichen Schichten unparteiisch und mit strengem Auge. Wir besitzen von ihm Bilder der Buden von Wäscherinnen. Diese Buden befinden sich im Erdgeschoß der Straßen der vom niedrigeren Volk bewohnten Stadtteile, in Clichy, Batignolles oder Montmartre. Es ist warm; der schwüle Pariser Sommer und die aus Tausenden von Küchen ausströmenden Gerüche machen die fade Luft, welche von den Öfen und heißen Eisen erwärmt wird, noch schwerer. Den Wäscherinnen ist heiß, sie machen sich's bequem. Ein schöner Anblick ist es freilich nicht, wenn die Rundung des unsauberen Busens eher an einen Kürbis als an jene Form erinnert, welcher von Praxiteles gemeißelt worden ist. Und Degas malt sie unerbittlich genau so, wie sie sind. Aber seine Ironie verschont auch die Bürgersfrauen nicht, die schwerfällig gekleidet sind und an ihrer Toilette viel zu viel Schleifen, Rüschen und Federn haben. Auch verschmäht er es nicht, Mädchen mit harter Miene zum Modell zu nehmen, mit jener Miene, welche von der Redensart der Zeit als dämisch bezeichnet wurde. Aber das alles ist mit einer soliden, glänzenden Kunst gemacht, der es weder an Kraft noch an Grazie gebricht. Man weiß nicht, ob man seine grausamen oder seine reizenden Blätter mehr bewundern soll, und kann nicht umhin, beide Arten gleich wert zu halten.

* *

— Da seh' einer diesen Manneken-piß an, der das Nackte ins Amphitheater verweisen möchte! ... Na, so geh doch, Weltverbesserer!

273. Karikatur auf die Heuchelei von A. Willette.

Die Tänzerin, wie sie von Degas in Glanz und Schönheit gesehen wurde, findet man auch, hübscher, zarter und dekorativer noch, bei Jules Chéret. Chéret karikiert nie, er sucht nur in mehreren seiner Zeichnungen den charakteristischen Zug hervorzuheben. Und doch gehört er mit zu unserem Gegenstande, und zwar in solchem Maße, daß es zu seiner Zeit kaum ein durch die Verve seiner Karikaturisten hervorragendes illustriertes Journal gegeben hat, welches nicht bestrebt gewesen wäre, Chéret

zum Mitarbeiter zu gewinnen.
Die wesentliche Ursache davon
ist darin zu erblicken, daß er
einer der gewandtesten und
behendesten Verdolmetscher
der Pariserin seiner Zeit war,
der diese zwar immer in ihrer
Sucht nach Vergnügen, aber
darum nicht minder exakt darstellt. Er hat sie gar eingehend beobachtet, und sie hat
sich ihm auch entdeckt. Sie
hat ihm ihren Schattenriß gegeben, er wieder gibt ihr ihre
Bewegungen, und die Pari-
serin unserer Zeit löst im
Winter ihr Pelzwerk auch
heute noch mit jener eigen-
sinnigen Bewegung, welche
wir an den alten Anschlagzetteln des Chéret beobachten
können. Das kommt davon,
weil Chéret so ganz Pariser

Bootsführer und Bootsführerin.
— Mir ist, als liefe mir die Erde unter den Füßen weg.
— Das wundert mich gar nicht, es ist heute so warm, daß ich
auf ein Erdbeben ganz vorbereitet war.
274. Satirische Karikatur von E. de Beaumont.

ist. Seine Kunst gehört mit zu jenem lebendigen Parterre, welches man von
der Höhe einer Stiege im Theater betrachten kann, zu jener sich drängenden
Menge, welche an einem Sommerabend nach Theaterschluß auf den Boulevards
wogt, um einen erfrischenden Windhauch zu erschnappen. Diese Malerei gibt uns
die galanten Festlichkeiten und auch die Ballszenen wieder. Niemand versteht es
besser als er, uns von den Pariser Festlichkeiten zu erzählen. Er malt sie in seinen
Anschlagzetteln, ganz besonders auf jener Anzeige, welche er für das Musée Grévin
gemacht hat, wo die Kulissen der Oper sich auftun, wo ihre durchsichtige, beißende
Atmosphäre in harmonisch vertriebenen Farbenflecken, in den Farben der Lippen,
der Haut und des Lichtes wiedergegeben ist.

Auf halbem Wege zwischen Traum und Wirklichkeit, weit entfernt von der
Karikatur, aber sich immer im Reiche der Phantasie bewegend, waren die Anschlagzettel von Chéret während eines Zeitraums von vierzig Jahren unerschöpflicher
Schaffenstätigkeit die Freude der Straßen von Paris. Das Genre ist sein eigentliches Gebiet. Untersuchen wir einmal in Kürze, wie diese neue Kunstgattung,
nachdem sie mit ihm im Reiche der Phantasie gelebt hat, sich in der charakteri-

291

fierenden Manier eines Toulouse-Lautrec, eines Capiello und anderer Neuer immer
mehr der Karikatur nähert. Wir wissen, daß Jules Chéret nicht aus der Schule
der schönen Künste hervorgegangen ist und keinen akademischen Unterricht genossen
hat. Man gab ihn samt seinem Bruder Joseph Chéret in die Lehre, mit jenem
Meister, der als Bildhauer der Schöpfer sehr beachtenswerter Nippes und ein
Bahnbrecher der französischen dekorativen Kunst geworden ist. Die beiden Chéret
waren mit verschiedenen Arbeiten der Kupfer- und Steinstecherei beschäftigt, lernten
für die Parfümeure mit kleinen Blumensträußchen verzierte Etiketten zeichnen,
später auch verwickeltere Vignetten und alles, was in dieses Gebiet einschlägt.
Nachdem Chéret es zur Meisterschaft gebracht hatte, begann er, seinen eigenen
Weg suchend, Anschlagzettel zu zeichnen, welche bis dahin nur wenig bunt an den
Mauern erschienen waren und diese bloß mit langen, einfarbigen, überdruckten
Bändern verzierten. Diese einförmige Häßlichkeit wies nur bei einzelnen Theater-
anzeigen eine Ausnahme auf, welche an der Spitze einige roh gezeichnete Szenen
und die Hauptentwickelungen des Stückes zur Anschauung bringen wollten. Auch
einige Roman-Feuilletons wurden mit Hilfe von illustrierten Anschlagzetteln zur
Anzeige gebracht, aber immer nur in schwarzer Farbe auf gelbem oder weißem
Grund. Nur eine Ausnahme! Daumier hatte für einen Freund jene berühmte
Affiche gezeichnet, welche
jeden Winter an den Mauern
von Paris erscheint und den
Niederlagen von Jvry als
Ankündigung dient. Es ist
dies eine gute Zeichnung in
Schwarz und Weiß, welche
Farben den Grund der Affiche
bilden und so einfach wie nur
möglich von Druckbuchstaben
umgeben sind. Chéret debü-
tiert damit, daß er im Auftrag des Direktors des Cha-
telet die Anzeige eines Mär-
chenstückes macht, wo die
Hauptszenen in einem ruß-
braunen Ton in eleganter
Ornamentation erscheinen.
Später versucht er infolge
einer Aufforderung des Bal
Valentino den Anschlag-

Im Omnibus.
275. Karikatur von Charles Léandre.

292

Die Sendbotin des Satans.

276. Symbolische Zeichnung auf die Prostitution von Félicien Rops.

zettel in drei Farben. Seither, das ist vom Jahre 1869 ab, aus welchem diese Affiche für den Valentino datiert, bis in seine letzten Jahre hinein, wo er sich der Erneuerung der Tapeten widmet, hat Chéret kaum einen Tag vergehen lassen, ohne die Mauern mit einigen neuen Anschlagzetteln zu schmücken, welche immer harmonisch, immer brillant und ganz modern im Ton waren und zumeist ein hübsches Sträußchen von Feldblumen aufweisen. So erfand er auch eine eigene, vornehme Art, den Anschlagzettel zu symbolisieren, indem er stets einen sinn= und bilderreichen Kommentar zu finden wußte, welcher die Adresse und die Geschäftsmarke, auf welche die allgemeine Aufmerksamkeit hingelenkt werden sollte, geradezu lebendig machte. Von seinen ersten Affichen angefangen, auf welchen schlanke Pierretten sich in einer möglichst summarischen Ausschmückung bewegen, bis auf die letzten, wo er den Bedürfnissen der neuen Industrien Rechnung trägt und in den Rahmen einer sinnreichen Dekoration auch das Automobil einführt, hat er wohl an hundert Meisterstücke geschaffen, welche an Kunstwert jeder beliebigen Freske der Vergangen-

Ein Zimmer mit zwei Betten! Das Diner in einer Stunde!

277. Galante Karikatur von Scheffer aus der Serie „Les Grisettes".

heit gleichgestellt werden kön-nen und zugleich von seinem dekorativen Können, von seiner großartigen Gabe der Ver-bildlichung ein glänzendes Zeugnis ablegen. Ein geist-voller Dichter hat die weib-lichen Schöpfungen von Chéret einfach Chérettes getauft. Und nichts ist berechtigter, als diese Benennung jener feinen Pariserinnen, welche durch die Pastelle, die Bilder und die Affichen von Chéret in die Kunst eingeführt wor-den sind. Um seiner modernen Pariserin eine entsprechende Umgebung zu schaffen, läßt er die wohlvertrauten Figuren der alten französischen Lustig-keit wieder aufleben, die Sou-bretten aus dem Repertoire von Molière, die Kolombinen aus dem italienischen Reper-toire des Bergamo, welche sich

294

Was man sich zuflüstert.

— . . . . ?
— Aber ich bitte dich, da steigt er mir schon fast eine Stunde nach und traut sich nicht, mir was zu sagen!
— So laß doch etwas fallen.

278. Karikatur auf die „galanten Damen" von Grévin aus der Serie „Pariser Momentaufnahmen".

in Frankreich in leichter Weise eingebürgert hatten. Neben einem Feld, wo die Poli-
chinelles und die Spielsachen auf die Kinder herunterschneien, malt Chéret andere, wo
die klassische Soubrette sich über den Spießbürger lustig macht, und was er da schafft,
gehört zur höchsten, wenn auch vorwiegend nur zur dekorativen, zur ironischen und
belustigenden Kunst. So bringt die Affiche und die Fresfe von Chéret die verschie-

295

denen Zeiten der französischen Lustigkeit einander näher, erweckt die alten Porcherons, über welche die Menschen aus dem 18. Jahrhundert gelacht haben, zu neuem Leben und zeigt uns die modernen Festlichkeiten, die leuchtenden Vergnügungen der Musikhallen. Ebenso wie Manet und die Impressionisten oder die von Courbet ausgehenden Realisten gehört unzweifelhaft auch Chéret zu denjenigen, welche der Malerei neue Wege zum Modernen eröffnet haben, da er zu gleicher Zeit wie sie die eigentümlichen Lichteffekte entdeckt und in seinen Affichen zum Gegenstand der Kunst gemacht hat. Wenn der allgemeine Geschmack sich so erweitert hat, um auch recht frei behandelte moderne Milieux aufzunehmen, und wenn die moderne Richtung imstande war, sich die Tore der Salons zu eröffnen, so ist dies teilweise auch den Affichen des Chéret zu verdanken, welche diese Vorwürfe in ihrer leuchtenden Vielfarbigkeit gestreift, sie in den Straßen vor aller Augen gestellt und den Blick an die klaren Töne, an die leichten und kokett malerischen Motive gewöhnt haben. Durch das Vergnügen, welches seine Zeichnungen und Bilder den auf der Straße verkehrenden Menschen verursachten, übten sie auf das Urteil des Jurys und der Künstler einen Druck aus und verjagten die akademische Richtung und die Konvention aus ihrem letzten Zufluchtsort. Die Freiheit der Bewegung, welche Chéret seinen Tänzerinnen erlaubt, die schöne Kühnheit ihrer Gefte gibt der Freiheit der exakten Zeichnung der weiblichen Gefte denselben Aufschwung, wie die Grazie eines Carpeaux oder die Kühnheit eines Rodin. Seine Pierrette und seine Kolombine sind Tänzerinnen, zugleich aber auch weibliche Clowns, und die Kunst Chérets, welche von derjenigen Watteaus abstammt, ist zugleich die Vorläuferin jener von Willette.

Am Strande.
279. Karikatur von Charles Huard.

* * *

Die Kunst des Degas findet in der impressionistischen Gruppe einen andauernden Nachhall. Forain und Toulouse-Lautrec gehen, abgesehen von ihren persönlichen Eigenschaften in der Erfindung und

296

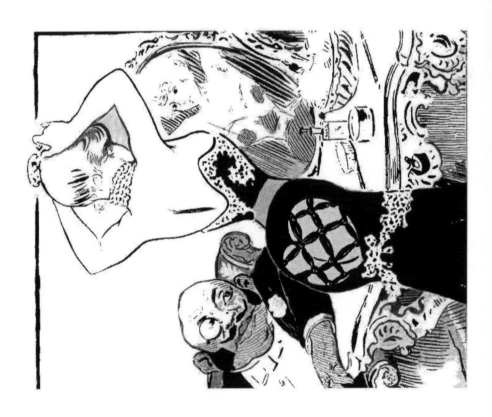

Vorbereitung zur Gesellschaftstoilette.

Er: „Setz dich nur ja nicht auf die Rohrstühle..."

Satirische Karikatur auf die durchbrochenen Toiletten von George Meunier.

in der Ausführung, von seiner Kunst, von seiner herben Anschauung und von seiner beißenden Umschreibung des Lebens aus.

* * *

Forain tritt zuerst mit Skizzen und mit Bilderchen von sehr kleinen Dimensionen auf, welche das Pariser Leben mit scharfer und eigentümlicher Beobachtung wiedergeben. Die Wandelgänge der Oper an einem Galatage bieten ihm Gelegenheit, der Schönheit der Toiletten die Bedeutungslosigkeit der Figuren gegenüberzustellen und daraus humoristische Effekte recht sarkastischer Natur zu gewinnen. Andere Bildchen studieren die Winkel der Stadt, wo elegante weibliche Sil-

Alleinstehender Kavalier.
280. Galante Zeichnung von Saint-Maurice.

houetten hin und her wogen. Im Gegensatz zu diesen sehr angefüllten Bildern wirft der Maler auf den weiten und melancholischen Place de la Concorde in die zur Zeit des kalten Erwachens der Stadt etwas rauhe Klarheit der Luft die schwankende Heimkehr eines müden Festbesuchers, der in derselben Stunde, wo das arbeitende Paris nach einem Ausdruck von Beaudelaire seine Werkzeuge zusammenpackt, seine Wohnung aufsuchen möchte. Andere Bilder von Forain stellen Szenen aus dem Gerichtssaal dar, wo er besonders die trockenen, egoistischen und pfiffigen Gesichtszüge der Richter und der Anwälte wiederzugeben sucht. Hierher gehört sein berühmter Witwer, der im rauchschwarzen Anzug unsicher und verstört vor den Kleidern seiner verstorbenen Frau steht. Diese Bilder deuten einen Maler an, der seine Farben absichtlich dämpft, um den Charakter um so mehr hervorzuheben. Der Erfolg und der Ruf Forains datieren jedoch besonders von jenem Tage, von welchem angefangen er in der Karikatur schon gar nicht mehr spezialisiert, sondern sich ihr überhaupt hingibt. Wenn er auch noch oft genug Bilder zu den Ausstellungen schickt, und wenn er sich auch nach verschiedenen Richtungen, so beispiels-

297   38

weise auch in der Dekoration versucht und große Kartons mit keramischen Platten ausstellt, welche zur Ausschmückung des Café Riche bestimmt sind, so ist er doch in erster Reihe Karikaturist. Unter den Karikaturisten sind solche, die die Schriftsteller um Inschriften für ihre Zeichnungen angehen; Forain dagegen gibt den Journalisten selbst Witzworte und den Lustspieldichtern gute Einfälle. Er erhöht die geistige Wirkung seiner Zeichnungen mit einer Unmenge von höchst spitzigen Einfällen. Er besitzt in hohem Maße das, was man einen verschlagenen Geist

nennt, jedoch mit einem solchen Grade der Wildheit, wie ihn der Ausdruck kaum bezeichnet.

Das Leben des Karikaturisten J. L. Forain teilt sich eigentlich in zwei Phasen. In der ersten Phase ist er Moralist, soweit man sich nämlich einen Moralisten ohne Moral vorstellen kann.

In der zweiten Phase versucht er die politische Karikatur, jedoch mit unvergleichlich weniger Glück. Nicht als wenn die Kraft seiner Zeichnung abgenommen hätte, aber sie war auch nicht stärker geworden. Forain warf sich zum Verteidiger der reaktionären Parteien auf. Mitten im Kampfe stehend, fehlt ihm jene Heiterkeit, welche er früher in die Beschreibung der Sitten hineingetragen hat. Es liegt außerhalb des Kreises unseres Gegenstandes, uns mit ihm als Pamphletisten eingehender zu beschäftigen. Nach unserer persönlichen Meinung ist sein Doux Pays (süße Heimat), welches er dem Figaro liefert, ganz dazu an-

Le Roman d'une nuit.
281. Illustration zu einem galanten Roman von Félicien Rops.

getan, uns mit Bedauern an jene Zeit zu erinnern, wo er seine La Comédie Parisienne (Pariser Komödie) betitelte Serie veröffentlicht hat. Das ist nicht mehr das große Lachen, sondern eine nervöse, böswillige und scharfe Lustigkeit, eine Ausgelassenheit, wenn man will, die jedoch bereits den Charakter angreift. Typen von Kupplerinnen ziehen vorüber, große, starke, teils magere, teils fette, aber ohne Ausnahme schreckliche Figuren. Jene, die sagt: „Sehen Sie, eine Kleine, die nur einen Liebhaber hat, an der ist nicht viel", ist kaum weniger empörend als jenes lang aufgeschossene alte Weib, welches die eigene Tochter in das Kabinett des Direktors mit den einladenden Worten hineindrängt: „Na, so geh doch hinein, er

298

wird dich ja nicht auffreffen!" wohl weniger fchrecklich als jenes widerfpenftige Mädchen, welches zu feiner Mutter fagt: „Aber, Mama, ich foll dir Geld geben? Du
bift ja felber noch ganz hübfch!" Nach der Lorette Gavarnis ftellt uns Forain
fchon die eigentliche Straßenfchnepfe vor. Sie zeigt den ruhigen, gefchäftsmäßigen
Zynismus. Wohl hat Forain einiges zum Studium der Zügellofigkeit der Straße
und zur malerifchen Ausgeftaltung gewiffer Zufluchtsorte, die nichts weniger als
Klöfter find, beigetragen; auch Guys ift an ihnen vorübergegangen und hat fie in
den deutlichften Zeichnungen angemerkt. Doch Guys fucht und findet da vor allem
die idyllifche Ruhe jener Walzertänze, die hier bei der Mufik eines Orcheſters aufgeführt werden, welche von
eigens für diefe Stunde der
Muße gedungenen Vagabun-
den gemacht wird, und er
ftellt diefe friedliche, beftialifche
Heiterkeit der Spannung der
Vorbereitung zur Schlacht,
der Stunde, wo bereits ge-
fchoffen wird, gegenüber.
Dann hat Guys keine Auf-
fchriften, während Forain das
ganze Haus von den rohen
Ausrufen diefer weiblichen
Perfonen erfchallen läßt.
Seine Proftituierten der
Straße find weniger aus-
drucksvoll als jene des Guys;
er bedient fich weniger der
Zeichnung als der zugefpitz-
ten Infchrift.

„Ja, ja, Herr Patochard, diefe Plage hat uns die
Julirevolution gebracht."
282. Satirifche Karikatur von Traviès aus der Serie
„Anti-cholerifche Karikaturen".

Die leichten Späße von
Ludovic Halévy auf die Mutter der Tänzerin werden im Munde diefer Matronen,
welche kaum weniger graufam als die Frauen von Degas gezeichnet find, fchon
viel dicker. Die Parifer Komödie zeigt uns eine Horizontale — man muß wohl
diefen Ausdruck der zünftigen Sprache anwenden, mit welchem vor etwa fünfzehn
Jahren eine gewiffe Sorte halbvornehmer Buhlerinnen bezeichnet worden ift —;
fie liegt weich hingeftreckt auf einem großen Diwan mit zahlreichen Polftern und
hält zwifchen den Fingern eine Zigarette; es ift die gefegnete Stunde des Nichts-
tuns. Eine Frau fteht vor ihr, groß und breit. Ihr Profil zeigt ein breites, fettes
Geficht mit einer Stumpfnafe, deren einft vielleicht elegante Kleinheit heute kaum

299

mehr zur Erhöhung der Schönheit dieses pausbackigen Gesichts beiträgt. Ein kärglich kleiner Hut ist vergebens bestrebt, auf dieser Physiognomie einen Schatten von Jugend neu aufleben zu lassen. Die Taille ist an diesem feisten Körper schon ganz verschwunden. Es muß eine riesige Anstrengung gekostet haben, das Mieder über dem reichlich vorhandenen Fleisch zusammenzuschnüren. Diese gute Dame steht nun rechts vor ihrer Tochter, die zu ihr sagt: „Aber, Mama, ich soll dir Geld geben? Du bist ja selber noch ganz hübsch!" Das ist doch wohl schon das Höchste an Anspornung zur Verworfenheit. Die in aller Kürze ab- gefaßte Inschrift läßt tief in die Vergangenheit nicht eines, sondern zweier Leben blicken. Es ist leicht, sich das filzige Heim dieser Mutter vorzustellen, welche ihre Tochter direkt für die Schande erzieht. Man sieht die kleine Putzmacherin vor sich, die zu Hause kein Heim, wohl aber das Beispiel eines zerrütteten Lebens- wandels findet. Und an einem schönen Tage wird dann die kleine Putzmacherin zur Kokotte, während die Mutter sich mit dieser neuen Lage der Dinge leicht aussöhnt und aus ihr den möglichsten Vorteil zu ziehen bestrebt ist. Das alles ist in der Inschrift klar und einleuchtend zum Ausdruck gebracht, während die

Der Minstrel neckt eine Kolombine hinter den Kulissen.
283. Satirische Zeichnung von J. F. Raffaelli.

Zeichnung selbst viel weniger deutlich spricht. Die Haltung der Mutter deutet keineswegs die Kupplerin an; der Künst- ler hat sich nicht einmal die Mühe genommen, in dem Gesicht der Mutter und der Tochter eine gewisse Familien- ähnlichkeit zum Ausdruck zu bringen. Aber Forain ist ja im allgemeinen ein flüchtiger, oberflächlicher Zeichner; man kann von ihm nicht mehr verlangen, als er zu bieten vermag.

Die Mutter der Schnepfe, wie sie Forain zeichnet, nimmt oft einen ganz bestimmten Anteil am Leben und am Geschäft. Sie führt die Rech- nungen und den Haushalt, überwacht die Küche, zankt mit den Dienstboten. Diese

300

Die Mehlbeftäubten.
284. Satirifche Karikatur auf die Modetorheiten der Frauen
Seltener Stich aus der Zeit Louis XIII.

hier befragt eine Bonne oder vielleicht eine häßliche Schwester wegen eines Schnell=
sieders. Die indignierte Mutter wirft einen Männerüberrock nach ihr, dessen schlechten
Zustand sie bemerkt. Der Überrock gehört keinem reichen Manne und kann unmöglich
aus einem guten Geschäft herrühren. „Da sieh dir mal das Kleidungsstück an! Jetzt
bringt sie uns gar solche Sachen ins Haus!" Augenscheinlich kann ein durch vielen
Gebrauch ganz abgetragener Rock unmöglich einem Nabob angehören, und das
kann doch einer besorgten Mutter, einer Mutter, die die Finanzen verwaltet, un=
möglich gleichgültig sein. Und doch ist diese Mutter der Schnepfe vielleicht eine
Last, es gibt wenigstens solche junge Frauen, denen ihre Mutter lästig wird.
Das wird in dem folgenden Zwiegespräch zwischen zweien solcher Verworfener
angedeutet: „Sie sagt immerzu, daß sie keinen einzigen Sou hat, und doch hat sie
drei Pferde, zwei Diener, eine Köchin, ein Zimmermädchen und ihre Mutter!" ...
Die Verschiedenheit dieser Mütter ist ebenso unendlich wie jene des menschlichen
Herzens. Es gibt auch sanfte und mitleidige unter ihnen. Eine kleine Frau stürzt
aus dem Bett und zieht ihre Strümpfe an; da erscheint ihre Mutter: „Wie?
du gehst aus bei dieser Kälte?" „Aber Mama, es fehlen uns siebenundzwanzig
Franken zur Miete." Da sieht man den Kampf zwischen dem geschäftlichen Herois=

Dirne aus der Zeit des zweiten Kaiserreiches.
285. Karikatur von Konstantin Guys.

mus und der zarten Fürsorge.
Diese junge Frau, für welche
die Moral keine festgestellten
Wahrheiten besitzt, viel eher recht
elastische Prinzipien aufweist,
über welche gestritten werden
kann, anerkennt ohne weiteres
die Heiligkeit der Religion des
Hauseigentümers, die so fest im
Herzen der kleinen Mieter sitzt,
und ist ganz erfüllt von der
Furcht, bei Herrn Geier im Rück=
stande zu bleiben. Der Herr
Geier hat ja auch seine Gesetze.
Seitdem Henry Monnier den
Hausbesitzer als Herrn Geier
benamst hat, hat sich dieser nicht
verändert. Die Verehrung seiner
Mieter ist ihm tief und mächtig
treu geblieben. Solange man
ihm pünktlich zahlt, macht die
gewöhnliche Moral in ihm ein

302

gutes Schläfchen. Was küm- mert es ihn, ob die bei ihm eingemietete und luxuriös ein- gerichtete Arbeiterin allein oder in Gesellschaft nach Hause kommt? Fehlen aber ein paar Heller an der fälligen Summe, dann erwacht seine Moral gar gebieterisch, schnüffelnd und unerbittlich. War dem Haus- meister früher aufgetragen, die Augen zu schließen, so wird ihm jetzt befohlen, sie recht weit zu öffnen; nun wird es ihm zur Pflicht gemacht, der Händlerin, die sich so wenig um ihre Pflichten küm- mert, bei dem ersten unüber- legten Schritt zu kündigen. In seiner Religion ist der Termin der eigentliche Gott. Es mag sich an einem 15. Ja- nuar, oder April, oder Juli, oder Oktober zugetragen ha- ben, was uns Forain in einem seiner Stiche erzählt, wie sich eine junge Frau in den Tür- vorhang ihres Schlafzimmers

Fille de Faubourg.
286. Zeichnung von K. Guys.

hüllt und zu dem Hausverwalter, der ihr die bekannte gefürchtete Quittung vor- zeigt, die Worte sagt: „Bitte, Herr Stephan, wollen Sie nicht die Güte haben, mittags heraufzukommen?" Zu jener Stunde wird sie natürlich schon angekleidet sein, wird die Frucht ihrer Arbeit bereits geerntet haben, wird den Abgesandten des Hausherrn befriedigen können und Herrn Geier bis zum nächsten Termin wieder beruhigt haben. Dieser aber wird in der Lage sein, sich am Abend im Schoße seiner Familie mit seinem ehrlich erworbenen Vermögen zu brüsten und die Pünktlichkeit, die Arbeitsamkeit, die Sparsamkeit seiner Mieter zu loben.

In diesen Gemächern der Kurtisanen scheint die mütterliche Autorität be- deutenden Erschütterungen unterworfen zu sein. Die Klügsten unter diesen von der Natur eingesetzten Aufseherinnen zeichnen sich durch ihre Klugheit oder doch

303

durch die Elastizität ihres Charakters aus, welche sie befähigt, sich mit der gegebenen Lage in Ruhe abzufinden. Im Schlafzimmer ist das breite Bett von einem Paar besetzt. Der Mann ist gar fröhlich, und auch die Frau scheint lustig zu sein. Eine gutmütige Frau nähert sich dem Bette mit einem Präsentierbrett auf den Armen. Auf dem Brett steht die dampfende Schokolade, und auch zwei Tassen sind bereit gestellt. Mütterliche Sorgfalt hat für die beiden Glücklichen das Mittel bereitet, sich nach dem nächtlichen Kampf wieder zu erholen. Die gute, vorsorgliche Dame mit den Frühstückstassen auf dem Arm sagt: „Na na, spottet nur! ob ihr eine solche Mama wie mich findet?" Bevor diese guten Damen zum Amt einer Auf=

„Oh, er erwartet mich!"
287. Galante Zeichnung von Wattier.

seherin gelangt sind, waren sie lange Zeit hindurch Mit= schuldige. Zur Zeit, als ihre Tochter noch ein kleines Mädelchen war, haben sie sie wohlweislich zum Ausgehen ermuntert, haben später die Unruhe und die Neugierde des Vaters beschwichtigt und die Vorzüglichkeit ihres Ab= kömmlings herausgestrichen. Diese hier, den Milchtopf in der Hand, den sie eben wie= der füllen ließ, hält an der Schwelle des jungfräulichen Zimmers den Vater auf: „So sei doch recht still und schau dir mal diese kleine Schläferin an! Ist die aber vernünf= tig! Geht sie auf einen

Künstlerball, so kommt sie immer allein nach Hause." O du Anbetung des gol= denen Kalbes! Es gibt aber auch andere Sorten, jene Mütter, die sich an dem Manne rächen, der als Austausch für seine vielen Aufmerksamkeiten in das Haus seiner Freundin den Luxus bringt. Das ist der Geldmensch, der Financier. Er wird mit schlechter Behandlung ebenso wie mit Zärtlichkeit bezahlt. „Ja ja, alter Kater, man wird Ihnen zeigen, daß nur Ihre Frau einen Henner hat." Die fragliche Dame hat ihn eben bekommen, diesen Henner. Sie hängt ihn auf. Ein durchsichtiges Hemd, eine leichte Hose und ihre Strümpfe bilden ihre ganze Toi= lette. Man hat den Henner soeben gebracht, man hängt das Bild auf. Es ist ganz gewiß der Preis einer Untreue gegen diesen alten Herrn und Meister, der

304

La Messe de Cnide.

Symbolische Karikatur von Félicien Rops.

Beilage zu Gustav Kahn, Das Weib in der Karikatur Frankreichs.   Hermann Schmidt's Verlag, Stuttgart.

Mars, von Amor und den Grazien entwaffnet.
288. Parodiſtiſche Karikatur.

kahlköpfig und in einem beweinenswerten Zuſtand dabei ſteht. Die Mutter, welche
zur bösartigen Sorte gehört, iſt außer ſich vor Freude, und während ſie mit ihrem
Wolfskopf die Schnur bereit hält, mit welcher der Henker an den Nagel gehängt
werden ſoll, iſt ſie mit Entzücken dabei, den alten Kater derb anzuführen. Forain
iſt unerſchöpflich in der Behandlung der Mütter und in der Andeutung ihrer
Nützlichkeit. Da ſagt eine kleine Tänzerin ganz entſchieden: „Da iſt nicht weiter
darüber zu verhandeln, ich wünſche, daß du meine Mutter in den Bois führſt."

305   39

Nach Mittfasten.

„Jetzt brauchen wir keine Angst zu haben, daß ein Student uns
zu Hilfe kommt."

289. Soziale Karikatur von Steinlen.

Die Mutter hat keinen sehn-
licheren Wunsch, als nach
dem Bois de Boulogne ge-
führt zu werden. Sie wäre
glücklich, dort in so feiner
Gesellschaft oder doch so glänzend ausgestattet zu erscheinen.
Denn die Gandins und die
Gommeux (Gigerl, Mode-
narren) von Forain sind stets
wunderbar lackiert, geglättet,
gewichst, tadellos herausgestrichen, von eleganter Figur,
ein wenig dumm, ein wenig
hohl, aber immer elegant.
Wünscht die Mutter mit
ihrem angeblichen Schwiegersohn und Klubmitglied im
Bois zu spazieren, so hat die
Tochter nicht minder das Verlangen, ihn mit ihr dahin zu
schicken, denn unterdessen ist
er ja fort vom Haus, wo sich

während seiner erzwungenen Abwesenheit wahrscheinlich Dinge abspielen werden,
die er nicht zu wissen braucht. Man könnte die Sache als ein Mutter-Alibi bezeichnen. Es gibt auch bequeme Matronen, wie jene, welche im Wandelgang des
Theaters dem einflußreichen Abonnenten sagt: „Kommen Sie doch öfter meine
Tochter besuchen, ich bin nicht immer zu Hause." Da ist eine andere, die ihre
Tochter zum Direktor führt und im Wartezimmer ihrem Sprößling zuflüstert:
„Wenn du ihn so behandelst, wie gestern den Doktor, dann wirst du hier ganz
zu Hause sein." Wieder eine andere ist einfach fürchterlich in ihrem Anzug der
herrschsüchtigen Matrone, einem Anzug, der, weit und groß, einen enormen Umfang
hat und mit dem großen Mantel und der ungeheuren Pelzboa noch riesiger erscheint. Auch die Literatur beschreibt oft solche Frauen. Diese Statur, dieses autori-
tative Ansehen, diese souveräne Haltung, welche an eine römische Kaiserin erinnert,
finden wir nicht nur bei den Besitzerinnen der verschlossenen Häuser, welche Guys
zeichnet, sondern auch in dem Pot-Bouille (anspruchslose Küche) betitelten Roman
von Zola. Unter den Matronen Forains finden wir auch einige Bürgersfrauen.
Sie führen ihre Töchter zur Jagd nach dem Mann mit demselben Eifer auf die

306

Bälle, wie Frau Jousserandot in Pot-Bouille. Diese Frau zum Beispiel, welche ihren Mann zum Hahnrei macht, der er, weich in sein Fauteuil hingestreckt und sich über ferneres eheliches Mißgeschick erhaben fühlend, mit wohlwollender Miene antwortet: „O, nun aber nicht mehr!" diese riesige Frau mit den wulstigen Schultern, mit den gepolsterten Backen, welche ihre Nasenflügel bis zu den Augen hinaufdrücken, sie erinnert stark an die Zolasche Figur der bürgerlichen Juno. Wenn auch Forain im politischen Gezänk Zola recht derb angelassen, ja sogar direkt beleidigt hat, so kann er sich dem Einfluß des großen naturalistischen Romanschreibers doch ebensowenig entziehen, wie die ganze Gruppe der impressionistischen Künstler es nicht vermocht hat. Seine Gevatterinnen weisen so manche Züge der Heldinnen des Romanciers auf, ebenso wie seine Schnepfen hie und da an die Clarisse aus Pot-Bouille erinnern, an das launische, lasterhafte Mädchen, oder an Nana, die goldene Fliege, die sich aus dem sozialen Schmutz erhebt. Gerade bei Zola finden wir die kräftige Darstellung des Lasters in jener Form und neuen Färbung, wie es sich am Schluß des zweiten Kaiserreichs und am Anfang der dritten Republik zeigt, wie es von Degas gemalt und von Forain gezeichnet wurde. Und ebenso ist es Zola, der die Mädchen und ihre Umgebung mit jenem starken Geschmack, in jener Farbe des volkstümlichen Lasters, so auch in dem richtigen vorstädtischen Ton gezeichnet hat, welche von echter Marke sind, und welche weder von Goncourt, der viel zu fein, noch von Daudet, der viel zu geziert, wiedergegeben wurden. Forain war für eine kurze Zeit der Zeichner der jungen Naturalisten. Als John Karl Huysmans bei seinem ersten Auftreten und bevor er sich zum Katholizismus bekehrte, die Mädchen des Trottoirs mit einer Derbheit des Ausdrucks und mit einer geflissentlich malerischen Nachahmung ihres speziellen Wortschatzes darstellte, welche die Umschreibungen Zolas an Grausamkeit weit hinter sich

Die Wiege.
Die Frau: „Ja, ja, mein armer Freund, die wird halt niemals leer!"
290. Soziale Karikatur von Jaques Villon.

307

läßt, war es Forain, der das Titelblatt dazu gezeichnet hat. So macht er zur Marthe von Huysmans eine blaffe Zusammenstellung von Mädchen der Straße, in der er gleichsam wie ein verbitterter Guys erscheint. Er steht jenen genauen Auslegern des kleinen Pariser Lebens nahe, welche das Malerische vom Pflaster gesammelt haben.

Forain studiert die Mutter der Schnepfe ohne jede Milde und ist auch dem Vater gegenüber um nichts nachsichtiger. Da haben wir eine Zeichnung der Schnepfe, die bei ihrer Familie Besuch macht. Sie ist zu Hause bei Vater und Mutter. Das kleine, ärmliche Zimmer, ein Strohfessel, ein kleiner Ofen, dessen Rauchfang an der Wand hinaufgezogen ist, sind ganz genau zu sehen. Das alles zeugt von keiner großen Wohlhabenheit oder Pracht. Der Vater, ein derber Arbeiter mit den Armen auf dem Tisch, die Pfeife in der Hand, mit einer Kaffeetasse vor sich, hört ihr mit Wonne zu. Die Mutter, die Arme über den dicken Bauch gekreuzt, verfolgt ihre Rede mit einem glücklichen Gesicht, und die kleine Schwester ist im siebenten Himmel. Was sagt wohl das Mädchen, indem es mit Behagen an der familiären Tasse nippt? „Ein rundes Hemd mit meinen Anfangsbuchstaben und meinem Kranz kostet mich wenigstens achtzig Franken." Die ganze Familie ist über diese große Ziffer freudig verdutzt und empfindet einen mit Zärtlichkeit ge- mischten Respekt vor einer Person, welche derartig bedeutende Beträge im Verkehr zu setzen vermag. Oft genug stützt sich der väterliche Haushalt auch auf die Tochter, die einen verworfenen Lebenswandel eingeschlagen hat. Zuerst hat der Vater wohl gebrummt, als er ein kleines Geschenk, zum Beispiel eine Meerschaumpfeife, von ihr annahm; dann aber hat man sich daran gewöhnt, auch größere zu erhalten. Wie weit dies geht, sehen wir in einer Karikatur, wo die Tochter, eben aus dem Bett gestiegen, die Mutter weinend und in einem zärtlichen Erguß von Mitleid umarmt. Die Mutter ist an einem Tage der Not zu ihr gelaufen und wird von der Tochter mit den Worten getröstet: „Mama, o du meine kleine, liebe Mama, weine doch nicht! Sag Papa, daß ich zu dem Alten zurückgehen will." Übrigens ist die Korruption der Familie durch das Geld und die Korruption der Liebe durch das Geld ein Lieblingsthema von Forain. Da kommt der Exekutor, um bei einer kleinen Schönen die Möbel aufzunehmen. Sie entfernt sich mit dem Handtuch unter dem Arm. Der Exekutor ist recht häßlich und vierschrötig; das Mädchen kleidet sich um, oder bringt vielmehr ihre Kleiderlosigkeit in Ordnung. „Na, nun bin ich nichts mehr schuldig! Ja, wenn alle Gerichtsvollzieher so wären wie Sie!"

Auch der Zuhälter spielt in dieser Pariser Komödie eine hervorragende Rolle. Er ist gewöhnlich dick und fett und schwerfällig, wenn es nicht etwa der verschlossene Kellner ist, der schmutzige und kahlköpfige Kellner mit dem Lastergesicht aus irgend einem kleinen Café von Montmartre, der mit seiner Liebsten wie folgt räsoniert: „Sieh mal, Julie, es wird gut sein, mit den Preisen, wenn notwendig, herunter- zugehen. Die Ausstellung ist noch weit!" Oder er irrt melancholisch im Sommer-

308

Zwei Tänzerinnen.

Nach dem Originalpastell von Louis Legrand.

Beilage zu Gustav Kahn, Das Weib in der Karikatur Frankreichs.

Hermann Schmidt's Verlag, Stuttgart.

Die lustigen Eheleute oder der Sonntag eines vortrefflichen Hauswesens.
291. Populäre Karikatur auf die Bourgeoisie. (Anfang des 19. Jahrhunderts.)

garten der Singspielhalle herum, und das Mädchen tröstet ihn: „Wenn du nicht
zu mürrisch mit deiner kleinen Frau umgehst, werde ich dich morgen zum Frühstück
besuchen." Einige Schritte abseits sehen wir das Gewühl der Spaziergänger, in
welchem die junge Frau sich verliert, indem sie denjenigen verläßt, der ihr für eine
Nacht Unterkunft gegeben hat. Andere Stiche erzählen von den Strapazen der

309

Liebe, die zu einer öffentlichen Einrichtung und zum Broterwerb heruntergesunken
ist. Die Faulenzerin antwortet ihrer Bonne, die sich beklagt: „Es ist so schwer,
Madame zu bedienen": „Nun gut, wenn Sie sich hinlegen, werden Sie sich schon
ausruhen." Um auch aus der Prostitution niederer Art ein Beispiel zu bringen,
sehen wir im Zimmer eines kleinen Gasthauses, welches von einem Kerzenstumpf
nur schwach beleuchtet wird, ein müdes Mädchen, das auf dem durcheinander-
geworfenen Bett sitzt und sein Schnürleibchen wieder anlegt. Sie ist allein. Der
Liebhaber für eine Viertelstunde ist bereits fortgegangen. Es ist ein bewegter
Abend. „Da lege ich es (das Schnürleibchen nämlich) seit Mittag schon zum achten
Male ab, . . . das erinnert mich ganz an die Ausstellungszeit." „Endlich allein",
so lautet der parodistische Titel einer berühmten sentimentalen Vignette, wo der
Mann die ihm erst gestern angetraute Frau am Morgen eben verlassen will. Endlich
allein! Die junge Frau, von der Liebe erschöpft, ruht auf ihrem Bett, läßt ihre
Beine in der Luft baumeln und raucht eine Zigarette, die köstliche Zigarette der
Ruhe und der Pause. Es ist gewiß nicht dieselbe, welche uns Forain halb nackt

zeigt, wie sie sich eben anschickt,
sich zu einem gewissen Jemand
zu gesellen, dessen Kopf man
auf dem Polster bemerkt. Sie
murmelt für sich: „Wenn ich
an meinen kleinen Viktor denke,
der mich erwartet, möchte ich
dir wohl eins übers Maul
hauen." Die meisten der Mädchen von Forain sind aber schon
über die Zeit hinaus, wo sie
mit Freude an den kleinen Viktor denken würden, der sie erwarten könnte. Die meisten
betreiben ihre Sache geschäfts-
mäßig, ruhig und praktisch.
Forain läßt sie wohl erwachen,
aber nur für außergewöhnliche
Sünden. Er ist auch bereit, wie
Baudelaire sagt, verdammte
Frauen zu zeichnen. Sie tragen
ihre Verdammung ganz lustig,
stellen sie sogar zur Schau mit
ihrer ganzen Kleidung, der

Die kleinen Pariserinnen.
292. Amüsante Zeichnung von A. Calbet.

310

einfachen Bluse mit dem steifen, hohen Kragen, mit ihrem kurz ge= schorenen und dicht gelockten Haar. In einem kleinen Café von Mont= martre kommen zwei dieser sap= phischen Heroinen zusammen, wahrscheinlich um sich über die schlechten Zeiten auszuklagen. „Zum Glück sind uns noch die Frauen geblieben." Die Karika= tur vor Forain hat die Liebe wohl oft genug verspottet, hat sich aber nicht viel über die Erfolglosigkeit gewisser Männer in den Kämpfen der Liebe aufgehalten. Er jedoch

Der Siegeszug.
Episode aus dem Ball der „Vier Künste".
293. Galante Karikatur von Louis Morin.

schrickt auch davor nicht zurück. Ein großes, schönes Mädchen in Beinkleidern und Schnürleib entkleidet sich, wie Forain es mit Vorliebe darstellt, und sagt zu einem Mann in Hemdärmeln, der auf dem Bett sitzt und tief niedergeschlagen zu sein scheint: „Du willst mir doch nicht sagen, daß dies die Aufregung ist!" Und diese Zeichnung nennt sich „Galantes Fest", womit sie an den Titel des schönen Liebesgedichts von Paul Verlaine erinnert. Der Mann war nicht glücklich, und die Frau ist darüber erbittert. Diese Mädchen von Forain sind übrigens oft recht grausam. Sie ist die Maitresse des Mannes und verzeiht ihm gewisse Rücksichten der Höflichkeit gegen seine legitime Frau durchaus nicht. Dieser Bourgeois hier versinkt in eine tiefe, trübe Träumerei; da reizt ihn seine Maitresse kokett und kalt mit den Worten: „Es ist doch sonderbar, daß du dich nie gefragt hast, was die Mutter deiner Kinder, die Frau, die du hochachtest, wohl machen mag, während du bei mir bist, um mich zu langweilen." Daraus, daß sie ihr Opfer betrügt, ist die Maitresse nur zu leicht geneigt, zu folgern, daß es auch von anderer Seite betrogen wird. Sie hat ihre Erfahrungen über die Schliche der Verführung und erspart dem Manne ihre un= barmherzigen Hypothesen nicht, wo sie doch Gewißheit erlangt und manche ver= traulichen Mitteilungen entgegengenommen hat. Da ist eine wohl von nicht besonders bequemem Charakter; eine vorhergehende Plauderei, welche für sie nicht eben schmeichel= hafte Vergleiche enthalten haben mag, hat sie außer sich gebracht, und sie apostro= phiert ihren lauen Liebhaber mit den Worten: „Du langweilst mich schrecklich mit deinen Damen aus der vornehmen Welt. Hab' ich dich vielleicht zum Hahnrei gemacht?" Die kleine Frau, wie sie Forain zeichnet, gehört nie zur akademischen Type. Er gibt ihr am häufigsten schöne Schultern und schlanke Maße, aber er sucht ihre Schönheit vorwiegend in einer gewissen trotzigen und pfiffigen Miene.

311

Wenige Künstler kommen dem Schönheitsstil des 18. Jahrhunderts und dem, was man als unregelmäßiges Gesichtchen bezeichnet hat, so nahe wie er. Sucht er doch vorwiegend den Charakter und den Gesichtsausdruck wiederzugeben, viel mehr als die Schönheit der Linien. Zu viel Feinheit in der Linie würde übrigens nur schlecht zu dem gassen-jungenmäßigen Geist passen, der ihn beherrscht. Zu gewisser Hinsicht, so namentlich betreffs seiner possenhaften und mali-ziösen Seite und der Böswillig-keit seiner Verve, erinnert er einigermaßen an Traviès, der aber weniger derb und vier-schrötig, und an Philippon, der aber weniger Künstler ist. Er hat auch manches mit Degas gemein und steht nahe zu Lautrec. Man kann ihn kaum als einen Maler des mora-lischen Lebens betrachten. Seine ganze schalkhafte Beobachtung geht mehr in die Breite als in die Tiefe.

Nachdenklich.
„Im Wagen mit ihm! oh, wie herrlich!"
294. Galante Karikatur von Forain.

Was er bietet, ist eher eine derbe Zurechtweisung als eine Satire. Aber seine Ar-beiten, so wie sie beschaffen sind, gehören immerhin zu dem Amüsantesten und Eigenartigsten, was unsere Zeit in der Karikatur aufzuweisen hat. Seine herbe Jagd nach den Lächerlichkeiten der Liebe und nach den ungeschliffenen Zügen des käuflichen Weibes hat unter allen Umständen einen genügend großen Wert, um den Karikaturen Forains unter den beachtenswertesten Leistungen, welche unsere Zeit auf diesem Gebiet hervorgebracht hat, einen hervorragenden Platz anzuweisen.

*   *   *

312

JEUDI 16 MAI 1905
AU
CASINO DE PARIS

BAL COSTUME KERMESSE LOUIS XIII

JEUX CONCOURS CORTÈGES ETC

COSTUME LOUIS XIII de préférence — Tous les Costumes
seront admis à condition que les hommes soient Spirituels et
Les femmes très décolletées
PRIX CAVALIERS 10 fr. DAMES 5 fr.

L VALET

Plakat-Entwurf von S. Vallet zum „Fête des Humoristes" 1905. (Fête Caliot.)

475

Einzug der „Gefräßigen ins Elysée . . . Montmartre.
295. Galante Karikatur von Louis Legrand.

Die Karikatur hat, wie bereits gesagt war, mit dem ersten Auftreten des Impressionismus eine gewisse Umwandlung erfahren. Sie langt allmählich bei dem Charakterismus an, womit wir sagen wollen, daß die Malerei bestrebt ist, sich der erlebten Szene und dem Studium der Straße anzupassen, wobei eine mehr ironische und strenge Anschauungsweise zur Geltung kommt. Die neue Richtung findet ihren Meister in J. F. Raffaelli, der ihr die künstlerische Ausgestaltung gibt.

Der Anfang der künstlerischen Tätigkeit J. F. Raffaellis bewegt sich in zwei Hauptrichtungen. Er studiert einerseits die Umgebung von Paris, während er andrerseits die Straßen der Stadt beobachtet. Die Bannmeile Raffaellis ist die Wahrheit selbst. Diese Zone des Elends, des Leidens, der Lumpen und der armseligen Hütten, aus Pfählen und Kistenstücken gebaut, mit Dachpappe gedeckt, mit Fenstern, bei denen die Scheiben von öldurchtränktem, schmutzigem Papier ersetzt werden, hat er ganz in seiner Macht. Er leistet Hervorragendes in der Beschreibung dieser elenden Bauten, die sich in der Nachbarschaft der Gasanstalten zusammendrängen, der Dämme der Eisenbahnen und des unfruchtbaren Bodens, aus dem sie gleich zweifelhaften Pilzen in die Höhe schießen. Er ist der bedeutende Maler dieser grauen und bleichen Landschaft, wo dem mit Kieselsteinen und Glasscherben bedeckten Boden zerfaserten Besen ähnelnde Bäume entwachsen. Dazu versteht er wunderbar, in diese Gegend der werdenden Vorstädte und der in ewiger Umgestaltung befindlichen Erdhügel das unruhige Volk der Landstreicher oder der braven Erdarbeiter hineinzustellen, welche hier den gesunderen und kräftigeren Teil

der Bevölkerung repräsentieren. Man kann seine einschlägigen Arbeiten kühn an die Seite der kräftigsten flämischen Bilder stellen, jener Kunstwerke, welche die Gestaltung des Lebens in seiner ganzen Natürlichkeit und Vertraulichkeit darstellen, wie etwa jenes seiner Bilder, welches das Museum von Douai schmückt, auf dem zwei Arbeiter ihre mit Rotwein gefüllten Gläser mit derselben melancholischen Handbewegung ergreifen, um sie an den Mund zu führen und als Stärkung nach schwerer Arbeit mit einem Zuge zu leeren.

Die Umgebung von Paris zeigt uns nicht nur solche Winkel des Elends und der Arbeit. Gleich kleinen Inseln sind die Häuser der Bürger dazwischen ein-

Hinter den Kulissen.

... Kurz und gut, ich war schon nahe daran, mich zu ergeben, da fiel mir plötzlich ein, daß ich ganz scheußliche Strumpfbänder anhatte.

Nun und dann?

— Dann bin ich schnell gelaufen, mir andere anzulegen.

296. Galante Karikatur auf die „kleinen Pariserinnen" von A. Grévin.

314

geſtreut, die Raffaelli nicht
minder gut bekannt ſind.
Doch geſchieht es nur ſelten
und hauptſächlich in der erſten
Zeit ſeiner feurigen Jugend-
arbeit, daß er die mit Bäumen
bepflanzten Winkel aufſucht,
die ſchönen Bäche, die vom
Sonntagspublikum beſuchten
Böſchungen, die Kneipen,
welche vom Geſang der Boots-
leute erfüllt ſind, die vorüber-
ſchießenden Seelentränker, die
heiteren, von Sonne beſchie-
nenen Bilder aus Sèvres,
aus Bas-Meudon, aus As-
nières, aus jenen Orten,
welche von Catulle Mendès
zur Zeit, da Raffaelli hier
gemalt hat, als moderne
Kytheren bezeichnet wurden.
Solange Raffaelli hier gelebt
hat, hat er es ſtets vorgezogen,
in den farbloſen Gaſſen von
Levallois-Perret die kleinen
Haushaltungen der Rentner
zu beobachten. Und er hatte

Die Taille der gnädigen Frau will nicht ſitzen.
297. Galante Karikatur von Guillaume.

recht, da ihn ja ſein Temperament dazu gedrängt hat. Alle dieſe unruhigen Kahnfahrer ſamt den ſchönen jungen Frauen, welche in ungebleichte Leinwand oder in
Gaze gekleidet an ihrem Arm hängen, die im Sommer die Waldlichtungen der Umgebung von Paris ſchmücken, ſind gleichſam nur zur Schauſtellung da. Was wir von
ihrem ſonntäglichen Treiben zu ſehen bekommen, iſt eben nur ihr Sonntags- und nicht
ihr gewöhnliches Leben. Ein Renoir, der ſie in der Moulin de la Galette eben gemalt
hat, mag ſie in der Froſchlache von Bougival alle wiederfinden; er mag daraus ein
ganz außerordentlich helles Bild mit nackten Schultern, kräftigen Waden und lebhaften
Beluſtigungen ſchaffen. Doch Raffaelli vermeidet es, namentlich zur Zeit ſeines erſten
Auftretens, dieſe Lichtbündel und die feuerwerksmäßigen Kunſtſtücke aufzuſuchen,
welche von der Sonne auf dem bewegten Spiegel der Bäche aufgeführt werden. Er
zieht es vor, uns die Lebeweſen in ihrem alltäglichen, in ihrem werktägigen Leben

315

und in ihrer gewohnten Haltung darzustellen. Er will die Rentner der Bannmeile mit dem wirklichen Leben in Harmonie setzen, so wie es jeden Morgen seinen Anfang nimmt, um nach kleinlicher egoistischer Unruhe abends in einem mißtrauischen Schlaf abzuschließen und am anderen Tag im ewigen Zusammenscharren einer winzigen Rente seine Fortsetzung zu finden. In den grauen Straßen von Levallois-Perret sehen wir das betäubende Kommen und Gehen dieser kleinen Bürger, der Sklaven des eben herrschenden Wetters, der Sklaven ihres Hundes, der sich zur Verrichtung seiner Notdurft gerade an den Anschlagzettel mit den großen Lettern anstellen möchte, welchen man angebracht hat, um das Bürgermeisteramt gegen eine solche Beleidigung zu beschützen. Das sind die Leute, welche in ganz sonderbaren, schäbigen Zylinder-hüten zu den Hochzeiten oder zu den Begräbnissen gehen, in Hüten, welche sie wahrscheinlich zur Zeit ihrer Verlobung neu gekauft haben und später nur bei solchen außerordentlichen Gelegenheiten auffetzen.

Diese kleinen Rentner zeigt uns Raffaelli, wie sie mit kleinen Schritten an den Mauern dahinschleichen, in einer Haltung, die mit jeder Anstrengung sparsam um= gehen zu wollen scheint, der man die Vorsichtigkeit und das Mißtrauen ansieht. Sie achten darauf, ja kein Ge= räusch zu machen, da ihnen jedes Geräusch verhaßt ist. Sie haben sich aus den leb= haften Stadtteilen des han= deltreibenden Paris selbst verbannt, sind dem Lärm der warenführenden Wagen und dem Treiben der Kinder ent= flohen, die auf der Straße spielen und mit ihrem Ge= johle die Fensterscheiben zu gefährden scheinen. Sie hatten genug darauf zu ach= ten, daß diese Kinderscharen nicht etwa in den Sack mit

Gut gemeint.

Ich möchte Ihnen recht gern eine Tasse Tee anbieten, aber da müssen Sie sich die Schuhe ausziehen; denn mein Mann könnte erwachen, und das wäre schrecklich! ...

298. Galante Karikatur von F. Bac.

Peuple.
299. Radierung von Félicien Rops.

Die Märtyrer des Karnevals.
302. Galante Karikatur von Pelcoq.

gedörrten Pflaumen greifen, welcher gar verführerisch in ihrem Schaufenster stand. Dreißig lange Jahre haben sie um ihr bißchen Hab und Gut gezittert, haben Angst genug ausgestanden vor jedem Krieg, vor dem schlechten Gang des Geschäfts, vor der Mißernte, vor den Strikes, vor den zu guten Jahren, in welchen der Preis der Lebensmittel heruntergeht. Nun endlich sind sie ruhig; ihre kleine Rente ist in Staatspapieren sicher angelegt, ist mit der Sicherheit und Ruhe des ganzen Landes eng verflochten. Das müßte schon eine ganz schreckliche Umwälzung der Gesellschaft sein, die ihnen was anhaben könnte. Nichtsdestoweniger furchtsam haben sie sich hier in Levallois niedergelassen, welches eben zu jener Zeit gebaut wurde, wo die Häuser neu und die Mieten niedrig sind. Der Verkehr mit Paris war zu jener Zeit noch recht spärlich, schwerfällig und unbequem; um so besser! wird man doch infolgedessen veranlaßt, an Ausgaben zu sparen; die kleinen Pariser Vergnügen sind gar so teuer. Eine Reise nach Paris würde sie mindestens für eine Woche der Vorteile ihrer jetzigen Lage berauben. Wohnen sie doch hier in einer sicheren Gegend, haben keine Maut zu bezahlen und brauchen zu den ungeheuren Kosten der Verschönerung von Paris nicht beizutragen. Die Malerei von J. F. Raffaelli hat alle die kleinen Züge solcher kleinbürgerlichen Knauserei und Pfiffigkeit, die ganze Seele des kleinen Rentners erschöpfend dargestellt, so zwar, daß er sich, da es hier nichts mehr zu holen gab, anderen Stoffen zuwenden mußte.

*　　*　　*

318

In feinen Parifer Skizzen hat Raffaelli die Straße von Paris zum Vorwurf genommen. Neben dem Einfluß Zolas und der realiftifchen Roman- literatur finden wir in diefen Arbeiten Raffaellis einen Zug, der an die Künftler des 18. Jahrhunderts erinnert, der echt franzöfifch und in feinem ganzen Wefen echt parifetifch ift. Kein einziger diefer Stiche ftreift etwa infolge Überladung oder Überfchwenglichkeit der Phantafie an Auffchneiderei oder an die grobe Karitatur, und doch ift in ihnen, bald kläglich, bald fchalkhaft unterftrichen, das ganze Völk- chen von Paris enthalten. Das Pflafter von Paris wird in ihnen lebendig, mit feinen Erdarbeitern, mit feinen Schuhflickern, mit feinen Kräutlern, deren eintönigen Gefang Richepin rührend verzeichnet, mit feinen Veilchenverkäuferinnen, deren Finger vom fcharfen Nordwind erftarren. Da ift auch der Kleiderhändler mit feinem Bündel von Luxus und Elend auf dem Rücken, der Straßenfänger in allen feinen verfchiedenen Formen, der Blinde, dem man ein Liedchen, ein einziges nur, eingeorgelt hat, deffen Singfang genügen muß, um die Einwohner der Häufer mit den egoiftifchen Fenftern auf das vorübergehende Elend aufmerkfam zu machen. Da fehen wir den Kunftfänger, der fich eines befferen Schickfals würdig hält und

dem Auditorium der ihn umgebenden Kinder Grimaffen
fchneidet, den Camelot mit
feiner rührigen Marktfchrei-
erei und den noch rührigeren
Fingern, den Soldaten . . .
Und alle diefe Parifer Skizzen zeigen einen Stil und
eine Meifterfchaft, über
welche Raffaelli felbft dann
nicht hinauskommt, wenn er
die ganze Bewegung eines
öffentlichen Balles in einem
einzigen buntfarbigen Stich
darftellt, oder in der Umrahmung feines Porträts
von Clemencean mit einigen
prächtigen Figuren uns
die mächtige Bewegung
einer öffentlichen Verfamm-
lung und der politifchen
Leidenfchaftlichkeit anfchau-
lich macht.

Eine Erpreffung.
321. Soziale Karitatur von Foralu.

319

La Sirene. 302. Karikatur von Félicien Rops.

320

Diese Pariser Skizzen Raffaellis werden für immer gleichsam eine illustrierte Chronik der modernen Zeit bilden, ein illustriertes Buch wie irgendeines der realistischen Schriftsteller, in welchem sich der echte Realismus und die sinnvollste, exakteste Beobachtung des Malers offenbart.

Will man den Fortschritt beurteilen, welchen die Belebung des Buches durch die Zeichnung in den Werken des Malers und Zeichners Raffaelli gemacht hat, der einen Teil seiner Zeit auch dem Buchschmuck gewidmet hat, so muß man seine Arbeiten mit jenen Büchern und Rollen vergleichen, welche

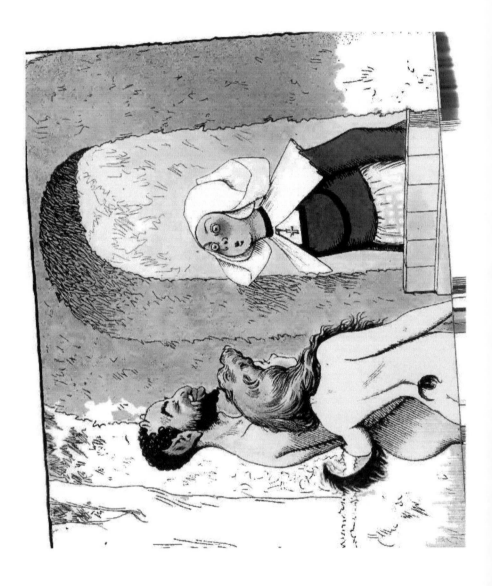

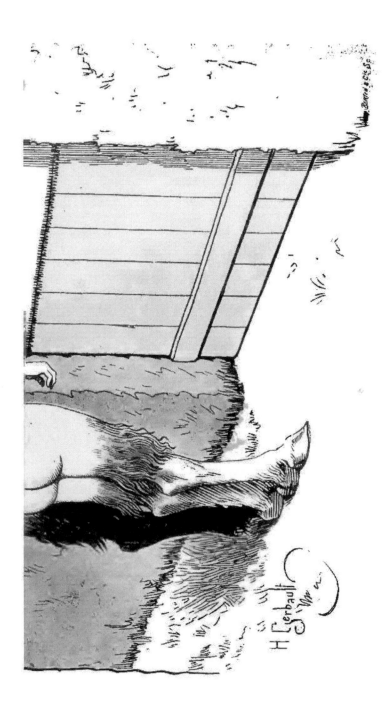

Nachbarsleute auf dem Lande.

... Melden Sie Ihrer Herrschaft Herrn und Frau Pan. Wir bewohnen den Wald, der an ihre Besitzung grenzt.

(Eine mythologische Phantasie von Gerbault.)

Gustave Doré mit seinen Stichen geschmückt hat.

Doré ist kein Karikaturist im eigentlichen Sinne des Wortes, nichtsdestoweniger hat er zur Zeit des Kaisertums auch zahlreiche Karikaturen geschaffen. Er besitzt eine derart außerordentliche Leichtigkeit und Fähigkeit, große Flächen zu bedecken, daß ihn einer seiner Rivalen mit zierlichem, jugendlichem Gesicht darstellt, einen riesigen Bleistifthalter in der Hand, wie er, mit beiden Füßen auf je einer Eisenbahnschiene stehend, mit der Schnelligkeit einer Lokomotive davoneilt. Und damit die Schnelligkeit seiner Auffassung und seiner Ausführung weniger fabelhaft

La Grande Lyre. 303. Karikatur von Félicien Rops.

321

erscheine, setzt unser Zeichner auf die Schultern Dorés zwei Flügel, nicht etwa die Flügel Amors oder Kupidos, sondern jene eines riesigen Schmetterlings, die Flügel der personifizierten Geschwindigkeit.

Die Zeit, welche dem Schaffen Dorés unmittelbar folgte, war ihm gegenüber nicht ganz gerecht. Als Doré sich der Malerei widmete und ungeheuere Stücke Leinwand mit noch mehr Figuranten bevölkerte, als auf den berühmten Bildern des Ungarn Munkácsy zu sehen sind, begegnete er einer recht harten Kritik. Immerhin erklärte Théophile Gautier, wenn auch mit verschiedenen Vorbehalten, daß er in diesen riesigen Kompositionen einige Brocken finde, die eines Goya würdig wären. Ganz reizend sind Dorés Aquarelle. Wir sahen eines dieser Aquarelle in der posthumen Ausstellung seiner Werke, welche im Pariser Cercle de la Librairie veranstaltet wurde (die Pariser Buchhändler waren diese Ausstellung dem Illustrator

so mancher erfolgreichen Bücher wohl schuldig); es stellt eine mit Feen bevölkerte Lichtung dar, einen Winkel des Waldes von Windsor, oder vielmehr eines Shakespearischen Waldes, der in Windsor beginnt und in den Ardennen ganz nahe bei Elsineur endet. Die Lichtung, in der sich die Hochzeit Titanias abspielt, ist mit leuchtenden Johanniskäferchen und bunten Schmetterlingen gar wunderbar ausgeschmückt. Dieses Aquarell allein weist Doré einen Platz unter den besten Künstlern an. Hier jedoch haben wir es besonders mit seinen Zeichnungen zu tun.

Im Journal pour Rire ließ Doré eine lange Reihe ausdrucksvoller Köpfe erscheinen; komische, etwas scharf und belebt gezeichnete Köpfe, ganz in der Manier der gleichzeitigen Karikatur. Der Modelöwe und die Modelöwin

Am frühen Morgen.

Man könnte meinen, daß das Paket, welches das harmlose Kind mit solcher Wichtigkeit unter dem Arme trägt, ihre Handarbeit ist. Weit gefehlt — es ist eine Erinnerung — ein Schnürleib.

304. Karikatur von Hermann Paul.

322

Dorés gehören zu den besten Schöpfungen einer ausdrucksvollen Spottsucht, die sich über den männlichen Putz und über die ästhetischen Prätensionen der Kleidung lustig macht. Die Bohème der Maler, die Ankunft der Eisenbahnzüge in Paris, das Tohuwabohu der Provinzler wird unter seinem Stift lebendig. In dieser Art schuf er durch einige Jahre recht lustige Bilder. Dann aber hat ihn die Illustration von Büchern für längere Zeit ganz in Anspruch genommen.

Von da und dort.

— O, Traum meines Lebens, Fällele, ... du bist eine geteilte Liebe!! Und wenn du erst wußtest, in wieviel Stücke!!

305. Galante Karikatur von J. Pelcoq.

Seine Stiche sind vorwiegend ernsten Charakters.

In diese Kategorie gehören beispielsweise seine Illustrationen zu einem Buche über London, in denen er dem französischen Leser gar viele Winkel des schmutzigen Elends aufdeckt. Dahin gehören auch die großen Blätter, mit welchen er die Legende des Ewigen Juden, die Göttliche Komödie Dantes und das Lied des alten Seefahrers von Coleridge schmückt. In allen diesen Zeichnungen von gleicher Kraft, von klarer Inspiration und von sicherem Reiz, von reicher Fülle der Arbeit, die nur dem Beschauer als eine leichte erscheint, zeigt Doré einen satten, fieberhaften, lyrischen Stil. Rabelais und Cervantes führen ihn wieder zur Satire zurück, besonders aber jenes illustrierte Werk, welches seinen Namen so berühmt gemacht hat, die „Contes drolatiques“ („Drollige Erzählungen“) von Balzac.

Nicht jedermann hat für diesen Text die gleiche Bewunderung. Einige ergötzen sich an diesen Erzählungen, als wären sie die lebhaftesten Schöpfungen modernen französischen Geistes; andere wieder denken an die sonstigen Werke Balzacs, an seine staunenswerte Gabe der Beobachtung und Darstellung, die er in der Beschreibung der menschlichen Komödie verrät, und sind der Meinung, daß uns dieser Band lustiger Vorwürfe anderer kräftigerer und schärferer Werke beraubt hat, welche der hervorragende Romancier während der Zeit hätte schaffen können, wo er versuchte, die alten französischen Erzähler nachzuahmen.

Wie immer es sich damit verhalten mag, ist die Illustration Dorés jedenfalls eine ausgezeichnete, weil dem Buche angepaßte; ja, sie hat, da Doré auf Archäo-

323

logie nicht gerade versessen ist, einen gewissen modernen Ton, den man in der Ausschmückung dieses Buches nicht vermissen möchte. Denn wenn es auch in der Manier der alten französischen Erzähler und in gallischem Geist gehalten ist, so hat doch Balzac in die Nachahmung des alten Stils und in den herben, kühnen, veralteten Wortschatz so manches Sittenbild hineingeschmuggelt, welches dem heutigen Paris entnommen und mit einer Schalkhaftigkeit gezeichnet ist, die man wohl als gallisch bezeichnen kann, die aber darum nicht minder auch pariserisch ist, die zwar an das 16. Jahrhundert erinnert, darum aber nicht minder auch an unsere heutige Zeit anklingt.

*   *   *

Wir begegnen Doré in der politischen Karikatur am Ende der Kaiserzeit wieder, und zwar in der Gesellschaft von Aucourt, Moloch, Pilotell und anderer. Er schließt zur Zeit, wo der Stern André Gills aufgeht. Er ist der letzte der großen romantischen Illustratoren. Er legt das Schwergewicht auf die Phantasie und stellt sich darin in bewußten Gegensatz zu der exakten, aufrichtigen, pessimistischen

und veristischen Auffassung, welche in der nächstfolgenden Periode zur Herrschaft gelangt, das ist zu jener Zeit, wo die Pariser Skizzen Raffaellis einen Erfolg erreichen, wie ihn früher nur die Zeichnungen Grandvilles zu den Fabeln von La Fontaine oder jene Bücher gekannt haben, über welche Doré die reichen Blumen seiner Phantasie ausstreut.

*   *

Dieser Pariser Geist, der nur die Oberfläche der Haut und nur die Oberfläche der Straße berührt, der die leichten Blätter

306. Groteske Traufröhre an der Kirche Notredame in Paris.

324

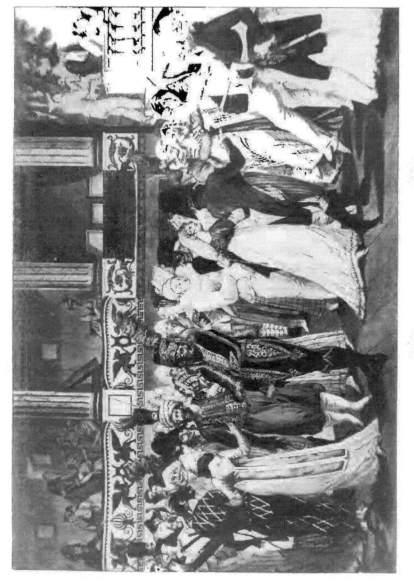

Der Opernball.

Gesellschaftliche Karikatur aus der Zeit des ersten Kaiserreichs von Bosio.

„Siehst du, er verfolgt mich!"
307. Galante Karikatur von Scheffer.

eines Darjou, eines Hadol, eines Pelcocq, eines Morland, eines Carlo Grip
und so vieler anderer geschaffen hat, von denen einige recht brave, andere wohl
nur annehmbare, aber bis zu einem gewissen Maße stets geistreiche Zeichnungen
geliefert haben, hat er während dieser Zeit etwa gefeiert? Keineswegs. Da ist
ja vor allem Grévin.

Grévin ift kein großer Künftler; er wird zuweilen monoton. Die Natur hat für Grévin nur einen befchränkten Reiz, nur eine begrenzte Anziehungskraft. Alle die kleinen Frauen, welche Grévin gezeichnet hat, find fich fo ähnlich, als wären fie Schweftern. Die Unterfchiede, die es etwa zwifchen ihnen gibt, rühren nicht daher, daß er irgend ein neues Modell erblickt hat; es gibt für Grévin kein neues Modell. Er hat es fchon im Griff, eine beftimmte Art von kleinen Frauen zu fchaffen, und er bringt diefe Art allenthalben an. Hinfichtlich der Kolorierung feiner Stiche bleibt er in der erften Periode des Journal Illuftré ftecken, für welches er arbeitet. Ob Grévin eine blonde oder eine braune Frau zeichnet, ift bei ihm rein eine Frage der Laune. Ihm liegt nicht daran, die Farben gegen- einander forgfältig abzutönen, der Braunen das Fleifch einer Braunen, der Blon- den das Fleifch einer Blonden zu geben; über folche Feinheiten fetzt er fich einfach hinweg. Er befolgt einfach fein munteres, witziges und amüfantes Verfahren. Zu Beginn hatten alle feine Frauen fpitze Ellenbogen und fteife Beine, eine Folge feiner Ungeübtheit im Zeichnen. Mit der Zeit lernt er die Ellenbogen und die Schenkel beffer abrunden, die Schultern richtiger ausgeftalten, bringt es aber auch dann nicht fertig, den Eindruck lebendigen Fleifches hervorzurufen. Er ift trotz aller Anftrengung höchftens nur imftande, den Unterfchied von fett und mager hervor- treten zu laffen. So berech- tigt aber auch alle diefe Vor- behalte fein mögen, fo muß doch zugeftanden werden, daß die leichten Ergüffe feines Stiftes viel Grazie und Wahr- heit enthalten. Es gibt eine Menge Mädchen, muntere, nicht gerade lafterhafte, kokette, wenn auch nicht eben böfe, fchwer zu behandelnde, wenn auch nicht gerade herrfchfüch- tige, ganz fonderbar ftarr- köpfige, welche dem von Gré- vin gefchaffenen Typus voll- kommen entfprechen.

Die Alte vom Lande.
308. Karikatur von Charles Huard.

Hat er auch nicht ver- ftanden, fie befonders gut zu zeichnen, fo wußte er doch

326

sie mit der größten Genauigkeit richtig zu bekleiden. Er verfolgt die Mode mit Sorgfalt, und zwar die Mode, welche gegen Ende des zweiten Kaiserreichs und am Anfang der dritten Republik die herrschende war.

Die Krinoline ist tot; ihr folgt nach kurzer Herrschaft der glatt gestrichenen, schlauchartigen Robe der Tournüre. Mit dieser stellt Grévin seine Kokodetten, seine Dienerinnen der leichten Freude, seine Figurantinnen des Theaters dar. Grévin ist der berufene Zeichner der kleinen Schauspielerin, deren Auftreten in den kleinen Theatern, in den Operetten und Ausstattungsstücken, wie sie zu jener Zeit gar zahlreich in Paris ent=
standen, von irgend einem
reichen Gönner bezahlt wird.

*   *
*

Die Vermehrung der
kleinen Theater für die Auf=
führung von Ausstattungs=
stücken hat der Zeichenkunst
einen neuen Aufschwung ge=
geben. Während ein Teil
der Schauspieler der großen
Theater sich an die Maler
und an die Gelehrten wandte,
um von ihnen das Modell
zu irgend einem Kostüm zu
erhalten, gingen die meisten
zu demselben Zwecke zu den
leichteren und unterhalten=

Künstlerfrauen.
— Und das ist alles, was du heute gemacht hast? Nicht einmal den Himmel hast du in Angriff genommen!
309. Galante Karikatur von Forain.

deren Zeichnern, die sie aus der großen Zahl der Phantasten und Karikaturisten aus=
wählten. Es kam übrigens bald genug so weit, daß man ganze Eskadronen von Ballerinen und von Figurantinnen mit Geschmack anzukleiden oder vielmehr zu ent=
kleiden hatte. Eine Blumenkrone, ein Pantherfell, eine Gürtelschleife und ein Trikot, das war so ziemlich alles, was man zur Ausstattung einer lustigen Frau des Chors oder der Heldin einer Operette brauchte. Da jedoch eine ganze Reihe von Theatern jeden Abend bestrebt war, die schönen Mädchen in solchem leichten Kostüm auf die Bretter zu bringen, so mußte doch, um sich den Erfolg möglichst zu sichern, jedes von ihnen trachten, den Konkurrenten zu übertrumpfen und einige Abwechse=
lung in die Sache zu bringen. Der erste, der sich in der Schöpfung solcher Theater=
kostüme einen großen Ruf erwarb, war Ballue. Er wurde der viel gesuchte Kostüm=

327

Ausläufer und Dirne.
310. Soziale Karikatur von Hermann Paul.

verfertiger für jene phantastischen Ballette, welche während des Kaiserreichs in den Theatern der Boulevards aufgeführt wurden. Er legte den Direktoren immer neue Aquarelle vor. Das Eigentümliche bei der Sache ist der Umstand, daß dieser Schöpfer von Kostümen aus den Handelskreisen hervorgegangen war. Da lernte er wohl, die Stoffe am Körper der Ballerinen schillern zu lassen und die Auslagen der großen Magazine herauszuputzen. Da gewann er eine wunderbare Übung, bunte Bekleidungen herauszufinden, wenn es sich darum handelte, für die modernen Ballette und für die possenmäßigen Operetten neue Kostüme zu erfinden, die über den hergebrachten Aufputz hinausgehen sollten. Nach ihm war es besonders Grévin und nach Grévin war es Choubrac, die sich in der Schöpfung von Kostümen, in dem Modellieren auffallender weiblicher Ausstattungen besonders hervortaten. Das Ganze ließ sich mit etwas Flitter, mit ein wenig Folie und mit altem Samt und bereits gebrauchten Borten leicht herstellen. Diesen Illustratoren der Ausstattungsstücke sind noch Künstler von der Art eines Mars an die Seite zu stellen. Der Bleistift von Mars ist recht gewandt, er ist nicht ohne Talent, soweit solches dazu nötig war. Man findet bei ihm eigenartige Zeichnungen gewisser Pariser und Pariserinnen, Weltdamen sowohl wie Kokodetten, von tadellos elegantem Typus; die Leibchen seiner Frauen sind stets einwandsfrei hergestellt. Seine Stutzer und sein Trio von Stutzern, nämlich Guy, Gontran und Gaston, sind immer nach der letzten Mode gekleidet. Seine jungen Liebhaber singen ihr Duett in den Seebädern mit den auf der Höhe der Zeit stehenden Damen. Mehr noch als Grévin hat er ein Zeichenmodell in der Hand, von dem er sich nie trennt. Die hübschen Mädchen und die Stutzer von Mars bekam man sehr oft zu sehen; sie erschienen

328

Die Proſtitution.

Radierung von Félicien Rops.

Beilage zu Guſtav Kahn, Das Weib in der Karikatur Frankreichs.   Hermann Schmidt's Verlag, Stuttgart.

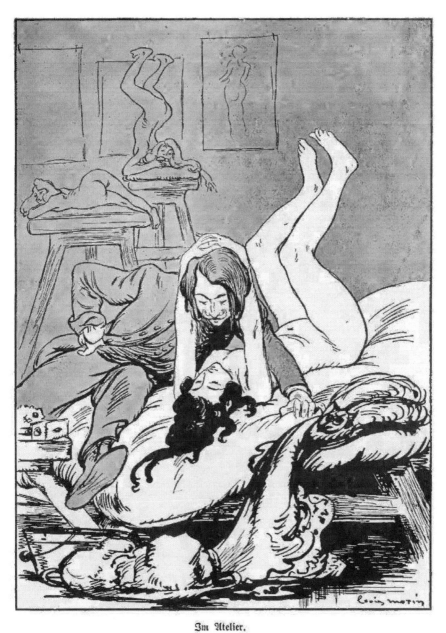

Im Atelier.

311. Louis Morin. Galante Karikatur auf die Zustände in den Künstlerakademien.

auf allen Blättern der illuſtrierten Journale und ſind gar nicht unangenehm an-
zuſchauen. Als vollkommener Gegenſaß zu Mars ſtehen zu dieſer Zeit Varic und
Léonce Petit da.

Dieſe beiden waren es, die beinahe die Bäuerin entdeckt haben. Man muß
ſagen beinahe, da ja die moderne Bäuerin bereits in den Werken von Daumier
figuriert. Sie erſcheint da in den Vergnügungszügen, in den langen Waggon-
reihen, die aus der Provinz nach Paris ſauſen. Daumier zeichnet ſie, wie ſie ſich
ängſtlich auf der Sißbank drückt, den Regenſchirm in der Hand, einen Korb auf
den Knien, in welchem Hühner
oder Enten zuſammengepfercht
ſind. Sie erſchrickt, wenn man
ihr behilflich ſein will, ſie
fürchtet ſich vor den Taſchen-
dieben, vor einer Eiſenbahn-
kataſtrophe, ſie hat Angſt vor
allem und jedem. Darum
ſchaut ſie auch mit runden
Augen wie ein erſchreckter
Vogel feſt vor ſich hin. Daumier läßt ſie an regneriſchen
Tagen auch in der Weltaus-
ſtellung herumgehen. Er
kommt jedoch auf dieſen Vorwurf nur in großen Zwiſchen-
räumen, während Léonce
Petit der eigentliche Zeichner
der kleinen Städte und der
Dörfer iſt, ebenſo wie Varic
ſich beſonders die normäuni-

Der Zuhälter.
„Da ſchau nur den Schweinekerl, was für feine Schuhe er anhat!“
312. Soziale Karikatur von Forain.

ſchen Bauern, die pfiffigen, ſchlauen, ungebildeten, aber lockeren Bauern mit
Vorliebe zum Vorwurf nimmt. Eine geſchickt und fein gemachte Zeichnung
von Léonce ſtellt eine Verſammlung gutmütiger Kerle aus der Provinz dar.
Die kleine Stadt oder der Marktflecken, wo er ſie aufſtellt, iſt ſtets etwas
nüchtern zwar, aber ſonſt ganz nett gemacht und immer richtig zur Anſchauung
gebracht. In einer einfachen Zeichnung mit dem Titel Spaziergang auf dem
Korſo zeigt uns Léonce Petit den Hochmut des Maire, den Ehrgeiz des Munizipal-
rats, das intereſſierte Lächeln der Überzähligen, die Hutſchwenkung des Angeſtellten,
den großen Bauch des kleinen Bankiers, der Berater und Mentor und zugleich
der Law der Dorfbewohner iſt. Die Verbeugung, die der kleine Steuerbeamte

330

Oh, diese Hüte!

313. **Charles Philippon.** Karikatur auf die Mode der großen Damenhüte.

beim Grüßen macht, ist prächtig abgestuft. Man erkennt genau den Versmacher, der eines schönen Tages durchgehen wird, um in Paris den großen Erfolg zu suchen. Nicht minder beachtenswert sind die auf der Promenade oder auf dem Markt erscheinenden Frauen. Der Zug von Léonce Petit, eine grelle Linie, die das Bild umrahmt, die die Kontur und den Ausdruck ohne Abstufung nur in dem Gesicht und in der Haltung des Körpers widergibt, erzielt dennoch die Wirkung einer ganz genauen Charakteristik. Um diese Wirkung hervorzurufen, verwendet er die Volkstracht in besonders geschickter Weise. Er hat den feierlichen Sonntagsstaat, den aus der Mode gegangenen Klapphut, den riesigen Kopfputz der Bürgersfrauen, die romantischen Sommerhüte, an denen der Archaismus der

331

Provinz treu festhält, sehr genau studiert. Seine geduldige Zeichnung hat wohl keine besondere Weite; immerhin aber ist er einer der besten Zeichner der Provinz und ihrer Lächerlichkeiten. Nur Huard vermag ihn darin in den Schatten zu stellen.

*   *   *

Baric war ein guter Zeichner. Die Ausstellung seiner Originalwerke, die vor etwa zehn Jahren im Saale der Zeitschrift La Plume veranstaltet wurde, konnte jeden davon überzeugen.

Die Zeichnungen Barics sind ganz der Darstellung bäuerlicher Schlauheit und jener Bestürzung gewidmet, welche die Bauernlümmel vor jeder Sache befällt, die sie nicht begreifen. Seine Bäuerin hat immer Augen wie eine Truthenne und einen spitzen Mund. Ihr Kopftuch bedeckt dünnes Haar, ihre Nase hat die Form eines Reihers oder eines Topfuntersatzes, ihr Gang ist ungraziös, ihr Leib aufgequollen. Baric hat sich nie die Mühe genommen, ein schönes Mädchen darzustellen. Wenn er sich einmal zufällig dazu hergibt, eine robuste Frau mit starken Brüsten und runden Backen zu zeichnen, so gibt er ihr immer und unerbittlich eine spaßige, einfältige Miene. Der Verkauf von Eiern und Hühnern, der Ertrag des Bodens, die Furcht vor der Schwangerschaft, die Wechselfälle während der Ammenschaft bilden den ganzen Gesichtskreis der unzähligen Bäuerinnen, die er gezeichnet hat.

Sein Bauer wieder ist beschränkt, schlau, pfiffig, hinterlistig und vorsichtig zugleich. Baric hat nie seine Intelligenz, sondern stets seine Unwissenheit vor Augen. Sein Bauer ist jedem gegenüber mißtrauisch, weil er gar nichts kennt. Immerhin hat er eine besondere Art, die er konsequent befolgt. Dieser alte gute Mann, der auf der Straße hintrottet, den Rock über den Kopf geworfen, mit einem Korb voll zerbrechlicher Eier auf dem Arm, während ihm seine gebückte, wackelige Lebensgefährtin nachgeht und eine Ladung von lebendem Geflügel trägt oder nach sich zieht, dieser alte Bauer erscheint bei Baric durchaus

Die Wahrsagerin.
314. Soziale Karikatur von J. Boilly.

332

nicht dumm. Wenn er zur Stadt kommt, wird er aus seiner Ware den größtmöglichen Vorteil herausschlagen. Ist er aber auch schlau, so reicht doch seine Überlegung gar nicht weit; er hat eine kleinliche, sozusagen vegetative. Intelligenz. Hie und da umgibt Barie die Lenden seiner Bauern mit einer Schärpe, gewöhnlich dann, wenn sie an einer Sitzung des Dorfrats teilnehmen. In solchen Bildern zeigt Barie eine lebhafte Auffassung des bäuerlichen Charakters und der bäuerlichen Eigenart. Er versteht es, dieser den richtigen Ausdruck zu geben. Man müßte seine Bauern mit jenen des Eugène Lami vergleichen, die noch mit der gepuderten Perücke und im langen Kittel tanzen, um den Fortschritt, den Barie

Parifer Straßenrufe.

Die Blumenhändlerin: „Ein Sträußchen für Margot — Tausendschönchen — Margaretenblumen!"

315. Karikatur von Carle Bernet.

zur Wahrheit gemacht hat, bemessen zu können. Er ist sozusagen der Erfinder des Bauers und der Bäuerin (denn die Leute aus der Bannmeile, welche Travics so vorzüglich gezeichnet hat, sind keine eigentlichen Bauern), der Erfinder des bäuerischen Wesens in der Karikatur. Man könnte ihn überhaupt so nennen, wenn Daumier nicht vor ihm die ganz famosen Bäuerinnen in den Vergnügungszügen gezeichnet hätte.

*   *   *

Damit jedoch soll noch keineswegs gesagt sein, daß Barie unter den Karikaturisten im Vordergrunde steht. Ihm hat die Literatur den Weg vorgezeichnet. Seit den Bauern von Balzac war in dieser Hinsicht der Weg geebnet. Wenn auch Balzac seine Bauernfiguren ein wenig übertrieben hat, so bleibt er doch im ganzen wahr. So waren manche Stellen im Dorfpfarrer, wie beispielsweise die Geschichte Napoleons I., die von einem Korporal in der Scheune in gemütlichem

333

Ton erzählt wird, ganz dazu geeignet, Baric den richtigen Weg zu zeigen. Nicht minder konnte er wertvolle Fingerzeige in einem Buch Flauberts, nämlich in der Madame Bovary finden, wo die Bauernvereinigung so kräftig in die landschaftliche Umgebung hineingestellt ist. Dagegen hat er wieder einen großen Einfluß auf Maupassant ausgeübt, dessen Novellen, ausgesprochener noch als die Darstellungen Flauberts, oft genug Züge enthalten, welche ganz an die Inschriften der Zeichnungen Barics erinnern. Auch jene Schriftsteller, die nach Maupassant den Charakter der normännischen Bauern beschreiben; wie Jean Revel oder Hugues Le Roux, haben sich in ihrem Humor an jenen des alten Zeichners, an seine Verve und an seinen kräftigen Stift angelehnt.

* * *

Unter allen Umständen war es nun in der ernsten Karikatur mit den Bauern der Musikhallen, mit dem schlottrigen Nikodem, einer Mischung von Tölpel und Einfaltspinsel, zu Ende, der albern schmachtet, indem er dabei mit seinen viel zu langen Armen herumfuchtelt. Die Karikatur hatte nun an Gebiet gewonnen und ein neues Feld des Humors und der Spottsucht erobert, welches zu den Fabliaux unserer alten Literatur ganz nahe gelegen ist.

* * *

Huard.

In allerneuester Zeit ist dieses neue Gebiet vom Lande, besonders aber von der kleinen Stadt und ihrer Umgebung, dieses Land der Kunst eines Léonce Petit, von einem ganz jungen Künstler wieder bebaut und urbar gemacht worden, der unter den heutigen Karikaturisten in der ersten Reihe steht. Wir meinen damit den Künstler Charles Huard.

* * *

Es war ganz richtig gehandelt, daß eine große Gesellschaft französischer Bibliophilen, indem sie das Bouvard et Pecuchet betitelte Werk Gustave Flauberts in einer wunderbaren und sehr seltenen Ausgabe illustriert veröffentlichen wollte (wir haben einige Proben aus dieser Ausgabe in dem vorliegenden Werke mitgeteilt), mit dieser Arbeit den jungen Künstler Charles Huard betraut hat. Niemand hätte die Helden Flauberts in eine bessere landschaftliche Umrahmung zu stellen vermocht als eben Charles Huard, der selbst aus der Normandie stammt. Da in dem genannten Werke besonders eine Darstellung des mangelhaften Unterrichts in der kleinen Stadt und der Verdummung der kleinen Bourgeoisie gegeben ist, welche

334

Der Biedermeier.
Die Ehre ist gerettet!
316. Galante Karikatur von Guillaume.

Karikatur auf Madame de Maintenon.
517. Anonymer Stich aus dem 17. Jahrhundert.

Huard so vorzüglich zu beschreiben weiß, konnte von vornherein angenommen werden, daß er es verstehen wird, die Personen desselben mit absoluter Genauigkeit zu zeichnen. Seine unparteiischen, gerechten und unerbittlichen Skizzen vom Lande bildeten die richtige Vorbereitung zu einer solchen Arbeit. Denn Huard karikiert nicht, sondern er charakterisiert; er macht keine Chargen, er stellt seine Personen nicht lächerlich dar; er übersetzt einfach, und das genügt. Seine nach der Natur aufgenommenen Skizzen haben ihm das Material zu den köstlichen Illustrationen von Madame Bordin und von Bouvard et Pecuchet geliefert.

Wir wollen einen Blick in diese Sammlung mit dem Titel „Auf dem Lande" tun. Da begegnen wir vor allem einer kurzen Darstellung des politischen Lebens: Die Delegierten des Senats kommen von der Wahl. Sie entfernen sich stolz und zufrieden über den mit alten Ulmen bepflanzten Platz. Die Komik wird hier durch die Gegenüberstellung der Mageren und der Fettleibigen, der kurzen und der hoch aufgeschossenen Gestalten, nicht minder auch durch die ernste, gewichtige Miene bewirkt, welche diese guten Menschen aufsetzen, indem sie an der Regierung des Landes teilnehmen. In der Serie der alten Damen gehen ganz sonderbare und anspruchsvolle Mumien über die stille Straße. Sie sind recht alt, diese beiden zahnlosen Gevatterinnen, die sich, von der Messe kommend, sagen: „Haben Sie bemerkt, daß uns ein junger Mann schon den ganzen Weg von der Kirche Saint-Saturnin nachsteigt?" Hätte sich eine dieser Dummköpfe umgesehen, so hätte sie wohl bemerken können, daß besagter junger Mann, in Wirklichkeit von einem ganz reifen Alter, einen Reisesack trägt. Er kommt vom Bahnhof und es ist reiner Zufall, daß er denselben Weg geht. Aber sie schauen sich eben nicht um, und darin findet die Lächerlichkeit des Lebens in der Kleinstadt ihren Ausdruck, da hier die Menschen gewöhnlich aus Maulwurfshügeln Berge machen und auf geringfügigen Anzeichen ganze Systeme aufbauen. Die beiden alten Damen gefallen sich in dem Gedanken, daß man ihnen nachsteigt; da lassen sie sich gar nicht beifallen, die Sache genauer zu untersuchen, und morgen werden sie, übermorgen aber wird schon die ganze Stadt fest an die Tatsache des Nachsteigens glauben. Jawohl, sie wurden verfolgt und waren in Wahrheit der Gefahr ausgesetzt, etwa gar einen Liebesantrag anhören zu müssen. In einem anderen Bild bemerkt eine Dame im

336

Beim Diner.

Gesellschaftliche Karikatur von Charles Léandre.

Theaterleben.

— Der dicke Kahlkopf im dritten Sperrsitz links hat mir heute abend wieder geschrieben ... er macht mir die glänzendsten Anträge und bittet mich, falls ich sie annehme ... bloß eine Rose an mein Mieder anzustecken ...

— So nimm doch eine künstliche Rose ..., die wäre das beste Symbol deiner Liebe!...

318. Galante Karikatur aus der Zeit des dritten Kaiserreiches.

flachen Mantel und dem alten, lächerlichen Hut: „Zu meiner Zeit haben die Frauen ihre Zusammenkünfte nicht in großer Toilette gehalten und waren doch besser angezogen." Will besagen: „Ich bin besser angezogen als alle die anderen." Im Laden des Tuchhändlers geht die bürgerliche Seele auf und läßt den ganzen Duft ihrer Knauserei entströmen. Eine Dame wählt irgend einen Stoff aus, bei welcher Operation ihr das Auge ihres Mannes mit großem Interesse folgt. Sie sagt: „Es ist uns ganz egal, ob die Farbe gut hält, wir wollen nur einer armen Cousine ein Geschenk machen." Und da wieder die Hoffart! Auf einem kleinen Sofa sitzt eine schreckliche Person ganz allein und murmelt für sich: „In dieser Haltung, wie sie von Madame Récamier vorgezogen wird, bin ich ihr am meisten ähnlich." Das Wort ist tief, denn man wird allgemein finden, daß diese Damen aus der Provinz, die ein wenig in die Literatur hineingerochen haben, sich im innersten Herzen gern mit irgend einer schönen und geistvollen Romanheldin vergleichen. Ein anderes Bild: die üble Nachrede. Eine Dame kniet in der Kirche und träumt: „Da sind gut dreiviertel Stunden vergangen, seit Madame Porche im Beichtstuhl ist; die Zierpuppe hat wohl Ursache zu bedauern, daß sie in Paris gewesen ist." Es muß nämlich als ganz sicher angenommen werden, daß sie im glücklichen 'In-

kognito der Großstadt dumme Streiche gemacht hat. Zwei andere Ungeheuer machen unter sich folgende Bemerkung: „Besonders wenn man als junge Frau manchen Erfolg errungen hat, tut es einem leid, alt zu werden." Da wieder eine Probe aus der Unterhaltung im Salon: „Die Strümpfe für meine Blutadern lassen wir aus Paris kommen, ein Leutnant der Gendarmerie hat uns die Adresse seines Bandagisten gegeben."

* * *

Im Abend auf dem Lande ziehen die verbitterten Charaktere und die in der Erwartung von Fröhlichkeit und Unterhaltung getäuschten Hoffnungen an uns vorüber: „Deine Tante ist ein altes Rindvieh; da setzt sie uns Hummer mit Salat vor und sie weiß doch sehr

Hymenée.
519. Symbolische Karikatur von Félicien Rops.

338

514

gut, daß mir dies den Magen verdirbt." Darin besteht der Verdauungsplausch zweier mißtrauischer Bürger, die von einem Gastmahl in der Familie kommen. Zwei Stutzer spazieren in den Straßen: „Da hat es in der Kirche Saint-Saturnin eben drei Viertel auf elf geschlagen. Die Leute in Paris sind davon überzeugt, daß um diese Stunde in der Provinz schon alles zu Bette liegt." Die Zeichnung freilich legt Zeugnis für die Richtigkeit der Pariser Annahme ab; das geht aus der Einsamkeit unserer beiden Spaziergänger, aus ihrem Schatten an der Wand und aus dem Licht hervor, welches über den Platz mit den geschlossenen und

dunklen Fenstern fällt. Ein prächtiges Blatt zeigt uns den Ball in der Unterpräfektur; da drehen sich dicke Damen, blutjunge Mädchen, alte Soldaten, junge überzählige Beamte gar hitzig im Tanz. Im traurigen Abend geht ein Melancholiker vorbei, elegisch angehaucht, der seinen Schmerz an einsamen Orten spazieren zu führen pflegt. „Zuletzt", so sagt er nachdenklich für sich, „betrügt mich meine Frau gar nicht in solchem Maße." — „Wissen Sie," fragt einer, „wie mich die gewissen Damen im Vert-Galant genannt haben? Der Mann mit dem Stahlarm!" Diese Bemerkung wird in einer Ecke der öffentlichen Promenade

Beim Ausgang.

Ein Herr: Ach, mein Fräulein, ich habe die Musik immer geliebt, aber jetzt könnte ich ohne sie gar nicht leben.

Zwei Dämchen: Die Musik! die Musik!! O, meine Eltern, wie schwere Schuld habt Ihr auf Euch geladen!

Der Spießbürger: Ja, meine Tochter, von morgen an sollst du keinen Musiklehrer haben.

320. Gesellschaftliche Karikatur von Darjou.

gemacht, wo zwei alte Rentner miteinander plaudern. Den Unterhaltungsort Vert-Galant zeigt uns Huard in einer Zeichnung ganz aus der Nähe. Vor einem Tore steht eine dicke, riesige Frau, deren Haar von der stark aufgetragenen Pomade fest anliegt, und zwei Bürger richten an sie die Frage: „Na, mein Täubchen, wo sind deine Nymphen?" Man weiß eben, sich mythologisch und dabei höchst liebenswürdig auszudrücken. Da kommen zwei stets zusammengehende Biedermeier heraus, ein dicker und ein magerer, wie Huard sie immer zu paaren pflegt, und der eine sagt: „Sie ist immer großartig, ich weiß es wohl, aber ich finde, daß Flora doch besser erzogen ist." Vielleicht kommt auch jener verschämt tuende Mann, den Hut über die Augen gezogen, von da nach Hause, den seine wohlbeleibte, schreckliche,

rachedürftige Ehehälfte mit dem Nachtlicht in der Hand und mit folgender Rede
erwartet: „Ich bin wirklich neugierig zu hören, welche Ausrede du Nichtsnuß heute
vorbringen wirst, um dein spätes Nachhausekommen zu entschuldigen." Eine andere
verspätete Ballade wird uns in jenen beiden Biedermeiern vorgeführt, von denen
der eine, und zwar der häßlichere, dem anderen eine Pfeife zeigt, die er mit zwei
Fingern entzückt, zärtlich und ehrfurchtsvoll hält, wobei er sagt: „Ich möchte den
guten Ruf einer der edelsten Damen dieses Landes nicht beflecken, sonst könnte ich
Ihnen wohl sagen, von wem ich diese Pfeife als Liebespfand bekommen habe,
und ich weiß, Sie wären nicht wenig überrascht." Der Mann aus der Provinz
ist klatschsüchtig und der Gegenstand seines Klatsches ist immer die Frau, von der
er stets mit einer bösen Verstocktheit träumt. „Es ist Ihnen gewiß bekannt, denn
die ganze Stadt spricht ja davon, daß Madame Lepinçon den neuen Zahnarzt alle
Tage dreimal besucht." Die Provinz und besonders die Frau in der Provinz
hat den Einfluß von George Sand gar sehr empfunden; die Empfindung mit allen

Theresa und Paulus.
321. Zeichnung von J. F. Raffaelli.

ihren Übertreibungen ist für
sie zu einer Zerstreuung in
der Langeweile geworden.
Dieser kindische Romantizismus bringt gar viele Frauen
dazu, sich für eine arme
Blume zu halten, die vom
brutalen Nordwind, näm=
lich ihrem Manne, schwer zu
leiden hat. Solange sie jung
sind, machen sie sich mit
dieser Empfindung inter-
essant, und sind sie alt geworden, dann tragen sie die
zarte, träumerische Haltung,
freilich mit viel weniger
Grazie, noch immer zur
Schau. Dick, formlos und
beinahe ganz kahl gewor-
den, glaubt sie sich noch immer unwiderstehlich, wenn
sie zu ihrem Manne sagt:
„Ich will dir ja keinen Vorwurf machen, Zéphyrin, aber
ich hatte immer eine viel

340

Werkstatt für Gehirnausbesserung des Meister Luftscurn.

Satirischer Stich auf die Frauen aus dem 17. Jahrhundert.

Beilage zu Gustav Kahn, Das Weib in der Karikatur Frankreichs.

Hermann Schmidt's Verlag, Stuttgart.

La Gouvernante.
322. Satirische Karitatur von Charles Léandre.

zu zarte und viel zu empfindsame Seele, als daß du mich hättest verstehen können."
Und richtig sitzt Zéphyrin an ihrer Seite und raucht seine kurze Pfeife mit der
Ruhe eines Wiederkäuers. Er hat überhaupt nie viel verstanden. — Da erwacht
dann zwischen zwei alten Mädchen eine intime Freundschaft mit derselben Plötz-

lichkeit, wie sie Bouvard und Pécuchet, die sich aneinander klammern, infolge der Wahlverwandtschaft ihrer Blödigkeit gleich bei ihrer ersten Begegnung ergriffen hat. Die beiden alten Mädchen, die eine dürr, die andere üppig, beide von Runzeln bedeckt, welche ein Alter von wenigstens sechzig Jahren andeuten, sagen sich: „Ach ja, Fräulein, Sie haben auch Grund genug, über die Männer zu klagen, ach ja, Fräulein!" Sie werden nun nie mehr voneinander lassen, ihre Freundschaft hat eine solide Basis gefunden. Unter allen Umständen haben sie nun worüber zu klatschen, und sie tun es von ganzem Herzen. Da sehen wir Fräulein Ursula Lobrichon, genannt die Vestalin von Carindol, Präsidentin des Unterrichts in der Beständigkeit, über die Straße der Kleinstadt gehen. Sie ist trocken, eckig, infolge ihres zu langen Kinns recht häßlich, hat trübe Augen und hohle Backen, die Kunst der Schneiderin hat leider nicht verstanden, ihren Buckel unscheinbar zu machen. Es sind nur wenige Jahre vergangen, seit sie endgültig sitzen geblieben ist und die Aussicht, sich zu verheiraten, entschieden aufgegeben hat. Diese Aussicht war ihr auch in immer weitere Ferne gerückt. Man wird dessen bei der Betrachtung dieser Zeichnung ganz sicher. Der Eindruck wird weniger von ihrer herben Miene und von dem unharmonischen Anblick ihrer Persönlichkeit, als vielmehr von der Einsamkeit der ganzen Ausstattung hervorgerufen. In dieser trostlosen, kleinlichen und leeren Ausstattung wird sie wohl kaum jemanden finden, der an Liebe oder gar an Heirat denken würde.

* * *

Damit soll keineswegs gesagt sein, daß man in der kleinen Stadt, wie sie von Huard dargestellt wird, überhaupt nicht an Liebe denkt, wenn nicht etwa in der Art des Vert-Galant. An den Markttagen gibt es gar

Eine Loge im Pariser Theater.
323. Gesellschaftliche Karikatur von Charles Léandre.

342

unterhaltliche und endlose
Schmausereien. Die derben
Späße und die strahlenden
Matronen, die dicken Bauern
und die wohlbeleibten Bäuerinnen drängen sich da in
einer Atmosphäre der Be-
gierde, welche von dem Zeichner ganz vorzüglich wiedergegeben ist.

Der Eindruck der tieri-
schen Leidenschaft wird von
Huard durch einen Vorgang
hervorgerufen, wie ihn Grandville mit Vorliebe befolgt. Der
Vorgang besteht darin, daß
er die menschliche Figur mit
einer tierischen Schnauze ausstattet. Grandville wendet
diese Methode nicht dort an,
wo er eigentliche Tiere malt,
d. h. wo die Persönlichkeit
ganz die tierische Form hat
und nur die Haltung den
Menschen verrät; wohl aber
bedient er sich ihrer in der
Karte eines Gastwirts,
wo die menschliche Physiognomie der tierischen einfach

Verlorene Illusionen.
524. Amüsante Karikatur von Guillaume.

angenähert erscheint. So zeigt auch ein Blatt von Huard, der Markt in
Pavigny-le-Gras, eine ganze Menge von Schweins- und Schafsgesichtern,
von Möpsen mit stumpfen oder ganz verwischten Nasen. Gar zahlreich sind die
stark verkürzten Nacken, die hydrozephalen Stirnen und die kürbisartigen Wangen
in diesem Menschengedränge, welches dem Boden zu entströmen scheint, und die
niedrigen Häuser, ein prächtig gezeichneter Giebel, ein altes Eisengitter scheinen
bezeugen zu wollen, daß es hier von alters her immer so zuzugehen pflegt. Die
Zeichnungen Huards sind stets eine lebhafte Satire gegen das Kleinbürgertum,
gleichviel ob er das ganze Ensemble eines Jahrmarkts, die zusammengerotteten
Menschen, die das Vorüberfahren des Schnellzugs erwarten, oder nur zwei

343

Menschen darstellt, die sich in ein Zwiegespräch vertiefen. Da sehen wir zum Beispiel einen Witwer, der es erst vor kurzem geworden, mit der Schnauze eines Pudels; er ermahnt sein Dienstmädchen: „Nun aber, Viktorie, kein Kalbfleisch mehr mit Spinat! Ich habe das durch dreißig Jahre jede Woche zweimal gegessen." Auch der Magen hat seinen Egoismus und seinen Groll, und dieser Groll ist heftig und scharf wie der weibliche Groll, der aus der bescheidenen sozialen Stellung des Mannes zu entstehen pflegt. Hier wieder geht ein Ehepaar über den Markt= platz der kleinen Stadt, und zwar an einem gewöhnlichen Markttag, wo nur die Verkäuferinnen von Obst und Gemüse miteinander schwatzen.

„Amalie, rufe den Vater, die Kokotte ist dort im Hemde zu sehen!"

325. Karikatur von Hermann Paul.

Die nicht mehr ganz junge Frau zeigt eine gewisse Ele= ganz in ihrem großtuerischen Aufputz, der Mann geht hinterher wie ein geschlagener Hund. Sie sagt zu ihm: „Um mich zu verstehen, mein lieber Florimond, dazu wäre etwas mehr Poesie und ein höherer Schwung des Emp= findens notwendig, wie man ihn freilich in den Ämtern für indirekte Steuern nur selten anzutreffen pflegt." Man hat sich diese Bemer= kung wie folgt auszulegen: „Florimond, ich habe dich stets verflucht und verachtet, da du als armer Angestellter des Steueramts meiner Schönheit und meinem Geist nie den richtigen Rahmen des Reichtums und des Luxus zu geben ver= mocht hast . . . und das sollst du auch zu hören bekommen."

*   *   *

Die Mache Huards ist kräftig, schwungvoll und geduldig zugleich; darum haben seine Bilder stets die volle Stärke einer Skizze. Mit derselben Kunst, mit welcher er in seinen Radierungen das ganze Tau= und Segelwerk eines Schiffes peinlich darstellt, stempelt er auch die Runzeln und die Narben der Opfer seines Zeichen= stiftes. Er ist heute einer der besten Jäger im großen Walde der Lächerlichkeiten.

*   *   *

344

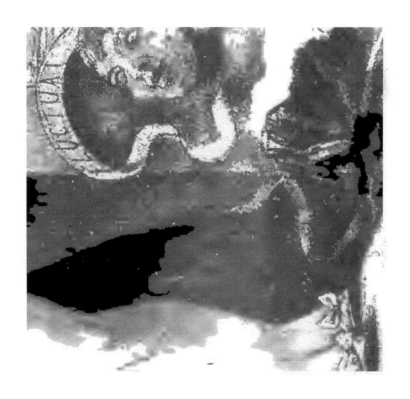

Léandre.

Die beachtens=
werteste Karikatur
des Mannes der
Politik, die wir seit
Daumier zu sehen
bekamen, wurde von
Léandre gezeichnet.
Auch die bekanntesten
Chargen von Litera=
ten, welche die Men=
schen unserer Zeit er=
freut haben, rühren
von seinem Stift her.
Er besitzt eine tüch=
tigere literarische Bil=
dung als der größte
Teil der Zeichner.
Er hat einen plasti=
schen Sinn für die
Schönheit, dem er in
seinen Bildern und
Pastellen, in seinen
jährlich erscheinenden
feinen weiblichen
Schattenrissen uner=
müdlich Ausdruck
gibt.

Macht er ein
Porträt, so gibt er
seinem Vorwurf eine
harmonische moderne
Toilette; bringt er
dagegen Erzeugnisse
seiner Phantasie, so
liebt er es, in den

L'Amante du Christ.
326. Radierung von Félicien Rops.

Lauf der Zeit zurückzuschauen und seine Figuren mit dem Kostüm aus der Zeit
der Romantik, aus der Zeit der Restauration auszustatten. Bald ist es Fantine,

345   44

die vor ihrer Mutterschaft freudig zu Robinson geht, bald wieder Mimi-Pinson zu einer Zeit, wo die Haube von dem tiefen Strohhut abgelöst wurde, welcher die ovale Linie des Gesichts so hübsch zur Geltung bringt. Manchmal wieder geht er in der Geschichte des eigenen Jahrhunderts nach rückwärts, erinnert sich daran, daß er das Leben der Bohème von Murger illustriert hat, und da beleben sich unter seinem Stift die zarten, lachenden oder melancholischen Heldinnen des alten Bulbier und des entlegenen Quartier latin die Figuren der Mimis, der Musettes und auch der Francines.

*   *   *

Die Illustrationen zum Leben der Bohème wurden, ebenso wie jene zu Bouvard et Pécuchet von Huard und die Blumen des Bösen von Raffenfosse, für eine Gesellschaft von Bibliophilen gemacht. Diese mit dem größten Luxus ausgestattete und nur in sehr wenigen Exemplaren aufgelegte Ausgabe ist dem großen Publikum leider beinahe gar nicht bekannt. Das Talent Léandres ist geeignet, den fröhlichen Humor dieses Werkes, dieses moderne Abenteuer zu veranschaulichen, welches, die inzwischen liegende Zeit überspringend, eine entfernte Verwandtschaft mit dem komischen Roman von Scarron aufweist. Wie gut hat Léandre verstanden, diese lustige Jagd nach dem Stück von hundert Sous, diese seiltänzerische Geschichte des Elends wiederzugeben. Wir finden in seinen Zeichnungen die nervöse Lustigkeit und den Hauch von Melancholie getreulich ausgedrückt; wir hören da förmlich das Glockenspiel des Lachens und sehen die weiblichen Personen, die leichten, teilweise auch ganz naiven Grisetten großtuerisch vorüberziehen. Nicht minder weiß er den wenigen Poeten, welche Murger auftreten läßt, und welche, auch ihn inbegriffen, keine besonders großen Lyriker sind, Leben einzuflößen. Gerade weil hier die Aufgabe gegeben war, die seelische Erregung mit Humor, die Zärtlichkeit mit Aufschneiderei und den Schmerz mit Possenhaftigkeit zu mäßigen, war Léandre der geeignetste Illustrator dieser Szenen aus dem Leben einer närrischen Jugend, welche in ihrer Verliebtheit nur von der absoluten Geldklemme hie und da zu einer ernsteren Überlegung veranlaßt wird.

Den Politikern gegenüber war der Stift Léandres nicht allzu streng. Im Ver-

„Man nennt uns doch mit Recht das
schöne Geschlecht."

327. Satirische Karikatur von Ronvepre.

gleich zu Daumier, deſſen
wunderbare Serie der Par-
lamentarier jeden entmutigen
könnte, der ſich überdie Ambition und überden Eigendünkel
luſtig machen möchte, hat er
den Vorteil ſeiner Methode.
Die Lithographien Daumiers
ſind einfach in Schwarz und
Weiß gehalten. Dagegen
ſind die erſten Blätter des
Rire und des Journal
Amusant, in welchen
Léandre ſeine zahlreichen
Parodien über die Geſichter
berühmter Politiker erſcheinen läßt, farbig gemacht.
Dieſer Umſtand läßt der
Phantaſie einen größeren
Spielraum und geſtattet es,
die Hauptfigur mit verſchie-
denem Zubehör zu umgeben.

„Die Herren treiben ja nur Poſſen."
328. Karikatur von Pigal aus der Serie „Pariſer Sitten".

In dieſer Ausführung macht die Zeichnung eher den Eindruck einer Malerei oder
wenigſtens eines Bildes. Das Hauptintereſſe an dieſen Phyſiognomien liegt aber
in der wohlüberlegten Abänderung, in dem Hervorheben der charakteriſtiſcheſten
Züge der Figur, in der Art, wie der geiſtige Inhalt des Modells ſo exakt wie
nur möglich zum Ausdruck gebracht wird.

*   *   *

In den Arbeiten Léandres finden wir auch zahlreiche weibliche Figuren, und
zwar nicht nur in ſeinen Malereien und Paſtellen, ſondern auch und ganz beſonders
in ſeinen Karikaturen. Der Sarkasmus Léandres bezieht ſich ebenſo oft auf den
weiblichen Körper wie auf die weibliche Seele. Er verzeiht es den Frauen nicht,
wenn ſie ohne Grazie ſind. Im Diner, einem ſeiner berühmteſten Blätter, wendet
er ſeine Aufmerkſamkeit beſonders dem zu üppigen Fleiſch und dem zu ſehr entblößten Buſen einer ſchon etwas bejahrten Dame zu. Die Augen ihres Tiſch-
nachbars werden von dieſer triumphierenden Gelatine derart angezogen, daß er das
Eſſen vergißt; auch der Hausherr, der ſeine Gäſte bedient, kann ſich nicht zurückhalten, trotzdem er ſich im großen Stil eines Bedienten geben möchte, hie und da

347

einen Blick nach dieser ausgedehnten weißen Fläche zu werfen. Und diese Szene spielt sich in der besten Gesellschaft ab, wo hervorragende Bankiers, Magistrats- personen und Parlamentarier gemischt erscheinen. Léandre führt den Leser in diese Welt, bloß um sie zu verspotten. Auf der entgegengesetzten äußersten Grenze der sozialen Kunst zeigt uns Léandre die Engelmacherin. Das ist bekanntlich eine sehr verrufene Beschäftigung. Diese Engelmacherin ist von einer ungeheuren Breite, sei es, weil der Künstler uns einen übermäßig entwickelten Bauch zeigen wollte, sei es, weil er die Absicht hatte anzudeuten, daß das Geschäft genügend einträglich ist, um der Person, die sich damit befaßt, zu gestatten, ihrem gesunden Appetit in vollem Maße zu frönen. Die Figur und die Maske — man könnte fast sagen die Schnauze — der Engelmacherin ist von der trivialsten Häßlichkeit. Man fühlt heraus, daß sie die schrecklichen Praktiken ihres Geschäfts ganz gleichgültig aus- übt. Ihr gegenüber sitzt ihre Klientin, eine arme, magere, herabgekommene, aus- gemergelte Frau mit einem enormen Bauch; die, man kann es sich denken, nicht

— Wenn ich es jemals tue, mit wem möchtest du, daß es wäre?
— Wenn es dir nichts ausmacht, mit verheira- teten Männern — ich würde mich an ihren Frauen schadlos halten.

329. Galante Karikatur von J. Bac.

ohne Verzweiflung diese ihre neue Last betrachtet, die mit Schrecken dem neuen Kind entgegensieht, welches die Zahl der Mäuler, für die sie ohnehin schon zu sorgen hat, noch um eines vermehren wird. Die Äpfel sind ein Scherz im altfranzösischen, oder richtiger gesagt, im gallischen Ge- schmack. Léandre ist normannischer Abstammung und gehört zu jener Rasse kräftiger Spötter von grobem Korn, welche aus der volkstümlichen Anspielung viel Geist zu schöpfen wissen. Eine Dame pflückt Äpfel. Ihr Ge- sicht hat auch zwei dicke gesunde Äpfel; ihre Schenkel sind wieder zwei runde Riesenäpfel. Ein alter Herr, der die an den Baum angelehnte Leiter hält, von welchem die Frau die runden, schweren Früchte pflückt, drückt mit Wonne diese Schenkel unter dem Vorwand, ihre Besitzerin recht sicher zu halten.

In einer anderen Zeichnung wird das alte französische Motiv, welches

348

Die Fliegen.

330. Satirischer Stich aus der Zeit Louis XIII. gegen die weibliche Mode der Schönheitspfläsierchen.

unter dem Titel Herr und Frau Denis bekannt ist, variiert. Auf recht weißen Kissen schläft ein altes Ehepaar. Den Kopf in die Zipfelmütze und in Kinnbänder eingewickelt schnarcht der Mann mit offenem Mund. Die Frau mit einer kindlichen Haube auf dem Kopf schläft gleichfalls. Die Ruhe dieser beiden alten Personen ist eine so tiefe, die Fettigkeit hat die Gesichtszüge der Frau derart verwischt, daß auf diesem Antlitz der tiefste Friede, ja beinahe die Heiterkeit eines Kindes aus= gegossen erscheint. Ach, es ist schon so lange her, da sich ihre Lippen in Liebe berührt haben! Was sollte auch die Liebe mit dieser weißen Jungfräulichkeit des Lagers und mit diesem Eis des Alters beginnen? Diese Frage legt sich ein kleiner Amor, der am Fußende des Lagers hockt, mit tiefer Melancholie vor, ein kleiner teuflischer Amor, vielleicht gar derselbe, der in ihre Herzen einst den Pfeil geschossen und in ihre zwanzigjährigen Ohren seine Ratschläge hineingeflüstert hat.

In demselben Geist der Ironie, die das Körperliche verspottet, führen uns zahlreiche Stiche Léandres in einer Theaterloge eine Reihe gar sonderbar aufgeblähter Figuren vor. Auf einem Blatte ist die Rückenverlängerung der Damen der Gesellschaft in der denkbar größten Man= nigfaltigkeit dargestellt; da gibt es solche von gutmü= tigem und von anmaßendem Charakter, dicke und magere, Schöpfungen einer freigebigen oder einer sparsamen Natur. Ein Gegenstück zu diesem Blatte bilden die malenden Frauen, die einander auf demselben Rechteck des Blat= tes gegenübergestellt sind. Wir sehen da diese traurigen, alten und häßlichen Personen, die nie weder jung noch hübsch gewesen zu sein scheinen, wie sie in den Sälen des Louvre nimmer müde werden, un= bewußte Parodien der Jo= conde und der Fornarina auf

Auf dem Maskenball.

— Es gibt eine Menge Dirnen, die sich jetzt darauf verlegen, die Bälle zu besuchen, ... da wird die Sache recht ordinär! ...
— O bitte, regen Sie sich nicht auf ... man merkt ja, daß Madame zu den regelmäßigen Besuchern gehören.

331. Galante Karikatur von Beyle.

350

ihre Leinwand zu werfen. Neben ihnen liegt der Fußwärmer und das schottische Plaid, die melancholischen und stummen Zeugen einer Tragödie, der Tragödie ihres Lebens. Neben ihnen steht auch die Malerin mit dem leichten Pinsel, mit einem Blumenstrauß auf dem hochmütigen starken Busen, der sich wie der Gipsabguß von Gemüse auf einem Teller annimmt, die Malerin, die einen Auftrag, etwa ein gut bezahltes Porträt, auszuführen hat. Auch sie ist mager und häßlich, trägt aber dennoch eine entblößte Brust, ausgeschnitten bis zu der Stelle, wo die Ehrenmedaillen hängen, die sie sich bei den Konkurrenzen errungen hat, eine feste Burg, die niemandem Furcht einflößt, die aber dennoch bekränzt wurde. Da ist auch die Landschaftsmalerin, mit dem Sack auf dem Rücken und einem Strauß von Feldblumen auf dem Strohhut. Sie trägt genagelte Schuhe und einen Alpenstock. Sie schrickt vor dem Eis und vor der Erkältung nicht zurück, watet in ihren starken Schuhen sogar durch kleine Buchten. Sie ist die Nachbarin der geduldigen Miniaturmalerin, die mit der Brille auf der Nase ihre kleine Elfenbeinplatte peinlich bemalt und

Die Stickerin.
332. Zeichnung von Carle Vernet.

die Schönheiten ihres Modells mit kleinlicher Sorgfalt nachzeichnet. Um nicht etwa der Eifersucht angeklagt zu werden, und damit nicht gesagt werde, daß er als Maler die äußere Erscheinung seiner Nebenbuhlerinnen, seiner Konkurrentinnen entstellt hat, bringt er in der Mitte seiner Zeichnung den wunderbaren Kopf einer jungen Frau von strahlender Schönheit. Diese ist eine sehr schöne Malerin; oder sollte sie vielleicht in böswilliger Andeutung das Modell darstellen, den Typus jener weiblichen Schönheit, die ihm vorschwebt und die er als Abstufung nur darum hierher gestellt hat, um die Häßlichkeit seiner Malerinnen um so mehr in die Augen springen zu lassen?

Die malenden Frauen hätten wohl alle Ursache, sich über unseren Zeichner zu beklagen, wenn die literarischen Frauen, die Blaustrümpfe, eine bessere Behandlung von seiner Seite erfahren hätten. Dem ist aber nicht so; Léandre hat nicht mit verschiedenem Maß gemessen. Vielleicht entspricht seine Zeichnung den heutigen Verhältnissen nicht, wo wir doch in Frankreich eine Schule von Dichterinnen haben, die es an äußerer Eleganz gewiß nicht fehlen lassen; doch sind ganz sicher auch solche Typen vorhanden, welche den von Léandre gezeichneten vollkommen gleichen. Die Dichterin Léandres hat eine hervorstehende Stirne, starke Züge, ihr Lorgnon, dünnes Haar, welches in der Linie der Schultern gerade geschnitten ist, einen formlosen Leib; sie ist einem alten Literaten mit bartlosem Gesicht vollkommen ähnlich. Diese hier ist als Bäuerin herausgeputzt, hat eine albern begeisterte Miene und scheint eine ländliche Dichterin zu sein, die in tiefer Träumerei ein sentimentales, weinerliches Ritornell belauscht. Diese andere wieder, mit der einem Zuckerhut ähnlichen Kopfform, mit der starken Nase und den abstehenden Ohren, stellt die Frau des Systems

Pariser Szene im Quartier Latin.
— Es ist doch recht dumm, sich so zu zanken ... wollen wir uns nicht lieber versöhnen?
— Ja, ja, ich sehe schon, du kommst mit deiner Hose! Möchtest sie wohl ausgebessert haben?
333. Gesellschaftliche Karikatur von J. Pelcoq.

vor, die auf ihre Theorien genau so versessen ist wie ein verknöcherter Gelehrter auf sein besonderes Fach. Und die Eleganten unter ihnen ... sie scheinen jener Überlieferung zu folgen, welche einige von ihnen den Weg nach Lesbos anstatt nach Kythera nehmen ließ.

* * *

Léandre zeichnet häufig Szenen aus den Musikhallen und den kleinen Theatern. Ihn interessiert der Zuschauerraum, und er liebt es, auf derselben Bank, auf derselben Sitzreihe, in derselben Loge birnenförmige Köpfe und kürbisartige Gesichter zusammenzustellen. Noch häufiger verfolgt er auf der Bühne die armen Schau-

352

Nach dem Bade.

Anonymer galanter Stich. (Mitte 19 Jahrhunderts.)

Im Moulin de la galette.

— Wollen Sie einen Walzer mit mir tanzen, mein Fräulein?
— Nein, ich danke, mein Herr!
— Daran tun Sie unrecht, mein Fräulein.
354. Karikatur von Steinlen.

spielerinnen, jene, die ohne Schönheit, ohne Stimme, ohne Talent und ohne Grazie vor das Publikum hintreten, welche über das Orchester hinweg mit Orangen und anderen Sachen beworfen werden. Auch hat er eine außerordentliche Serie von Schauspielerinnen gezeichnet, in welcher er ihre charakteristischen Züge studiert, ihre Schönheit oder Häßlichkeit, deren sie sich als eines Mittels zum Erfolg bedienen. Er folgt den Liedersängerinnen von Montmartre in die Kneipe und ist unerschöpflich

Die Erheiterungen des Mr. Béranger.
335. Félicien Rops. Groteste Raritatur auf die Sittlichteitsschnüffler.

in der Darstellung dieser Menschen, die halb Komödianten, halb Literaten, zumeist aber überwiegend Komödianten sind. Er empfindet für sie auch eine gewisse Nachsicht; sind es doch Menschen aus seinem Quartier, aus seiner Umgebung in Montmartre. Darum aber schmeichelt er ihnen nicht, und doch könnten einige von ihnen ein wenig Schmeichelei ganz gut vertragen, um nur halbwegs eine gute Figur zu machen. Mit leichtem Stift wirft er ihre schwülstigen Gesten und ihre anmaßende Haltung aufs Papier und hat auch für den angehenden jungen Maler seinen Spott. Noch strenger verfährt er mit dem Künstler, der den ästhetischen Geschmack links liegen läßt, um sich den Launen der Bourgeoisie, der reichen Klientel und der Snobs zu unterwerfen, welche mit ihren künstlerischen Ideen prahlen und ihn im Stiche lassen werden.

*　　*　　*

Léandre hat recht vieles geschaffen; er hat eine ganz bedeutende Leistungsfähigkeit und ist mit Eifer dabei, sie auch auszunutzen. Er gehört unter den Karikaturisten zu jenen, die mehr zur Malkunst hinneigen. Seine Originalität wird von einer tüchtigen Schulbildung unterstützt. Er besitzt eine sichere Methode und folgt keineswegs einer bloßen Laune, wenn er eine Figur entstellt. Er behandelt seinen Vorwurf mit Überlegung, um seinen charakteristischen Zug herauszuarbeiten. Er

354

überläßt nichts dem bloßen Zufall und ist darum stets ausgezeichnet. Ob er seine Zeichnung bunt bemalt, um ihr das Aussehen eines lustigen Anschlagzettels zu geben, ob er nur das Weiß und Schwarz wirken läßt, so ist seine Zeichnung immer solid und erhöht ihren eigentlichen linearen Wert durch die hineingelegte satirische Bedeutsamkeit.

*　　*　　*

Willette.

Willette ist gleichbedeutend mit dem Straßenjungen. In ihm wird das Pariser Pflaster mit seiner Aufschneiderei und mit seinem ganzen Esprit lebendig; seine Zärtlichkeit findet bei ihm die richtige Beleuchtung, die politische Leidenschaft ihre rasch vorübergehenden Blitze. Willette ist ein Freund der Soldaten und des gemeinen Volkes. Er ist großmütig oder unbarmherzig, sympathisch oder hassenswert, je nachdem der Wind weht, oder aus welchem Winkel der Sturm braust, oder woher die Brise fächelt. Er hat etwas vom Barrikadenmann an sich, der seine Barrikaden baut um ein nichts, zum bloßen Vergnügen, bloß um das Pflaster in eine neue und schönere Ordnung zu bringen, der den Omnibus aus rein ästhetischen Gründen umstürzt, der dem An- sturm der berittenen Muniz- palgarde, dem Angriff der Polizisten standhält. Er verachtet sie, diese Hüter der Ordnung, wie ein echter Gamin, dem ihr herrschsüch- tiges „Vorwärts!" zuwider ist. Er nimmt gegen die Polizei an der Seite der herumziehenden Obstverkäu- ferin Partei, die man bei ihrem Geschäft behindert und die der Straßenjunge liebt, weil sie auf ihrem Handwägelchen gar so schöne Blumen oder gar so herr-

Liebesduett in der Singspielhalle.
356. Karikatur von J. F. Raffaelli. (Aus „Paris Illustré".)

355

liches Obst spazieren fährt. In seinem Charakter eines Straßenjungen ist Willette
ideologisch ehrgeizig. Der Straßenjunge weiß, daß die Revolution von den ver-
witweten Königinnen und den Stiftsdamen dem Einfluß Voltaires und jenem
Rousseaus zugeschrieben wird; darum verherrlicht er diese in seinem Gassenhauer.
Auch Willette bringt unter seine Zeichnungen die hochtrabendsten Inschriften an.
Gefallen sie uns, warum sollten wir es nicht offen bekennen? Und mißfallen sie
uns, dann brauchen wir einfach nur zu sagen: Da ist ein Straßenjunge vorbei-
gegangen und hat eine Fensterscheibe zerbrochen . . . das macht aber nichts, man
wird eine neue einsetzen. Und
haben wir kein Glas mehr, nun
so kleben wir ein Stück gewöhnlichen Papiers darüber, aber ein
Papier mit einer Zeichnung von
ihm, wo der Pierrot sich verwun-
dert oder die Pierrette tanzt, und
diese Zeichnung wird uns für die
zerbrochene Scheibe wahrlich reichen Ersatz bieten. Da wird das
Licht freilich nicht ganz rein durch-
dringen, aber es wird herrlich sein,
und als Zugabe bekommen wir
noch das köstliche Bild eines weiblichen Körpers mit dem widerspen-
stigsten und lächelndsten Gesicht.

Das Leben.

— Mein Sohn wird sich demnächst verheiraten — schreiben
Sie ihm nicht mehr . . . man wird Ihnen monatlich
60 Franken für Ihr Kind senden — und dann
lassen Sie es taufen!

337. Soziale Karikatur von Forain.

*　　　*

　　　*

Willette hat sich im Zeichen
des Pierrot selbst dargestellt; dar-
gestellt ist eigentlich nicht das richtige Wort und ebensowenig wäre es ganz entsprechend zu sagen, daß er sich als Pierrot verkleidet hat. Wir kommen der Sache
näher, wenn wir behaupten, daß er den weißen Kittel des stummen Helden der
Pantomime oft genug angelegt und sich mit Pierrot verglichen hat. Die größte Verwandtschaft zwischen ihm und dieser Persönlichkeit der italienischen Komödie, welche
durch Watteau, der sie mit dem Gilles, dem mehligen Müllerjungen der französischen
Posse, verwechselt, berühmt geworden ist, und welche durch die Arbeiten Deburaus,
Gautiers und Banvilles noch mehr verherrlicht wurde, zeigt sich besonders in seiner
leichten Erregbarkeit. Wie Pierrot besitzt auch er diese Gabe; er hatte sie wenigstens
zur Zeit, wo die Mauern von Montmartre und die leichten Blätter seines Humors
sich mit Pierrots bedeckten; er hatte die Gabe, bei dem Anstreifen an irgend einen

356

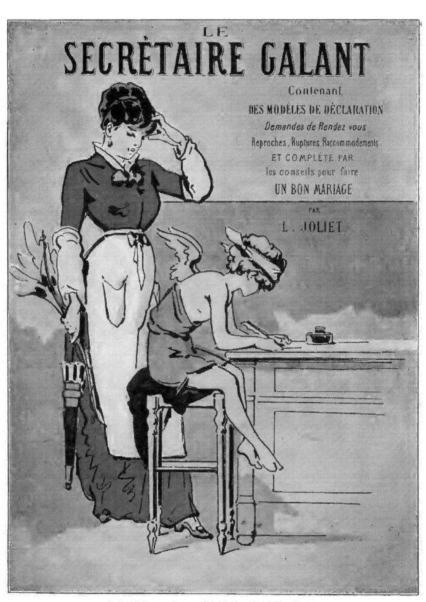

Titelblatt zu einem Briefsteller für Liebende.
338. Galante anonyme Zeichnung.

Weiberrock vor Erregung zu zittern, auf dem Hügel und in den Straßen, die den steilen Abhang hinunter zur Stadt führen, mit all den kleinen Mädelchen, mit den abenteuerlichen Aschenbrödeln herumzulungern, die sich unter der Bezeichnung von Lehrmädchen zwischen die Arbeit, den Luxus und die Koketterie der Stadt mischen, die im Wirbel des Flitterwerks, der Bänder und der schönen Stoffe schwindlig werden und auf den abschüssigen Weg der Liebe geraten.

Die ersten Personen, welche Willette darstellte, waren Pierrot und der Leichenträger. Er stellt sie neben die Kolombine, deren Hofstaat sie bilden. Pierrot, ganz weiß, liebt den Leichenträger, weil dieser ganz schwarz ist, auch weil ihn sein Anblick zum Philosophieren anregt. Im Assommoir von Zola begegnen wir einem ganz lustigen Leichenträger, dem Vater Bazouge, der trotz der Scheinheiligkeit und der Traurigkeit seines Amtes ein vollendeter Trunkenbold ist. Auch Willette hat sich ihn so vorgestellt. Es ist dies eine ganz einfache Philosophie, die den Wein liebt und nur dann gern ihre Vorträge hält, wenn sie das Weinglas in der Hand und in der Flasche noch Wein genug hat, um es wieder voll zu gießen. Es ist eine Philosophie, die jede Illusion verneint. Seine einzige Illusion liegt in der göttlichen Flasche, die er nur dann aus der Hand läßt, wenn der Todeskampf eintritt. Er ist gleich Feribeddin-Attar und jedem andern großen Dichter von der Eitelkeit aller Dinge überzeugt und läßt eine Ausnahme nur für das Glas gelten, welches er in der Hand hält.

Auf einem Bilde oder in einer Zeichnung Willettes, wo Kolombine, Pierrot und der Leichenträger vereinigt sind, findet sich diese Illusion ausgedrückt. Kolombine ist der Anfang, Pierrot die Entwicklung, der Leichenträger das Ende des Stückes, und in dieser Weise ist jede Zeichnung Willettes eigentlich ein ewiges Puppentheater.

Die Kolombine Willettes ist nicht jene des italienischen Theaters. Diese ist der Ansicht, daß Pierrot ein langweiliger Kerl ist, während Harlekin ihr lebhaft, bunt und amüsant erscheint; ist er doch reich an Witzen, Späßen und Kalauern, die

Der Liebesbrief.
„Wie weggeblasen! Nein, ich finde nichts!"
339. Satirische Karikatur von Traviès aus der Galerie Physionomique.

358

das Leben luſtiger geſtalten und die Stunde kürzen. Auch Léandre wird von ihr dem Pierrot vorgezogen, weil er ein ſchöner junger Mann iſt, dem die Kleider gut ſitzen. Sie iſt aber viel zu geſchickt und auf ihre Liebſchaften viel zu ſehr verſeſſen, darum gibt ſie acht darauf, ihr Glück nicht zu verſpielen.

Dagegen iſt die Kolombine Willettes leichtſinniger und ſozuſagen weniger verſchmitzt. Sie ſtellt den Männern eine Falle, fällt aber oft genug auch ſelbſt in die Falle, die ihr von den Männern geſtellt wird. Die Mädchen im Parce Domine, dem Bild, welches den Ruhm Willettes begründet hat, wollen ihre Mütze über die Flügel der Moulin de la Galette werfen. Aber kaum haben ſie zu dieſem Wurf ausgeholt,

Zur Frage der öffentlichen Reinlichkeit.

— Es ſcheint, wir ſtören den Verkehr; man ſagt, wir ſollen ins Dunkle verlegt werden.
— Mir kann's recht ſein, im Sommer fürcht' ich mich ohnehin vor den Sommerſproſſen.

340. Galante Karikatur von V. Morland.

da werden ſie von den Flügeln der Mühle, welche den Sturm der Wolluſt in raſche Umdrehung verſetzt, ſelbſt mitgeriſſen. Der Wind hat einen derart ſtarken Zug, daß er ſie in die Höhe hebt, davonträgt und in Trümmer zerreißt. Man ſieht jedoch, daß ſie nach wenigen Augenblicken der Ruhe ihren Tanz von neuem aufnehmen, ſich den Flügeln der Mühle wieder nähern werden, um von ihrer Drehung wieder mitgeriſſen und ihrer Kleider beraubt zu werden. Sie wollen immer und immer wieder zum Himmel ihrer Illuſion hinaufklettern und fallen ſtets von neuem herunter, zerſchlagen und müde. Doch halt! ein Sonnenſtrahl, ein ſingendes Vögelchen, ein vorübergehender Liebhaber, der Lärm, der Abend und die Muſik des in der Nähe abgehaltenen Balles verfolgen ſie bis in ihr kleines Kämmerchen, wo ſie ihre kleinen närriſchen und ſtets glänzenden Träume träumen, und als unbußfertige Griſetten kehren ſie wieder zum Leben und zur Mühle zurück.

359

Wie sollten auch diese armen Mädchen nicht stets in der Liebe leben! Sie umringt sie ja auf Schritt und Tritt. Lesen sie eine Zeitung, so spricht ihnen aus dem Feuilleton und aus den Tagesneuigkeiten immer nur die Liebe. Öffnen sie den Mund, so entquillt ihm sozusagen mechanisch ein Liebeslied. Nähen sie im dunklen und ungesunden Atelier, so tönt vom Hof ein Liebeslied zu ihnen herauf. Gehen sie abends ins Theater, so sehen und hören sie wieder ein verliebtes Paar. Spazieren sie auf der Straße, so spricht man zu ihnen von Liebe. Man sagt ihnen zwar, daß sie der Liebe nicht trauen sollen; aber darin liegt wieder nur ein Grund, daß sie sich an ihr stoßen wie die Nachtfalter an einer Lampe.

Man erzählt ihnen von den Dramen der Liebe, sie aber suchen nur die Gemüts= bewegungen. Die Liebe hält sie in einer fortwährenden Aufregung, und wenn die Klugheit sie auch zur Vorsicht mahnt, so hören sie ihr nur mit halbem Ohre zu; die Mahnung kann gegen ihr starkes Empfinden nicht aufkommen. Sie leben im Roman der Liebe, und zwar der sinnlichen Liebe, die ihrer Naivität so mächtig und zugleich so köstlich erscheint. Die Liebe setzt sie immer wieder in Erstaunen, und darum gibt ihnen Willette stets verführerische Lippen und schmückt sie mit ver= wundert blickenden Augen. Seine Kolombine drückt sich zwar oft genug recht derb

La Dame au Pantin.
341. Karikatur von Félicien Rops.

aus, sie behält aber dabei ihre zärtliche Miene. Sie bewahrt selbst in der Auf= regung ihre feine Haltung. Sie ist eben aus Widersprüchen zusammengesetzt, ge= nau so wie die Mädchen von Mont= martre, die ihm zu seiner Kolombine Modell gestanden haben.

*   *   *

Als Willette ein Journal be= gründete, gab er ihm den Titel Der Pierrot. Dieses Journal hatte ein zwar glänzendes, aber nur kurzes Da= sein. Vielleicht hat sich Willette die Administration selbst vorbehalten, ob= wohl er für dieses Amt ohne Mühe eine geeignetere Person hätte finden können. Die Journale, bei welchen er nur ein= facher Mitarbeiter war, hatten eben infolge seiner Mitwirkung ein längeres Leben. Er war einer der hervorragendsten

360

Wenn er dich so sehen könnte!

Galanter Stich von Vanloo.

Beilage zu Gustav Kahn, Das Weib in der Karikatur Frankreichs.   Hermann Schmidt's Verlag, Stuttgart.

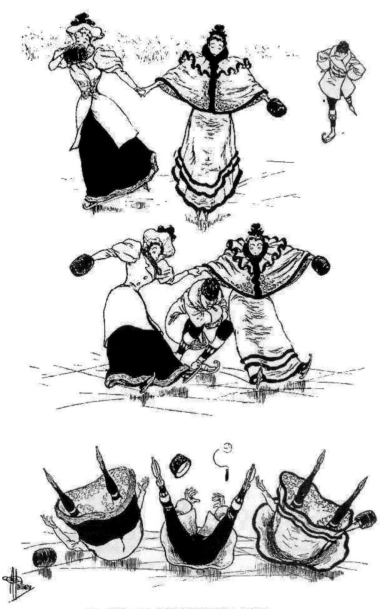

Es lebten zwei Hühnchen im besten Frieden . . .
342. Galante Karikatur von Guillaume.

Illustratoren des Courrier Français und vorher noch des Chat Noir. Dieses letztere Journal ist ganz in dem Sinn gehalten, welchen Willette vom Rire und von Montmartre hat. Der Künstler füllt denn auch die Nummern mit seinen Zeichnungen, mit seinen großen Blättern, die in der Art von Gemälden komponiert sind, mit einer ganzen Aussaat von humoristischen Darstellungen, die ihre Geschichte in grellen Zügen erzählen, in welche Willette seine naiven, kindlichen, ziemlich durchsichtigen Andeutungen mischt, ganz wie es dem Charakter Pierrots entspricht.

Das Journal Chat Noir war lange Zeit hindurch die eigentliche Veranlassung, Willette bei der Zeichenkunst festzuhalten. Er versuchte sich zwar auch vorher schon in Skizzen mit Inschriften und im leichten Spott, den er mit wenigen Strichen aufs Papier wirft; er entwickelte aber auch seltene Eigenschaften in der Dekorationsmalerei, in der er den Künstlern des 18. Jahrhunderts nahe steht. In dem Anschlagzettel der ersten Ausstellung seiner eigenen Zeichnungen und Malereien

verrät er auch eine jüngere Abstammung. Diesen Anschlagzettel ließ er von Jules Chéret anfertigen, dem er unter den zeitgenössischen Malern mit seiner Sympathie und mit seinen Studien am nächsten steht. In diesen Bildern ist er hinsichtlich der perlmutterartigen Färbung der Haut, hinsichtlich des rosigen Tones der Wangen und des Fleisches seiner Modelle, hinsichtlich der Umrahmung des Halses mit flatterndem Tüll mit Boucher verwandt. Seine runde, leichte, improvisierte Zeichnung stammt von denselben Meistern ab. Was diese jedoch gar nicht gesucht haben, und was wir bei ihm so vorzüglich finden, das ist die ausgelassene Verve, die Abwechslung von begeistertem Schwung und plötzlichem Erschlaffen, die wir auch in

Empfindlich.
— Valentine, du sollst nicht nach dem Militär sehen, während ich das Hemd wechsle!
343. Galante Karikatur von F. Bac.

der gleichzeitigen Literatur finden, aus welcher er die Anregungen schöpft.

* * *

Von Liederlichkeit ist in den Werken Willettes nur wenig zu finden; soweit etwas davon anzutreffen ist, ist es die Liederlichkeit des Pierrot, jene harmlose Lust am weiblichen Geschlecht, die in ihrem Schwung und in ihrer Begehrlichkeit so urwüchsig erscheint, daß sie gar nicht als Liederlichkeit, sondern nur als freie Äußerung der Sinnlichkeit angesehen werden muß, die keinen Anstand nimmt, sich offenherzig zu bekennen. Eine große Zeichnung, welche Willette für den Courrier Français gemacht hat, um eine Stelle aus dem Helio

Die Kunstreiterin.
344. Zeichnung von Rich. Ranft.

gabal von Richepin zu illustrieren, steht mit unserer Auffassung nicht im Widerspruch. Willette war es ganz gut bekannt, daß der Namen Heliogabal zum Symbol der Vermischung der Geschlechter geworden ist. Wenn er auch Chéret eifrig studiert, so hat er sich keineswegs versagt, auch die Werke von Rops im Auge zu behalten. Furchtsamkeit ist nicht seine Sache; sein Stift schrickt vor keiner Kühnheit zurück, wenn sie nur dem Ausdruck der Wahrheit dient. Sein Pierrot ist wohl ein Vielfraß, ist immer sensationssüchtig und stets verliebt, darum aber ist sein Trieb doch immer normal. Er ist ebensowenig lasterhaft wie zweideutig. Und in den Werken Willettes soll in allererster Linie Pierrot zur Darstellung kommen.

* * *

363

Er hat von Pierrot die Neugierde des Pflasters und der Straße, unter=
mengt mit der künstlerisch zum Ausdruck gebrachten ewigen Gafferei. Er gehört
zu jenen seltenen Zeichenkünstlern, die es oft nicht darauf abgesehen haben, irgend
eine Wahrheit zum Ausdruck zu bringen oder ihrer Spottlust Luft zu machen,
sondern denen es nur darauf ankommt, irgend eine kleine Szene, die ihre Auf=
merksamkeit gefangennimmt, recht lebhaft wiederzugeben. Von dieser Art ist
beispielsweise jene Zeichnung, die ein aus Montmartre vor dem herannahenden
Winter fliehendes Mädchen darstellt, vor dem Winter, welcher hier durch ein
ganzes Heer von Kohlenbrennern symbolisiert erscheint; das kleine Mädchen ruft:
„Mama, da kommt Béhanzin mit seiner ganzen Armee!" Er hält sich einfach
an den Kalender, wohl wissend, daß die Sache unter seinem Stift einen neuen
Ausdruck gewinnen wird. Er läßt in seinen stets rührigen und malerischen Zeich=
nungen nur selten eine Gelegenheit vorübergehen, ohne die Ankunft des neuen
Jahres oder den Abschied des scheidenden zu begrüßen. Gleich Chéret und Louis
Morin hat auch er von den Künstlern des 18. Jahrhunderts die Fähigkeit geerbt,
in der Ecke einer Kleinigkeit, in der Ecke eines Theaterzettels mit staunenswerter
Leichtigkeit irgend eine lustige Anekdote zu verzeichnen, wobei er die Anekdote stets
in amüsanter Weise verkörpert und sie in der Form hübscher Wesen darstellt, die
einem Kuß entgegenfliegen.
Wie oft hat er den verliebten
Postillon aus der alten Zeit
gezeichnet, der dem willfäh=
rigen Mädchen aus der Her=
berge einen Kuß raubt. Wil=
lette hat stets irgend eine glück=
liche Eingebung, mit welcher
er die Poststationen des Weges
vergoldet.

* * *

Steinlen.

In der Taverne de
Paris (Pariser Wirtshaus),
wo infolge der glücklichen
Initiative von Chailly auf
den Wänden eine reiche Samm=
lung schöner Arbeiten moderner
Maler, wie Chéret, Wilette,

Croquis Parisiens.
345. Karikatur von Henri Boutet.

364

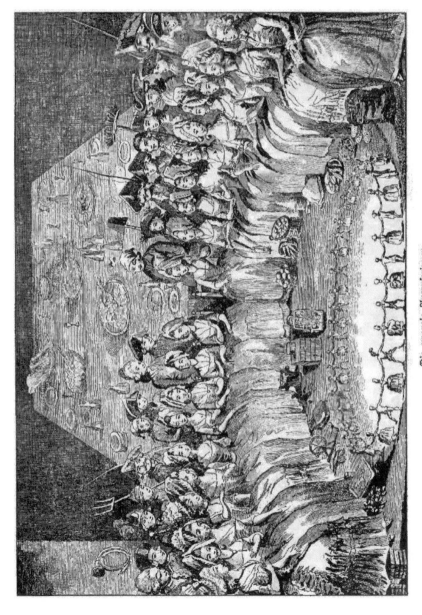

Die zwanzig Ausruferinnen.

346. Anonymer satirischer Kupferstich aus Restif de la Bretonne. (18. Jahrhundert.)

Steinlen, Léandre, Faivre, Grün und Métivet sich vereinigt findet, hat Steinlen ein großes Bild gemalt, welches gewissermaßen eine Zusammenfassung seiner Kunst darstellt.

Längs Montmartre zieht sich ein Boulevard hin. Elegante Damen spazieren da neben herausgeputzten Mädchen. Sie haben Blumen auf ihren Hüten, Blumen an der Brust, und ganze Haufen von Blumen sind auf den Handwagen der Verkäuferinnen zu sehen. Ein Schwarm zahlreicher und lustiger Kinder füllt den Vordergrund. Man sieht aber auch recht magere und abgezehrte unter ihnen. Steinlen unterläßt eben nie, uns in seiner Darstellung des Lebens auch das Elend vor Augen zu führen. In dem fraglichen Wandgemälde wird das Elend und das Laster durch die nicht etwa verstohlen, sondern vielmehr recht auffallend einherziehenden Prostituierten repräsentiert, die sich keineswegs durch ihre Schönheit auszeichnen. Auf den mit geschorenen Rasen bedeckten Böschungen, die gegen das Sacré-Cœur aufsteigen, ergeben sich die vom Anblick der Natur beruhigten Zuhälter dem idyllischen Genuß der frischen Luft. Doch nicht sie bilden auf dem Bilde die Hauptsache; wichtiger ist jene reiche Gruppe von Frauen, welche Steinlen in den Vordergrund seines Gemäldes gestellt hat, inmitten von festlichen Blumen, welche von der Sonne beschienen werden.

Der Herr Anwalt der Republik Penfonnier hält
seine Anklagerede:
„Fräulein B... kam nach Paris im Ausstellungsjahre 1867.
Zu jener Zeit sind die Mädchen nach Paris gekommen wie
die Frösche zum Wasser."
347. Karikatur von A. Willette.

In diesem Glanz von Lichtern zeigt sich uns Steinlen als Dekorationsmaler; der Zeichner Steinlen ist eher düster.

Steinlen hat die Aufmerksamkeit besonders durch jenen glühenden Feldzug auf sich gelenkt, den er in den illustrierten Blättern der Sozialisten und Anarchisten geführt hat. Zur Zeit der Dreyfus-Affäre war sein Stift keineswegs untätig. Seine Zeichnungen aus dieser Epoche, in denen Esterhazy über einer Gruppe von Generalen und Priestern als riesiger Geier erscheint, sind bis heute berühmt geblieben. Steinlen ist bis in die tiefsten

366

Falten seiner Persönlichkeit Sozialist, und
der Ausdruck dieser seiner Gesinnung fehlt
selten in seinen Zeichnungen. Selbst wenn
er jene Arbeitergruppen malt, die sich
jeden Morgen nach Paris ergießen, oder
wo es ihm besonders darauf ankommt,
uns weibliche Typen vorzuführen, unter=
läßt er es nicht, einige seiner Personen
mit drohenden Augen oder mit der Hal=
tung voller Erschöpfung auszustatten; der
Mund ist schreiend gleichsam zum Tadel
oder zum Fluch geöffnet; der Wäschekorb,
den die Wäscherin auf ihrer Lende trägt,
ist ihr augenscheinlich viel zu schwer, und
jede Linie in ihrem Gesicht erzählt uns
davon, wie sehr sie unter ihrer Mühe
leidet. Man fühlt heraus, daß der Künstler
die ganze Gesellschaft für so viel Mühe
und Leid verantwortlich macht. Die all=
gemeine Unzufriedenheit und die bewußte
Auflehnung der arbeitenden Klasse findet
bei ihm einen wunderbaren Ausdruck.
Man erzählt, daß Steinlen sich oft als
Arbeiter verkleidet und sich zwischen die
Arbeiter eingeschlichen hat, um auf diese
Weise die Winkel des Elends besser ken=
nen zu lernen, sich ihre einzelnen Züge
besser zu merken und lebenswahre Skizzen
zu erlangen. Wenn auch solche Gerüchte
nicht auf Wahrheit beruhen sollten, so
ist doch das eine gewiß, daß Steinlen den
Pariser Arbeiter und die Arbeiterin gründ=
lich kennt. Er hat in den volkreichen
Vierteln auf den ärmlichen Abhängen von

Montmartre, die sich gegen die Ebene von Saint=Denis erstrecken, in der von feuchten
Dünsten erfüllten Atmosphäre lange Zeit gelebt. Er hat die Arbeiter sowohl bei
ihrer Arbeit als auch in ihrer Ruhe genau beobachtet, hat die Grenzen der Klassen
des Elends sorgfältig ausgekundschaftet und jene Gebiete eifrig studiert, wo sich
die lichtscheuen und zweifelhaften Existenzen herumtreiben, welche vom Hunger,

367

von ihrer rückfälligen Natur, von der Trägheit und auch von der sozialen Ver-
bitterung zum Verbrechen hingedrängt werden. Darum ist er auch keineswegs
unterhaltend und strebt nicht danach, zu gefallen. Seine Zeichnungen im „Rire"
waren eher kaustisch als komisch. Seine Inschriften fallen wie schwere Hammer-
schläge auf die Köpfe der Bourgeoisie.

Besonders häufig finden wir bei Steinlen einen gewissen Typus der Arbeiterin
oder des Lehrmädchens, welches die Werkstatt verläßt, um zu einem Fest, zu dem

armseligen Fest der kleinen
öffentlichen Bälle zu eilen.
Steinlen ist ein Meister der
zeitgenössischen Karikatur,
doch müssen wir ihm den
richtigen Platz eher unter
den sozialistischen Streitern
als unter den Malern der
Frau anweisen.

* * *

Abel Truchet.

Abel Truchet gehört
zu den Modernen.

Er ist der exakte, ein-
dringende und muntere Maler
der Straße, des Charakters
und der Bewegung von
Paris. Er versteht es wunderbar, dieses leichte Leben,
den Strudel der Neugierde,
das plötzliche Gedränge und
auch die hie und da ein-

Pariser Phantasien.
— Na, und wie stehn wir mit Nana?
— Noch immer bei der Einleitung!!
— Wie, noch immer?
349. Galante Karikatur von A. Grévin.

tretenden Ruhepausen zu zeichnen. Er malt den zierlichen, berauschenden Sonnen-
glanz eines schönen Nachmittags an irgend einem Jahrmarktsfeste, ebenso auch das
Wimmeln der Menge unter den Strahlen des elektrischen Lichts, welches die echten
und die falschen Steine erglänzen macht, auf den Kleidern aus Samt und Atlas
sein Spiel treibt. Er ist der Maler der Freuden von Paris, ein aufmerksamer
und gerechter Verzeichner der trunkenen Augenblicke von Paris, besonders aber
seiner Frühlingsstunden. Er beschreibt in beschaulicher Weise den ruhigen Frieden

368

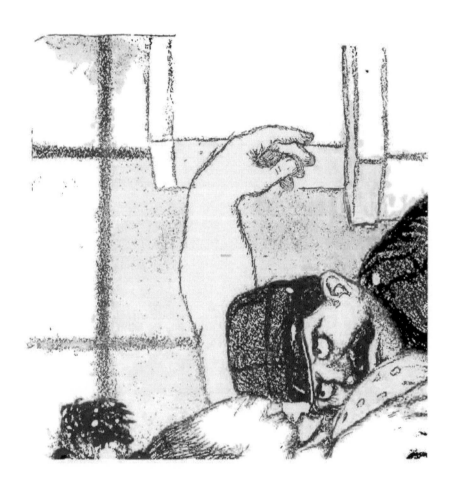

Sagen Sie, Herr, tun Sie das als Zollbeamter oder als Liebhaber?

Moderne galante Karikatur von Abel Faivre.

Tanz der Zigeunerin.
350. Radierung von Henry Detouche.

der öffentlichen Gärten, dieser windstillen Oasen inmitten der geräuschvollen Be=
wegung der volkreichen Straßen. Er weiß ihre von Blumen umgebene Ruhe mit
derselben vereinfachenden Genauigkeit darzustellen, mit welcher er uns als rühriger
Beobachter die flammenden Abende der Stadt und die Tanzhallen vor Augen
führt, in denen das künstliche Licht die geschminkten Gesichter mit ihren dunkel
unterstrichenen Augen bescheint.

Alle jene Künstler, welche die vielgestaltete, abwechslungsreiche und stets neue
Schönheit von Paris, seine tiefen und doch kaum faßbaren Fieberschauer auf die
Leinwand zaubern möchten, welche bestrebt sind, den Eindruck, den die Personen
und Sachen in uns hervorrufen, in seiner seltensten, zartesten und flüchtigsten Form
wiederzugeben, haben in Manet ihr großes Vorbild und ihren Vorläufer. Seit
der Tätigkeit Manets wird die Kunst ganz vom Impressionismus beherrscht. Die
große Dekoration, das intime Porträt, die Landschaftsmalerei, die Ansicht der
großen Städte, sie alle werden von den meisten begabten Malern im Sinne der
impressionistischen Technik behandelt. Während jedoch einige von ihnen sich besonders
in das Studium des Lichtes vertieften, um die unendliche Verschiedenheit der
Reflexe mit langsamer Genauigkeit, die an Mosaik erinnert, wiederzugeben, haben
andere sich an das Wesen der Ästhetik Manets gehalten und befolgen seine nervöse,

369   47

561

heftige Auffassung, welche die Linien und die wesentlichen Töne, sozusagen das herrschende Gebärdenspiel der Dinge frei werden läßt. Zu diesen letzteren, und zwar zu den glücklichsten von ihnen gehört auch Abel Truchet.

Er hat viele Vorwürfe aus Montmartre gemalt. Er folgte darin nur dem vom natürlichen Gefühl geleiteten Impuls, der die besten Künstler dazu antreibt, das Bild des Lebens aus der nächsten Nähe zu erfassen. Auch handelt es sich bei ihm darum, unter allen Plätzen der Welt den farbenreichsten, glänzendsten und abwechslungsvollsten auszuwählen, wo das Leben in ewiger Wallung und in der malerischesten Haltung zum Vergnügen treibt, wo es sich in einer eigenartigen Mischung von Kunst, Ausgelassenheit und Schönheit zeigt, die den wirklichen Maler mit ihrer tiefgreifenden Mannigfaltigkeit, mit ihrem eigentümlichen Farbenspiel des Humors, der Lieblichkeit und der Abwechslung, wie sie von ihrem genau unterscheidenden Auge in scheinbarer Einheit gesehen wird, unbedingt gefangennimmt.

Truchet betrachtet Montmartre ohne Schärfe als liebenswürdiger und unterhaltender Beobachter. Was ihn da am meisten packt, ist die Bewegung, die Munterkeit, die Lebhaftigkeit, die sich immer unterhaltende Bummelei, wie sie sich auf diesem eigentlichen Boden der Freude dem ewigen Feste hingibt.

Probe der Sängerin in ihrem Ankleideraum.
351. Zeichnung von J. F. Raffaelli.

Eine der besten Studien des Malerischen der Straße, zugleich auch eines der besten Werke von Truchet heißt der Unfall.

Ein Fiaker stößt mit einem anderen Fiaker vor einem Weinausschank zusammen, dessen goldige Lichter sich auf einem Glasdach spiegeln, an demselben hinaufklettern und über die graue Masse der Stockwerke einen Fächer von grünlichen Farben aufspannen. Eine große Menschenmenge läuft herbei, von denselben Gefühlen des Mitleids und der Neugierde bewegt, in derselben Haltung wogend. Und diese Menschenmenge ist eine wirkliche Menge. Sie ist keineswegs eine bloße Zusammenstellung besonders behandelter Porträts, gekünstelte Gesichtsausdrücke, wie wir sie im Theater sehen, und gleichgültige Figuren; wir

370

sehen eine wirkliche Menge, eine wahre Anhäufung von Menschen. Da sind Mäntel und Hüte und Schultern, ein Gewirr von Hälsen, die sich alle nach einem Mittelpunkt hinneigen, nach der Stelle nämlich, wo die Deichsel des einen Wagens tragisch in die Höhe ragt. Um diese bewegte und aufgeregte, kompakte und klar dargestellte Menge herum liegt der Boden und das Pflaster, der Held des Abends, der solche Unfälle zu verursachen pflegt, ausgebreitet wie ein in grauer Farbe gehaltener, darum aber nicht minder abwechslungsreicher Teppich, auf welchem das Licht spielt und sich bricht wie ein Reflex auf einem grauen Stoff, der plötzlich auseinandergefaltet wird. In

Tanz der Zigeunerin. (Schattenspiel.)
352. Radierung von Henry Detouche.

einer ganzen Serie von Bildern entrollt Truchet eine malerische Geographie von Montmartre mit seinen verschiedenen kleinen Buden, mit seinen Blumenkörben, wie es sich an den gewöhnlichen Werktagen und auch an den Festtagen zeigt, wo die Menschenmenge, in welcher die schlanken jungen Frauen überwiegen, sich im Bois um die Wagen drängt. Zugleich mit den Rauchwolken der Motore steigt der Lärm und der Taumel des Augenblicks zum Sacré-Cœur hinauf, welches die ganze Umgebung von Montmartre beherrscht, welches aber bei Truchet nie eintönig erscheint, weil es vom Maler mit all der Freude und der Vielfarbigkeit des Lichtes belebt wird.

Unter den großen Bildern, in welchen Truchet Szenen aus der Geschichte der modernen Frau inmitten der verschiedenen Festlichkeiten darstellt, ist der Ball im Moulin de la Galette eines der bedeutendsten. Da wimmelt eine buntscheckige Menge von Soldaten, von sonntäglich herausgeputzten kleinen Näherinnen, von grauhaarigen Bürgersleuten, von lärmenden Malerjungen, die sich mit der ganzen Ausgelassenheit der Kneipe mehr brutal als zierlich im Tanze drehen und stoßen. Und über diese bunte Menge, die sich der Lustbarkeit hingibt, schweben

371

wie auf dem Kamm hochgehender Wellen die großen weißen Federbüsche, die mit
Blumen und Federn übermäßig herausgeputzten prätentiösen Hüte, und im Gegensatz zu ihnen die bescheideneren Fransen der weißen Schleier, mit welchen die
kleinen Arbeiterinnen ihre Haartracht bedecken.

Der Vorwurf, mit welchem Renoir bereits seine Erfolge errungen hatte,
war nicht leicht zu behandeln. Truchet legt da sein ganzes ästhetisches Können
und seine bis ins kleinste gehende Sorgfalt hinein. Die Genauigkeit in der Beschreibung der Tracht und des Flitterstaates, die richtige Beobachtung der Haltung
und des jeweilig herrschenden Geschmacks in der weiblichen Kleidung und in dem
weiblichen Aufputze, infolge der die Zeichnungen aus dem 18. Jahrhundert
uns so kostbar erscheinen und eine sichere Quelle der Chronik ihrer Zeit bilden,
hat Truchet vollkommen in seiner Gewalt.

Von diesem lebenden und sich ewig umgestaltenden Denkmal, von diesem
historischen Anblick des alten Montmartre, der Moulin de la Galette, von diesem
urwüchsigen Kythera, welches alle die Modernen, von dem noch jungen Guys
angefangen, bis auf die allerjüngsten Künstler unserer Zeit, so eifrig beobachtet
haben, welches Gérard de Nerval bereits vor Champfleury besucht hat, wo sich
die allerjüngsten Veristen auch heute noch ihre Pariser Eindrücke holen, gibt uns
Truchet auch noch ein anderes, äußerst kostbares, charakteristisches und seltenes
Dokument, nämlich seinen „Bal des 4 z'Arts" („Ball der vier Künste").

Es ist eigentümlich, daß dieses Künstlerfest, auf welchem die burleske, zugleich
aber auch dekorative Phantasie die Zügel schließen läßt und die Einbildungskraft
so vieler geistvoller Künstler ein Feld der Betätigung gefunden hat, von keinem
entscheidenderen Einfluß auf die Entwickelung der Malerei gewesen ist, trotzdem
es oft genug als Vorwurf der Maler gedient hat. Die Ursache dieser Erscheinung mag vielleicht darin liegen, daß die Künstler hier sich nur unterhalten, nicht
aber eine Gelegenheit zur Arbeit suchen wollen. Und doch müßte dieser Ausbruch
der Lustigkeit den Anhängern jeder beliebigen Schule überaus gefallen. Es kann
für einen Künstler nichts Verlockenderes geben als diese Mischung des Nackten
mit jedem erdenklichen Putz, den die menschliche Einbildungskraft überhaupt zu
erfinden vermag. Die offiziellen Maler, die Maler der Geschichte, jene, die am
dekorativen Gepränge und an der Darstellung der Kostüme Gefallen finden, müßten
für den sich hier darbietenden Stoff die richtige Empfänglichkeit haben.

Das fragliche Fest ist eigentlich eine allgemeine Manifestation des Geistes,
der die Maler beherrscht. Wenn sein Charakter ein wenig auch an die Anfänger
erinnert, so wirft dieser Umstand auf den künstlerischen Gedankengang nur ein
noch schärferes Licht. Und doch besitzen wir von diesem scheinbar äußerst fruchtbaren Vorwurf außer der Arbeit von Truchet nur eine nicht besonders bedeutende
kleine Zeichnung von Cormon.

372

Teufeleien.

353. Groteske Karikatur von Lepoittevin.

Ohne Truchet hätten wir vielleicht warten müssen, bis später einmal ein archäologischer Maler, eine Art Alma Tadéma, den spöttischen Pomp und die plastischen Vergnügungen des Balles der vier Künste mit viel Gelehrsamkeit und nicht weniger Willkür wieder hergestellt hätte.

Truchet gibt uns in seinem farbenprächtigen Bilde eine wunderbare Ansicht des geordneten Aufzugs der tanagrischen Flötenspielerinnen, der kleinen äthiopischen Tänzerinnen, der gepanzerten Recken, der Damen mit dem majestätischen Kopfputz, die den Siegeswagen der Schönheit und ihre Dienerinnen umgeben, der sich zwischen der Menge herumtreibenden bunt bekleideten Hofnarren und der Fauns, die auf

351. Charles Léandre.
Karikatur auf die Schauspielerin
Louise France.

ihren Schultern die prächtige Last einer glänzenden und lachenden nackten Frauengestalt tragen.

Wenn sich nur wenige Künstler an diesen Vorwurf herangewagt haben, so ist der Grund wohl darin zu suchen, daß zu seiner Beherrschung eine Gewandtheit und ein Erinnerungsvermögen, eine Raschheit und ein Ungestüm, eine Schärfe und eine Vielseitigkeit der Beobachtung, zugleich auch eine Empfänglichkeit für den Gesamteindruck notwendig ist, wie wir alle diese Eigenschaften vereint nur bei Truchet finden. Er beschränkt sich keineswegs darauf, der Natur in der trockenen Manier der Klassiker ins Kleinliche gehende Kopien abzulauschen; seine Methode zu arbeiten ist vielmehr eine freie, abwechslungsreiche; er schöpft zwar stets aus der unerschöpflichen Quelle der Natur, will sie aber zugleich auch interpretieren.

Darin eben zeigt sich die Methode der großen dekorativen Maler. Wie wäre es auch sonst möglich, eine großzügige Anschauung des modernen Lebens, seines Gewühls der Menge und seiner schnell vorübergehenden Neigungen zu geben? Dazu gehört eine Arbeit des künstlerischen Erinnerungsvermögens, die aus einigen rasch hingeworfenen Strichen die allgemeine Anordnung des Bildes, welches der Künstler darzustellen beabsichtigt, wieder aufzubauen vermag. Wohl mag sich der Künstler während seiner kurzen Anschauung von den zahlreich sich darbietenden malerischen Einzelheiten gefangennehmen lassen; dann aber hat er aus der Erinnerung jene Momente hervorzuholen, in denen die eigentliche Bedeutung des Schauspiels liegt; er darf nicht unterlassen, uns in dem vorgeführten Bilde auch den Wechsel und die mit jedem Augenblick sich ändernde Beweglichkeit zu zeigen.

*   *   *

374

Zigeunerinnen auf der Promenade.
355. Radierung von Henry Detouche.

Neben seinen großen Darstellungen des modernen Lebens bietet uns Truchet in einer Ecke seiner Leinwand oder in einer köstlichen Zeichnung, deren Wirkung fast immer durch die Farbe erhöht wird, ganz vorzügliche Bilder der eleganten Dirne. Er packt sie in der Bierhalle, wo sie in ihrem großen, mit allerlei Flitterstaat reich besetzten Mantel pomphaft eintritt, oder in den Wandelgängen der großen Bälle, oder auf den Spazierwegen der Musikhallen. Er versteht es ganz ausgezeichnet, ihren tänzelnden Gang, ihre Miene der Erwartung und der falschen Geringschätzung, ihre zur Schau getragene Gleichgültigkeit darzustellen, mit der sie die Jagd ihrer Augen nach der Beute des Abends maskiert. Man fühlt wohl heraus, daß Truchet kein besonders strenger Moralist ist, was ihm in seiner Eigenschaft eines Malers nur zum Lobe angeschrieben werden kann. Es ficht ihn wenig an, daß seine Trinker, die in der Halle ihren Cocktail schlürfen und sich dabei mit der höchsten Eleganz geben wollen, ihrer Hauptbeschäftigung nach Bookmakers, dazu in ihren freien Stunden auch eine Art Zuhälter sind. Ihm kommt es haupt= sächlich nur darauf an, den müden Ausdruck ihrer Augen, ihre fahle Gesichtsfarbe und ihre manirierten Gesten getreulich wiederzugeben; er stellt sie nur in der Um= gebung von Frauen und gewissermaßen als Gegenstück zu ihnen auf. Die Frauen

375

selbst sind ihm eigentlich große Schmetterlinge, die sich an solchen Orten herumtreiben und da herumflattern, wobei es ihre einzige Aufgabe zu sein scheint, ihre
Stoffe, ihre Schminke und ihre falschen Steine glänzen zu lassen, sich mit ihren
buntfarbigen Kleidern und mit den großartigen Federn ihrer Hüte gleich herum-
stolzierenden schönen Vögeln zu geben.

Seine Ironie kehrt sich nur gegen die schlecht gekleideten Frauenzimmer. In
dieser Note besitzen wir von ihm köstliche Studien aus den Musikhallen und den
Tingeltangels der Vorstädte, wo
die Heldinnen des komischen Ge-
sanges mit den runden Gesten
ihrer riesigen Arme, mit denen sie
vor ihrem viel zu stark entwickelten
Busen herumfuchteln, einige Soldaten belustigen und die Bewunderung ihrer naiven Zuhörer erregen. Er bevölkert die Terrassen
der Nachtlokale mit Gespenstern,
mit Phantomen der Liebe und
mit antiken Sünderinnen, denen
nur der Betrunkene den Weih-
rauch seiner Anbetung darzubringen vermag.

— Was tun Sie da, Herr Felix.
— O nichts! Ich setze mich bloß dahin, wo sie ihren
Kopf hinlegt.

356. Forain. Karikatur auf den Ehebruch.

Wir finden in seinen Werken
auch Proben dieser Note; bald
jedoch kehrt er wieder zu den
lichtbestrahlten Festen und zu der herrlichen Nacktheit der modernen Frau zurück,
die er in dem Momente erfaßt, wo bei der Toilette der frische Kuß der Schön-
heitsmittel ihr elastisches und sieghaftes Fleisch verjüngt.

* * *

Louis Morin.

Die Kunst Louis Morins ist eine ganz spezielle und die Virtuosität seiner
Macht ist unter den modernen Zeichnern ausschließlich nur bei ihm zu finden.

Diese ganz besondere Art des Zeichnens erscheint zu Anfang in vielen seiner
Bilder wie eine verwickelte Kalligraphie. Anstatt wie die meisten seiner Zeitgenossen
breite, zusammenfassende Striche anzuwenden, analysiert er, beschreibt die Einzelheiten und arbeitet seinen Gegenstand sorgfältig heraus. In dem kleinen Format

376

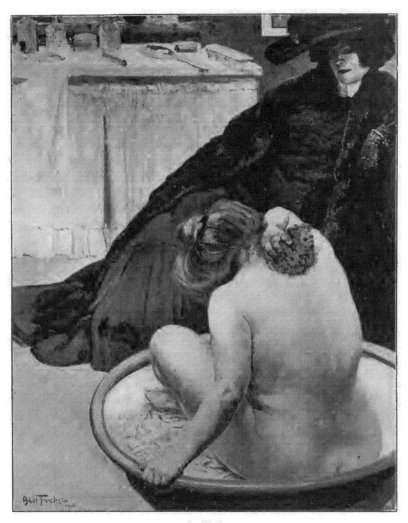

Le Tub.
357. Gemälde von Abel Truchet.

feiner felbftändigen Zeichnungen, fo auch in jenen, die er für einen Bucheinband oder zu jenen illuftrierten Werken anfertigt, deren Text und Illuftration von ihm ftammt (fein Bleiftift hat nämlich, wie man einft zu fagen pflegte, einen recht ge= schickten Federbart), drängt er eine ganze Menge von Sachen und Figuren, ein reiches Beiwerk mit der größten und forgfältigften Genauigkeit zusammen; da ift

377   43

jede Kleinigkeit beſtimmt, vollkommen ausgeführt und am richtigen Platz. Eine kleine Zeichnung von Morin, nur 15 cm lang und 6 cm hoch, ſtellt einen ganzen Hochzeitszug dar, mit der Säulenhalle der Kirche, mit dem Schweizer in großer Uniform, mit der ganzen Begleitung, dem Bräutigam, der Braut, der Schwieger= mutter, den Zeugen, den Anverwandten; auch die Straßenjungen fehlen nicht, die ſich vor den Stufen zuſammenrotten; wir ſehen da auch die Ohrfeigen, welche die Schwiegermutter demjenigen recht freigiebig verſetzt, der vor Gott und Menſchen alsbald ihr Schwiegerſohn werden ſoll; ja auch für die zart geheuchelte Ohnmacht der Braut iſt noch Platz vorhanden, die den erſten Zwieſpalt, der mit dem lauten Ton eines Zimbelſchlages auf die Backe des jungen Gatten fällt, gar tief bewegt empfindet. Wenn ſich Morin bei der Darſtellung dieſer Szene ſelbſt beluſtigt und den Kirchenpförtner mit der

Le Rappel.
353. Karikatur von Félicien Rops.

Schnauze einer Katze und einem recht anſehnlichen Schnurrbart ausſtattet, ſo darf uns dies nicht wundernehmen. Obwohl Morin ſehr genau und ſehr gedrängt arbeitet, iſt ihm doch an den Ausbrüchen einer clownhaften Phantaſie ſehr gelegen; er ver= ſäumt nie die Gelegenheit, einen Purzelbaum zu ſchlagen oder einen Luftſprung zu machen, kehrt aber ſofort zu ſeiner ur= ſprünglichen Formel der ſorg= fältigen und kalligraphiſchen Ausarbeitung ſeines Gegen= ſtandes zurück.

Dort, wo Morin in ſeinen Zeichnungen das Weib vor= führt, iſt es von der lebhafteſten fleiſchlichen Leidenſchaft ganz durchſättigt. Eros flüſtert ihm ſeine Ratſchläge ins Ohr, und iſt es nicht Eros, ſo iſt es der Teufel, und zwar ein vollkom= mener, geflügelter Teufel mit Klauen, Spitzbart und Hörnern, ein Teufel, der ſeine Fähigkeit,

378

... Ich habe mich etwas verſpätet; ich komme ſoeben vom Friedensrichter ...
deine Sache iſt beigelegt.

359. Galante Karikatur von Jeanniot.

jede Form und Gestalt anzunehmen, sich unter jedes Möbelstück zu verstecken,
ja selbst in die Geräte hineinzukriechen, tüchtig mißbraucht, ein Teufel, der
durchtrieben genug ist, sich in dem Topf zu verbergen, den die junge Hausfrau
abschäumen will, oder sich als Herkules zu verkleiden, um die kleine Leckermäulige,
die sich ihm zuneigt, noch mehr an sich heranzuziehen. Morin führt einen freien
Stift. Damit beschwor er eines Tages den ganzen Zorn des Gerichtshofes
gegen sich herauf; Herr Bérenger, der eifrigste Wächter der Schamhaftigkeit
in Frankreich, klagte ihn an, und die ganze Presse, ein Schwarm von eifrigen
Federn, machte sich daran, ihn zu verteidigen. Herr Bérenger hat ja so unrecht
nicht; man begreift, wenn er gegen Dinge auftritt, die mit der Kunst nichts zu
schaffen haben; aber anderseits hat Geffroy in einem ausgezeichneten Artikel,
den er jüngst in der „Aurore" publiziert hat, sehr richtig ausgeführt, daß die
Kunst nicht ausschließlich für junge Mädchen und Gymnasiasten bestimmt ist; man
möge nur dafür sorgen, daß diese die gar zu anstößigen Bilder nicht zu Gesicht
bekommen. Allerdings war die Zeichnung, wegen welcher Morin unter Anklage
gestellt wurde, in allen Schaufenstern zu sehen und schmückte die erste Seite der
„Vie en Rose", eines in den letzten Jahren gegründeten illustrierten Journals,
mit einer wunderbar dargestellten weiblichen Nacktheit. Diese Zeichnung
stellt eine schöne junge Frau vor, ein Modell oder eine Maitresse, wahrscheinlich beides zugleich, die im Atelier eines jungen Malers eben Akt steht.
Der Maler mag sich im Laufe des vielfach unterbrochenen Gespräches darüber beklagt haben, daß seine eifrige Arbeit bisher keine Auszeichnung, ein rotes Bändchen oder dergleichen, erlangen konnte. Da hat das junge Weib die hübsche Idee, ihm lachend den rosigen Knopf ihrer Brust durch das Knopfloch zu stecken und ihn auf diese Weise gar artig zu dekorieren. Diese Szene ist ja nicht gar zu arg, auch nicht unehrerbietig oder unzüchtig, nicht einmal erotisch. Morin wurde denn auch zuletzt freigesprochen. Die Zeichnung war eben köstlich und sprach für ihn wie einst Phryne, die ihren

Der verliebte Korbhändler.
380. Satirische Zeichnung von Carle Vernet.

380

La Saisie.

Nach einer Radierung von Félicien Rops.

Beilage zu Gustav Kahn, Das Weib in der Karikatur Frankreichs.

Hermann Schmidt's Verlag, Stuttgart.

Der neugierige Diener.

... Dummkopf, wartet bis man Euch ruft!
361. Galante Karikatur von Heidbrink.

fein gebogenen und köstlich gezeichneten Körper unverschleiert den Richtern zeigt.
Derartige Verurteilungen verursachen dem Künstler übrigens nur wenig Schaden.
Auch Morin fühlte sich durch die Klage keineswegs veranlaßt, seiner künstlerischen
Laune straffere Zügel anzulegen.

381

Wenn er sich nach Vorbildern in der Vergangenheit umschaut, so ist es Watteau, dem er die kokette Anordnung der Dekoration, und Gavarni, dem er die hübschen Typen ablauschen möchte. Die Karikatur Morins hat nur selten eine eminent zeitgenössische Spitze; die Lächerlichkeiten seiner Zeit beschäftigten ihn nicht und das moderne Laster verhindert ihn nicht, zu schlafen und auch zu träumen, ihn, der so gern träumt. Er hat sowohl als Maler wie auch als Pastellmaler höchst interessante Szenen aus Venedig ausgestellt und ist darin mit Abel Truchet zu vergleichen. Wir besitzen von ihm einfache und hübsche farbige Radierungen von Häusern aus der Bretagne, von Meierhöfen, von Aufnahmen aus der Natur. Lionardo da Vinci sagt, daß man in den Rissen und in den Flecken einer alten Mauer alles finden kann. Auch Morin entdeckt in der unregelmäßigen Architektur der alten Bauernhäuser gar vieles und fügt ihnen mit Vorliebe die Zeichnung von Tieren bei, die neben einem Teiche schlafen. Seine schönsten malerischen Motive hat er jedoch in Paris gefunden. Ein Pastell Morins hat eine Ecke von Montmartre zum Vorwurf. Wir sehen da stille, gewundene Straßen, die an einen entfernten Winkel in der Provinz erinnern; das sanfte Licht des Mondes vermischt sich mit dem spärlichen blutroten Licht einer einzigen Gasflamme. In dieser Beleuchtung, in welche sich auch noch der Schein aus einem Schaufenster mischt, ziehen Studenten in Mützen und Mädchen in federgeschmückten Hüten vorüber. Morin bietet uns da einen reizenden Winkel aus der galanten Bohême und erinnert an Gérard de Nerval aus der Zeit, wo dieser schon ein wenig närrisch war und in diesen verrufenen Gassen lustige Aufzüge der

Der Tugendpreis.

— Ich habe seine hundert Franken zurückgewiesen!
— Du willst also anständig bleiben?
— Gewiß; ich will ihn ein wenig zappeln lassen ...
362. Galante Karikatur von F. Bac.

382

365. Louis Morin. Galantes Titelbild für ein Musikstück.

Schönheit finden zu können glaubte. — Unter den Zeichnern gehört Morin zu jenen, die einen besonders hochentwickelten Sinn für den Pomp und für die Anordnung haben; darum ist er auch als dekorativer Maler hervorragend. Selbst wenn er uns in einer winzigen Vignette, die sich wie eine harmonische und entzückende Anhäufung von Fliegenfüßen ansieht, Herrn Bérenger vorführt, der die Unterhaltung einiger lieben Jungen und hübscher Mädchen stören möchte, führt er den Festverderber nicht etwa in ein Getümmel oder in das Gedränge eines Kirchweihfestes; Herr Bérenger hat vielmehr das Aussehen, als wäre er in die lustige Gesellschaft von braven Dichtern und zarten Damen geraten, ähnlich jenen Frauen, denen einst Boccaccio seinen Dekameron erzählte. Seine Phantasie ist stets harmonisch, ordnungsliebend, seine Zeichnung von seltener Feinheit; die Farbe ist in seinen farbigen Stichen stets wunderbar verteilt.

Sein Frauentypus ist ein solcher, wie man ihn von einem literarisch hochgebildeten und auf elegante Ausführung stets besonders bedachten Künstler erwarten kann. Es ist ein feiner und schlanker Typus. Morin karikiert nie das Nackte, er umschreibt es bloß. Weniger peinlich verfährt er mit der bekleideten Frau. Er versteht so gut wie irgend jemand die fettleibige Frau mit dem riesigen Hintergestell wiederzugeben, doch hat er es nicht darauf abgesehen. Er ist vor allem elegant, wohl auch ein wenig ungezügelt, bewahrt aber dabei eine Grazie, die uns unbedingt gefangen nimmt.

* * *

383

Dans la Pusta. 361. Zeichnung von Félicien Rops.

Louis Legrand ist einer
der besten, feinsten und glück=
lichsten Zeichner unserer Zeit.
Er hat augenscheinlich einen
gewissen Ursprung, einen gro=
ßen Vorläufer, den er aus
der Reihe seiner künstlerischen
Vorfahren keineswegs strei=
chen möchte; er hat nämlich
vielfach Berührungspunkte
mit Rops. Freilich ist auch
jeder andere Künstler, der
das Liebesleben zu schildern
versucht, das Leben von
Paris, das Leben in der
Großstadt, wo sich am Abend
zugleich mit den elektrischen
Lampen die Ausschweifung
entzündet, einigermaßen von
Rops abhängig, von diesem
kühnsten unter den modernen
Künstlern, der in der Zeich=
nung so Hervorragendes ge=
leistet und so vorzüglich ver=
standen hat, mit seinem ein=
fachen Schwarz und Weiß
die moralische und physische
Beschaffenheit, sowohl den
Körper als auch den Geist
der Frau darzustellen, die sich
in den Dienst der Wollust
stellt. Will der Künstler seine
Personen in eine wirkliche
Umgebung hineinstellen, so
findet er bei Rops sehr schöne
Studien als Vorbilder; und
will er sich ins Reich der

384

Symbolische Affiche von Chéret für die Zeitung „Le Courrier Français".

Phantasie, des Symbols, der
Allegorie und der halb lyrischen Darstellung begeben, so
begegnet er wieder den vollkommenen Werken des Rops;
und je mehr er die Wahrheit
und die Freiheit der Liebes-
empfindung auszudrücken
sucht, um so häufiger begegnet
er Rops; je mehr er die
Nachäffung der Liebe bei der
Prostituierten wiederzugeben
strebt, um so weniger wird er
eine Parallele mit Rops vermeiden können. Ganz besonders kann aber von Louis
Legrand gesagt werden, daß
er mit Rops zahlreichere Berührungspunkte als mit irgend
einem anderen Künstler aufweist, und daß solche Be-
rührungspunkte bei ihm zahlreicher als bei jedem anderen
zu finden sind. Dabei aber
muß andererseits hervorgehoben werden, daß kein Künstler

Opfer der Pflicht.
Der Doktor: — Ja, mein Kind, jetzt heißt's ein paar Tage liegen
bleiben.
Die Mutter: — Na freilich, das fehlte noch! ...
365. F. Bac. Karikatur auf die Prostitution.

freier, unabhängiger, bedeutungsvoller und individueller ist als eben Louis Legrand.

Er verdankt diese Unabhängigkeit seiner vollen Beherrschung der Kunst, seiner
Persönlichkeit und seiner zeichnerischen Kraft.

Wie so viele andere Künstler treibt sich auch Louis Legrand gern in Montmartre herum. In seinen Zeichnungen drehen sich gar viele Dämchen im Wirbel
des wollüstigen Tanzes, bewegt und geschüttelt vom Winde einer zügellosen
Phantasie, die ihr Lachen und ihr ganzes Treiben beherrscht. Die Maske dieser
Mädchen ist bei Legrand stets von einem ganz besonderen Charakter, ja sogar von
einem eigentümlichen Ernst. Er vermeidet die unregelmäßigen hübschen Gesichter,
er macht in Schönheit, es wäre denn, daß er mit der Darstellung des bäuerlichen
Lebens Abwechslung in seine Kunst zu bringen bestrebt ist und fast bestialische
Gesichter von Bäuerinnen bringt, die von kräftigen bäuerlichen Armen umfangen
werden. Sein Stift geht am Hübschen vorbei, um weiter auszugreifen. Er ist

durchaus nicht kritisch veranlagt. Die langen, braunen Gesichter, in denen die großen Augen leuchten, welche er mit Vorliebe zeichnet oder malt, haben einen tiefen, süßen und mächtigen Reiz, dessen Gewalt man übrigens gern auf sich einwirken läßt. Diese Voreingenommenheit für die Behandlung der Schönheit der Linien des Gesichts verleiht gewissen Arbeiten Legrands einen besonderen Charakter. Wenn er in seiner kräftigen Art eine Frau zeichnet, die den Duft der Blumen einatmet, die er auf das Pastellpapier oder auf das radierte Blatt hinwirft, glaubt man in dem schönen Kunstwerk eine Darstellung des Geruchssinnes vor sich zu haben. Das gleiche ist der Fall, wenn er rauchende Frauen zeichnet. Die Zigarette, die an den Lippen hängt, der feine Rauch, der den zwinkernden Augen einen harten Ausdruck verleiht, trägt dazu bei, uns eine Vorstellung von der modernen Frau zu geben, welche der Künstler stets darzustellen sucht, ohne dabei die ewige Eva mit ihren weichen Bewegungen aus dem Auge zu verlieren, die uns an eine nie vollkommen gezähmte Katze erinnert. Dieselbe Kräftigkeit der Zeichnung charakterisiert jene Werke Legrands, in denen er die Lüsternheit zum Vorwurf nimmt. Einen Neger von bestialischem Aussehen in einer aus der Bierhalle geholten Szene mit einem zarten, schlanken Mädchen zusammenzustellen, ist für ihn ein leichtes Spiel, da ihm die Zeichnung des Gesichts, die Verwertung eines Muskels, eines Lächelns, der Zahnreihe, die unter den zurückgeworfenen Lippen hervorblitzt, auch ohne jede Anwendung von Gesten genügt, um die wesentliche Bedeutung der Szene und das Erwachen der Begierde in die Augen springen zu lassen. Hie und da geht der Zeichner auch etwas weiter und komponiert; er wird manchmal romantisch und erinnert sich daran, daß er in den Illustrationen zu den Erzählungen von Edgar Poe

Die Toilette.
366. Galante Zeichnung von Maurin.

386

den Spuk und die Halluzi-
nation gar prächtig dar-
gestellt hat. Manchmal
streift er mit einem Genre-
bild ans Tragische, wo ihm
die Sucht nach dem Be-
deutungsvollen keinen be-
sonders guten Dienst
leistet. So wie dieser ernste
Zug und diese strenge Auffassung, welche den Grundzug seines künstlerischen
Charakters bildet, eine einfache Figur zu veredeln
vermag, so kann sie ihm
auch schädlich werden,
wenn sie ihn veranlaßt,
eine nichtssagende Anek-
dote in einen viel zu
großen Rahmen hinein-
zustellen und in einer wenig entsprechenden, groß-
angelegten Manier zu be-
handeln.

Das Bad.
367. Nach dem Pastell von Henri Boutet.

Damit haben wir jedoch nur geringe Mängel angedeutet, deren Ursprung
gerade in der interessantesten Seite des Charakters unseres Künstlers zu suchen
ist. Er ist eben eine zusammengesetzte, vielzügige Natur. Mit besonderer Meisterschaft behandelt er die Backfische, die kleinen Mädchen zur Zeit, wo sie anfangen,
träumerisch, kokett und launenhaft zu werden. Zwischen den Fransen der Boa
und unter dem Dach des großen Sommerhutes schraffiert seine Nadel die ernsten
Gesichtchen mit ihren rundlichen und gespannten Linien gar wunderbar. Wie
prächtig weiß er die Neugier dieser kleinen Mädchen zum Ausdruck zu bringen!
Er wird dabei durchaus nicht lasterhaft, sondern nur eindringlich. Die Empfindung,
die sich auf diesen Gesichtchen abspiegelt, ist keineswegs pervers; es ist ein gewisses
Voraussehen, ein ahnendes Halbwissen, das Ergebnis eines leichten Blickes, der
durch das Gitter auf die Welt geworfen wurde. Diese kleinen Ohren haben bereits
mancherlei gehört, die jungen Augen haben bereits mancherlei gesehen, worüber
sich das kleine Mädchen nicht recht Rechnung zu legen weiß. Es fängt an, anstatt
mit toten, mit lebenden Puppen in persönliche Beziehungen zu treten. Mit seiner

387

Nadel oder mit seinem Stift weiß er besser als irgend jemand von den kleinen Romanen zu erzählen, welche die Gedanken der jungen Mädchen erfüllen. Dieses junge Gehirn ist ein Vogelhaus, in welchem die Grasmücke und der sagenhafte blaue Vogel singen. Die Musik und die sentimentale Literatur bieten ihnen, oft genug in ziemlich fader Weise, so manches glühende Lied. Sie verstehen diese Lieder, und das weiß eben Legrand so wunderbar auszudrücken, wenn er die aufgeschossenen Mädchen an die Seite ihrer Mütter stellt und sie mit ihren lebhaften Augen nach den unklaren Punkten ihres Gesichtskreises auslugen läßt. Wir sehen da eine sehr feine Kunst, welche die Schwierigkeiten bereits besiegt hat und die Mittel der Zeichnung im leichten, aber vollkommenen Spiel anzuwenden versteht. Neben der kleinen Weltdame, deren Verständnis zu erwachen beginnt und ihr das Herz unruhig macht, hat sich Legrand auch mit der Darstellung der kleinen Tänzerinnen versucht. Mit derselben Meisterschaft, die er in der Wiedergabe des Schmachtens der Frau entfaltet, in der die Sehnsucht nach dem Kuß zu erwachen beginnt, behandelt er auch die leichten und zugleich linkischen Bewegungen der Opernratten. Die Ehrlichkeit seiner Zeichnung deutet in der Figur das Tatsächliche, das Wohlüberlegte, das gewissermaßen Tückische nur schonend an, weiß aber das etwas Schwerfällige der Anknüpfung der ersten Beziehungen ganz ausgezeichnet darzustellen. Er ist der Maler ihrer jungen Koketterie. Er sucht sie im Lehrsaal auf, wo sie ihre jungen Körper krümmen, sich an die Schranken anlehnen und sich nach den ersten Versuchen und markierten Tänzen gleich bizarren Blumensträußen entfalten. Er kennt sie wohl, die Seele dieser Knospen, die sich zu Blumen der Terpsichore entfalten werden, und selbst wenn er sie nicht kennen würde, würde ihn seine Geschicklichkeit in der Wiedergabe der Modulation des Lächelns, der ganzen Sinnlichkeit des Gesichts und aller Rätsel der Bewegung, wie sie ihm von seinem Modell geboten werden, befähigen, sein Modell durch das bloße Studium der Linien zu definieren. Die Pastelle von Legrand zeigen uns die Reihen der Tänzerinnen im künstlichen Licht des Theaters, die rhythmischen Bewegungen des Balletts. Diese Darstellungen aus dem Theaterleben haben einen großen Charakter. Noch beachtenswerter aber sind die Bilder der kleinen Ballerinen, welche er uns in Hunderten von Zeichnungen und Radierungen bietet.

Diese Vorliebe für die Bewegung des Tanzes läßt ihn verwandt mit Degas erscheinen, der es so prächtig verstanden hat, die Tänzerin mit den Arabesken ihrer Gesten zu umgeben und sie in der Form eines schönen, harmonischen Schmetterlings zu beschreiben. Auch hat er vieles mit Chéret gemeinsam, der es liebt, seine Tänzerin mit ihrem wollüstigen Lächeln in einen strahlenden und buntfarbigen Hintergrund zu stellen und von ihrem Gürtel ein ganzes Feuerwerk ausgehen zu lassen. Doch geht es nicht an, Versuche, die in so verschiedenem Geist gemacht worden sind, miteinander zu vergleichen. Hinsichtlich des ausgesprochenen Strebens

388

Die Großstadt.

Neue komische, kritische und philosophische Bilder aus Paris von Paul de Kock.

1. Ankleideraum einer Schauspielerin. — 2. Mansardenbewohner. — 3. Die falsche Perücke. — 4. Grisette im Schauspiel. — 5. Ankleideraum einer Schauspielerin. — 6. Aftermieter. — 7. Mausefalle.

368. Karikatur von H. Daumier.

nach genauer Wiedergabe der Wirklichkeit stehen die Tänzerinnen Legrands dem Typus von Degas näher, nicht minder auch jenem, welcher von dem beweglichen und genauen Stift Renouards geschaffen wurde. So viele bedeutende Künstler auch bestrebt waren, die Harmonie des weiblichen Körpers in seinen leichtesten und lebhaftesten Bewegungen darzustellen, so gehören doch die diesbezüglichen Arbeiten Legrands zu den schönsten unter jenen Werken, aus welchen uns der starke Duft der Weiblichkeit entgegenweht, und welche uns den Eindruck dieser Weiblichkeit am klarsten, am zeitgemäßesten und am feinsten wiedergeben.

* * *

Capiello.

Die Kunst Capiellos führt uns auf den Pariser Boulevard und läßt eine ganze Reihe bekannter Persönlichkeiten, Literaten, Politiker, Schauspieler, Schauspielerinnen und Sportliebhaber an uns vorüberziehen. Er beginnt gleich mit großen Blättern und bietet in seinen farbigen Kupfern eine schematische Haltung, eine vereinfachte Anschauung, die das Wesentliche einer Figur mit einem Lächeln oder mit einer leichten Entstellung andeutet. Nicht die Figur selbst ist da abgezeichnet, sondern der Eindruck, den der Künstler von ihr empfangen hat; dieser Eindruck ist aber derart exakt, daß durch ihn in dem Beschauer eine mannigfaltige ästhetische Anschauung hervorgerufen und ihm ein vollkommenes Porträt des Modells geboten wird. Wir können in der Kunst Capiellos zweierlei Manieren unterscheiden. Er bietet einerseits in seinen sehr sorgfältig ausgearbeiteten Pastellen lebenswahre Darstellungen der Eleganz und erinnert

Sehr ärgerlich.
— Um so schlimmer für dich. Hättest früher kommen sollen.
— Freilich, freilich ... hab' mich verspätet ... Was meinst ... könnt' ich nicht in einer halben Stunde wiederkommen?
369. Karikatur auf die Prostitution von J. Bac.

390

da mit dem kräftigen Auf-
bau, mit der genauen Aus-
arbeitung der Einzelheiten,
mit der Grazie und mit dem
Lächeln des menschlichen Gesichts an die schönsten Werke
des 18. Jahrhunderts. An-
derseits haben wir von ihm
Anzeigeblätter und Charakter-
zeichnungen. Er bietet in
seinen Anzeigeblättern eine
Grazie, welche da seit der
Zeit, wo gewisse Künstler
von dem durch den Neu-
schöpfer des Genres, nämlich
durch Chéret, vorgezeichneten
Wege abgewichen sind und
zu starke Vereinfachungen,
auch zu starke Mittel angewendet haben, nur wenig zu
finden war. In Wahrheit
hat Chéret, indem er das
Genre geschaffen hat, auch
seine Bedingungen entdeckt.

Auf dem Maskenball.
Ein Hahn, der sich rupfen lassen will.
370. Galante Karikatur von Damourette.

Als ornamentales Wandgemälde, welches die Aufgabe hat, die Aufmerksamkeit auf sich zu lenken und festzuhalten, soll das Anzeigeblatt einen dekorativen,
klaren und eleganten Charakter haben. Chéret hatte recht, wenn er ihm auch ein
festliches Ansehen zu geben bestrebt war. Zugleich aber hat er das Spiel der
Farbenschattierungen viel zu sehr unterdrückt, als das man seine Methode befolgen
könnte, ohne ihm ähnlich zu werden. Andererseits hat Steinlen einen Stil des
Anzeigeblattes geschaffen, der durch das Ensemble und durch den Aufzug von
Personen wirkt. Die Meisterschaft, die er in diesem Genre erlangt hat, ist eben
nur bei ihm zu finden. Capiello versteht es, in dieser Richtung einen neuen Weg
einzuschlagen. Wohl kehrt er zur koketten Eleganz der ersten schönen Affichen
zurück, verrät aber dabei eine eigene persönliche Auffassung. Er bringt eigenartige
Amazonen von lebhafter Beweglichkeit, die auf ganz paradox gemalten Pferden
sitzen; oder er läßt aus einem einheitlichen und kräftigen Hintergrund seine Schattenrisse von Pariser Schönheiten hervortreten, die in ganz moderner Haltung durch
den Reiz ihrer Züge und ihres Lächelns anlocken und deren höchst moderne Toilette

391

hinsichtlich der viel zu lebhaften Farben bis zur äußersten Grenze des im Anschlag=
zettel Erlaubten geht. Auch verwendet er in seinen Theateranzeigen wirkliche,
charakteristische Porträts der Hauptdarsteller, die er im entscheidenden Moment
ihrer Rolle erfaßt. Diese weisen allerdings auch eine gewisse Fremdartigkeit auf,
da der Künstler der abendlichen Beleuchtung Rechnung trägt und darum auf dem
lichten Hintergrund den Umriß etwas hart hervortreten läßt, wie wir die Figur
des Schauspielers in der wirklichen Aufführung im Feuer des elektrischen Lichtes
sehen werden.

* * *

Die Albums von Capiello haben das moderne Tout=Paris zum Gegenstand
und zur Grundlage; darum besitzen sie auch den vollen Wert von Urkunden unserer
Zeit, und zwar in zwei Richtungen: sie fixieren erstens die familiäre Haltung von
Persönlichkeiten, die ewig berühmt bleiben werden, und bewahren zweitens für die
Geschichte die Lebensgestaltung solcher untergeordneter Personen zweiten Ranges, die
vorübergehend eine gewisse Bedeutung erlangt haben. Es ist nicht Sache des Zeich=
ners, den Propheten zu spielen, unter den menschlichen Masken vorahnend eine Aus=
wahl zu treffen und so festzustellen, wer von den figurierenden Personen wirklich ver=
dient, von seinem Stift festgehalten zu werden. Er hat vielmehr alle Vorübergehen=
den bunt durcheinander zu vermerken, sofern sie die allgemeine Aufmerksamkeit durch
irgend einen Akt, durch eine Publikation, durch das Kreieren einer Rolle auf sich
gelenkt haben, sofern sie zur Macht gelangt sind oder diese verloren haben, ja sofern
sie auch nur einen gewissen Lärm um ihre Person heraufbeschworen haben, der sie
in das grelle Licht der Öffentlichkeit gestellt hat. Nur auf diese Weise läßt sich
ein Begriff von dem Gewirr und dem Fieber unseres Pariser Lebens festhalten.

In den Albums von Capiello sehen wir Sarah Bernhardt als Medea, wie
sie gegen den verräterischen Jason und
gegen den ungerechten Himmel ihre
düsteren Flüche schleudert; sie erscheint
da auch in der weißen Uniform des
Aiglon, als Séverine mit dem gut=
mütigen, liebenswürdigen und sanften
Gesicht, mit dem breiten Lächeln, welches
die zwei Reihen ihrer weißen Zähne
sehen läßt, buchstäblich belagert von einer
ganzen Menagerie, von einer ganzen
Arche Noahs, die sich über sie herstürzt
und so die Vorliebe der literarischen Frau
für alle Arten von Haustieren symboli=

Auf dem Maskenball.

Galante Karikatur von A. Grévin. (Siehe nächste Seite.)

1. — Findest du mich nicht ein wenig flach?
— Durchaus nicht . . . für einen Herrn.
— Ja weißt du, ich will mich wohl als Mann verkleiden,
aber es liegt mir durchaus nichts daran, daß man mich auch für
einen solchen halten soll.
2. — Madame erwarten gewisse Herren, gut . . . aber welche
Herren?
— Sind Sie aber naiv! Wie soll man so was im voraus
wissen?
3. Ein Vis=a=vis wird gesucht.
4. Erster Domino: Wenn sie mich kennen, so sagen Sie es!
Zweiter Domino: — So laß doch! Wenn er dich kennen
würde, würde er dich nicht mit Madame anreden, sondern einfach
sein Mäuschen nennen.
5. Ist keine Kanone nicht . . . hat 's gerippt? . . .
6. — Der arme Herr! Hat sich gewiß stark erkältet.
Wieso denn, Kleine?
— Na, Sie haben doch eine Brustentzündung im Rücken.
7. — Pardon, mein Herr, das ist meine Schwester.
8. — Souver zu drei Franken? . . .
— O, nur langsam! Wo ist mein Säbel?

392

Auf dem Maskenball.

371. Galante Karikaturen von A. Grévin.

(Übersetzung der Unterschriften siehe Seite 392.)

fiert. Ebenso hat er die schwerfällige Haltung der Mathilde Serao verzeichnet, der italienischen Romanschreiberin, die oft genug nach Paris kommt, um hier als allgemein bekannt zu gelten. Er beschreibt mit einer kleinen würzigen Zugabe von Spott die Schönheit der Jeanne Granier und der Marcelle Lender. Er zeigt uns die gemütliche Geste, die gewöhnliche Haltung, das vom Ruhme befriedigte Zucken so mancher kleinen Schauspielerin, die in Paris gefallen hat und in einer ihr auf den Leib geschriebenen oder für sie umgearbeiteten Rolle während einiger Stunden des Abends sich mit hübscher Miene des allgemeinen Beifalls erfreut. Er bietet uns einen ganzen Katalog der verzogenen Kinder des Boulevards, da die Granier, dort die Lavallière als Bäuerin der Operette gekleidet, jedoch ohne die gesuchte Grazie der romantischen Vignette; bald wieder die Greuze, diese in einer fast brutalen Darstellung, in einem absichtlich schlecht sitzenden unschönen Kostüm. Er sieht es nicht darauf ab, die Koketterie seiner Modelle besonders hervorzuheben, wenn er diese im Interesse der Wahrheit des Ausdrucks aufopfern muß. Dabei aber beherrscht ihn die vielleicht instinktive Sucht nach Grazie in dem Maße, daß er nie eine häßliche Frau zeichnet und dem Gesicht seiner Frauen immer einen hübschen Zug verleiht, so nachlässig auch ihr Gang und ihr obligates Kostüm nicht ohne Absicht dargestellt sein mag. Nicht minder ausgezeichnet sind jene charakteristischen Blätter, auf denen die gewöhnliche Toilette einer gefeierten Schauspielerin sozusagen mit irgend einem persönlichen Zug entstellt wird. In dieser Richtung gehört sein Porträt des Fräulein Brandès zu seinen besten Werken. Die Linien des Gesichts sind da getreulich wiedergegeben und nur auf der Stirne wird ein Zug von Eigensinn besonders hervorgehoben. Wir besitzen von den Schönheiten der Vergangenheit, von den früheren Königinnen des Theaters, die die jungen Leute der alten Zeit entzückt haben, bei weitem

Illustrierte Rundschau.
... Mama schickt mich, dir zu sagen, daß man niemand im Buffet sieht außer dir.
372. Gesellschaftliche Karikatur von J. Forain.

394

keine so reiche Sammlung, wie sie Capiello in wenigen Jahren angelegt hat und wie sie von seinen Mitbewerbern noch vielfach bereichert und ergänzt worden ist. Mag sein, daß das Theater auf die früheren Künstler des Stiftes keine so große Anziehungskraft ausgeübt hat wie auf die heutigen Zeichner. Bemerkt muß aber werden, daß auch die Vervollkommnung der technischen Mittel, welche dem Zeichner die Möglichkeit bietet, zugleich mit der Linie auch die Farben der Kostüme und des Aufputzes der Schauspieler anzudeuten, nicht wenig dazu beigetragen hat, ihnen diese Arbeit anziehender zu machen. Dazu kommt die eigentümliche Geschmacksrichtung, der

Ringelreihen im Park.
375. Amüsante Zeichnung von J. F. Raffaelli.

zufolge die Pariser Welt für alles, was das Theater betrifft, ein erhöhtes Interesse empfindet. Man weiß, daß Daumier das Théâtre Français sehr fleißig besucht hat. Und was hat er da geholt? Übertriebene, ja geradezu wütende Chargen gegen die tragischen Darsteller. Ihm kommt es besonders darauf an, unter dem Helm des Königs aus der griechischen Tragödie oder seines Vertrauten, unter dem Diadem oder dem Peplon der beleidigten Königin und der tragischen Geliebten jene Gesichtszüge hervorzusuchen, welche der Maske etwas Bürgerliches und Komisches verleihen. Es scheint beinahe, als hätte er seine tragischen Helden besonders dann genau beobachtet, wo sie im Café des Theaters ihre Schachpartie gespielt haben, ein edles Spiel, der tragischen Helden gewiß höchst würdig. Auch Léandre befolgt diese Tradition, und so wie Daumier aus dem Porträt eines Schauspielers eigentlich immer ein Pamphlet herausarbeitet und uns seinen Abscheu vor der Tragödie stets herausfühlen läßt, indem er es immer darauf absieht, die Häßlichkeit und die Makel der Darsteller hervorzuheben, so gefällt sich auch Léandre darin, wenn er uns in nichts weniger als schmeichelhafter

395

Am letzten Fasching.
— Und wissen Sie, das hab' ich ganz allein gelernt, vor 'nem kleinen Spiegel.

374. A. Grévin. Galante Karikatur aus der Serie „Pariser Phantasien".

Weise die Zeichnung eines Künstlers aus dem Café-Konzert bietet, dessen Häßlichkeit ein klein wenig zu übertreiben. Ganz anders verhält es sich mit den Zeichnungen Capiellos. Gewiß, auch er verschönt nicht, da ihm daran gelegen ist, den wahren Charakter der Physiognomie so treu wie nur möglich wiederzugeben und durch das Hervorheben gewisser Züge den inneren Gehalt seines Modells möglichst vollkommen zum Ausdruck zu bringen. Wenn nicht alle Schauspieler, die er zeichnet, hübsch sind, so bedauert er dies selbst am meisten, da er die Grazie ebenso, oder doch beinahe ebenso eifrig wie den Charakter sucht. In seinen Affichen und Programm-

blättern, so auch in den Karikaturen auf dem Titelblatt der illustrierten Zeitschriften, besonders des alten Cri de Paris, bringt er eine ganze Reihe Pariser Frauenbilder, die alle sehr schön, höchst elegant und lustig sind und uns in ihrem breiten Lächeln die schönsten weißen Zähne zeigen. Da ist er ganz der Meister seiner Formel, und weil es ihm nicht darauf ankommt, den Charakter der Figur ängstlich wiederzugeben, da ja die porträtierte Frau den Theaterbesuchern von den Brettern her genau bekannt ist, darf er das Angenehme des Gesichts und seine Grazie um so mehr hervorkehren. Die leichte Übertreibung, welche im Interesse des malerischen Eindrucks der Zeichnung notwendig ist, verlegt er lieber in die Darstellung der Toilette, in das leichte Flattern eines Bandes, in die Kühnheit der Form oder des Aufputzes des Hutes. Auf diese Weise schafft er eine ganze Serie junger Frauen, die sich aus dem Theaterleben und aus dem Verkehr im heutigen Paris eine gewisse amüsante Freiheit und Bravour im paradoxen Aufputz geholt haben und uns durch ihre Lebhaftigkeit und schlanke Haltung eine Vorstellung von gewissen eleganten, höchst eleganten Winkeln von Paris

396

Der Harem in Aufruhr.

Endlich sind sie da, die liebenswürdigen Franzosen!... Siehst du, meine Liebe, den großen Blonden und dort den schönen Braunen?
Heiliger Mahomed, nun werden wir alle geheiratet!

Politisch-satirische Karikatur von E. Joreß.

Die Liebe in den verschiedenen Lebensaltern.
375. Karikatur von A. Roubillé.

geben, von diefem Paris, wie es an fchönen Tagen im Bois oder bei einem modernen Sport erfcheint. Da geht die ganze feine Welt fpazieren, alle Frauen legen ihre fchönften Kleider an, alle wollen zeigen, wie gut fie verftehen, die eigene Schönheit durch die Schönheit des Aufputzes noch mehr hervortreten zu laffen.

*　　*　　*

397

Paris bei Glatteis.
Der Schutzengel des Trottoirs.
376. Amüfante Karikatur von H. Daumier.

Bac, Guillaume, Mietvet, Faivre . . .

Vielstrebige Intelligenzen und zusammengesetzte Talente, die häufig der Ironie, hie und da auch dem Tragischen zuneigen, lieben es zumeist, die lebhaften Szenen aus den Musikhallen und das Getümmel der Nachtlokale darzustellen, wobei sie uns in der absichtlich gewollten Unordnung der Toiletten möglichst viel von nackten Schultern und Busen zu zeigen bestrebt sind. Auch Bac gehört zu dieser Gattung. Er ist der Schöpfer gewalttätiger Zeichnungen, in denen sonderbare Narren und Närrinnen erscheinen, wütend, mit wilden Augen, mit unverantwortlichen Gesten, manchmal auch mit einem Messer oder einer Brandfackel in der Hand. Als verdienstvoller Zeichner schuf er ein Porträt vom Papst Leo XIII, ein unbarmherziges, weil exaltes Bild, welches unter der kompakten Masse der Mitra die ganze Greisenhaftigkeit des Kopfes zeigt, ein Werk, welches uns durch die peinliche Genauigkeit in der Wiedergabe der Linien und durch die Geduld der primitiven Mache in Erstaunen setzt. Wir besitzen von ihm ferner einige Blätter im Journal Amusant mit kurzen Inschriften, in welchen, so wie bei seinen Kollegen in der Karikatur, ein echt Pariser Humor zum Ausdruck kommt. Er war auch schriftstellerisch tätig, und zwar nicht ohne Talent. Eines seiner Bücher mit dem Titel „Vieille Allemagne" („Das alte Deutschland") ist im letzten Jahr erschienen. Es enthält in zierlicher Darstellung Eindrücke von Personen und Sachen, Darstellungen von Charakteren und alten Steinen, von der einstigen Zivilisation der germanischen Gemeinwesen, Bilder aus der Kaiserstadt, aus Nürnberg und aus der neuen Kultur.

398

Seine echte Parifer Natur hat ihm eine befondere Formel der Parifer weib=
lichen Phyfiognomie eingegeben, die ihm eigentümlich ift. Ein Stich von Bac, in
welchem eine Gruppe menfchlicher Körper zufammengedrängt ift, oder eine luftige
Zufammenftellung von Schultern und Lächeln um den Abendtifch gruppiert erfcheint,
ift fchon von weitem zu erkennen. Er läßt fich die Aufftellung feines Vorwurfes

ganz befonders angelegen fein
und verwendet auf feine Aus=
fchmückung eine eigentümliche
Sorgfalt. Das Hauptmotiv
feiner Zeichnung ift von zu viel
Beiwerk umgeben; immerhin
aber verraten feine Blätter einen
ganz hübfchen dekorativen Ge=
fchmack, der die Szene, die der
Karikaturift darftellen will, nicht
zu fehr überladen erfcheinen läßt.

* * *

In den Bildern, in wel=
chen Bac das Weib zum Vor=
wurf nimmt, fpricht fich ein ent=
fchiedenes Beftreben nach Schön=
heit aus. Wo er fatirifch fein
will, gibt er einer Perfon, aus
deren Auge durchaus keine In=
telligenz ftrahlt, einen fchönen
Körper und regelmäßige Züge.
Der Fortfchritt der Karikatur
in der Richtung zum Charak=
teriftifchen zeigt fich auch darin,
daß fie die Plaftik nicht zum
Gegenftande ihres Spottesmacht.

Ball bei Jdalie.

— Aber fchauen's doch, Sie hübfches Frauenzimmer, ift's nicht
viel leichter, Sie anzubeten, als zu haffen? . . .
— Und doch haben Sie mich eben gehaßt!
— Na ja, aber wer das Schwerere kann, kann doch auch das
Leichtere.

577. Galante Karikatur von A. Grévin.

Man kann übrigens bei Bac faft
immer die Auffaffung bemerken, daß das Weib wohl jovial, ja fogar poffenhaft fein
kann, daß aber das Lächerliche nicht von ihm felbft, fondern von feiner Umgebung
ausgeht, in der es fich bewegt oder in der die Urfache feiner Bewegung liegt. Er
dehnt die Karikatur nie auf das Plaftifche aus und will nie durch die Entftellung
des Körpers, fondern nur durch die Übertreibung der Entkleidung beluftigend wirken.

* * *

399

Auch Albert Guillaume zeigt einen ähnlichen Respekt, wenn auch nicht vor der Schönheit, so doch vor der Hübschheit der Frau. Er schrickt vor dem Nackten keineswegs zurück; er sucht vielmehr aus der Auskultation und der Massage, aus der Sorgfalt der Manikure und aus den verschiedenen sonstigen Künsten der Toilette möglichst viel Stoff herauszuschlagen. Wir haben eine ganze Reihe von Zeichnungen von ihm, in welchen die Pariserin im vollen Staat durch alle jene Gebiete streift, auf denen sie eine unbedingte Herrschaft ausübt. Da sehen wir sie zum Beispiel in der großen Halle eines Modemagazins, im riesigen Louvre, im märchenhaften Bon Marché, im ungeheuren Printemps, welche ganz darauf eingerichtet sind, ihre Bewunderung und ihre Kritik herauszufordern, ihren ästhetischen Sinn anzustacheln, ihre Begehrlichkeit anzufeuern und ihre Geldbörse leer zu machen. Die Gelegenheiten dazu sind an Ausstellungstagen in der Form von Musterabschnitten so zahlreich und so verlockend geboten, daß die Pariserin in der grell erleuchteten Halle gleichsam wie von einem vielfarbig wogenden Meer von Stoffabschnitten umgeben erscheint.

Bei dem Friedensrichter.
Mietsfrage.

— Ja, aber Sie haben doch wohl irgend eine Beschäftigung?
— Wiedermacherin, Ihnen zu dienen, Herr Friedensrichter.
378. Galante Karikatur von V. Morland.

400

Sie taucht beinahe unter in den Stößen von glänzenden Seidenwaren, in denen sie mit den Armen bis zum Ellenbogen wühlt; sie erscheint da wie eine Sirene in blauen, rosafarbigen und violetten Wellen. In anderen Bildern wieder zeigt sie uns Albert Guillaume auf einem Wohltätigkeitsfest. Sie hat den ganzen Heerbann aufgerufen, der sich aus ihren Freunden, Bekannten, Verwandten und auch aus solchen Personen zusammensetzt, denen sie vielleicht einmal im Leben begegnet ist. Sie hat unter der Kriegsstandarte der Wohltätigkeit die Trompeten ertönen lassen, und die Männer haben dem höflichen, aber gebieterischen Ruf natürlich Folge geleistet. Da setzt eben

— Katharine, Sie sind unverbesserlich... Werden Sie sich denn nie ändern?

— Gewiß, Madame, es ist doch kein Kürassier mehr, er ist von der Leibgarde!

Galante Karikatur von Cham aus der Serie „Pariser Skizzen".

ein Unglücklicher den Fuß
in dieses Pandämonium.
Bacchantinnen gleich, jedoch
im Dienste einer heiligen
Sache, stürzen sich die Damen
über ihn her. Er hat ja noch
keine Blume im Knopfloch!
Natürlich muß er mit einer
solchen geschmückt werden;
und sofort wird ihm nicht
eine Blume, sondern werden
ihm zwei, drei, vier und noch
mehr angesteckt; schon ist der
Umschlag seines Überziehers
und seines Rockes heraus-
geputzt, auch seinem Hut fehlt
es nicht am unentbehrlichen
Schmuck; so wollen es ja
diese gebieterischen, wohl-
tätigen und so liebenswürdigen Damen haben. In
einer Serie anderer Zeichnungen folgt Guillaume den
Tagesneuigkeiten, so namentlich im „Figaro". Er bietet

Auf dem Lande.
— Und am Sonntag?
— Am Sonntag, liebe Tante? . . . Ja, am Sonntag, da gehen
wir zu den Vorträgen des Pater Mabille.
379. Gesellschaftliche Karikatur von Stop.

da eine Kritik ohne Galligkeit. Der Zeichner möchte zu sehr gefallen, als daß
er sich erlauben dürfte, boshaft zu werden.

* * *

Grün ist nie boshaft; er hat weder Zeit noch Lust dazu. Sein einziges Bestreben geht dahin, die Anmut der Frau in der modernen Ausschmückung wiederzugeben. Es kann vorkommen, daß die recht graziöse und hübsche Art, mit welcher
eine schöne Frau am Telephon zuhört und antwortet, ihm auch ein komisches
Moment bietet; doch ist ihm nicht dieses komische Moment, sondern die schöne
Linie des Körpers und die Anmut des Gesichts die Hauptsache. Er hat sowohl
für den Anschlagzettel als auch für die Vignette einen besonderen Typus geschaffen,
der seine Marke trägt. Diesen Typus bildet die hoch gewachsene Frau, die stark
lächelt, oft auch vor Lachen beinahe platzt; sie ist stark dekolletiert, sehr verführerisch

und hat eine rote Blume an der Schläfe. Zwischen den Fresken der Taverne
de Paris, in welchen verschiedene Maler die bekannten Gesten der modernen
Frau dargestellt haben, befindet sich auch ein Bild von Grün, welches auf einer
Abendunterhaltung bei dem Licht der Lampen aus venetianischem Glas besonders
hübsche Schattenrisse lachender Frauen vereinigt. Es ist mit einer keineswegs leichten
und sehr liebenswürdigen Kunst gemacht. Auch Gerbault hat es beinahe immer
darauf abgesehen, die Frau in der höchst möglichen Anmut darzustellen. Gerbault,
Préjelan und Guydo suchen die Anmut besonders in der weiblichen Geste, während
es bei Roubille, und zwar zumeist mit Erfolg, auf die Bewegung als solche ankommt. Roubille hat die Art, wie sich die Frau der Lustigkeit hingibt, mit besonderer Gewandtheit erfaßt. Er hat die großen modernen Marktplätze, die sich
auf den äußeren Boulevards gegen Montmartre hin oder längs der Avenue de
Neuilly erstrecken, mit großer Sorgfalt studiert und ihre großen Schlösser aus
Spiegelglas und Licht, ihre blendende Verschwendung von Helligkeit und ihren
betäubenden Lärm genau beobachtet. Die ausgelassene Fröhlichkeit der Mädchen,
die im Ringelspiel auf hölzernen Tieren an russischen Rutschbahnen und an Mena-
gerien vorbeireiten, ist ihm
nicht entgangen. Diese halb
gemachte und halb wirkliche
Fröhlichkeit und Lustigkeit der
Mädchen, die sich im Dunst,
der von Menschen und wilden
Tieren ausströmt, bis zur
Ausgelassenheit steigert, hat
er in einigen Figuren dargestellt, die an Kunstwert
jenen vom Teufel besessenen
Grisetten gleichkommen, welche
Beaumont an den Brüstungen
der Opernlogen aufstellt, wie
sie an Ballabenden in die
Menschenmenge hinein-
schreien, die lustigen Heldinnen
des sich belustigenden Paris.
Roubille zählt gewiß zu den
talentierten Karikaturisten
unserer Zeit.

Lucien Métivet besitzt
viel Geist, zeigt ihn auch gern,

Fantasia.
— Also Sie betrinken sich nie mehr, nimmermehr!
— Nein, nie und nimmermehr.
— Sind Sie aber ein spaßiger Kerl!
380. Galante Karikatur von A. Grévin.

parabiert fogar mit ihm in den Inschriften, welche er im „Rire" unter feine phantastischen Zeichnungen fetzt. Er hat fich eine mehr literarische als plastische Art des Zeichnens zurechtgelegt, welche der Natur feiner Illustrationen zu amüfanten Büchern und feiner faschingsmäßigen Stiche wunderbar entfpricht. Er ift auch ein guter Maler, fehr geschickt und gründlich in der Zeichnung, wie wir dies an feinem großen dekorativen Gemälde in der Taverne de Paris fehen können, in welchem er die Eleganz an einem schönen Tage im Bois de Boulogne darstellt. Dort, wo er die Pariferin in ernster Weise beschreiben will, malt er mit Vorliebe große, vielleicht ein wenig geschminkte Frauen. Der große, mit Federn ge-

Karneval. Männliche und weibliche Clowns.
Ein Charivari, arrangiert von M. Martens.
381. Galante Karikatur von Widhopff.

putzte Hut verdeckt das Gesicht, ein schwerer und langer Mantel hängt von den Schultern herab, der Oberkörper ist stark entblößt. Für feine Karikaturen wählt er starke schwarze Striche von eintöniger Farbe; er bringt in diesen elegante Tänzerinnen aus dem modernen Paris oder aus dem alten, geräuschvollen Rom, ungewöhnliche Kahnfahrerinnen, von deren Hüten gleichsam zitternde Füllhörner hervorragen. Wir besitzen von ihm eine eigenartige, unehrerbietige Illustration zu Ronsard; er macht überhaupt gern in Unehrerbietigkeit, entledigt fich aber feiner Aufgabe in der elegantesten ungezwungenen Haltung.

Hermann Paul ist ein bei weitem ernsterer Künstler. Er hat besonders zur Zeit der Dreyfusaffäre eine Unmenge von politischen Karikaturen geschaffen. Er hat einen Roman ohne Text veröffentlicht, besser gesagt einen solchen, dessen jede Seite eine Zeichnung mit einer kurzen Inschrift bringt, den man als gedrängte Studie über die Bourgeoisie ansehen kann. Nachdem er für die kleinen illustrierten

403

Journale der sozialistischen Partei und für solche Revuen gearbeitet hatte, in welchen die bürgerlichen Parteien mit Maß verspottet wurden, verstand er es vorzüglich, in Weiß und Schwarz populär gewordene Schattenrisse von sitzengebliebenen Mädchen und von alten, zänkischen und geizigen Damen zu geben. Die Bourgeoisie wurde von ihm nie verschont. Er hat auch recht herbe Szenen aus dem elenden Liebesleben der äußeren Boulevards gezeichnet. Während Hermann Paul in seinen Gemälden und Pastellen auch hübsche Züge reproduziert, ist sein Stift in der Karikatur stets schonungslos. Er sammelt gern die Drolligkeiten der Natur und ist eifrig dabei, die schiefen Körper steinalter Damen darzustellen, die er aber noch lange nicht so haßt wie die alten Jungfern. Einige seiner Inschriften erinnern mit ihrer Schärfe an jene von Forain; doch müßten wir dann Hermann Paul als einen Forain linker Hand bezeichnen, da er gegen die herrschenden Klassen mit derselben Er- bitterung loszieht, mit welcher Forain sie verteidigt hat, nicht etwa indem er mit seinem Stift ihr Lob verkündigt oder sie nur in Schönheit dargestellt hätte, sondern indem er ihre Gegner angriff und auf die gewalttätige Erhebung, nicht minder auch auf das friedliche Vordringen des vierten Standes losschimpfte. Noch jung, kaum 40 Jahre alt, ein sehr fleißiger Arbeiter, der schon lange allgemein bekannt ist, hat er als Maler eine nicht geringe Bedeutung. Besonders wertvoll sind seine sehr sorgfältig gearbeiteten Pastelle, nicht minder auch seine feurigen Zeichnungen, in welchen die Justizverwaltung und die Verwaltung überhaupt gar tüchtig ihren Teil bekommt und in keinem besonderen Glanz erscheint. Er ist in dieser Hinsicht mit Jossot eng verwandt. Doch ist bei Hermann Paul die Entstellung immer nur eine geringfügige, während Jossot förmlich fratzenhafte Fetische schafft, die in ganz ungeheuerlichen Farben dargestellt sind. Jossot ist der Zeichner der Pfaffen und der bigotten Frauen. Wenn er die Betschwester mit einigen dicken, tinten= fetten Strichen zeichnet, läßt er aus ihren Augenlidern ein großes, lüsternes Auge hervorquellen, aus dessen länglicher weißer Kapsel das Schwarz der schmachtenden Pupille besonders scharf hervorsticht. Trotzdem er aber gewaltig übertreibt und die Natur mehr als irgend ein anderer Künstler entstellt, bewahrt er dennoch einen Schein von Wahrheit, da er den graphischen Ausdruck einer Leidenschaft, wie er sich in den Gesichtszügen abspiegelt, nur ein wenig auf die Spitze treibt. Um zu einer solchen, allerdings phantastischen Wirklichkeit zu gelangen, bedient er sich einer höchst einfachen Mache und bringt in der Figur, die er zeichnet, nur eine einzige Empfindung zum Ausdruck. Er hat in den antiklerikalen Zeitschriften zahlreiche Stiche veröffentlicht und eine Serie von besonders unbarmherziger Lebhaftigkeit der „Assiette au Beurre" („Butterteller") übergeben. Er hat jüngst einen Roman mit dem Titel „Viande à Bourgeois" („Fleisch für den Bürger") ver- öffentlicht, dessen Titel mit der absichtlichen und dem vorstädtischen Dialekt ent- nommenen Entstellung des Wortes Bourgeois zur Genüge die übertriebene Tendenz

404

Das Dekolleté in den verschiedenen Lebensaltern.

18 Jahre.　　　　　　　30 Jahre.　　　　　　　60 Jahre.

382. Karikatur von A. Roubillé.

anzeigt. Der Text dieses Romans ist ziemlich umfangreich. Er behandelt eine recht kapriziöse anarchistische Geschichte, welche den tiefsten Haß gegen die bestehende Gesellschaft atmet. Er bekämpft da besonders die Strenge der Strafkompagnien und den Klerikalismus.

405

Paul Triebe liefert kräftig amüsante Zeichnungen von ganz anderem Charakter, deren Spitze sich besonders gegen die republikanische Partei kehrt. Seine
Mariannen, seine Köpfe der Republik, die in übertriebener Weise wie die
Figuren aus einem Kriegstanz starr, grell bemalt, hart und fleischig dargestellt erscheinen, sind beachtenswert. Mit demselben gewalttätigen und vereinfachenden
Stift zerdrückt er in einer Umarmung die schwerfälligen Formen einer dicken Dame
und die mächtigen Schultern eines Lebemannes. In der gleichen herben und satirischen Manier hat Poullot eine ganze Anzahl tölpelhafter Kinder gezeichnet.
Noch gar viele tüchtige Karikaturisten wären zu nennen, welche die Unterhaltungs-
blätter mit ihren Zeichnungen schmücken, wie Roedel, Widkopff, der seinen Stift
mit Sicherheit führt und das Nackte besonders lebhaft darzustellen weiß, Galanis,
Grandjouan, Ostoya und viele andere.

*   *   *

Jeanniot verdient besonders erwähnt zu werden. Er war wohl auch ein
Mitarbeiter des „Rire", kann aber darum doch nicht als Karikaturist bezeichnet
werden. Er ist vorwiegend Maler. Wir haben von ihm große militärische Bilder,
Szenen aus den großen Manövern, die sich durch Wahrheit auszeichnen. Er hat
auch eine ganze Reihe eleganter Pariserinnen im Boudoir gemalt, dessen Pracht
und Farbenharmonie er wunder-
bar wiederzugeben weiß. Er ist
ein genauer und geistvoller
Illustrator von nicht gewöhn-
licher Verve. Er hat dem Leben
im Seebad und dem Treiben der
Frauen in Paris so manches
muntere Bild entnommen.

Gleich Jeanniot und Forain
geht auch Abel Faivre von der
Malerei aus. Er war lange
Zeit einer der besten Schüler
Renoirs und malte ausgezeichnete, harmonische Porträts, in
welchen er die weibliche Anmut
mit Eifer studierte und sie noch
anmutiger zu gestalten bestrebt
war. Es erscheint uns ganz natürlich, daß ein Künstler, der sich

Die Damen von Mabille.
— O sprechen Sie! Wenn es irgend etwas gibt auf der Welt,
womit ich mir Ihre Gunst verdienen könnte! ...
— Nun gut! ... So geben Sie doch ... zu Chaillot!
385. Galante Karikatur von T. Penone und J. Belcoq.

406

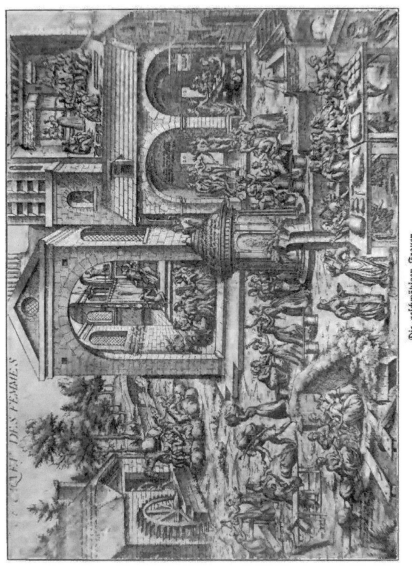

Die geschmähigen Frauen.

384. Anonymer satirischer Stich aus dem 17. Jahrhundert.

Der Zusammenbruch.
- Was blätterst du noch da, kleine Närrin?
- Ich überlese deine Liebesbriefe ...
385. Galante Karikatur von F. Bac.

für die Schönheit leidenschaftlich begeistert, die Häßlichkeit
verabscheut. Diesen Abscheu vor
dem Häßlichen hat Abel Faivre
in zahlreichen Karikaturen zum
Ausdruck gebracht. Er hat dabei
die Bürgerklasse ganz besonders
reichlich bedacht und sich vorwiegend die reife Frau zum Vorwurf genommen, ein gewisses
Bild der kleinen Bürgersfrau
mit dicken Zügen, mit hängenden
Brüsten, mit runden, wollüstigen
Augen und mit dem Gesicht einer
Meerkatze. Ihre Stirne ist platt,
ihr Auge erinnert an dasjenige
des Geflügels, mit einem eigentümlichen Blinken in der Pupille, ihr Fleisch ist schlaff, und
wenn er sie leidend in den Armen
des Doktors darstellt, der sie
auskultiert und betastet (Abel
Faivre mag die Ärzte nicht und
behauptet, daß sie viel zu viel
und in geschmackloser Weise her-
umtasten), so scheint es, als hielte der Arzt einen Haufen schmelzender Gelatine in
den Armen. Zahlreiche Zeichnungen von Abel Faivre, wie beispielsweise jene, in
welchen er die mythologische Figur des zunehmenden Mondes als kleine, indolente
und neugierige Hekate darstellt, bewahren die ganze Anmut, mit welcher er den
dargestellten Gegenstand auszustatten vermag. So wie er das Hübsche zu machen
versteht, so weiß er auch das Scheußliche darzustellen. In einer Nummer der
„Assiette au Beurre", welche er den Ärzten gewidmet hat, zeigt er sie sägend,
den Bauch aufschneidend, Knochen brechend, läßt sie die Säge und das Sezier-
messer im Bauch des Kranken vergessen. Diese Nummer ist berühmt und verdient
auch, es zu sein, schon wegen ihrer scheußlichen Lustigkeit. Besonders ausgezeichnet
ist er aber als Zeichner der schrecklichen, wollüstigen und häßlichen weiblichen Puppe,
in welcher er das Bild der reifen und schamlosen Dame unserer bürgerlichen Gesellschaft darstellt.

* * *

408

Panik im Harem.

— Der neue Sultan hat den Befehl herausgegeben, euch alle zu verheiraten . . .

— An wen denn?

— An jene, die euch bisher zu überwachen hatten!! . . .

Galante Karikatur von Ch. Bernier.

Die unterften gefellfchaftlichen Schichten in der Karikatur.

Daumier, Gavarni, Dégas, Raffaelli und Steinlen haben die Kunft mit demfelben Eifer demokratifiert, wie es der Naturalismus hinfichtlich der Literatur getan hat. Die Literatur ftieg allmählich von den höheren Klaffen zu jenen des Volkes hinunter und wendete fich dem Leben der Allgemeinheit und des Wochentages zu. Sie ging vom Roman Stendahls, in welchem einige Individualitäten in ihrem leidenfchaftlichen und moralifchen Spiel in derfelben Weife wie bei dem philofophifch veranlagten Crébillon unterfucht werden, zu Balzac über, der das Milieu belebt, feine Perfonen in Bewegung bringt, fie mit den politifchen Zuftänden ihrer Zeit in Beziehung fetzt und fie in dem Spiegel der ftetig fich verwickelter geftaltenden Aktualität betrachtet. Der Roman von Balzac, in welchem der Bauer und der Arbeiter nur Ausnahmen bilden, erweitert fich im Roman von Goncourt; denn hier wird bereits die Figur des Germinie Lacerteux, der fich am Abend auf den Boulevards des ärmeren Lafters herumtreibt, und Elifa, die fich in den düfteren Kammern der gefchloffenen Häufer und im Gefängnis bewegt, eingehend befchrieben. Noch umfaffender wird das Stoffgebiet im Roman von Zola, in welchem die Vorftadt fich fchon ganz auf der Oberfläche des Lebens zeigt. Ebenfo fteckt auch die Karikatur ihre urfprünglichen Ziele immer weiter und betritt neue Wege, welche denen der Modernen parallel laufen.

*   *   *

Diefe Schwenkung in der Entwicklung der Karikatur des 19. Jahrhunderts verdient eine eingehendere Behandlung. Bei Carle Vernet, der von den Künftlern des 18. Jahrhunderts ausgeht, ift die Karikatur die Charge des witzigen Ateliers. Freilich erfcheint da fchon die

Tanz der Zigeunerin. (Schattenfpiel.)
386. Radierung von Henry Detouche.

Straße mit ihren Schaufenstern, mit ihren Ansammlungen und Zusammenrottungen, mit ihren Kuriositäten des Pflasters und ihren malerischen kleinen Kaufleuten; doch fühlt man heraus, daß sie von einem recht kalten, wohl unterrichteten und humoristischen Künstler nur darum beobachtet und beschrieben worden ist, um den vornehmeren Leuten ein Lachen oder vielmehr ein Lächeln zu entlocken.

Und betrachten wir nun die Nachfolger Vernets, einen Lami, einen Monnier, so finden wir denselben Gesichtswinkel. Auch bei ihnen dient das volkstümliche Element nur als ein Mittel der Belebung und der Fröhlichkeit. Von dem Drogisten aus der Rue des Lombards, von den Hauseigentümern aus der Rue des Cinq-Diamant oder der Rue St.-Denis, die dem Balzac noch so mächtig und so unerzählbar, so recht kaufmännisch und in ihren Eigentümlichkeiten so komisch erschienen sind, hat die Karikatur nur kleine lächerliche Züge zu verzeichnen. Grandville läßt alle Platzregen auf den Mützen- und Strumpfwarenhändler Tricot herunterrauschen; Monnier schildert den Spießbürger in übertreibender Weise; noch aber ist die wahre Zeichnung des Bürgers nicht geschaffen und noch weniger jene des Mannes aus dem Volke.

Ist sie wohl bei Daumier zu finden? Die Antwort lautet ja und nein.

Zimmer zu vermieten.
Und schau'n Sie sich mal den Wandschrank an ... da können
Sie ganz gut zwei Männer verstecken ...
387. Galante Karikatur von M. Rudiguet.

410

Wir haben von ihm die berühmte Zeichnung des Typographen mit den geballten Fäusten, der den Feind, will sagen den König Louis Philippe, erwartet, bereit, seine Freiheit zu verteidigen. Der Zeichner hat ihm absichtlich eine Papiermütze aufgesetzt, die an den gallischen Hahn erinnert. Wir besitzen ferner eine andere populäre Figur von ihm, nämlich den Toten aus der Rue Transnonain nach der Unterdrückung des Aufstandes, eine wertvolle Zeichnung, die für alle Aufstände des 19. Jahrhunderts bezeichnend ist, die nach den Junitagen auf den lithographischen Stein geworfen werden konnten. Immerhin aber läßt sich nicht sagen, daß Daumier sich in eine Kritik der volkstümlichen Sitten eingelassen hätte. Er ist nur dann ein wirklicher Meister, wenn es sich um die Bourgeoisie handelt. Er ist der unbarmherzige und wahre Porträtmaler der parlamentarischen Aristokratie. Er hat seinen Spott über die kleinen Bürger unermüdlich und ohne Erbarmen ausgelassen, doch findet man bei ihm keine Karikatur des Mannes aus dem Volke.

Findet man sie etwa bei den graziösen Geistern des mittleren Stiles, bei Pigal und Scheffer, die in der Karikatur einem Daumier und in der holländischen

Morgens um zwei Uhr . . . Die letzte Zigarette.
388. Galante Zeichnung von J. Faverot.

Kleinmalerei einem Rembrandt nacheifern?

Scheffer denkt gar nicht daran; er ist ganz hingerissen von Bewunderung für die hübschen Gesichter der kleinen Pariser Mädchen und widmet sich ganz dem Vergnügen, ihre Mienen und ihre verliebten Komödien zu studieren. Noch weniger beschäftigt sich Pigal mit der Karikatur vom fraglichen Charakter, da er doch nur davon träumt, das liebenswürdige, breite, leichte und joviale Lächeln darzustellen. Ein Gavarni mußte erst kommen, um den Weg zu zeigen und die Sonde an die tieferen Schichten der Gesellschaft anzulegen.

*   *   *

Wohl ist auch noch Travies zu nennen, doch dieser gehört in ein anderes Kapitel. Gewiß hat Travies Szenen des Elends gesehen; er bringt Darstellungen von der Straße ebenso wie Guys, und seine Beschreibung ist vielleicht noch bitterer als jene des Guys gehalten. Travies tritt mit dem naiven und robusten Neuigkeitskrämer vom Schlachtplatz hervor, und fast genau zur selben Zeit erscheint bei Gavarni der Thomas Vireloque, genau genommen ein und dieselbe Person, jedoch

411

mit dem Unterschied, daß der Neuigkeitskrämer von Traviès nicht philosophiert, während Vireloque, dieser Diogenes der Karikatur des 19. Jahrhunderts, übermäßig reich an Aphorismen ist. Bei ihnen erst, und zwar dort, wo Traviès die volkstümliche, polychrome Karikatur in den derben Bildern anwendet, die der Ladenjüngling liebt und verstehen kann, und dann in der philosophierenden Ecke, wo Gavarni seinen Vireloque aufstellt, da erst erscheint eine spezielle Spottsucht und jene besondere Karikatur, die von den unteren Volksschichten ausgeht und in das Ganze der französischen Karikatur ein neues und sehr verwickeltes Moment hineinträgt.

Hervorgehoben muß werden, daß Traviès sowohl wie Gavarni sich da ganz in der Richtung der Literatur bewegen. Nachdem die Romantik ihre malerischen Personen aufgestellt hatte, sind die Nachfolger der Romantik, die Romanschreiber der Abenteuer, zum Volk herabgestiegen. Sie haben ihm weder die besondere Farbe des Ausdrucks, noch die Art entlehnt, wie es das, was es empfindet, auch in Worte zu kleiden pflegt, sondern haben im Volk nur den Vorwand gesucht, eine Reihe von Abenteuern aufbauen zu können. Die Blütezeit von Traviès war auch jene von Eugène Sue. Wohl läßt sich zwischen dem reich verzweigten Werk eines Romanschreibers und der gewissenhaften und wohlstudierten Zeichnung eines Karikaturisten kaum eine Parallele ziehen; immerhin aber ist zu beachten, daß beide sich zu ein und derselben Zeit der Untersuchung der unteren Volksschichten von Paris zuwenden, und daß die Typen von Traviès zur Zeit, in der er die Bannmeile von Paris besucht und sie mit den Augen eines traurigen Philosophen betrachtet, gar nahe an gewisse, und zwar an die klarsten

Wie die Feder im Winde.
389. Galante Zeichnung von Saint-Maurice.

412

Parifer Fallen.
390. Karikatur auf die Proſtitution von Roedel.

629

Darstellungen erinnern, welche sich zwischen den gemachten und kindischen Komplikationen, in welchen sich Eugène Sue sonst gefällt, eingestreut finden.

* * *

Den Karikaturisten, die ihre Bilder in den illustrierten Journalen veröffentlichten, war es lange Zeit nicht recht möglich, das Pflaster von Paris, seine Auswüchse und Schlacken aus der Nähe und mit voller Freiheit zu studieren. Sie lebten zu einer Zeit der strengen Zensur, und dies genügt wohl, zu erklären, warum jenen, die den Spuren der Meister aus der romantischen Zeit folgten, die Richtung eher von Guys gegeben wurde, der eigentlich mehr nur für sich selbst zeichnete, als von den Mitarbeitern der Journale, selbst wenn sie sich, wie Philippon, eines recht freien Geistes rühmen konnten.

* * *

Hinsichtlich des Studiums der untersten Schichten der Gesellschaft sind Toulouse-Lautrec, Forain und Steinlen als die hervorragendsten Künstler zu bezeichnen.

Die Jägerin.
— Warum zittern Sie denn so?
— Ja, ich hab' halt gar so große Angst, daß man mich mit einem so feinen Weibsbild aus Paris plauschen sieht; dann sagen die Leute, ich wär' ein lockerer Zeisig. Man klatscht so gern in unserem Dorf!
391. Galante Karikatur von Beaumont.

Der von Degas und Raffaelli gegebene Ausgangspunkt im Verein mit der Lehre von Guys und Rops gibt ihnen die Anleitung, den sichersten und meist begangenen Weg zum Auffinden zu gehen. Unter der Führung dieser Meister verlassen sie das Gebiet der Ironie, um jenes des tiefen und gewaltigen Ausdrucks zu betreten. Wenn aber die strenge und harte Auffassung von Toulouse-Lautrec ihn in der Frau, die der Wollust dient, die Frau der Beute ahnen läßt, wenn er es ganz besonders gut versteht, diese Wesen mit dem haßerfüllten und gespannten Gesicht, mit den mächtigen Kinnladen, den breiten Backen und dem gefräßigen Mund

414

anzudeuten, die trotz der
Schlankheit ihres Körpers
und der Jugendlichkeit ihres
Gesichts an die gebieterische
Plumpheit erinnern, die Guys
seinen Matronen aus den geschlossenen Häusern verleiht,
wenn Toulouse-Lautrec und
Forain mit ihren verschiedenen
Frauentypen, von denen die
einen leichtfertige, reizende
und wilde Kinder, die anderen
starke, herrschsüchtige, ironische
Megären sind, tiefer als
irgend jemand in das Leben
des Lasters eingedrungen sind,
so gehört Steinlen zu jenen,
die die Klassen des Elends,
die Menschen von schwerem
Beruf und die Proletarier
der mühseligen Beschäftigung
mit dem tiefsten Mitleid studiert haben.

„Ein Gesicht hat er mir gemacht, sag' ich dir, meine Liebe,
unglaublich!"
392. Galante Karikatur von Scheffer aus der Serie „Die Grisetten".

* * *

Die Illustration eines Novellenbuches von Charles Morel mit dem Titel
„Les Gueules Noires" („Die schwarzen Mäuler") hat Steinlen Gelegenheit
geboten, die Ergebnisse seines Studiums des Proletariats in zahlreichen Zeichnungen
zur Anschauung zu bringen. Wir sehen da nicht mehr jene müden und schrecklichen Frauen, die von Montmartre nach Paris hinuntersteigen und sich aus den
Vororten in langer Reihe nach der inneren Stadt ergießen, beladen mit viel zu
schwerer Bürde, die Augen erfüllt von Groll, den Mund von Haß geschlossen;
es sind die Leute aus den Bergwerken, deren Gesicht und Haltung Steinlen mit
sorgfältigem Studium wiedergibt, von deren Elend und Empörung er so eindringlich
zu erzählen weiß. In dem Maße, in welchem Steinlen allmählich den Humor
aufgibt, den er einst so vortrefflich zu behandeln wußte, entfernt er sich auch von
der Karikatur, um sich ganz der Charakterzeichnung zu widmen, worin sich sein
Talent immer mehr befestigt und entwickelt. Die Blätter zu den Gueules
Noires zeigen uns unter anderem eine Gruppe von Frauen, die auf den Lohn
warten, welchen die Männer nach Hause bringen sollen. Wer wird in diesen

415

grausamen, weil wahrhaftigen Zeichnungen nach irgendwelcher Schönheit des Frauenkörpers suchen? Die Frauen der Bergleute sind nichts weniger als kokett, und
Steinlen denkt gar nicht daran, diese herbe Tatsache in irgend einer Weise zu
übertünchen. Er bringt getreulich die mageren Körper und die schweren Knöchel,
die zahnlosen Gesichter und die verstörten Augen. Haben sie diese hohlen und aus-
druckslosen Augen etwa vom vielen Weinen? Ganz gewiß. Steinlen interpretiert
diese Mattigkeit mit derselben Genauigkeit, mit der er den schwerfälligen Gang des

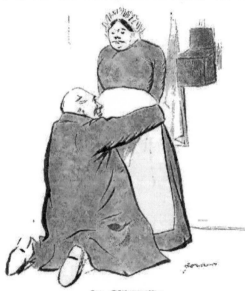

Bergmannes, seinen nach vorn
gebückten Körper, sein betrunkenes
Hinsinken auf den Tisch des
Wirtshauses darstellt. Erbar-
mungsvoll läßt er aus der Gruppe
die Zeichnung einer kleinen Aus-
leserin hervortreten, deren Körper
von der schweren Minenarbeit
noch nicht gekrümmt worden ist.
Er studiert jedoch nicht nur das
Elend, sondern auch die kleinen
Freuden dieser Leute, die auf
der Kirmeß oder bei Gelegenheit
eines lokalen Festes gekauften
Kuchen, an welchen Feiertagen
alle, die zum Bergwerk und zu
dem Arbeiterdorf gehören, im
Sonntagsstaat erscheinen. In
der düsteren Nacht der ab-
gestumpften Gesichter und der
von Arbeit und Alkohol entstell-
ten Körper läßt er stets auch

Der Küchenmeister.
„Na, na, alter Narr, lassen Sie doch meine Hände in Ruh!
Ich habe soeben einen Fisch ausgeweidet!"
393. Karikatur von Forain.

das fröstelnde Lächeln eines jungen, schönen oder vielmehr hübschen Antlitzes aufblitzen, vergißt aber anderseits auch nicht, uns auf diesen Festen der Bergleute
auch die grausamen Hahnenkämpfe vorzuführen, an welchen diese ihr brutales Vergnügen finden. Noch packender ist dieses Aufblitzen der Kampfeslust in den hohlen
Augen der Frauen der streikenden Arbeiter dargestellt, zur Zeit, wo die Arbeits-
losigkeit das Bergwerksdorf zugrunde richtet.

Ein eigentümliches und besonders ergreifendes Bild zeigt uns im Hintergrund
einer Zusammenrottung die Linie der Gendarmen, die auf ihren Pferden sitzend
eine lebende Mauer bilden. Vor ihnen drängen sich die Weiber, die mit den
Streikenden gekommen sind, um durch ihre Demonstration eine magere Aufbesserung

416

Rêves bleus.

Karikatur nach einer Zeichnung von H. Gray.

La Femme à la Fourrure.
394. Radierung von Félicien Rops.

der Löhne zu erwirken. Zwischen diese borstigen Typen, die mit der Axt zu=
geschnitten zu sein scheinen, zwischen die Schattenrisse dieser sozusagen alterslosen
Wesen mit den wirren Haaren, die in zerzausten Strähnen auf das Halstuch fallen,
hat Steinlen den wunderbaren Ausdruck des Elends und der Starrköpfigkeit ein=
gestreut. Er weiß aber auch den Zorn dieser Gesichter in eine klagende und nieder=
geschmetterte Menschlichkeit zu verwandeln, wenn dieselben Frauen vor dem Gitter
des Bergamtes zusammengedrängt harren, um die schrecklichen Opfer eines schlagenden
Wetters erblicken zu können.

Auf diese Weise geht die alte Karikatur und Zeichenkunst zur hohen Kunst
der Charakteristik und des Ausdrucks über und bietet uns eine Synthese der Ge=
staltungen und der Leidenschaften, welche die menschliche Gesellschaft beherrschen.

*　　*　　*

Der gegenwärtige Stand der Karikatur.

Die Lacher und die Ironiker, die uns mit ihrem Stift oder im farbigen Stich
ein packendes oder possenhaftes Bild unserer Zeit bieten, sind heute sehr zahlreich,
ob sie nun an der alten Bezeichnung festhalten und sich Karikaturisten nennen,
oder aber mit dem umfassenderen Titel von Humoristen bezeichnet sein wollen,
welcher den neuen Richtungen der Kunst der satirischen Zeichnung besser zu ent=
sprechen scheint. Zur Zeit der französischen Romantik, in der Periode der poli=
tischen Renaissance und der Juli=Monarchie konnte der Bedarf der humoristischen
Presse und des lustigen Stiches von etwa zwanzig Künstlern befriedigt werden;
dagegen genügt zur Zeit des zweiten Kaiserreichs kaum mehr die doppelte Anzahl.

Heutzutage ist die Zahl der humoristischen Zeichner eine ganz beträchtliche. Einige von ihnen haben sich infolge der glücklichen Initiative von Félix Juven, des Begrün=ders und Herausgebers des Rire, um dieses Journal gruppiert, welches die Ver=sprechungen seines Titels unter allen ähnlichen Zeit=schriften mit lustigen Bildern

Die betrogenen Ehemänner.
395. Amüsante Karikatur von Scheffer.

418

noch am besten hält und seit
fünfzehn Jahren die Schaufenster der Buchhandlungen
und die Vertriebsläden der
Zeitungen von Woche zu
Woche mit den vielfarbigen
Erzeugniffen, einer stets erneuten, vielseitigen und freien
Lustigkeit belebt, denen ein
satirischer Wert durchaus
nicht abgesprochen werden
kann. Diese bilden einen
Salon, was soviel heißen will,
daß neben den Malern eine
lange Reihe von humoristischen Zeichnern erstanden ist,
welche die Karikatur nicht wie
ein partielles Mittel der
Kunst, wie eine kleine Kunst
für sich, wie ein Anhängsel
der großen Kunst ansehen,
sondern diese als Selbstzweck
gelten laffen wollen. Die Zeit
ist nunmehr fern, da ein
Beaudelaire, ein Gautier oder
ein Banville nur wenig

Witwe fin de siècle.
Meinem Manne — ewige Trauer!!!
396. Galante Karikatur von Carl-Hap.

Glauben gefunden haben, wenn sie die Behauptung aufstellten, daß eine Zeichnung von Daumier mit der eines Delacroix gleichwertig sei. Freilich müßte in
einer Übertreibung im entgegengesetzten Sinn dieselbe Tendenz erblickt werden,
und einige Künstler sprechen bereits von der ernsten Seite des Instituts, wenn sie
sehen, wie die Amateure ihre ziemlich kalten Kompositionen nicht so hoch wie die
von Satire und moralischer Beobachtung erfüllten gründlichen Schöpfungen der
Humoristen veranschlagen wollen.

Die Tatsache, daß sich die Satiriker neben dem offiziellen Salon zum besonderen Salon gruppiert haben, hat eine weittragende Bedeutung. Damit wird
gewissermaßen der Sieg einer leichten und beweglichen Kunst anerkannt, welche
eifrig und mit Vorteil alle jene Mittel ausnützt, die durch die Fortschritte der
Industrie der leichteren Herstellung und Verbreitung ihrer farbigen Schöpfungen
geboten werden. Und da diese Manifestation eine sehr ernste und dazu ganz

419

moderne ift, fann nicht daran gezweifelt werden, daß fie an Bedeutung noch gewinnen wird, fo wie jeder Verfuch, der den Bedürfniffen einer beftimmten Zeit ganz befonders entgegenkommt. Diefe Ausftellung hat auch noch das Verdienft, daß fie die verfchiedenften Talente viel enger, als es in der Form eines Journals möglich ift, nebeneinander ftellt und dadurch eine tiefere Würdigung der Unterfchiede der Intellektualität und der Manier der beften Zeichner ermöglicht.

Der Streik.

597. Soziale Karikatur von Félicien Rops.

*　　*　　*

Die Auffaffung der Frau, ihres Koftüms, ihres Aufputzes, ihres phyfifchen und moralifchen Charakters, ihres Schönheitsftils und ihres Beftrebens nach Schönheit ift eine gar vielartige und eigentümliche.

*　　*　　*

Es fcheint auf den erften Blick, daß die geiftige und auch die äfthetifche Bewegung eine Wandlung auf dem Gebiete der Karikatur, eine Verfchiebung ihrer Grenzen, eine Erweiterung oder eine Verengerung ihres Bodens hervorrufen muß. Es fragt fich vor allem, ob die Mode heute fo fehr den Schwung der Karikaturiften beeinflußt, wie dies in früheren Epochen der Fall war.

420

AU BAL DE L'OPÉRA

Par A. GRÉVIN

Auf dem Opernball.

1. Da hat man der einen Frau Liebe, Glück, Treue usw. geschworen ... und fällt dann mit einer anderen 'rein!
2. — Mir ist's aber warm; geh, Dicker, kauf mir 'nen Fächer.
   — Nicht doch, ich will lieber noch ein klein wenig warten und dich dann gleich ins Bett bringen.
3. Wir wollten mal ernst tun, hier riecht's nach Trüffeln.

398. Galante Karikatur von A. Grévin.

Die Kunst des Karikaturisten hat die besondere und wertvolle Eigentümlichkeit, daß sie alles zu verwenden vermag. Dies tritt besonders zu jener Zeit zutage, wo die Karikatur erst kaum beginnt, sich zu einem besonderen und wichtigen Zweig der originalen Gravüre in Holz oder Kupfer herauszubilden. Wir meinen die Zeit Ludwigs XIII. Wenige Jahre vorher hat die Karikatur nur von der Mode gelebt. Die einzige Ausnahme haben zu jener Zeit nur die politischen Stiche gebildet, deren Spitze sich gegen das spanische Wesen oder gegen die Männer des Gesetzes und der Verwaltung der öffentlichen Gelder gerichtet hat, welche in Frankreich stets eine Anzahl von flinken Zeichnern und Pamphletisten beschäftigt haben. Jedoch auch

Das Zubettgehen.
399. Galante Zeichnung von P. Quinsac.

dort, wo die Mode nicht den hauptsächlichsten Vorwurf des Stiches bildet, vermeidet der Künstler nie, ihr Rechnung zu tragen und der Entstellung des Kostüms eine wichtige Rolle zufallen zu lassen.

Da erscheint ein königliches Edikt, welches Gesetze gegen den Luxus erläßt, das Tragen von Kleidern, die eine übertriebene Dimension haben, verbietet und die Bänderverzierung sowohl an den männlichen wie an den weiblichen Kleidern genau regelt. Die Nüchternheit, welche infolge dieser kurzlebigen Gesetze in der Ausstattung notwendig wird, bietet dem Stift des Abraham Bosse und seiner Schüler sofort eine gute Gelegenheit, ihre erfinderische Spottsucht spielen zu lassen.

Auch später, als im 18. Jahrhundert eine übertriebene weibliche Haartracht in Schwang kam, hörten die Karikaturisten nicht auf, sie zu verlachen. Sie überboten einander in dem Bestreben, für die Personifikation der Haarkünstler die schnurrigsten Zeichnungen zu erfinden. Man stellte für sie förmliche Leitern auf,

422

auf denen sie die Köpfe ihrer schönen Klientinnen erklimmen, um da irgend eine Schleife anzubringen und einen förmlichen Bau aufzuführen, genau so wie die Architekten den höchsten Gipfel eines Turmes mit einem Blumenstrauß zu zieren pflegen, wenn sie ihn seines durchbrochenen Gerüstmantels entledigen.

Neben dem Haarkünstler bildet jener Beamte der Stadt, der für die Beleuchtung zu sorgen hat, den Gegenstand besonderen Interesses. Diese Beleuchtung wird zumeist durch Lampen besorgt, die über der Mitte der Straße an rechts und links befestigten Stricken hängen. Die Haartracht der Damen wird immer höher! Und nun wird die Frage eifrig verhandelt, um wie viel höher die Lampen und die Stricke

Das Aufstehen.
400. Galante Zeichnung von P. Quinsac.

angebracht werden sollen, damit die Damen unter ihnen durchgehen können.

Später, als Philippon, der erfinderischeste unter den Karikaturisten, wenn nicht gar der kräftigste, schwungvollste und berühmteste, den Versuch macht, Journale zu gründen, ist es wieder die weibliche Mode, die ihm den reichsten Stoff bietet, und der er die besten Effekte verdankt. Die romantische Mode war nicht arm an Mannigfaltigkeit. Vom Turban der Frau von Staël bis zur Mütze der Mimi-Pinson oszillierte sie in tausend Phantasien, in unzähligen Nachahmungen volkstümlicher und exotischer Trachten. Und ist es notwendig, auf die mächtige, endlose und gar verwickelte Rolle hinzuweisen, welche später die Erfindung der Krinoline in der Geschichte der Karikatur gespielt hat?

Unter dem Stift des Zeichners ist aus der Krinoline eine riesige Glocke geworden, die hart am Boden hinwandelt, und über welcher sich ein winziger weiblicher Körper erhebt. Die Hirsche, die auf der kaiserlichen Jagd im Wald von

Fontainebleau in die Enge getrieben werden, könnten unter der Krinoline einer Passantin ganz gut eine Zufluchtsstätte finden, die sich im einfachen ländlichen Anzug dem Genuß der Promenade hingibt, wenn die natürliche Unruhe dieser Tiere ihnen gestatten würde, sich unter dem sonst ganz bequemen Obdach ruhig zu verhalten. Bei Rops und ebenso bei Daumier ist die Krinoline ein angehender Luftballon. Die Frau braucht nur ein klein wenig guten Willen und etwas Phantasie, um sich aus ihr ein Fahrzeug durch die Luft zu machen, gleich der Medea auf ihrem Wagen, um der männlichen Tyrannei, die sich so leicht mit dem sieghaften Tragen der unbegreiflichen Krinoline abfindet, ein Schnippchen zu schlagen. Nach der Krinoline, welche doch immerhin den Vorzug hatte, daß sie den weiblichen Körper nicht in einer besonderen Richtung, sondern rund herum entstellte, kam die unbegreifliche Mode der Turnüre, die einseitige und dazu ganz überflüssige Aufbauschung der Hüftengegend. Natürlich hat die Karikatur in dieser Verlängerung sofort ein geeignetes Mittel entdeckt, wie man die Kinder mit sich schleppen kann, ohne sie auf den Armen zu tragen, und war

auch sonst ganz unerschöpflich in Späßen über diese ungeheuerliche Ergänzung der weiblichen Tracht.

Die heutige Mode ist nicht wenig stolz darauf, logischer zu sein und dem Spott einen nüchterneren Stoff zum Lachen zu bieten. Die Schneider haben gelernt, der Einfachheit ein Opfer zu bringen. Um jedoch der wechselnden Phantasie immerhin ihr gutes Recht zu wahren, um einen möglichst häufigen Wechsel der Modelle möglich zu machen und stets eine neue Abänderung im Stil der Kostüme einführen zu können, war auch der moderne Schneider bedacht, für die Anzüge gewisse einfache Formeln aufzustellen. Es kam die glatte Robe.

Neuer Sport, eingeführt von den Mitarbeitern einer Revue am Jahresschluß.
401. Amüsante Karikatur von A. Willette.

424

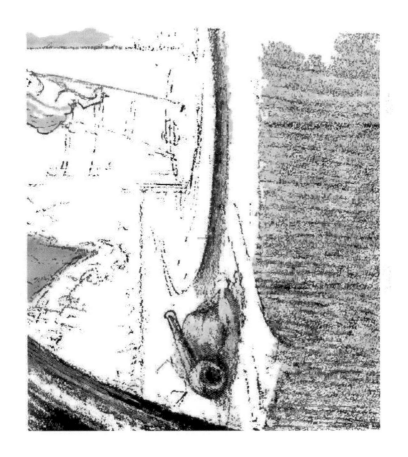

Die Kunst Léandres
oder Métivets hat keinen
Augenblick gezögert, sich gegen
die neue Anordnung aufzu-
lehnen. Die heute geltende
Robe sollte auf einem schönen
Frauenkörper so einfache und
edle Falten machen wie die
Tunika der Alten. Das ginge
ja auch, wenn die Frauen sich
in dem harten Mieder nicht
viel zu sehr schnüren würden.
Léandre macht sich eine ganze
Kunst daraus, den Hals möglichst aufzublähen und die
Hüften in einer ganz abnor-
men Weise hervortreten zu
lassen. Seine Zeichnung macht
den Eindruck, als wollte er
in einer geometrischen Figur,
gewissermaßen an dem archite-
tonischen Plan eines Frauenkörpers, eine ganze Reihe von
Äpfeln mit verschiedenen Dimensionen aufhäufen, wäh-
rend er andererseits eine lange
und magere Statur mit den
scharfen Winkeln der Nase,

402. Plakatzeichnung von Chéret.

der Schultern, der Ellenbogen und der Knie ausstattet.

Métivet wieder und die anderen Zeichner, denen es mehr auf den Geist und
auf den Witz als auf die Plastik ankommt, lassen der Frau in der modernen Robe
ihre lange Linie und ihre Schlankheit; Métivet mag in seinen Vignetten das Bild
der jungen Frau nicht verderben, welches sich die moderne Pariserin so gern schafft.
Damit aber eine Abwechslung in den Linien dennoch möglich gemacht werde, hat
die Natur dem Strauß zum Glück seine Federn gegeben, und die Industrie hat
der Menschheit die Mittel gezeigt, wie diese Federn hergerichtet werden können.
So wird es ihm möglich, auf den Hüten mit breiten Krempen die schönsten Zusammenstellungen von zitternden, beweglichen und riesigen Federn anzubringen,
welche das Gesicht der Person, die dieses ganze farbige und leichte Universum auf

dem Kopfe trägt, noch lieblicher und kleiner erscheinen lassen. Man könnte füglich von dem Stamm und der Krone eines Palmenbaumes sprechen, oder von hängenden Gärten auf einem Dache, welches an Breite das Haus bei weitem übertrifft; man könnte auch sagen, daß da Frauen von den griechischen Friesen dargestellt sind, die Körbe auf dem Kopfe tragen. Die glatte Robe hat heute überall ihre Geltung, doch hat sich ihrer die Karikatur nicht minder bemächtigt.

* * *

So ist die Mode das eigentliche Gebiet der Karikatur über die Frau, ob sie sich nun in strikter, logischer Weise darauf beschränkt, den Körper seinen Linien entsprechend zu bekleiden, oder in wunderlicher Laune darauf ausgeht, durch weite Röcke und riesige Ärmel Abwechslung in die Formen zu bringen. Die elegante Welt mag die eine oder die andere Richtung einschlagen, so wird es ihr doch nie an Darstellern fehlen, welche sie mit dem Stift und mit dem Auge stets verfolgen.

Sem ist einer dieser weltlichen Beobachter, allerdings nicht in der Manier, welche von den früheren Zeichnern des Pariser Lebens eingehalten wurde. Bei Marcelin oder einem seiner Schüler ist nicht die Robe die Hauptsache, und noch weniger ist ihnen die Frau das Wesentliche; der eigentliche Held oder die eigentliche Heldin einer Zeichnung, welche Marcelin von einem Klubmitglied oder von einer Pariser Weltdame und einer Pariser Schönheit entwirft, ist die Art, wie

Die Damen vom gelben Kreuz.

Ihr Mann ist noch nicht hergestellt?
— Nein, er ist noch immer bei seiner Maitresse, wo er ja wunderbar gepflegt wird.
— Wenn sie ihn geheilt haben wird, schicken Sie ihr gewiß eine Medaille.
— Ja, die Diana mit dem Hirsch.

403. Galante Karikatur von F. Bac.

426

die Toilette getragen wird. Der
Zeichner wirft sich da zum Schieds-
richter der Eleganz auf. Die Aufmerksamkeit, welche Capiello der
weiblichen Toilette zuwendet, hat
wieder eine andere Schattierung.
Capiello kommt es besonders darauf an, die weibliche Eleganz ins
schönste Licht zu stellen und zu
zeigen, welche Vorteile die Frauen
aus der Harmonie der Farben zu
ziehen verstehen. Dazu ist er auch
ein großer Optimist und vermag
aus den kühnsten Tönen Akkorde
hervorzurufen. Sem hebt bei den
Frauen, die in seiner reichen Galerie von Originalen, von literarischen Typen und von bekannten
Boulevardbesuchern figurieren,
mehr die Wahrheit und den herr-

Schule der Gimpel.
— Jetzt schläft er wie 'ne Bombe.
— Dann immer 'ran an die Taschen!
404. Soziale Karikatur von J. Forain.

schenden Zug der Physiognomie als die Laune ihrer Toiletten hervor. Immerhin aber versteht er es, aus der Darstellung der Eleganz reichen Stoff zu ziehen,
und die Frauen, die er in der Reihe seiner zahlreichen Pariser Typen bringt, sind
recht lebhaft und gewandt wiedergegeben.

*   *   *

Die Karikatur unserer·Zeit ist reich an scharfsinnigen Darstellungen zeit-
genössischer Physiognomien. Im Salon der Humoristen finden wir eine ganze
Reihe von Künstlern beisammen, die förmliche Chronisten des Pariser Boulevards
sind und die es sich zur ausschließlichen Beschäftigung gemacht haben, die allgemein bekannten Besucher dieser Boulevards darzustellen. Ich will aber damit
keineswegs gesagt haben, daß nicht alle das gleiche Bestreben zeigen, und daß
solche Zeichner von Schattenrissen wie Sem, so auch einige andere, die, wie Dorville,
seinem Beispiel folgen, nicht dasselbe gemacht haben.

Léandre hat nie aufgehört, uns seine hervorstechenden Zeitgenossen zu inter-
pretieren, und ebensowenig tut es Capiello. Doch bedeutet bei einem Künstler der
Schattenriß einer modernen Persönlichkeit nur eine besondere Art der allgemeinen
Beobachtung. Der Künstler will die Welt erforschen; er sucht das eigenartig

427

Malerifche und den möglichft getreuen Ausdruck der herrfchenden moralifchen Rich=
tungen zu erfaffen. Bietet ihm dazu irgend ein berühmter Zeitgenoffe die paffende
Gelegenheit, fo wird er fie ergreifen. Sem und jene, die fich feiner Art zu fchauen
anpaffen, bieten ganz befonders rafch hingeworfene Porträts bekannter Perfonen
von Paris.

*   *   *

Die Ausftellung der Humoriften zählt Jean Beber nicht zu ihren Mitgliedern
und ebenfowenig Paul Renouard, den beweglichften franzöfifchen Zeichner, der
befonders das kleine, flinke Perfonal der Oper und die dort aufgeführten Tänze
befchreibt. Auch Louis Legrand gehört nicht zu diefer Gruppe, er ift mehr Syn=
thetiker als Humorift. Wohl aber erfcheint dort Willette in wunderbarer und
reicher Abwechflung, er, der ewig junge, behende, triumphierende, mit Zeichnungen,
die an künftlerifchem Wert jenen der Meifter des 18. Jahrhunderts gleichkommen,
mit feinen Pierrots, die ihren Kolombinen die Rofen an der Spitze einer Zange
darbieten, mit feinen Darftellungen aus einer gaminhaften, jovialen, fpöttifchen
und zarten Kunft, mit feinen kleinen, fpaffigen Zornausbrüchen gegen die Bour=

Das Frauen-Coupé.

— Oh, la! Das ift ja ein richtiges Vogelhaus!
— Laß fie nur zufrieden! Du fiehft ja, daß es Jungfrauen find, die von der Einweihung
des Jeanne d'Arc-Denkmals zurückkehren.

405. Satirifche Karikatur von Heldbrink.

428

— Kennſt du den Maler dort? —

— Seitdem er das alte Gemälde ſpazieren führt, nennt man ihn nur den
Farbenkleger.

406. Galante Karikatur von Georges Meunier.

Jawohl, mein Lieber, und wenn ich sechzig Jahr alt bin,
so kostet's immer noch dasjelbe.

407. Karikatur von Joxain aus der Serie „Die Prostitution".

geoifie, mit feiner ganzen wahren und menjchlichen, fein befaiteten Kunft. Wenn Willette jchnurrig wird oder es zu fein jcheint, jo tut er es aus Pflicht. Auch Pierrot ift jchnurrig, und um ihm ganz nachzuempfinden, dazu gehört eine leichte und launijche Seele.

Die Bürgerinnen von Abel Faivre und feine jchreck= lichen Weiber, bei denen die Säge und das Küchenmeffer die ungefährliche Waffe erjetzt, welche die Tänzer Molières gejchwungen und mit welcher fie den Herrn Pourceaugnac verfolgt haben, find mit den weiblichen Figuren benachbart, bei denen Abel Faivre jeden karikaturalen Zug vermeidet,

und welche er jo hübjch darzuftellen beftrebt ift wie die harmonijcheften Vignetten aus einem Poejiealbum. Die bejondere Eigenart Abel Faivres ift die runde Zeichnung, die Darftellung flacher Gejichter ohne hervortretenden Zug, bei welchen der ganze Ausdruck in den groß aufgejperrten Augen liegt. Seine eleganten Frauen find vollwichtig. Übrigens gibt es nur wenig jo gute Maler von Frauenporträts wie die bekannteren Humoriften von der Art eines Capiello oder eines Léandre.

* * *

Neben den Affichen Capiellos, in welchen die elegante Parijerin mit der größten realiftijchen und zugleich phantaftijchen Sorgfalt dargeftellt ift, zeigen die ländlichen Bürgerinnen von Huard eine jolide Konftruktion. Truchet bejchreibt gewiffe Vergnügungsorte aus Paris, jowohl in der Malerei als auch in der farbigen Lithographie in feiner jehr behenden und künftlerijchen Manier. Seine Auffaffung ift eine gerechte, weder bitter noch gutmütig, geiftvoll, aber ohne jeden Sarkasmus; er bietet die Wahrheit mit Schwung und mit momentaner Präzijion; Szenen aus dem Zirkus, den Dank der Kunftreiterin, Szenen aus dem Café=

430

Konzert, die gewissenhaften Bestrebungen der dicken Sängerin, den Blumenstrauß aufzuheben, welchen ihr eine besoldete Hand zugeworfen hat. Man sieht da ferner die Feinheiten eines Jeanniot, seine treffende und lebhafte Auffassung der Proportionen einer modernen Frau, Proben einer künstlerischen Darstellung der Frau, in denen die durchsichtige Charakteristik des Künstlers nie bis zur Charge geht und mit dem Nachdenken zugleich nur ein Lächeln hervorrufen will. Da haben wir ferner Bac, dessen Frauenfiguren stets mit unanfechtbar akademischer Feinheit aufgebaut sind. Bac wird stets nur schöne Formen entkleidet darstellen. Albert Guillaume ist kein einwandsfreier Techniker; sein schöner Humor schließt jede Bitterkeit aus. Er befaßt sich nicht mit großen sozialen Problemen. Sein eigentliches Gebiet ist die Frau, die den Modeladen besucht oder sich ihrer Toilette widmet.

* * *

Einer unserer sehr beachtenswerten Zeichner ist ganz gewiß Caran d'Ache. Wenn sein Name in diesem Buche bisher noch nicht genannt worden ist, so kommt dies daher, daß dieses Werk nicht die allgemeine Geschichte der Karikatur, sondern nur die Geschichte des Weibes in der Karikatur bieten will. Nun aber hat Caran d'Ache das Weib nicht als die hauptsächlichste Person seiner Kunst angesehen. Es gehört vielmehr mit zur Charakteristik seiner künstlerischen Individualität, daß er beinahe der einzige Zeichner unserer Zeit ist, der das Weib nicht zum Vorwurf seiner sehr zahlreichen Stiche gemacht hat. Er geht in seiner Kunst ganz besonders darauf aus, das alte militärische Gepränge zur Darstellung zu bringen.

Kriegslist.
— Steh' doch auf, oder ich geh'!
— Na, so geh'!
— Aber steh' doch auf, oder ich bleib'!
— Ich steh' ja schon ...
408. Galante Zeichnung von F. Bac.

431

In der Nachbildung von alten und neuen Uniformen wird er nur von sehr wenigen übertroffen. Er hat eine ganz besondere und ihm ausschließlich eigentümliche komische Art, die Pferde und die Reiter darzustellen. Bei Catelon sind einige Dekorationen zu sehen, die nach seinen Kartons im antiken Geschmack geschnitzt wurden; da erscheinen in unseren heutigen Wäldern einige Nymphen und Satyre in einer liebenswürdig freien antiken Ausstattung. Er ist ein ausgezeichneter Zeichner, der aber die weibliche Welt nur wenig zum Gegenstande seiner künstlerischen Beobachtung gemacht hat.

Die Halbwelt.
— Madame, der Kutscher erwartet Ihre Befehle.
— Führen Sie ihn herein. Ich muß ihn mal anschnauzen!
409. Soziale Karikatur von Forain.

* * *

Richard Ranft arbeitet in gerade entgegengesetzter Richtung. Einige seiner Stiche, wie z. B. die Kunstreiterin, haben eine allgemeine Berühmtheit erlangt. Wenn wir Richard Ranft zu den Humoristen zählen, so geschieht dies hauptsächlich, weil er sich des Verfahrens der Gravüre bedient, wenn er auch den illustrierten Journalen nur wenig Beiträge liefert.

In einigen sehr graziösen Bildern, welche er mit dem Titel „Décors d'Operette" („Operetten-Aufputz") bezeichnet, bietet er in der phantastischen Manier der Stechkunst des 18. Jahrhunderts und in altertümlichen Kostümen einige Szenen aus galanten Festen und aus einer idealen Operette, in denen er die ursprünglichen Akteure aller menschlichen Komödie auftreten läßt: das schöne Mädchen, den verliebten Großtuer, den Einfaltspinsel. Diese Sachen sind wie in theatralischer Beleuchtung glänzend und kräftig gemalt, haben einen sehr schönen Schwung und sind von einer ganz vorzüglichen dekorativen Wirkung. Ziemlich nahe verwandt mit dieser Kunst ist auch jene des Henry Detouche, der Maler, Zeichner und Stecher zugleich ist, und dessen kühne Manier und kapriziöse Erfindung von Motiven bei Félicien Rops eine ganz besondere Anerkennung gefunden hat. Dabei ist er auch Schriftsteller und führt eine recht elegante Feder. Ich erinnere mich einiger seiner Bemerkungen, die er zur Verteidigung der alten Karikaturisten gemacht hat,

432

Affiche von Chéret für das Elysée Montmartre.

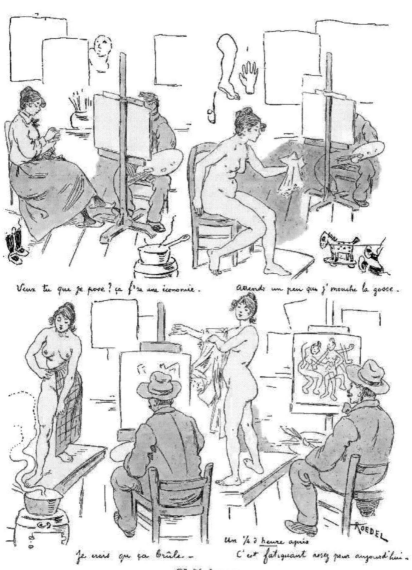

Veux tu que je pose? ça f'ra une économie.

Attends un peu que j'mouche la gosse.

Je crois qu' ça brûle.

Un ¼ d'heure après

C'est fatiguant assez pour aujourd'hui.

ROEDEL

Künstlerfrauen.
410. Soziale Karikatur von Roedel.

die von den jungen Künstlern während ihrer Lehrzeit gar hochgehalten werden, auf die jedoch dieselben Künstler zur Zeit ihrer eigenen schöpferischen Tätigkeit nicht besonders gut zu sprechen sind.

„Nachdem man, um der Mode des Tages zu opfern, den Phantastiker Grévin heruntergerissen hat, machte man sich auch noch darüber her, Gavarni anzugreifen, der doch ein so vollkommener und vielseitiger Künstler war. Mit einer scharfen Beobachtung und mit schöpferischer Kraft begabt, hat Gavarni aus seinem Hirn den ganzen Opernball hervorgehen lassen, so wie Watteau uns die ganze italienische Komödie geboten hat, wobei er sich aller Künste der Dekoration, der Verkleidung und der Ausstattung bediente, um alle menschlichen Leidenschaften spielen zu lassen, so wie der Meister von Valenciennes in seinen kostbaren Kleidern von Sammet und Seide, inmitten eines geträumten und glückverheißenden Para-

dieses das Herz der ewig Ver-liebten gar traurig stimmt. Hat denn die heutige Generation gar kein Verständnis mehr dafür? Vielleicht ist ihr nur der Schlüssel zu einem solchen Verständnis verloren gegangen. Und sollten auch die Menschen seiner eigenen Zeit ihn bereits vergessen haben? Wir wollen alle die Inschriften und Zeichnungen von X nur diesem einen Bilde gegenüber-stellen: Ein Greis und eine Greisin kommen den Boulevard St. Michel Arm in Arm her-unter; eine ganze Bande von Studenten und Grisetten in aus-gelassener Lustigkeit zieht an ihnen vorüber, zeigt mit Fingern nach ihnen und verspottet sie. Da sagt der Alte zu seiner Gefährtin: Da sieh doch nur, Franziska, sie verspotten uns, weil wir einander gegenüber das eingehalten haben, was sie sich nur versprechen . . ."
Die Kunst des Detouche bekräf-tigt nur seine Theorien hinsicht-

Hier ist das Vergnügen zu haben, meine Herren!
411. Galante Karikatur von Carl-Hap.

434

Zum Abführen.
412. Karikatur von Hermann Paul.

lich der Anerkennung der Schönheiten der Vergangenheit. Er ist der Maler der
spanischen Tänzerinnen, die er im Faubourg de Triana und häufiger noch in den
Musikhallen von Paris mit ihren wellenförmigen Körperverdrehungen ganz vorzüglich wiederzugeben versteht.

Unter den Zeichnern betreten Avelot und Hellé, die in ihrer Kunst dem
Wunsche des Kindes, schöne und amüsante Bilder zu sehen, Rechnung tragen,
so ziemlich denselben Weg wie Galanis, der seinerseits den Spuren eines Toulouse
Lautrec folgt und als sehr eleganter, sehr geschickter Künstler aus köstlichen Farben-
tönen prächtige Akkorde hervorzuzaubern versteht. Poulbot, der die Verwunderung
des Gamins so unterhaltend darzustellen weiß und einer der besten Beobachter
der Kinder ist, ist nahe verwandt mit Rabier, dem Maler von geistvollen und
dummen Tieren, dem immer eigenartigen Zeichner. Individuelle und sehr interessante humoristische Auffassungen finden wir auch bei einzelnen, auch heute noch
schaffenden Künstlern, denen wir einige in diesem Bande enthaltene Bilder entnommen haben. Dahin gehört beispielsweise Radiguet, der gute, epigrammatische
und sehr sorgfältig ausgearbeitete Bilder malt, in denen die landschaftliche Dekoration
ebensogut wie das amüsante Treiben der Menschen dargestellt erscheint. Diese
lustigen Landschaftsbilder von Radiguet sind jenen des Pigal ähnlich, doch ist die

435

Technik und die Methode der Darstellung bei Rabiguet eine verschiedene. Der Kontrast in der Art, wie diese beiden Künstler uns von den lustigen ländlichen Festen erzählen, ist ebenso groß wie zwischen dem Anblick der heutigen und der einstigen Umgebung von Paris, wo sich diese Feste abspielen. Die Malerei von Rabiguet ist gelehrt, fein und hübsch. Man wendet sich nur ungern von ihr weg, um die Festungswerke zu betrachten, in denen Ballurian seine Weiber ihre Kämpfe aufführen läßt. Ein weibliches Duell gehört wohl zu den Seltenheiten, kommt aber immerhin vor, und Ballurian hat es verstanden, solche Szenen populär zu machen.

* * *

Zur Förderung der humoristischen Malerei und Zeichnung wird das meiste von der Presse beigetragen. In früheren Zeiten wurde die Karikatur durch die Phantasie des Stechers hervorgebracht; dieser verkaufte dann die wenigen Abzüge, die er von seinem Werke machte, auf eigene Rechnung, häufiger in seinem eigenen Laden als bei irgend einem Händler. Im 18. Jahrhundert war die Rue St. Jacques der Brennpunkt dieses Handels, das Paradies der Stecher, wo ihre Aushängeschilder und ihre komischen und leichten Stiche auf engem Raum zusammengedrängt waren. Da fand sich denn auch eine zahlreiche Kundschaft zusammen. Um den Verkauf zu bewerkstelligen, mußte eine mündliche Reklame aufgeboten werden; man mußte die Zeichnungen in den Schaufenstern ausstellen, um den Beifall zu erringen, der den Erfolg bedeutet. Die Karikatur bedurfte einer förmlichen Reklame, um volkstümlich zu werden. Da konnte man den jungen Fragonard zur Zeit, da er noch Laufbursche war, vor dem Goldenen Pfeiler, einem größeren Kunstladen, stehen sehen, wie er, wenn eine lustige und geistvolle Zeichnung erschien, die Schreiber vom Gerichtshof davon verständigte. Noch lange Zeit, nachdem die ersten illustrierten Journale zu erscheinen begannen, bestand das wichtigste Mittel der Propaganda für einen Stich darin, daß man ihn in ein Schaufenster stellte. Dazu kam allerdings noch die Kolportage; doch diese hatte eigentlich nur für die anonymen farbigen Bilder eine gewisse Bedeutung, die man als volkstümliche Bilder zu bezeichnen pflegt, weniger für die künstlerische Karikatur.

Die Künstler pflegten ihre Karikaturen und humoristischen Zeichnungen in Serien zu verkaufen. Man brachte Hefte mit so und so viel Blättern in Verkehr. Auf diese Weise sind zum Beispiel die Grimassen von Huet erschienen. Das System, eine ganze Serie von Bildern auf einmal zum Verkauf zu bringen, blieb noch lange in Mode und wurde auch noch von Grandville beibehalten. Seitdem aber Philippon die Zeitschrift La Caricature erscheinen ließ, war die humoristische Presse in Frankreich begründet.

436

„Wie doch die Koffer schwer zu schließen sind."

413. Karikatur von Eugène Lami aus der Serie „Zur Reise".

Ein Journal, welches Daumier, Grandville, Decamps und Traviès auf einmal zu seinen Mitarbeitern zählt, ist gewiß etwas ganz Außerordentliches; man hat kaum je seinesgleichen gesehen, und es ist fraglich, ob je wieder ein ähnliches erscheinen wird. Trotz der Verschiedenheit der kräftigen Talente, denen der große Einfluß dieses Journals zugeschrieben werden muß, wurde es genau so redigiert wie die übrigen Zeitschriften jener Zeit und wie die großen Tagesblätter; es wurde wirklich redigiert. Philippon war Republikaner, ein ausgesprochener Feind von Louis-Philippe, gegen den er dieses schreckliche Kriegswerkzeug ins Treffen führte; dieser wieder war naturgemäß monarchistisch gesinnt. Während aber Louis-Philippe oft genug beinahe so weit ging, die konstitutionelle Maxime gelten zu lassen, laut welcher der König zu herrschen, aber nicht zu regieren hat, wurde derselbe Grundsatz von Philippon wenigstens in bezug auf sein eigenes Vorgehen nie eingehalten. Der Direktor Philippon wollte faktisch dirigieren; er machte Inschriften zu den Zeichnungen, die man ihm brachte, ja er

Wie sie die Röcke heben.
Beim Besteigen des Omnibus.
414. Galante Zeichnung von J. Lunel.

Wie sie die Röcke heben.
Beim Überschreiten des Boulevards.
415. Galante Zeichnung von J. Lunel.

bestellte auch die Zeichnungen zu den Inschriften, die er selbst ersann oder von Literaten machen ließ. Philippon zeichnete sogar selbst, und zwar nicht nur unter seiner eigenen Unterschrift, was er zu tun das gute Recht hatte, da er ja ein vorzügliches Talent besaß, sondern auch unter der Signatur seiner Mitarbeiter. Er findet, daß Traviès, als er seinen Mayeux einführte, diesen mit nicht genügend hübschen Frauen umgab; der Kontrast zwischen dem Gorilla, den Traviès zeichnet, und den jungen Frauen, die er haben will, war nach Philippons Geschmack nicht scharf genug ausgeprägt. Da nimmt Philippon einfach seinen Bleistift, den spitzen Bleistift, dem infolge der Übung bei den Modejournalen etwas

438

Affektiertes anhaftete (die Modejournale respektierten die Schönheit der Frau selbst in der Satire) und setzt neben Mayeux und die Zeichnung von Traviès eine schöne Frau. Dieser geistvolle Teufel ist ein rechter Tyrann. Ein anderes zeitgenössisches Journal würde sich gegen solche redaktionellen Eingriffe entschieden verwahrt haben. Philippon jedoch überwindet jeden Widerspruch. Ob es wohl besser gewesen wäre, wenn er den Künstlern mehr Freiheit gelassen hätte? Ganz gewiß wäre es besser gewesen, doch die Sammlung seines Journales bleibt nichtsdestoweniger etwas sehr Schönes.

Der Charivari, der nach der Caricature zu erscheinen begann, ist gleichfalls ein schönes Journal. Das Blatt hatte einige ganz vorzügliche Jahre. Daumier lieferte ihm während der Revolution des Jahres 1848 einige sehr wertvolle Zeichnungen. Die Ausstattung dieser alten Journale ist eine ganz ausgezeichnete. Auf dem Wege der Lithographie, welche in der Illustrierung der Journale den Holzschnitt ablöste, wurden prächtige Blätter hergestellt. Man wird in den Bänden des Charivari mit ihrem klaren Druck auf dem ein wenig rauhen Papier auch heute noch gern blättern, selbst in jenen Jahrgängen, in denen die strenge Zensur Daumier verhindert hat, sein Bestes zu geben, wo neben ihm auch Beaumont wirkte, was ja von Vorteil war, und auch Vernier, was schon als weniger gut bezeichnet werden muß. Auch während dieser Zeit haben die selbständigen Herausgeber von Stichen keineswegs gefeiert. So wurden die großen Bilder von Linder und von Morland in Farben mit großem Erfolg herausgegeben. Die Schaufenster boten eine stetig wechselnde Ausstellung von Bildern in mehreren Exemplaren.

„Au Bonheur des Dames."

(„Wer mit seinem Einkauf nicht zufrieden ist, kann nach Belieben den gekauften Gegenstand umtauschen oder sein Geld zurückverlangen.")

— Ich möchte meinen Rock doch behalten.
— Was, das möcht' ich aber sehen!

416. Galante Zeichnung von F. Bac.

Wie fie die Röcke
heben.
Glückspilz von einem
Stiefelputzer!
417. Galante Zeichnung
von F. Lunel.

Noch ift die Preffe nicht die nahezu ausfchließliche Vermittlerin des Humors, wenn auch der Charivari und das Journal pour Rire fich eines großen Erfolges rühmen konnten.

Nach dem Krieg gewinnt die kleine humoriftifch-politifche Preffe einen neuen Auffchwung und fchlägt eine entfchieden demokratifche Richtung ein. Selbft zur Zeit, wo unter der Herrfchaft der moralifchen Ordnung und der religiöfen Parteien die Zenfur recht ftreng gehandhabt wurde, konnten die Parteien ganz gut Krieg gegeneinander führen. Man riskierte höchftens eine Geldftrafe, welche nur zur Steigerung des Erfolges beitrug, doch nicht die Unterdrückung. Eine ganze Reihe von Künftlern arbeitete für diefe Blätter, unter ihnen der lebhafte, kühne und naive André Gill. André Gill war mit vielen Schriftftellern befreundet und liebte es, in ihrer Gefellfchaft zu leben. Er fchrieb auch felbft ein wenig und war Mitarbeiter der Muse à Bibi, einer Sammlung von fentimentalen und ironifchen Gedichten, die ein wenig im Dialekt gehalten waren. Jedenfalls hat er zur Bildung jener

Wie fie die Röcke
heben.
Im Elyfée-Montmartre.
418. Galante Zeichnung
von F. Lunel.

Gruppe von phantaftifchen Schriftftellern, die als die Chansonniers (Liederfänger) bezeichnet werden, das meifte beigetragen.

Die Auffaffung der Frau, wie fie in diefen Kreifen herrfchte und von der Karikatur geboten wurde, hat auch in der Literatur einen entfprechenden Ausdruck gefunden. Den harten und trockenen Zeichnungen Forains find manche gefchriebenen Worte analog, wie beifpielsweife die alten Verfe von Donnay, in welchen die in diefen Kreifen herrfchende äfthetifche und ethifche Auffaffung der Frau befonders treffend zum Ausdruck kommt:

440

Der Dankesgruß der Kunſtreiterin.
419. Nach einem farbigen Stich von Richard Ranft.

Jene, die wir lieben.

Sie ſind die Sphinxe, die uns ſtets betrügen,
Mit falſchen Mienen uns den Traum verhehlen,
Der krankhaft ſtets durchzittert ihre Seelen,
Mit frommen Kinderaugen uns belügen.

Dem Publikum wir lange nicht genügen,
Wenn Neger, Affen den Erfolg uns ſchmälen,
Wenn Mimen, Weiber ſich zum Wettkampf ſtählen,
Anſtatt daheim ein Waſchfeſt zu verfügen.

Doch als Perverſe werden wir vermieden!
Wenn auch der Kopf vor Schmerzen ſich empöret,
Genügt ein Blick, der ſündhaft uns betöret,

Damit wir wieder eifrig Reime ſchmieden
Und tief ergeben beugen unſre Knie
Vor Ihro Gnaden, Ihro Roſſerie.

441

Die Grille.

420. Nach einer Radierung von Norbert Goeneutte.

Das Wort Rosserie — es bedeutet eigentlich Schindmährenhaftigkeit — ist in jener Epoche sehr geläufig; die Theaterstücke sind rosse, die Lieder sind rosse; Rosserie ist die Marke, das Wesen und die Erscheinung des käuflichen Weibes, eine naive Rosserie bei den hübschen Personen Willettes, und eine tiefe Rosserie bei jenen Forains. Es soll nicht Bösartigkeit bedeuten, sondern noch etwas Wesentlicheres und tiefer Liegendes.

Das hängt gewissermaßen mit der allgemeinen Sittenlehre zusammen. Die alte Karikatur hat in dem alltäglichen Leben lustige Szenen gesucht, ohne aus ihnen philosophische Schlüsse ziehen zu wollen. Die Ambition der neuen Karikatur hingegen holt weiter aus; sie will uns eine motivierte Ansicht von der weiblichen Seele bieten. Daraus entspringt eine gewisse Monotonie, denn ihre Bilder geben sich sozusagen als Belege einer Theorie, die von talentvollen Leuten aufgestellt wird. Man wird ja sehen, was die Karikaturisten von heute und was jene von morgen zu sagen haben werden. Jene werden ihren Vergängern gegenüber immer recht behalten; ihre allgemeine Philosophie jedoch wird bei ihren Nachfahren stets einer Revision unterzogen werden.

* * *

442

Schlußwort.

Die Karikatur des Weibes war stets misogyn. Wie sollte sie auch anders sein, da doch das Wesen der Karikatur im Verspotten liegt! Nichtsdestoweniger haben selbst unter den ausgesprochensten Ironikern viele auch einem Gefühl des Mitleids Raum gegeben und waren eher geneigt, das Weib zu bedauern.

Als Traviès seine Lumpensammlerinnen zeichnete, wollte er sie um kein Haar verschönen und mochte das Häßliche ihrer Lumpen nicht verringern. Immerhin finden wir bei ihm ein gewisses Gefühl des Mitleids, verwandt mit jenem, welches heute die Werke Steinlens durchzieht. Doch ist dies bei ihm kein allgemeiner Zug. Sein Mitleid mit dem menschlichen Leiden ist nicht die direkte Ursache der Herbheit seiner Zeichnung. Dieser harte Traviès hat mehr Sympathie für das Weib als Gavarni, der uns vom Weibe nahezu ausschließlich nur schöne Darstellungen bietet, solche, die ausgesprochenermaßen zur Verführung herausgeputzt erscheinen. Jene Regungen der Barmherzigkeit gegenüber der Prostitution, welche den Romanticismus kennzeichnen, welche in der Fantine aus den Elenden von Viktor Hugo den breitesten und bedeutendsten Ausdruck finden und in der Kameliendame des jüngeren Dumas auch zu ähnlichen dramatischen Schöpfungen den Stoff geliefert haben, waren auf Gavarni ohne jeden Einfluß.

Die Verteidigung der Kurtisane ist übrigens nur zum geringen Teil von den Karikaturisten ausgegangen. Sie hätten sich kaum einer solchen Verteidigung widmen können, da sie ja mit der Zustimmung des Publikums rechnen mußten. Beinahe alle Zeichner haben zu jener Zeit eher für jene bürgerliche Empfindung Partei genommen, welche sich in den Mädchen von Marmor

Der Herr Philister kann das Nackte nicht leiden.
421. Karikatur auf die Heuchelei von L. Lebègue.

443

des Théodore Narrière ausspricht und welcher sich später auch Dumas angeschlossen hat, als er seine Demi-Monde schrieb. Nur betreffs der Grisette wird eine Ausnahme gemacht. In der Geschichte der Karikatur finden wir überall die weitest-gehende Nachsicht mit jenen hübschen Mädchen, deren Leben neben jenem der Studenten herläuft. Es mag ja wenig logisch erscheinen, aber menschlich werden wir es finden, daß der Hauch und der Geist der Jugend diejenigen entwaffnet, die sich gegen die allgemeine Auffassung auflehnen möchten.

Und findet sich wohl in den Werken der französischen Karikaturisten eine bestimmte Anschauung von der feministischen Bewegung, welche seit etwa zwanzig Jahren das Leben der Frau so gründlich umgestaltet und auch das Bild des allgemeinen Lebens so wesentlich beeinflußt hat? In der gesamten französischen Karikatur scheint das Weib nur mit der Toilette, mit seinem Flitterstaat, mit seiner Liebe, mit den Interessen und mit dem Versteckenspiel seiner Liebesabenteuer beschäftigt zu sein, abgesehen davon freilich, daß die altgewordene Frau auch an jene Interessen und an jene Rücksichten denkt, die man ihr in der Welt schuldig ist.

Der einzige Daumier scheint die intellektuelle Seite der feministischen Be-wegung beachtet zu haben, und er tut dies, um sie unbarmherzig und unerschöpflich zu verspotten. Man könnte geneigt sein, darin eine Schwäche des größten Künstlers des Bleistifts zu sehen, den Frankreich besessen hat. Die Tatsache, daß Daumier in seinen Stichen die weiblichen Ambitionen nie verhöhnt, kann ihm nicht als mildernder Umstand angerechnet werden. Man muß jedoch zugeben, daß er von den Frauen, die in der Literatur und in dem Kampf um die Frauenrechte eine Rolle gespielt haben, nur jene im Auge behält, die mit dem vollständigen Mangel an Talent irgend eine physische Beson-derheit verbinden. Und doch war es die Zeit von Georges Sand, Daniel Stern ...

Die Wahrheit ist darin zu suchen, daß die Karikatur nicht in die Zukunft schaut, worin eben diese Kunst im Gegen-satz zu den anderen Mitteln des Ge-dankenausdrucks als minderwertig er-scheint. Die Karikatur macht es sich nicht zur Aufgabe, recht zu behalten. Ihr kommt es nicht darauf an, daß der Ein-druck, den sie hervorruft, ein gerechter, sondern hauptsächlich darauf, daß er ein unterhaltender und überraschender sei. Die Karikatur ist eigentlich ein Epigramm, ein Epigramm aber soll vor allem spitzig

Fasching.

Galante Karikaturen von J. Robida. (Siehe nächste Seite.)

1. — Wahrhaftig, Madame, man kann die Leute nicht besser empfangen!! Man glaubt, man ist auf der Botschaft.

2. Meine Damen und Herren! Nachdem die gesetzlich vorgeschriebenen Formalitäten erledigt sind, soll unsere kleine Reunion eine ganz private sein ... Sie können sich also ohne Furcht vor der Behörde jeder unkünstlerischen Unterhaltung hingeben und die zün-dendsten Maßnahmen treffen.

3. Was! kein einziges Wort! ... Du willst mich nicht lieben? Ist das aber sonderbar! ... Dein Herz ist wohl ge-panzert gegen jeden Angriff? Auch gegen Kanonen?

4. Sind' ich dich wieder, unnatürliches Weib! Hast mich vor vierzehn Tagen verlassen, nachdem du mir ewige Treue geschworen hast!! ... Ach, wie hab' ich dich bereuet!!!

5. — Was, dein Baron und immer wieder dein Baron? er ist auch mein Baron, so gut wie deiner ...
— Madame!
— Soll ich's dir vielleicht schriftlich geben?

6. — Ich liebe dich! ich bete-dich an! Laß mich dir's sagen ... laß mich hoffen ... laß mich dir mein Herz zu Füßen legen! ... O nur einen Kuß! ...
— Na freilich!

7. — Was, dein Mädchen, hast du aber Talent!
— Ja, ich bin doch auch Konservatoristin, Ihnen zu dienen, mein Herr!

8. —
— Halt! Du bist wohl nur ein leichter Vogel!

444

EN CARNAVAL, — par ROBIDA.

Fasching.
422. Galante Karikaturen von Robida.
(Übersetzung der Unterschriften siehe Seite 444.)

677

Der Windstoß.
123. Amüsante Karikatur von M. Marigny.

sein; wenn der Pfeil nur sitzt, so kommt wenig darauf an, ob er auch in ge=
rechter Weise trifft. Es handelt sich da um ein Spiel von Angriff und Abwehr,
von Nadelstichen und Gegenstößen. Das Publikum beurteilt nur die Geschick=
lichkeit des Ausholens und amüsiert sich darüber. Man hat von den Pamphlet=
schreibern sehr richtig bemerkt, daß ihre Artikel stets gern gelesen werden, wenn
sie mit ihren spitzen Pfeilen oder mit ihren derben Keulenschlägen solche Leute
angreifen, die sich allgemeiner Unbeliebtheit erfreuen. Dasselbe gilt auch von
den Karikaturisten.

Daneben gestatten ihnen die Hilfsmittel und die Grenzen ihrer Kunst, das
Genre so weit auszudehnen, um auch die moderne Frau in ihrer gesamten Er=
scheinung zum Gegenstande ihres Spottes zu machen. So kann der satirische Zeichner
eine Mode herunterreißen, er vermag uns auch mit Hilfe der Inschrift von den
weiblichen Schelmereien eine maliziöse Geschichte zu erzählen. Dagegen werden
ihm ironisierende Glossen zu den literarischen, philosophischen und wissenschaftlichen
Entgleisungen des Weibes schon weniger liegen, und nur selten wird ihm es ge=
lingen, den Unterschied zwischen den Ambitionen der Frau und der von ihr erreich=
baren Ziele durch eine witzige Zeichnung treffend festzustellen.

446

Wohl wäre der Karikatur auch diese Möglichkeit zugänglich, wenn ein genialer Mann dafür die richtige Formel und den richtigen Ausdruck zu finden wüßte; doch ist ein solcher Künstler, bisher wenigstens, nicht erstanden.

Das philosophische Lachen, welches eine Karikatur höherer Ordnung zu erwecken vermöchte, ist wenigstens bis zum heutigen Tage ein unvollkommenes. Die Hilfsmittel der Parodie, mit welchen sie die Lustigkeit sicher hervorzurufen vermag, müßten stets auf dieselben Studien, auf dieselben Leidenschaften angewendet werden, und das würde notwendig monoton wirken, wenn dieser Kunst im Spiel der einfachen Leidenschaften keine reichliche Nahrung zugeführt würde. Diese einfachen Leidenschaften machen wohl nicht das ganze Leben aus, immerhin aber füllen sie es in dem Maße aus und gestatten zugleich eine so große Mannigfaltigkeit des Ausdrucks, daß ein Stillhalten der Karikatur infolge des Mangels an

Auf dem Ausflug.
421. J.·Faverot. Karikatur
auf die Prostitution.

Auf dem Ausflug.
425. J.·Faverot. Karikatur
auf die Prostitution.

neuen Lächerlichkeiten, die zu beschreiben wären, durchaus nicht zu befürchten ist. Schon die Erweiterung der Manier der heute schaffenden Karikaturisten eröffnet ihnen neue Gebiete und macht ihnen neue Gruppierungen der Personen zugänglich. Einer der Unterschiede zwischen der Karikatur der ersten Hälfte des 19. Jahrhunderts, jener fruchtbaren Periode, in der, um nur die hervorragendsten Künstler zu nennen, ein Vernet, ein Lami, Monnier, Daumier, Decamps, Grandville, Gavarni gewirkt haben, und zwischen der heutigen Karikatur besteht eben darin, daß die Ensembles, welche jene geschaffen haben, stets direkt als Ironie wirken. Sie gehen immer darauf aus, die komische Seite einer Szene hervorzuheben, und die Personen, die sie in diese Szenen hineinstellen, gehorchen ihren Prinzipien der Entstellung unbedingt. Dagegen kann man bei den Modernen eine große Anzahl von Stichen finden, in denen die humoristische Wirkung nicht von der Entstellung,

447

Bei der Rückkunft von der Première.
„Nicht einmischen!"
426. Soziale Karikatur von Steinlen.

sondern von der exakten Wiedergabe ausgeht. An die Stelle der Phantasie tritt bei ihnen die Komik des Charakters. Ihre Zeichnungen sind darum wohl nicht schöner, aber sie verfolgen eine neue Richtung, sie bieten etwas Verschiedenes von neuem Aussehen, zugleich auch eine Quelle neuen und hie und da unvorhergesehenen Vergnügens.

* * *

Die Frage ist öfter behandelt worden, ob die Karikatur einen Einfluß auf die Sitten ausgeübt habe, und ob der Kleinkrieg, den sie gegen alles Lächerliche führt, auch ein fruchtbringender sei. Man kann sentimentale Richtungen verzeichnen, die durch Romane hervorgerufen wurden, gewisse Züge der Empfindungen, welche in Büchern vorhergesehen waren; die Bilder haben ganz gewiß neue Moden geschaffen und die Theaterstücke neue Ideen verbreitet.

Man könnte glauben, daß die Karikatur, die so viele Stifte beschäftigt, die in so vielen Journalen eine hervorstechende Rolle spielt, die sich an allen Ecken und Enden hervordrängt, um die Mächtigen gleich einem Schwarm von Wespen unermüdlich zu umkreisen, notwendig auch einen Einfluß auf die Sitten ausgeübt haben müsse.

Doch ist dem nicht so, wenigstens nicht von dem Gesichtspunkt aus gesehen, den wir in diesem Bande verfolgt haben. Gewiß hatte die politische Karikatur eine große Wirkung. Man darf füglich behaupten, daß die Bilder die Propaganda für neue politische Ideen vermittelt haben, daß Daumier auf den Sturz Louis-Philippes nicht ohne Einfluß war. Die Frauen aber haben sich von dem jeweiligen Geist der Karikatur durchaus nicht beeinflussen lassen; ihre Satire hat die Frauen

448

Sommer-Skizze.
Im Seebad, 1860.

Galante Karikatur von Beaumont.

Tu ne feras jamais Vénus avec ce modèle là, je vais te poser ça!

Künstlerfrauen.

„Mit den Modellen wirst du freilich niemals eine Venus zustande bringen."

427. Soziale Karikatur von Roedel.

57

Marguerite Dufay im Konzert zur Uhr.
428. Zeichnung für einen Anschlagzettel von Anquetin.

nicht nur nicht beherrscht, sondern kaum gestreift. Wir sagten soeben, daß Daumier
auf den Sturz von Louis-Philippe nicht ohne Einfluß war; mit viel weniger
Sicherheit ließe sich ein Gleiches hinsichtlich des Außer-Mode-Kommens der Krinoline behaupten. Die Karikatur vermag eine Mode ebensowenig zu entwurzeln,
wie sie eine solche zu schaffen imstande ist.

Es gehört mit zur Charakteristik der Karikatur des Weibes, daß dieses ihrem
Sarkasmus absolut unzugänglich ist. Die vielen Tausende von Karikaturen, welche
von talentvollen Künstlern und vortrefflichen Zeichnern über das Weib gemacht
worden sind, wurden eigentlich immer nur von den Männern belacht, die über
diese Karikaturen manchmal sogar außer sich vor Lustigkeit geraten konnten. Die
Männer haben diese Karikaturen ausgezeichnet gefunden, haben in ihnen sogar
eine kleine Befriedigung ihrer Rache gesucht. Die Frauen dagegen haben sie
einfach gar nicht beachtet. Sie haben an ihnen nur einen Ausdruck der Verdrieß-
lichkeit, oft auch einer indirekt gezollten Huldigung gesehen.

Das Götzenbild ist von keinem der unzähligen Pfeile getroffen worden, die
man auf dasselbe abgeschossen hat.

*　　*　　*

450

Auf die Frage, ob die französische Karikatur einen wahrhaft ethnischen Charakter besitze, können wir mit einem entschiedenen Ja antworten. Sie ist trotz ihrer mannigfachen Berührungspunkte mit den Flämen nicht nur eine nationale Kunst, sondern sie zeigt auch bei jenen, die sich in dieser Kunst hervorgetan haben, bei ihren hervorragendsten Vertretern, bei denen, die schon während ihres Lebens gefeiert worden sind, nicht minder aber auch bei jenen, denen erst eine spätere, einsichtige Kritik den richtigen Platz angewiesen und die sie aus dem unverdienten Dunkel herausgehoben hat, die grundlegenden Züge des französischen Bürgertums, besonders des Kleinbürgertums, seine Ironie, seine Kaltblütigkeit, seine Unehrerbietigkeit, sein Bestreben, die Personen stets nach ihrem wirklichen Werte abzuschätzen, seine vorsichtige Zurückhaltung gegenüber jeder wie immer gearteten Prätention, lauter Züge, welche den eigentlichen Charakter dieses Bürgertums ausmachen.

* * *

Der Geist Voltaires ist in einem gewissen Sinne bereits vor Voltaire vorhanden gewesen; der Geist der Untersuchung, welcher zugleich mit der angeborenen Verve den eigentlichen Voltairianismus ausmacht, zeigt sich bereits bei den ältesten Fabliaus und nicht minder in den kolorierten Späßen der Maler der alten Manuskripte. Die Verve der Fabliaus geht jener der Karikaturisten ebenso voraus, wie sie älteren Datums als der Voltairianismus ist. Alle diese Lacher gehören zu ein und derselben intellektuellen Familie.

In einer seiner bedeutendsten Schöpfungen, welche an die große Komödie heranreichen, nämlich im Misanthrope, hat Molière den Versuch gemacht, uns den Pessimisten und den Optimisten, den Wehleidigen und

Im Mai.
429. Galante Zeichnung von Paul Balluriau.

451

Die Moralisten.

Auf den Weg des Guten zurückkehren! ... Jawohl! alle Herren von Ihrem Alter sagen mir das, ... dabei aber habe ich eine wöchentliche Rechnung von fünfunddreißig Franken bei meiner Wäscherin.

450. Karikatur auf die Heuchelei.

den Resignierten, Alceste und Philinte vorzuführen. Die beiden Erscheinungen der Misanthropie, nämlich die brummige und zänkische einerseits und die lächelnde anderseits, sind da vorzüglich dargestellt. Philinte erwartet von der Welt nicht viel Gerechtigkeit und von den Weibern nicht viel wirkliche Treue, sein ganzes Bestreben geht dahin, in seinen Beziehungen zu den Menschen eine gewisse Höflichkeit zu bewahren. Er hat in allen kleinen Dingen der Wahrheit entsagt, um sich in eine gewisse Form der Artigkeit zu flüchten; er ist darum nicht minder ein Menschenfeind, ja, er ist es noch mehr als Alceste. Alceste ist nicht genug menschenfeindlich gesinnt, um nicht an sich selbst zu zweifeln. Er ist überzeugt, daß seine Offenherzigkeit, seine Geradheit und seine Ehrlichkeit eine genügende mitteilsame Kraft besitzen, um gegen die Verderbtheit der Welt ankämpfen zu können. Er stellt seine eigene Offenherzigkeit gleichsam als Muster hin und glaubt, die Gesellschaft reformieren zu können. Er möchte überreden, widerlegen, beweisen und den Weg zur Tugend in unbestreitbarer Weise aufzeigen.

Philinte hegt keine derartigen Erwartungen. Sein Standpunkt ist schon seit lange festgestellt. Er fühlt sich durchaus nicht berufen, Mißbräuche abzuschaffen, krumme Verhältnisse gerade zu machen. Es gehört mit zu seinem Charakter, daß er derartiges nicht einmal versuchen mag. Er hat schon seit seiner ersten Berührung mit den Menschen seinen eigenen Standpunkt eingenommen.

Unsere Karikaturisten gehören entweder zum Schlage des Alceste oder zu jenem des Philinte. Die letzteren bilden entschieden die Mehrheit; sie alle führen ihren Kampf in den Formeln des französischen Geistes und sind nur im Ton verschieden voneinander, indem die einen den Gang der Welt durch das gewaltsame

452

Diebstahl und Prostitution beherrschen die Welt.
431. Soziale Karikatur von Félicien Rops.

Spiel der Muskeln, durch die gewaltsame Entstellung der Physiognomien und durch eine bis ans Tragische heranreichende Übertreibung des Lächerlichen abändern möchten, während die anderen sich darauf beschränken, die Lächerlichkeiten bloß zu ritzen und die bis zur Geschwulst aufgedunsene Eitelkeit mit der Nadel aufzustechen.

Jedoch auf welche Weise immer sie operieren mögen, so zeigen sie uns doch beinahe mit der gleichen Kraft die Lächerlichkeiten ihrer Zeit, freilich in einer je nach dem Temperament des einzelnen Künstlers verschiedenen Manier; der eine mit der Gewalt des Zornes, der andere mit der Zurückhaltung der ihm angeborenen Gleichgültigkeit. Die Strenge ist nicht geringer bei jenem, der sich in einem ab-gemessenen und fröhlichen Tone ausspricht, wie bei jenem, der dasjenige, was er gegen die besonderen Verkehrtheiten seiner Zeit und gegen die ewigen moralischen Schäden der Menschheit vorzubringen hat, in rauhem Ton und mit zorngerötetem Gesicht vorträgt.

*   *   *

Es gibt übrigens auch falsche Alceste, die beinahe wie Philinten erscheinen, und falsche Philinten, bei denen der Zorn Alcestens ohne Unterlaß grollt. Der strenge Gavarni, streng info-

Meinungsaustausch über persönliche Schönheit.
432. Karikatur von Daumier.

fern, als die unbarmherzigsten Inschriften, die je unter eine Karikatur der Frau gesetzt worden sind, von ihm her-rühren, scheint den Zorn seines Epigramms stets mit der Artigkeit seiner Zeichnung lindern zu wollen. So streng er auch sein mag, man fühlt heraus, daß er ein klein wenig ein Verehrer der blauen Blume ist, und daß er seine ganze Besonnenheit und seine ganze Erfahrung zusammen-nehmen muß, um jene halb-düstere Schattierung zu unter-drücken, die in einem Winkel seines Herzens und Charak-ters vorhanden ist. Ein wirk-lich Weiser, ein Enttäuschter, ein Mann, der von dem

454

690

weiblichen Charakter absolut
nichts Gutes mehr zu erwarten
vermag, der vom kalten und
zähen Zorn gegen die weibliche
Begehrlichkeit, Ambition und
Scheinheiligkeit ganz beherrscht
wird, würde kaum den Brief
beantworten, der ihn einlädt, auf
den Maskenball zu kommen und
dort unter einem verabredeten
geheimen Zeichen unter dem
Domino die Person zu suchen,
die ihn liebt. Ein wirklich
Weiser würde einem Liebesabenteuer aus dem Wege gehen,
welches ja notwendig mit einer
neuen Enttäuschung enden muß.
Nun aber hat Gavarni eines
Tages faktisch einen solchen
Brief erhalten. Er wurde eingeladen, sich von einer Dame
lieben zu lassen, die sehnsüchtig
darnach verlangt und die be-

Der Springinsfeld.
433. Galante Zeichnung von Hermann Paul.

reits fast ganz besiegt ist, da sie ihm entgegenkommt und sich dem Angriff
des Siegers freiwillig aussetzt. Ja, es ist ein bereits besiegtes Herz, welches
der Sieger nur in sicheren Gewahrsam unterzubringen hat. Die Begegnung
sollte auf einem jener Opernbälle stattfinden, welche Gavarni so gut kennt. Zur
Zeit, wo Gavarni diesen Liebesbrief erhielt, der ihn veranlaßte, sein Atelier zu
verlassen und auf den Opernball zu rennen, war er bereits ein berühmter
Mann und gar nicht mehr jung. Seinen Ruhm hatte er übrigens ganz besonders jener Schärfe und malitiösen Eindringlichkeit zu verdanken, mit der er
diese Opernbälle verfolgte, wo er sowohl die vernommenen Gespräche als auch die
gesehenen Schattenrisse eifrig notierte. Gerade für diesen Fall, wo er Tausende
von Mädchen sich drängen sah, um unter der Maske der Liebe sich ein Nacht-
mahl für heute oder ein Mittagsmahl für morgen zu erwerben, hat er die
berühmte Inschrift gemacht: „Und wenn man bedenkt, daß diese alle essen, so bekommt man eine sonderbare Ansicht vom Menschen.“ Und nun wurde er selbst zu
diesem Balle eingeladen. Die maskierte und lächelnde Omphale erwartete da
ihren menschenfeindlichen Herkules.

455

Er ging hin. Omphale ist immer die stärkere. Diese weibliche Stärke war bei dieser Gelegenheit imstande, selbst über den schärfsten Beobachter der weiblichen Arglist einen vollständigen Sieg davonzutragen. Sie war Schriftstellerin und hatte bereits manchen Roman und manche Novelle mit dem Pseudonym einer Gräfin Dash gezeichnet. Sie war eine vornehme Frau, die von ihrem Gatten zugrunde gerichtet wurde; sie besaß einige Schönheit, viel Eleganz, auch noch etwas Jugend. Gezwungen, ein ziemlich kostspieliges Leben zu führen, mußte sie viel produzieren, doch hatte ihre Einbildungskraft ziemlich enge Grenzen. Sie verstand es, sowohl ihre literarische Tätigkeit als auch ihr Leben auf der Grundlage einer wohlberechneten Sparsamkeit einzurichten, wobei sie sich die Fähigkeit bewahrte, für sentimentale Empfindungen und für die Aufregungen eines Liebesabenteuers empfänglich zu bleiben. Als echte Pariserin und wohlunterrichtet wußte sie, daß Gavarni, der sich auf seine literarische Eleganz und auf seinen hübschen Stil nicht wenig zugute tat, und der auch einige Novellen veröffentlicht hatte, gern dabei war, lange, unterhaltende und sorgfältige Briefe zu schreiben. Die Literatur war das Steckenpferd dieses eigenartigen Geistes und ausgezeichneten Künstlers.

Gavarni pflegte zwar das Laster nicht zu behandeln, ohne es genau zu kennen; auch hatte ihm eine genaue Beobachtung in Verbindung mit ziemlich zahlreichen Liebesabenteuern eine recht eingehende Erfahrung vermittelt; immerhin aber war ihm auf dem Gebiete der weiblichen Begehrlichkeit das eine noch unbekannt geblieben, daß nämlich eine Frau schlau genug sein könnte, um ihn als Fundgrube für literarische Publikationen zu behandeln.

Er ging auf den Maskenball. Die Frau zeigte sich ihm halb und halb; sie stellte seinem Ungestüm einen genügenden Widerstand entgegen, um ihn zu entflammen, und war anderseits entgegenkommend genug, um ihn an sich zu fesseln. Sie zog

Bist du aber dumm! Ich sag dir doch, es sind Provinzler.
454. Galante Karikatur von J. L. Forain.

Blaustrümpfe.

Satirische Zeichnung von Charles Léandre.

Mme Béatrice, Langues vivantes, 5 à 7, Rue de Londres.

435. Galante Karikatur von Guillaume.

ihn an, indem fie ihn abwies, und wußte ihn auch durch ihre Abweifung feftzuhalten. Das ganze Arfenal weiblicher Lift, das er fo gut kannte und oft genug befchrieben hatte, aber auch andere Waffen, die er erft jetzt kennen lernen follte, wurden gegen ihn ins Treffen geführt. Er tat alles, was feine reizende Gegnerin von ihm haben wollte. Er fchrieb ihr Briefe, leidenfchaftliche, bittere, luftige, traurige, zärtliche Herzensergüffe. Er philofophierte fogar, gab fich ganz der Idylle hin und war, wie man zu fagen pflegt, fo ganz im richtigen Zuge.

Seine Hingebung war vielleicht gar nicht von langer Dauer, war aber immerhin hinreichend, um der Gräfin Dafh den Stoff zu einer langatmigen Novelle zu bieten, in welche fie gefchickt einige Briefe Gavarnis einzuflechten

Aufgehende Beleuchtung.
436. Galante Karikatur von Guillaume.

wußte. Als diefe Novelle erfchien, machte fie fich ein Vergnügen daraus, ihren Erfolg dadurch zu fteigern, daß fie jedem, der es hören wollte, eifrig mitteilte, die Novelle behandle eine wirkliche Liebfchaft Gavarnis und die eingeftreuten Briefe wären faktifch von dem bekannten Weiberfeind gefchrieben worden, von Gavarni, dem peffimiftifchen und bitteren Philofophen, der hier auf frifcher Tat der Zärtlichkeit ertappt wurde.

Ganz auf diefe Weife hatte fich einft Campofpe, die Geliebte Alexanders, von dem Philofophen Ariftoteles auf dem Rücken tragen laffen, und die Gefchichte wird fich wohl noch öfter wiederholen. Denn felbft der fcharffinnigfte Mann ift nicht imftande, den Kampf mit der weiblichen Schlauheit und Gefchicklichkeit aufzunehmen. Die Karikaturiften werden nie das letzte Wort haben.

458

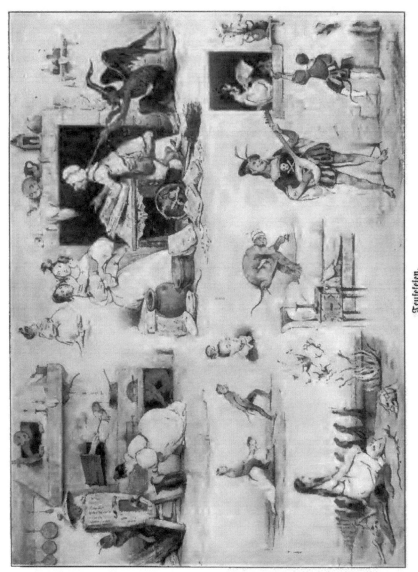

Teufeleien.

437. Groteske Karikaturen von Lepoitrevin.

Maskenbälle in der Oper.
Einst.
Das alte Spiel.
Zu jener Zeit hat die Narrheit ihre Klingel spielen laſſen.
438. Galante Karikatur von Pierrot.

Auch Daumier, der große Weiberfeind, der die Nachſicht der Richter gegenüber einer ſchönen Angeklagten und ihren Eifer gegenüber einer ſchönen Klägerin nicht dick genug unterſtreichen konnte, auch Daumier wurde ruhig und ſtill wie ein kleiner Bourgeois, wenn er kein Abenteuer hatte. Und Grandville, der die Frauen in ſeinen Zeichnungen keineswegs zart behandelt, kehrte ſich nach dem Tode ſeiner eigenen Frau dem Myſtizismus zu. Philippon und Beaumont ſind in ihrem Humor ausgeſprochene Weiberfeinde, und doch ſind ſie in ihren Zeichnungen immer beſtrebt, recht graziöſe Frauen darzuſtellen. Sie ſind darin mit Gavarni nahe verwandt.

* * *

Die Karikaturiſten bewegen ſich in verſchiedenen Geſellſchaftskreiſen. Der Unterſchied ihrer Manier und ihrer Methode rührt oft von den verſchiedenen Milieu her, in welchem ſie gern leben. Dieſes Milieu wird oft genug mehr von ihrer Stellung in der Geſellſchaft als von ihrem Geſchmack beſtimmt. Auch die zeitgenöſſiſche Literatur übt da einen gewiſſen Einfluß aus, und daher iſt es erklärlich, daß ſo viele Karikaturiſten bürgerlicher Abkunft und aus der Bourgeoiſie hervorgegangen ihre Pfeile doch gegen dieſe Bourgeoiſie abgeſchoſſen haben. Freilich hat ſich die bürgerliche Klaſſe gegen dieſe Angriffe mit einer gewiſſen Verachtung gewappnet und hat den lebenden Künſtlern nur gegen das Ende ihres Lebens einige Verehrung und einigen Ruhm zuteil werden laſſen. Sie fühlte ſich aber öfter getroffen. Zur Zeit des franzöſiſchen Romantizismus war der Bürger das Schreckgeſpenſt der Schriftſteller. Es geſchah keineswegs bloß dem maleriſchen Wohlklang zuliebe, daß die jungen Romantiker, jene, die man damals mit dem

460

Vorderansicht einer Bude für das „Fest der
Skizze vo

Beilage zu Gustav Kahn. Das Weib in der Karikatur Frankreichs.

702

umoriften" (Fête Callot) in Paris 1905.
Tuglaŋ.

Hermann Schmidt's Verlag, Stuttgart.

Wort Bouzingo bezeich-
nete, wie man sie später
Bohèmes genannt hat, ihre
Namen veränderten; daß sich
beispielsweise Théophile Dou-
dey den Namen Philothée
O Neddy und August Maquet
den Namen Augustus Mac-
Keat beilegte; es geschah auch
aus Abscheu vor den bürgerlichen Namen. Die verlorene
Abhandlung des Romantikers
Vabre, deren einfacher und
zugleich wunderlicher Titel der
Vergessenheit entgangen ist,
oder jenes Pamphlet mit dem
Titel „Von der Unbequem-
lichkeit der Kommoden"
sind ganz gewiß aus Haß
gegen die Bourgeoisie ge-
schrieben worden. Denn so
wie heutzutage der Glaskasten
das Symbol einer bürgerlichen
Wohnung und der bürger-
lichen Wohlhabenheit ist, so

Maskenbälle in der Oper.
Jetzt.
Direktion Spleen & Co.
Brüder, wir wollen sterben ... vor Langeweile!
439. Karikatur von Pierrot.

wurde zu jener Zeit die Kommode mit ihren großen und zahlreichen Läden, die
eine ganze Menge von allerlei Plunder zu fassen vermochten, als das symbolische
Möbelstück des Bürgers angesehen. Ein Angriff gegen die Kommode bedeutete
also einen Angriff gegen das Bürgertum selbst.

Die jungen Künstler, namentlich aber die jungen Karikaturisten, nahmen den
Ton der Literaten an, und so wurde gegen die Bourgeoisie von zwei Seiten ein
reger und erbitterter Kampf geführt. Dieses Bürgertum war den Karikaturisten,
die aus ihm hervorgegangen waren, gar gut bekannt. Man erfährt übrigens aus
der Biographie Monniers, daß die Karikaturisten es durchaus nicht verschmäht
haben, sich eine Zeitlang in bürgerlichen Kreisen zu bewegen, um dann ihren
Pfeilen eine um so schärfere Spitze geben zu können, um da Erfahrungen und
charakteristische Züge zu sammeln. Genau so hat sich Henry Monnier dazu her-
gegeben, eine ziemlich lange Probezeit in den Bureaux zu verbringen, wo er das
Leben jener Menschen, die er als Kellerasseln bezeichnet hat, in Ruhe und Ernst

461

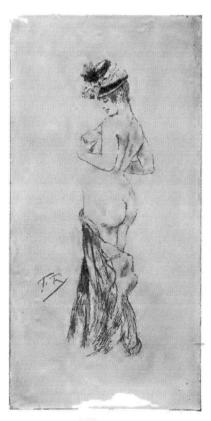

Suffisance.
440. Karikatur von Félicien Rops.

studieren konnte. Auf die Sitten der Beamten und kleinen Angestellten hatten es die Karikaturisten ganz besonders abgesehen; die sitzende und aussichtslose Lebensweise dieser Leute erschien den jungen und unabhängigen Künstlern wie etwas besonders Verabscheuungswürdiges; ihre maschinenmäßigen und einfachen Bewegungen, ihre gewöhnlichen und sich stets wiederholenden Handlungen wurden von ihnen mit der größten Verachtung angesehen. Monnier hat sich viel in bürgerlichen Kreisen bewegt, um sie desto besser malen zu können. Jener zusammengesetzte Typus, den Balzac mit dem Namen Bixiou belegt und der so manchen Zug von Monnier aufweist, erscheint zwar überall, ganz besonders aber in der bürgerlichen Welt. Er besucht die großen Bürger aus dem Zeitalter Louis Philipps in den beiden schnurrigen Interieurs, die sie sich geschaffen haben, das eine als Familienzimmer, das andere als extrafamilial, und er findet sie in beiden höchst drollig.

Wohl hat sich das Bürgertum den Künstlern in dieser Blöße gezeigt und wurde dafür von dem lustigen Völkchen, dem es einen Einblick in sein Leben gewährt hatte, tüchtig zerkratzt. Anderseits aber hat es sich an ihnen durch seine Verachtung gerächt. In den bürgerlichen Kreisen wurden die Karikaturisten für eine Art Spaßmacher angesehen, die man bei sich zur eigenen Belustigung mit einer geschraubten Reserve empfängt und sie die hohe Ehre fühlen läßt, die man ihnen erweist, wenn man sie zu den galanten Festen einlädt, um die Gäste, die Reichen, ein wenig zu zerstreuen. Am wenigsten hart waren den Bürgern gegenüber jene Künstler, die mit den einfachen Leuten lebten, die, wie Pigal, an den Kneipereien und Landpartien des Faubourg St.-Denis teilnahmen und bei den Sonntagsfesten gern gesehene Gäste waren. Diese hatten von den Bürgern nichts Schlechteres zu sagen als ihr späterer

462

Das treulose Eheweib.
441. Satirischer Stich von Darat (17. Jahrhundert).

Romanschreiber Paul de Kock. Dagegen widmeten ihnen die anderen ihren ganzen Haß. Die jungen Maler aus dem Quartier Latin oder dem Quartier Montparnasse waren den Schauspielern gern behilflich, gegen die Spezereihändler schreckliche Possen zu ersinnen, in welchen einige Jahre lang der ganze lustige Zorn dieser jungen Leute zum Ausdruck kam.

463

Am Vorhang.
442. Zeichnung von A. Willette.

Zur Zeit der Herrschaft Louis Philipps mußten die Pariser Spezereihändler
ganz tüchtige Nerven haben, um alle die schlechten Späße, die auf ihre Kosten
gemacht wurden, ertragen zu können. Sie lebten förmlich auf, als die Karikatur
wieder zum Leben der Frauen zurückkehrte, als die Schüler Gavarnis das Liebes=
leben von neuem zum fast ausschließlichen Vorwurf der Karikatur machten. Lange
Zeit jedoch waren der Cabrion aus den Geheimnissen von Paris und der
Malerlehrling, der den besten Teil seines Lebens der Mystifikation des Portiers
widmet, lebensechte Figuren.

*   *   *

Schon Gavarni hat sich nicht auf eine einzige Welt beschränkt. Pigal, Daumier
und Scheffer studieren das Volk und die Bourgeoisie, Lami besonders die Aristo=
kratie, Gavarni beobachtet die ganze Welt, sowohl die Aristokratie der Literatur
wie jene der Geburt, die Bourgeoisie und das galante Leben überhaupt. Guys
ist sozusagen ein Allerweltsmann.

Der Karikaturist muß von allem unterrichtet sein, in seiner Anschauung die
ganze Welt erfassen und sie mit seinem ironischen Stift darstellen können, deshalb

464

Theaterfitten.

„Die eine weint, die andere lacht."

Satirische Zeichnung von A. Gröbin aus der Serie „Pariser Skizzen"

711

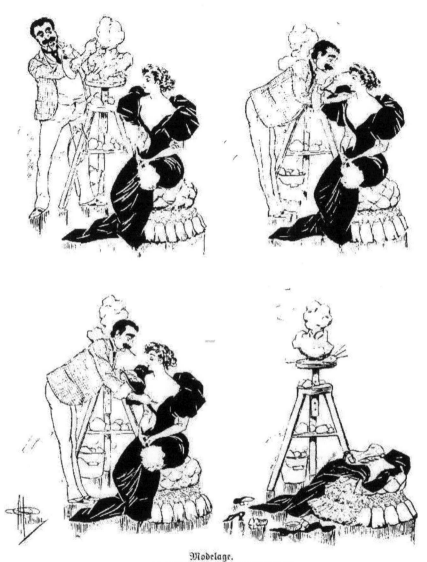

Modelage.

443. Galante Karikatur von Guillaume.

muß er auch die Gabe besitzen, überall zu sein und alles zu sehen. Er muß etwas von jenen Pariser Teufeln haben, welche von der romantischen, ja sogar ultraromantischen Einbildungskraft — der eben nichts unmöglich erscheint — in den volkstümlichen Romanen nach dem Muster von Le Sage, von Gautier, vom Mittelalter und von der spanischen Komödie stets von neuem geschaffen wurden. Und dieses Ideal eines Karikaturisten ist in Guys verwirklicht. An vielen Orten, besonders an jenen, wo man in lichten Handschuhen erscheinen muß, war ihm ohne Zweifel seine Eigenschaft eines Berichterstatters illustrierter Zeitschriften von großem Nutzen. Das übrige tat sein starker Willen, alles zu sehen und alles mitzumachen. Guys beginnt sein Tagewerk im Bois de Boulogne, wo er sich Skizzen von den Kavalieren und den Amazonen macht, wo ihn die Haltung der Pferde, der Flirt, die flanierenden Bürger, mit einem Worte alles interessierte. Geht er dann in die Stadt zurück, so beobachtet er das Militär, die schönen Männer und die reichen Uniformen, die sich in der malerischen Menschenmenge drängen. Er ist überall dabei.

Die nähende Alte.
441. Radierung von Félicien Rops.

Am Abend sitzt er in einer Ecke der Oper, wo er die kaiserliche Loge und die Logen der höheren Gesellschaftskreise abzeichnet. Wird ein Opernball gegeben, so ist er ganz gewiß dabei und studiert das bizarre Getue der Leute von der Straße, die er auch unter ihrer Verkleidung ganz gut erkennt. Er weiß seine Leute zu finden und satirisiert sie mit der bloßen Genauigkeit seiner Zeichnung. Ist er nicht im Theater, so besucht er gewiß irgend einen öffentlichen oder geschlossenen Ball, oder er durchstreift sonst Paris. Guys kennt jedes jener sonderbaren Häuser, die wohl nicht ganz verschlossen sind, aber es zu sein scheinen: Sie unterscheiden sich voneinander nur in der Schattierung, und in ihnen drängen

Die betrogenen Ehemänner.
445. Satirischer Stich von Parat (17. Jahrhundert).

sich die Alltagsbesucher mit ihren Odalisken. Guys kennt das Pariser Pflaster auswendig, er ist der Teufel als Zeichner.

Er zieht weder die Bourgeoisie, noch die Aristokratie, noch die Demokratie vor. Er möchte alles sehen, alles darstellen. Kehrt er am Abend in sein Heim zurück, so zeichnet er nach seinen Skizzen, wie ein Schriftsteller nach seinen Notizen schreibt. Schon der Mangel an jeder Leidenschaftlichkeit verhindert ihn daran, etwas zu entstellen. Seine Satire besteht einfach in der Exaktheit seiner Dar-stellung. Folgende Geschichte, die sich auf ihn bezieht, mag hier einen Platz finden. Guys war alt und schwach geworden, dazu war er auch krank. Da passierte ihm auf dem Opernplatz das Unglück, von einem Wagen überfahren zu werden. Dieser Unfall machte wohl viele Menschen darauf aufmerksam, daß er noch am Leben sei, denn man hielt ihn sonst schon seit lange für tot. Man über-führte ihn in das Haus Dubois. Als alter Mann war er ein wenig schlaf-

süchtig, und es war schwer, seine Aufmerksamkeit auf et-was hinzulenken und daran festzuhalten. Er antwortete nur mit einsilbigen Wörtern. Das Leben schien in ihm all-mählich erlöschen zu wollen. Da hatte einer seiner Freunde den Einfall, ihm zuzurufen: „Guys, was ist mit der Katzenpfote?" Die Katzen-pfote war eines jener bizarren Etablissements, von denen vorhin die Rede war, an der äußersten Grenze des elegan-ten Paris, ganz nahe bei Ternes, ein Etablissement, welches die ganze Nacht offen-stand. Es verkehrten da ver-schiedene Schichten des galan-ten Lebens, und es war da stets eine sehr gemischte Ge-sellschaft zu finden, die sich zum Teil aus eleganten Per-sonen, zum Teil aus den Damen der Halbwelt und aus

Schöne Lektüre.

... Und sie liebten sich lange unter den Sternen, und die Stunden begleiteten ihre ewig erneuten Küsse ...
446. Zeichnung von F. Bac.

468

gemeinen Dirnen zusammensetzte. Da hatte Guys einst gar viel zu beobachten. Bei Nennung des Ortes, wo er früher so manchen Abend verbracht hatte, erwachte er aus seinem Halbschlummer, lächelte nach langer Zeit wieder einmal fröhlich vor sich hin und murmelte wiederholt: „Die Katzenpfote, ja die Katzenpfote!" Freilich hatte er im Leben so manchen eigenartigen Winkel gesehen, denn sein ewiges Interesse für das moderne Leben hatte ihn überall hingeführt.

Die Unfruchtbarkeit.
447. Karikatur von Félicien Rops.

Das heutige Leben der Karikaturisten ist von dem seinigen kaum verschieden. Die Kategorien sind verschwunden. Es gibt heute keine Spezialisten mehr, die sich darauf beschränken würden, nur einen kleinen Ausschnitt der Welt zum Gegenstande ihres Studiums zu machen. Der Karikaturist ist heute überall anwesend. Die sich stetig erweiternde Verbreitung der Zeitschriften, die stetig zunehmende Freiheit, die eigenen Ideen zum Ausdruck zu bringen und die Leser in die kleinen Geheimnisse des Lebens einzuführen, im Verein mit der stetig zunehmenden Neugierde der übertriebenen Lebensformen und mit der Sucht, die Großen der Welt und die schönen Frauen, die im Theater erscheinen, ironisch darzustellen, all dies eröffnet dem Karikaturisten ein weites Gebiet der Berichterstattung. Alles hat sich

469

in unferer heutigen Zeit wefentlich erweitert, und als Folge davon können wir auch eine Erweiterung in der Manier der Künftler beobachten. Wohl haben die Künftler durch den Wegfall des Spezialifierens in einer Richtung an Kraft verloren, dafür aber bietet ihnen die Abwechflung ein neues Feld der Möglichkeiten.

Ob wohl die Karikaturiften der Zukunft, die fich die ironifche Darftellung des Frauenlebens zur Aufgabe machen werden, einen größeren Einfluß auf die Geftaltung der Sitten ausüben werden, als dies bei ihren Vorläufern der Fall war? Wir haben die Antwort auf diefe Frage bereits erteilt. Das Idol ift im allgemeinen unempfindlich gegen die Pfeile, welche gegen die folide Schönheit feines Mieders abgefchoffen werden. Auch in der Zukunft wird es nicht fehlen an Perverfität und an Schönheit, an weiblichen Künften und an Geheimniffen der Toilette, an fich ftetig vermehrenden und immer mehr ins einzelne gehende Anfchauungen. Wir haben allen Grund, anzunehmen, daß die Welt intereffanter wird mit jedem Tag.

* * *

448. Louis Morin.
Epifode aus dem „Bal des Quat z'Arts".

470

472

Druck:
Customized Business Services GmbH
im Auftrag der KNV-Gruppe
Ferdinand-Jühlke-Str. 7
99095 Erfurt